KB260533

百濟墓制의 研究

百濟墓制의 研究

百濟 墓制의 研究

李南奭 著

책
머
리
에

백제고분은 우리나라에서 고고학이 시작된 일제시기부터 산발적으로 조사되었지만, 조사과정에 개입된 여러 가지 이유로 자료의 편중이나 왜곡이 없지 않았다. 물론 1971년 무령왕릉이란 傑物이 발견된 이후, 고분에 대한 관심이 증대되고, 이후 발굴이 비약적으로 증대되었지만 조사환경의 劣惡, 혹은 조사자의 학문적 관심에 따라 특정 유형의 고분에 국한되어 조사가 진행되어 그 한계는 여전히 남게 되었다. 이러한 한계는 백제고분 연구의 문제로 그대로 귀결되었음도 사실이다. 그러다가 1990년대에 이르러서 개발과 병행하여 각 지역에서 상당히 많은 유적조사가 진행되었고, 드러난 자료의 다양성은 이전엔 상상할 수 없는 정도에 이르렀다. 이러한 자료의 증대는 당연히 백제고분의 연구분위기 진작에 커다란 활력이 되었지만, 다양성으로 말미암아 이들의 이해에 적지 않은 어려움이 있음도 사실이다.

필자의 고고학 입문은 우연한 기회에 무덤의 실측에서 비롯되었다. 1979년 여름, 공주 웅진동 고분군 조사에 참여하면서 자연스럽게 무덤에 대한 관심이 표출되었다. 당시 다소 음습하지만 석실분 안에서 안온함을 느꼈다면 아이러니한 표현이겠지만, 텁텁한 기분과 함께 미묘한 감정은 지금도 떨칠 수가 없다. 이후 20여년간 수많은 고분조사에 참여하면서 백제고분에 대한 관심을 갖게 되었고, 특히 그 다양성이나 역동적 變化狀은 오히려 백제사 연구의 한계로 자주 지적되는 자료부족, 그에 따른 문헌사의 정체적 분위기와 사뭇 다른 면에 매력을 느낄 수 있도록 하였다. 그러나 그 동안 백제고분의 꾸준한 조사로 다양한 자료의 축적이 있었음에도 적확한 이해의 수단이 마련되지 않았다는 것은 이 분야를 공부하는 필자로서 다소 자괴감마저 없지 않다.

여기에 모은 글들은 그 동안 필자가 간헐적으로 발표하여 왔던 백제 墓制와 관련된 논고들이다. 발표된 시기에 서로간에 어느 정도 차이가 있고, 주제도 일관된 것은 아니다. 그러나 이들도 하나로 묶으면 백제고분 환경을 이해하는데 다소나마 유익할 것으로 생각되어 정리하여 보았다. 기왕의 고찰에 나타난 문제점을 스스로 점검하면서 추후 새로운 연구방향을 모색하기 위한 지침을 마련하겠다는 의도도 있었다. 따라서 기왕에 발표하였던 글들을 하나로 묶으면서 중복된 내용이라던가 亂筆만을 수정하여 제시하여 본 것이다. 이미 발표된 논고이기에 수정은 본래의 의미가 손상되지 않는 범위로 최소화시켰음은 물론이다.

우리나라 고대사의 연구는 비단 문헌사학만이 아니라 고고학 등의 여러 분야로 확대되고 있고, 연구환경도 매우 빠르게 변화되고 있다. 나아가 우리 역사 특히 고대사에 대한 관심이 폭넓게 확대되고 있을 뿐만 아니라 연구결과도 상당한 축적이 이루어진 상태이다. 이러한 환경에서 舊態然한 자세로 이미 발표된 글을 하나로 묶는 것에 대한 나름의 부끄러움도 적지 않다. 그러나 추후 보다 나은 立論을 위한 중간 점검으로 惠諒하고 많은 叱正을 바란다.

원고를 정리하고, 교정하는 등의 가다듬는 작업에 이현숙의 도움이 있었고, 도면작성이라던가 자료의 정리에 김미선, 이지현의 도움도 있었음을 밝혀둔다. 여기에 경제성은 물론, 학문서로서 별로 주목되기도 어려운 것을 출판하여준 書景文

化社의 김선경 사장에게 감사하며, 그의 이 분야에 대한 관심이 남다르다는 것을 새삼 느낄 수 있는 계기가 되었다. 멀리서 그리 살갑지 않은 夫情을 그리는 아내와 외롭게 배움에 열중하는 아들·딸을 생각하며, 그에의 보답은 보다 학문에 정진하는 것임을 느껴본다.

熊津薺에서 筆者 識

第 1 章 百濟墓制와 그 展開現況

우리 역사에서 墓制가 구체화되는 것은 청동기시대지
만 인문의 발달정도로 미루어 보다 上廻될 수 있
을 것이다. 아무튼 墓制가 구체화되었다는 것은
狩獵·漁撈와 같은 採集經濟가 점차 生産經濟로
발전하였다던가, 階層化 進展 및 政治力 成長이
이룩되면서 墳墓의 조영에 남다른 노력이 傾注되
었음을 반증하는 것으로 볼 수 있다. 특히 이러한
현황은 사회발전이 가속화된 原三國期 혹은 三國
時代에는 다양하고 복잡한 墓制 환경이 전개되었
으며, 이는 사회발전과 묘제의 발전이 병행된다는
것을 알게 한다.

第1章 百濟墓制와 그 展開現況

1. 序言

墓制란 무덤을 構築하는 方式이라 정의될 수 있다. 死後世界에 대한 認識이 싹트면서 死者를 위한 각종의 儀禮가 실시되는데 通過儀禮중에서도 喪祭가 강조되는 것은 死後世界에 대한 인식이 남다르기 때문이다.

우리는 喪祭와 관련된 행위의 총체를 葬制라고 부르는데 墓制는 이 葬制의 下位槪念이지만 物的資料로 남겨지기에 고고학의 중요한 연구대상으로 다루어지고 있다. 其實, 사람이 사람답게 살 수 있는 것은 문화적 삶을 營爲하기 때문이고, 문화는 社會 準則의 형태로 慣習化 되어 累代에 걸쳐 계승된다. 특히 定住生活이 이루어지면서 冠婚喪祭와 같은 문화행위가 중시되었고, 이러한 通過儀禮는 時·空 및 主體에 따라 차별적으로 존재하기에 해당사회의 역사고찰을 위한 자료로 활용되는 것이다. 이중에서도 墓·葬制는 당대의 사회의식이나 관습이 폭넓게 반영되면서 사회변화와 밀접한 관련을 보이기 때문에 이를 통한 인류의 과거 모습을 복원하는데 매우 有用性을 지니고 있다.

우리 역사에서 墓制가 구체화되는 것은 청동기시대지만 인문의 발달 정도로 미루어 보다 上廻될 수 있을 것이다. 아무튼 墓制가 구체화되었다는 것은 狩獵·漁撈와 같은 採集經濟가 점차 生産經濟로 발전하였다던가, 階層化 進展 및 政治力 成長이 이룩되면서 墳墓의 조영에 남다른 노력이 傾注되었음을 반증하는 것으로 볼 수 있다. 특히 이러한 현황은 사회발전이 가속화된 原三國期 혹은 三國時代에는 다양하고 복잡한 墓制 환경이 전개되었으며, 이는 사회발전과 묘제의 발전이 병행된다는 것을 알게 한다.

百濟 墓制에 대해서는 多樣性이 자주 지적되어 왔다.[1] 물론 묘제의 다양성은 사용주체인 백제의 구성세력이 다양하다는 것을 대변하는 것으로 볼 수 있다. 그러나 백제의 建國主體와 관련되었을 도읍지 일원에 남겨진 墓制 내용은 오히려 단순하면서도 일원적 변화 내용을 보인다. 반면에 도읍지 이외의 지방사회는 지역에 따라 다양한 묘제가 운영되고 있어 대조를 보인다. 그러나 이들도 도읍지 중심으로 조영되던 中央墓制의 확대로 말미암아 일원적으로 통일되는 변화과정을 거치는데 이는 결국 백제사회의 力動的 變化狀이 반영된 것으로 볼 수 있을 것이다.[2]

여기에서는 백제묘제의 변화상, 즉 전개현황을 검토하고자 한다. 다양한 백제묘제가 어떤 형상으로 존재하고 변화되는가를 검토하여, 이의

---

1) 李南奭, 1994, 「百濟古墳의 墓制類型考察」『蒼海朴秉國敎授停年紀念史學論叢』, pp.205~228.
2) 李南奭, 1995, 『百濟石室墳硏究』, 學硏文化社.

전반적 이해를 도모하면서, 이를 토대로 백제사회의 변화상을 유추할 수 있는 토대를 마련하여 보자는 것이 본 장의 작성 배경이다. 따라서 고찰의 범위는 백제묘제의 범위를 시·공적 측면에서 어떻게 정의할 것인가와, 이를 토대로 유형화 문제를 개략적으로 살핀 후, 각 유형의 내용을 사례를 들어 살피고, 이를 토대로 編年的 位置를 가늠한 다음, 발생·소멸에 초점을 맞추어 상호간의 영향이나 변화과정이 어떠한가를 정리하여 보겠다. 물론 여기에는 副葬遺物의 變化, 나아가 보다 上位概念인 葬制的 環境의 변화가 논급되어야 할 것이나 우선은 묘제에만 초점을 두겠다.

2. 百濟墓制

百濟의 墓制는 백제란 고대국가의 등장과 더불어 국가의 주체인 百濟人의 분묘 조성방식을 일컫는다. 즉 百濟墓制로 취급될 수 있는 자료는 고대국가 백제와 관련된 것이어야 한다. 이를 위해서는 무엇보다도 백제라는 政治體의 存續時期와 그 彊域에 대한 範圍가 명확하게 설정되고, 그에 포함된 분묘를 대상으로 百濟 墓制가 검토되어야 할 것이다.

그러나 三國이 고대국가로 성립된 시기의 이해에는 적지 않은 혼란이 있다. 특히 한반도 남부지역에서 전개된 고대사회의 실상을 일목요연하게 설명하기는 아직 力不足일 뿐만 아니라 각 政治體의 彊域을 분명하게 劃定하기도 매우 어렵다. 따라서 백제묘제의 검토를 위해서는 백제라는 고대국가의 時·空的 위치가 분명하게 설정되어야 할 것이다. 그러나 『三國史記』등의 文獻만이 아니라 考古學 資料를 통해서 이 문제를 검토함에 적지 않은 異見이 제시되고 있음도 널리 알려진 사실이다.

고대국가 백제의 초기현황에 대해서는 三韓時期 馬韓의 小國으로 伯濟가 존재하였고, 이것이 고대국가 百濟로 발전하였다던가, 墳墓나 城郭을 토대로 3세기 후반의 於間에 百濟國이 등장하였다는 등의 이해가 마련되어 있다. 그러나 고대국가 백제가 본격적으로 활동하기 이전의 시기를 고대국가 단계보다는 오히려 소국단계로 취급하여야 한다던가, 考古學上으로 原三國期 혹은 鐵器時代로 구분되고 있음은 초기백제의 범주 설정이라던가 성격규정에 많은 어려움이 있다는 것을 보여주는 것이다.

空間的 範圍도 문제로 남는다. 잘 알려져 있듯이 백제가 한강유역에 정착한 직후인 初期의 彊域은 한강 하류지역 일부에 불과하다. 오히려 국가성장과 더불어 북쪽 혹은 남쪽으로 영역확대가 이루어지는데, 이로 보면 영산강 유역까지의 남부지역을 완전하게 장악하는 것은 상당한 시간이 경과된 후에나 가능했다고 보는 것이 당연할 것이다.

이와 같은 초기 백제에 대한 연구현황을 근거하여 묘제를 검토할 경우 지역이나 시기 설정에 적지 않은 어려움이 있다. 즉 검토대상인 분묘는 物的資料로 不動的인데 반해서, 백제라는 政治體는 다분히 流動性을 띠고 있어 묘제와 관련된 공간이나 시간의 범위 설정에 상당한 어려움이 있다는 것이다. 물론 단순하게 보면 백제묘제는 고대국가 백제의 건국과 더불어 百濟人이 사용한 묘제에 국한하면 그만이다. 다시 말하면 백제묘제는 건국주체들이 사용한 묘제에 국한하고, 나아가 국가성장과 더불어 백제 지배하에 완전하게 편입된 지역에, 편입된 시점부터 조영된 묘제를 백제묘제로 보면 될 것이다. 그러나 묘제라는 물질적 자료를 취급함에 이처럼 협의적 범주에서 개념을 정리하는 것이 과연 타당한가도 疑問이 없지 않다.

백제의 建國主體 勢力에 대한 성격을 한마디로 斷言하기는 어렵다.

다만 북쪽에서 流移한 주민이 중심이 되었다는 것은 인정되지만 이들도 한강유역의 定住民과 더불어 점진적으로 백제를 발전시켰다고 보는 것이 일반적이다. 따라서 백제라는 고대국가의 초기환경은 구성세력 자체가 다양하였다고 볼 수 있고, 그에 따른 물질문화도 複合性을 지닌 채 출발하였다고 볼 수 있다. 또한 백제가 한강유역에 자리하던 초창기의 지방사회는 중앙과 무관한 채 나름의 독자적 문화를 영위하고 있었음을 否認하기 어렵다.

그러나 이들도 백제가 보다 발전된 政治體로 성장하면서 그와 有機的 關聯속에 존속되었을 것이란 추정도 어렵지 않다. 오히려 백제의 발전은 주변지역 특히 남쪽의 馬韓地域을 蠶食하는 과정으로 본다면, 아직 백제에 완전히 隸屬되지 않은 집단들이더라도 어떤 형태로든 백제의 영향하에 있었다고 볼 수 있을 것이다. 물론 백제에 완전히 예속되지 않은 지방사회의 여러 집단사회들은 백제에 편입되기 전까지 獨自性을 유지하였을 것이고, 따라서 그들이 사용한 墓制를 백제묘제로 일괄 설명하기는 어려울 것이다. 나아가 본격적으로 백제 勢力下에 編制되었다 하더라도 旣往의 慣習的 文化遺産도 어느 정도 보유하였을 것이란 추정이 가능하다. 이 경우 물질문화의 성격을 어떻게 정의할 것인가도 문제로 남는다. 더욱이 백제라는 고대국가의 등장 후 지방의 여러 집단들이 백제와 정치적으로 어떤 관련을 맺는가에 대한 역동성의 추정도 매우 어려운 현실이다.

결국 이러한 현황은 협의적 관점에서 백제묘제를 峻別하고, 개념을 정의하기가 매우 어렵다는 것을 알게 한다. 기왕의 백제묘제에 대한 내용을 一讀할 경우 이러한 문제점은 그대로 드러난다. 초기백제의 묘제와 原三國의 묘제를 엄격하게 구분하기 어렵다든지, 혹은 영산강 유역의 옹관묘를 마한 묘제로 볼 것인가, 아니면 백제묘제로 다룰 것인가의 논의가 그것이다. 물론 이러한 논란의 배경은 고대국가인 백제의 성장이 점진적으로 이루어졌고, 영역의 확대 또한 점진적으로 진행되면서 확대된 영역을 自己 勢力化하는 방식도 다양하였을 것임에도 이에 대한 분명한 설명이 어려운 현실에서 起因한다고 볼 수 있다.

따라서 百濟墓制의 定義는 보다 廣義的 範疇에서 이루어질 수밖에 없다. 백제가 건국되어 멸망하기까지의 기간에, 백제가 차지하였던 영역에 존재한 분묘를 일단 백제묘제의 범주에서 다루는 것이 어떨까 한다. 다만 정치적 역관계를 토대로, 건국주체세력과 관련하여 창출되었을 것으로 볼 수 있는 분묘를 中央墓制, 반면에 그와는 무관하게 이전부터 존재하던 분묘를 地方墓制 혹은 土着墓制로 구분하여 본다면 일단 계통에 따른 구분이 가능하지 않을까 생각한다.

이렇게 구분할 수 있는 근거는 백제분묘의 잔존현황과 그 전개상에서 나름대로 마련될 수 있다. 즉 백제묘제는 건국주체세력이 基盤하였던 도읍지역과 이외지역으로 나뉘어 差別化된 상태로 존재하며, 묘제의 전개가 도읍지역의 것들이 점차 지방사회로 확대되면서 점차 일원화되는 점에 근거하는 것이다.

백제 분묘에 대한 연구는 비교적 폭넓게 진행되어 왔다. 특히 발굴조사의 증가로 자료의 축적이 괄목할 정도로 진행되면서 연구는 발굴자료의 보고를 비롯하여 지역별 잔존 유적의 정리, 개별 유형에 대한 분석 및 검토 등 다양한 방면에서 진행되었다. 필자도 백제 석실분을 다루면서 이에 대한 개괄적 이해를 시도하여 본 바가 있는데, 특히 백제묘제를 築造材料와 埋葬部의 構造屬性에 따라 12가지로 유형 구분하여 본 바도 있다.3)

---

3) 李南奭, 1994, 앞의 註 1의 글

그러나 최근에 새로운 자료의 증가가 급속하게 진행되면서, 기왕에 없었거나 소홀하게 다루었던 新出 資料도 적지 않게 나타났다. 예컨대 周溝墓나 瓦棺墓는 신출자료의 사례이고, 墳丘墓 자료의 증가가 그것이다. 이로써 백제묘제에 대한 보다 심층적 고찰도 필요하게 되었고 유형분류 자체도 새로운 검토가 요구된다. 다만 특정시기 및 지역의 물적 자료에 대한 유형이라던가 형식구분은 기준을 어떻게 마련하는가에 따라 다양한 결과를 가져온다. 특히 墳墓는 傳統性이 강하기에 累代的 屬性이 풍부하게 반영되고, 이로써 구조자체에 상당한 複合性을 드러낼 수밖에 없다. 때문에 단일의 기준을 적용하여 형식화하기에는 적지 않은 무리가 따르게 된다. 다만 분묘도 물질자료인 이상, 일목요연한 이해를 위해 類型化는 필요하며, 이를 위해서는 가장 합리적 분류기준을 마련할 필요가 있다.

사실, 百濟墓制의 기본은 土葬을 원칙으로 한다. 다만 葬制的으로 시신을 직접 묻는가, 二次葬的 방식인 骨葬을 실시하는가, 아니면 火葬 후 遺骨을 수습하여 묻는 등의 차이가 있을 뿐이다. 그러나 유골을 안치한 시설, 즉 墓制는 시기와 지역에 따라 千差萬別한데, 이는 유골을 안치하는 방식과 더불어 이들 遺骨의 埋納 시설이 매우 다양하게 존재하였던 것에 기인한다. 예컨대 유골의 안치방법에는 지하로 土壙을 파고 직접 묻는 방식 외에 木材로 棺 혹은 槨을 시설하거나, 항아리, 甕 등을 사용하는 경우가 있다. 그리고 매장시설로 석재나 벽돌 등을 사용하여 空洞의 墓室을 조성한 다음 여기에 시신을 안치하는 방식도 있다. 특히 시신을 埋納하는 시설 외에 埋葬部를 地下에 마련하는가 아니면 地上에 마련하는가, 보호시설로 흙을 사용하는가 돌을 사용하는가와 더불어 周溝墓처럼 埋葬部 외곽에 溝를 조성하는 방식도 있어 대단히 복잡한 양상이다.

이러한 구조속성은 묘제 자체를 분류함에 있어 사용재료, 매장부의 구성 요소가 기준자료로 유용한 것을 알게 하지만, 이들만으로는 분묘의 외형적 형상이 완전하게 반영되지 않는 한계를 드러내기에 분류기준으로 외형적 형상을 반영할 수 있는 요소의 추가가 필요하다.

그런데 墳墓의 外形的 屬性은 분묘자체가 地上 혹은 地下에 조성되었다 하더라도 오랫동안 放棄된 까닭에 標識施設이라던가 保護施設의 遺棄가 심하게 나타나 본래의 속성을 파악하기가 어렵다. 따라서 殘存遺構의 외형만을 토대로 분류기준을 마련할 경우 상당한 문제를 범할 수 있다. 다만 묘실의 위치가 지상인가, 지하인가라는 점과 함께 매장부를 지상에 조성할 경우 墳丘를 만든 다음에 墳丘上에 埋葬部를 시설한 墳丘墓인가, 아니면 지표면에 埋葬部를 구축한 다음에 封土 혹은 封石한 封土墳의 형식인가의 구분은 가능하다.

다만 후자의 경우 매장부를 지하에 조성하고 封土한 경우와 지상에 조성한 후 封土한 경우, 묘제 차이보다는 오히려 지역적 차이에 기인한 것이 많고, 地上과 半地下, 地下의 구분도 모호하기에 일단 대상에서 제외할 수밖에 없다. 반면에 墳丘墓의 형태는 현재의 자료로 보면 기왕에 유형화된 墓制와는 差別化될 수 있는 요소가 많기에 일단 분류기준으로 삼을 수 있지 않은가 생각된다.

백제묘제의 유형을 재검토하기 위하여 분류기준으로 우선 축조재료와 埋葬部의 구조 특성 외에 築造方式에서 墳丘의 存在與否를 추가하여 보았다. 그에 따르면 백제묘제는 石築墓로 積石塚·橫穴式 石室墳·竪穴式 石槨墓·橫口式 石室墳·橫口式 石槨墓로 세분할 수 있고, 土壙墓로 純粹土壙墓·木棺 土壙墓·木槨 土壙墓로 구분하면서, 甕棺墓는 石室 甕棺·土壙 甕棺·墳丘 甕棺·橫穴 甕棺으로 나눌 수 있다. 그리고 火葬墓와 塼築墳 외에 墳丘墓·周溝墓·瓦棺墓도 또 다른 유형으로 추가할 수 있다.

석축묘는 석재를 재료로 사용한 것으로 재료의 사용범위와 매장부의 형태에 따라 積石塚과 石室墳으로 구분된다. 그리고 다시 매장부의 구조속성에 따라 석실분은 橫穴式과 竪穴式, 그리고 橫口式으로 구분할 수 있다. 그러나 적석총은 石築의 遺構를 지상에 조성한다는 특징은 파악되지만, 매장시설이 확인된 것이 거의 없어 더 이상 세분하기가 어렵다. 다만 석실분이 土壙을 파고 지하 혹은 半地下로 埋葬部를 조성하고 표면을 封土하는 것에 반해서 積石塚은 지상에 매장부를 조성하고 석축으로 封石한다는 뚜렷한 차이가 있어 크게 대비된다.

석실분은 각기 木棺을 사용하는 경우와 그렇지 않은 경우, 혹은 甕棺이 안치된 경우도 있다. 또한 屍身의 安置 방식에서도 多葬 혹은 單葬의 구분이 가능하고, 묘실의 위치도 地上式과 地下式이 있다. 그런데 입구가 설치된 횡혈식 석실분은 棺의 사용이 보편적이나, 입구가 없는 竪穴式은 석곽묘로 명칭하는 것으로 棺의 흔적이 거의 발견되지 않는 차이가 있다.

반면에 橫口式은 선택적으로 棺이 사용된다. 이로써 관의 사용여부가 석실분의 유형구분 내용과 거의 일치한다고 보았다. 그러나 화성 마하리나[4] 천안 용원리 고분군내에서 조사된 竪穴式 石槨墓는[5] 오히려 목관이 시설되기에 자체의 세분이 필요하기도 하다. 나아가 봉정리 고분[6]처럼 수혈식 석곽묘내에 甕棺을 안치한 경우가 있는가 하면, 보통골 17호분[7]처럼 횡혈식 석실분내에 부수적으로 甕棺이 안치된 경우도 있

---

4) 金載悅 외, 1998, 『華城 馬霞里 古墳群』, 湖巖美術館.

5) 李南奭, 2000, 『龍院里 古墳群』, 公州大學校博物館.

6) 安承周, 1975, 「百濟古墳研究」 『百濟文化』7·8합, 公州師範大學百濟文化研究所.

7) 安承周·李南奭, 1992, 『公州보통골百濟古墳發掘調查報告書』, 百濟文化開發

다. 다만 후자의 경우 옹관묘로 볼 것인가 석실분으로 볼 것인가의 문제는 검토가 필요하다. 이 경우 봉정리 고분처럼 옹관이 안치된 석실이 석곽 즉 수혈식의 구조로 이루어져 있으면서 埋葬部의 주체가 옹관이 중심이 된 것은 옹관묘로, 보통골 17호분처럼 木棺 외에 甕棺이 부수적으로 남아 있는 경우는 석실분으로 분류되어도 문제가 없을 것이다.

한편 多葬과 單葬의 문제는 橫穴式과 竪穴式으로 구분되는 즉 入口 設置 有無에 따라 엄격하게 구분되는 특성과 동일하게 횡혈식은 單葬보다는 오히려 多葬的 성격으로 보아야 하고, 반면에 竪穴式은 원칙적으로 單葬임에 여전히 변함 없다. 橫口式은 기왕의 이해대로 묘실 구조가 竪穴式과 類似하기 때문에[8] 單葬으로 판단될 수도 있는데 入口設置와 木棺 사용 등의 橫穴式 葬制도 많이 포함되어 복합적 성격을 드러낸다. 한편 묘실의 위치가 지상인가 지하인가의 문제는 지역과 시기차이를 반영하는 것이기에 모두가 土壙을 파서 조성한다는 점에 공통점이 있다. 따라서 묘실 위치에 대한 차이는 보다 하위개념으로 다루어도 될 것이다.

다음, 土壙墓는 造成方式과 구조내용에 따라 유형을 구분할 수 있다. 棺 혹은 槨을 구성하기 위하여 목재를 사용하였는가의 여부에 따라 유형이 구분될 수 있는데 이미 고찰된 純粹 土壙墓·木棺 土壙墓·木槨 土壙墓의 구분방식은 여전히 타당성이 있다고 본다.[9] 그런데 토광묘의 경우 축조방식을 고려하면 기왕에 검토대상에서 예외로 다루어 왔던 土築墓[10]와 葺石封土墳,[11] 혹은 墳丘墓로 분류되었던 것들에 대한 검

研究院.

8) 李南奭, 1994, 「錦江流域 百濟 竪穴式 石室墳」 『先史와古代』6, 韓國古代學會.

9) 權五榮, 1991, 「중서부지방 백제토광묘에 대한 시론적검토」 『百濟硏究』22, 百濟硏究所.

10) 姜仁求, 1984, 『三國時代墳丘墓硏究』, 嶺南大學校出版部.

토는 필요하다. 이들은 지상에 흙을 쌓아 올려 분구를 조성하고 여기에
매장시설을 갖춘 점에서 일단 분구묘로 통일할 수 있겠다. 사례로는 서
울의 가락동 2호분이나12) 천안 두정동 분구묘를13) 들 수 있다. 이들은
지상에 흙을 쌓아 올려 분구를 조성한 다음, 여기에 多葬의 형태로 여
러 개의 매장시설을 갖추지만, 매장시설은 토광과 옹관이 함께 있어 토
광묘의 범주에서 이해하기보다는 별도의 분구묘라는 특수유형으로 분
류되어야 할 것이다.

옹관묘는 기왕에 재료의 형상과 매장부의 구조를 근거로 石室 甕棺
墓·專用 甕棺·日常容器 甕棺으로 구분하였었다. 그리고 전체적으로
사용재료가 甕이라는 점에 근거하여 옹관묘가 정의되었지만, 매장부의
형태는 서로간에 커다란 차이는 없어 분류자체에 문제가 없지 않다. 특
히 전용 옹관과 일상용기 옹관은 토기의 기술적 속성의 차이에 근거한
것일 뿐, 묘제 차이를 나타내는 것으로 보기는 어렵다. 여기에 석실 옹
관도 안치시설을 특징으로 삼았기에 관을 근거한 전용 옹관이라던가
일상용기 옹관과는 차이가 있다.

이로 보면 옹관묘는 일단 옹을 재료로 사용하여 관으로 활용하였다
는 공통성을 기초로 관을 안치하는 시설의 차이에 따라 石室 甕棺과
土壙 甕棺으로의 구분되어야 할 것이다. 더불어 墳丘上에 甕棺을 안치
한 소위 墳丘 甕棺도 差別化시키고, 여기에 공주 산의리 橫穴 甕棺과14)
같은 유형을 추가하여 石室 甕棺·土壙 甕棺·墳丘 甕棺·橫穴 甕棺으
로 구분하고자 한다.

---

11) 林永珍, 1995, 『百濟漢城時代古墳研究』, 서울대학교 博士學位 請求論文.
12) 尹世英, 1974, 「可樂洞 百濟古墳 第 1,2號 發掘調査略報」 『考古學』3, 考古學
　　 會.
13) 李南奭, 徐程錫, 200, 『斗井洞遺蹟』, 公州大學校博物館.
14) 李南奭, 1998, 『山儀里 遺蹟』, 公州大學校 博物館.

이외 특수형으로 본 火葬墓나 塼築墳은 여전히 特殊形으로 분류되어야 할 것 같다. 화장묘는 재료와 매장방식만을 근거하면 토광 옹관과 유사한 점이 많지만 옹관묘와 달리 작은 容器를 사용하면서 葬法도 화장과 관계된다는 절대적 차이가 있다. 그리고 塼築墳은 구조속성의 諸樣相이 횡혈식 석실분과 동일한 것이나15) 재료가 석재가 아닌 벽돌이란 점, 中國의 塼築墳과 관련되면서 백제묘제의 전개에 새로운 기법 혹은 형식출현의 배경이 된다는 점에서 여전히 중요한 유형의 하나이다.

마지막으로 周溝墓와 瓦棺墓의 문제이다. 주구묘는 중서부 지역과 호남의 서해안 지역에서 조사 예가 증가하고 있는데,16) 매장시설로 토광묘 혹은 옹관묘를 갖추고 주위에 방형 혹은 곡선형태로 溝를 갖춘 것이다. 이 묘제는 매장부를 기준으로 보면 옹관묘나 토광묘의 범주에서 이해될 수 있겠지만, 축조방식에 전혀 이질적 속성을 지녔다는 점에서 별도의 유형으로 분류되어야 할 것이다. 물론 周溝墓로 분류된 자료들도 溝나 埋葬部의 형태에 따른 세분이 필요하다. 한편 瓦棺墓는 서산 여미리 고분군에서 처음으로 확인되었는데 토광을 파고 기와로 관 혹은 곽 형상의 시설을 마련한 것이다.17) 묘제적으로 수혈식 석곽묘나 옹관묘와 상통하는 것이나 재료적 특성에 따라 일단 특수 유형으로 보고자 한다.

요컨대 이상의 내용을 고려하면, 백제묘제는 일단 백제의 존속시기 그 강역에 잔존된 분묘에 나타난 무덤 구축방식을 의미한다는 보다 廣義的 개념규정을 토대로 묘제의 분류는 축조재료, 매장부의 구조 형상, 축조방식에 따라 모두 16가지 유형으로 나눌 수 있다.

---

15) 安承周, 1975, 「百濟古墳研究」『百濟文化』7,8合, 百濟文化研究所.
16) 崔完奎, 1997, 「全北地方 古墳의 墳丘」『湖南考古學報』5, 湖南考古學會.
17) 忠淸埋藏文化財研究院, 1998, 『瑞山 余美里 遺蹟調査槪略報告』.

3. 墓制內容

앞서 살핀 것처럼 백제묘제는 개괄적 측면에서 모두 16가지 유형으로 구분이 가능하다. 물론 축조재료, 매장부의 구조형상, 그리고 축조방식을 근거한 이러한 구분은 산만한 감이 없지 않다. 특히 묘제의 연원이나 사용주체, 발전과정에 나타난 형식변화의 측면에서 보면 축약시킬 부분도 없지 않다. 그러나 여기에서는 각 묘제의 형상을 살피기 위하여 전체 유형을 그대로 활용하면서 설명의 편의를 위해 적석총과 석실분은 석축묘로 묶고, 이외에 옹관묘와 토광묘의 구분과 더불어 이외는 기타 묘제로 구분하여 살피겠다.

1) 석축묘

우선 석축묘 중에서 적석총은 매장부의 형태보다는 축석재료에 기초하고 더불어 외형적 특성에 근거하여 분류된 것이다.

백제의 초기 도읍지인 한강하류인 서울의 석촌동과[18] 양평 문호리[19] 삼곳리,[20] 춘천의 중도[21] 등지에서 조사되었는데 외형은 無基壇 積石

---

18) ① 서울대학교박물관, 1975,『石村洞積石塚發掘報告』, 서울大學校考古人類
　　　叢刊 第 6冊.
　　② 金元龍・裵基東. 1983,『石村洞 3호분(積石塚)發掘調查報告』, 서울대학교
　　　박물관.
　　③ 石村洞遺蹟發掘調查團, 1984,『石村洞 3號墳(積石塚) 復元을 위한 發掘報
　　　告書』.
　　④ 石村洞發掘調查團, 1987,『石村洞古墳 發掘調查報告書』.
19) 黃龍翬, 1974,「陽平郡 西宗面汶湖里遺蹟發掘報告」『八堂・昭陽댐水沒地區
　　遺蹟發掘綜合報告』.
20) 文化財管理局 文化財研究所, 1994,『漣川 三串里 百濟積石塚 發掘調查報告
　　書』.
21) 朴漢尚・崔福奎, 1982,「中島積石塚發掘調查報告」『中島發掘調查報告書』.

그림 1. 삼곶리 적석총

그림 2. 석촌동 2호 적석총

塚과 有基壇 積石塚으로 구분할 수 있다. 다만 매장부의 경우 무기단 적석총에서 석곽 형상이 발견되었을 뿐 有基壇 積石塚에서는 구체적 형상이 확인된 바 없어 여전히 베일 속에 있다. 하지만 지상에 석축으로 돌을 쌓으면서 그 안에 매장부를 조성하기에 매장부가 지상에 위치한다는 점, 즉 외형시설을 석축으로 조성하면서 매장부를 지상에 위치시킨다는 점이 묘제 특성으로 지적될 수 있다. 그런데 적석총은 석재를 사용하여 전체 분구를 조성한다는 특징이 있음에 반해서 석촌동 2호분 등의 자료는 외부만 축석하고 내부는 흙 다짐 혹은 지반토를 그대로 이용한 경우도 있어 적석총 자체를 다시 세분화하여 이해하는 것도22) 보다 진전된 견해라 여겨진다.

횡혈식 석실분은 埋葬部를 돌로 꾸미면서 별도의 入口와 이에 이르는 羨道를 개설한 점에서 매장부의 구조특성을 지닌 것이다. 墓室은 대체로 지하 혹은 반지하 형태로 위치시키면서 묘실 상부를 봉토하는 것이 특징인데 지역에 따라서는 묘실을 지상에 위치시키는 경우도 있다. 예컨대 나주 복암리 3호분내에 시설된 횡혈식 석실분은23) 墳丘上에 土壙을 파서 조성한 것이 그것이다. 이 횡혈식 석실분은 백제고지의 전역에서 발견되지만 점진적으로 확대된 것이고, 묘제의 형식차에 따라 등장시기가 차별화될 수 있다.

화성의 마하리24) · 원주의 법천리25) · 공주의 분강 · 저석리26) 그리고 청주의 주성리27) 등지에서는 적어도 4세기 후반에서 5세기 초반대

---

22) 林永珍, 1995, 『百濟漢城時代古墳硏究』, 서울대학교 大學院博士學位請求論文.

23) 金洛中, 1998, 「羅州伏岩里3號墳發掘調査」 『3 – 5세기금강유역의 고고학』, 考古學會.

24) 김성남, 1999, 「마하리 유적 개략보고」 『전국고고학대회 발표요지』.

25) 윤형원, 1999, 「原州 法泉里 古墳群發掘調査槪報」 『박물관신문』8월호.

26) 李南奭, 1997, 『汾江 · 楮石里 古墳群』, 公州大學校 博物館.

27) 조상기, 1999, 「淸原 主城里遺蹟發掘調査槪報」 『호서지방의 선사문화』, 湖西 考古學會.

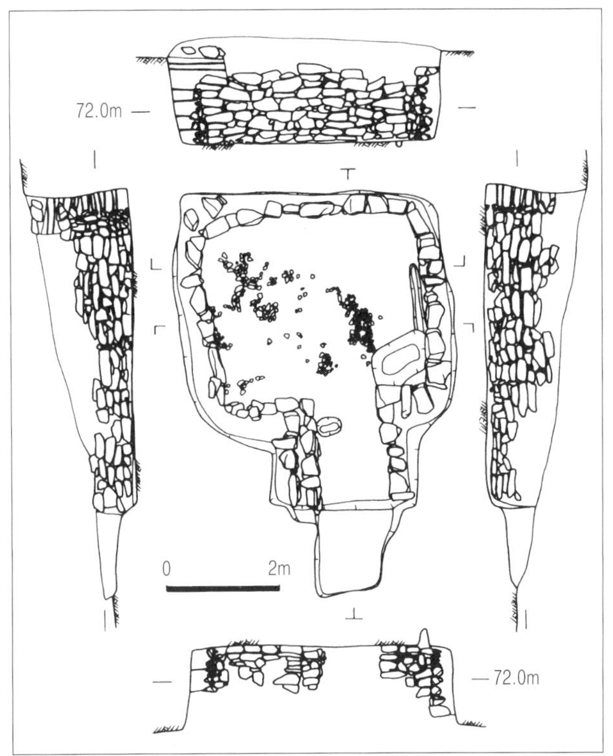

그림 3.　청주 주성리 2호 석실분

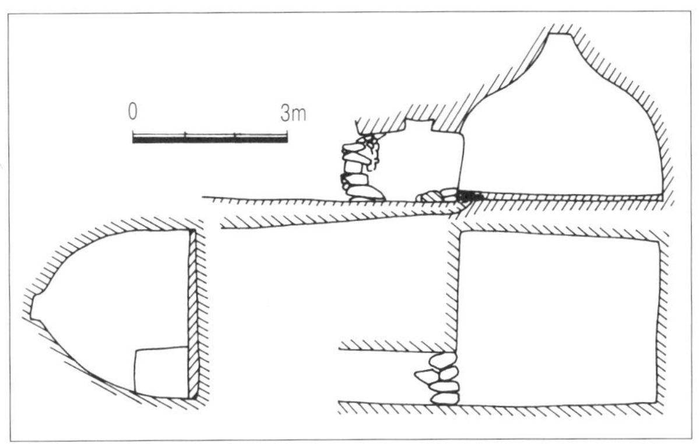

그림 4.　공주 송산리 4호 석실분

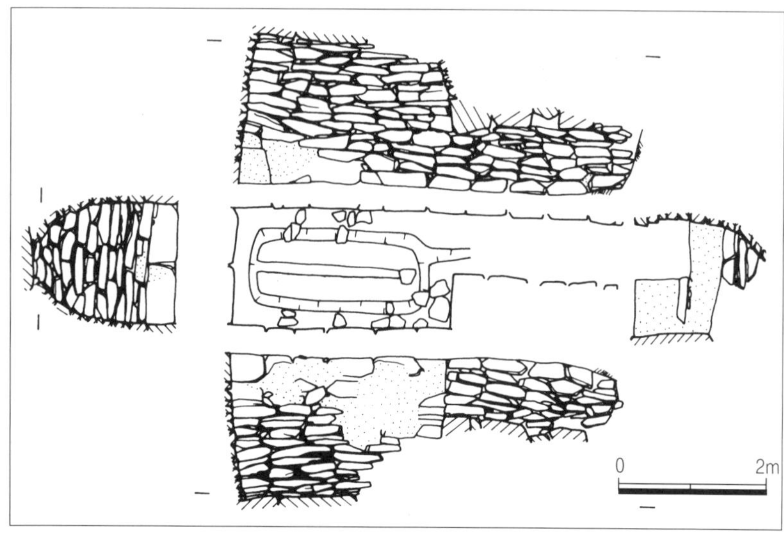

그림 5. 공주 금학동 1호 석실분

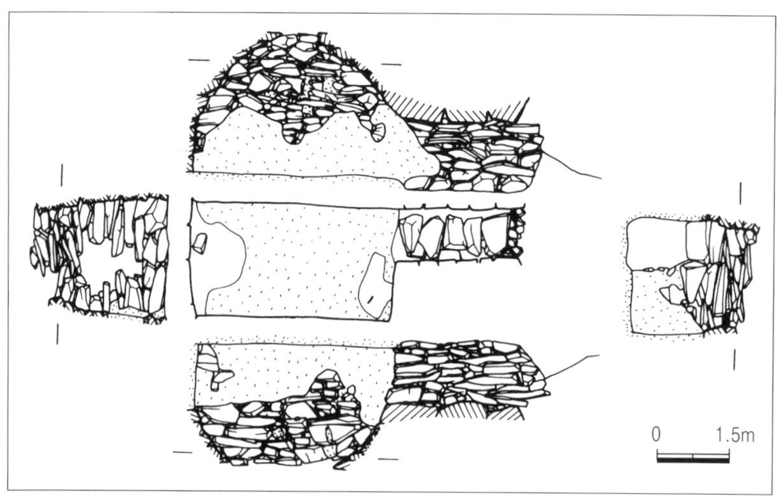

그림 6. 공주 금학동 2호 석실분

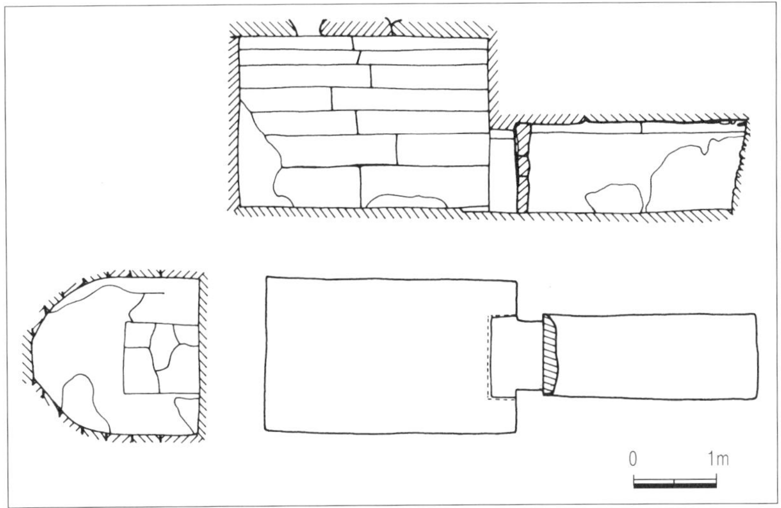

그림 7. 부여 능산리 중하총

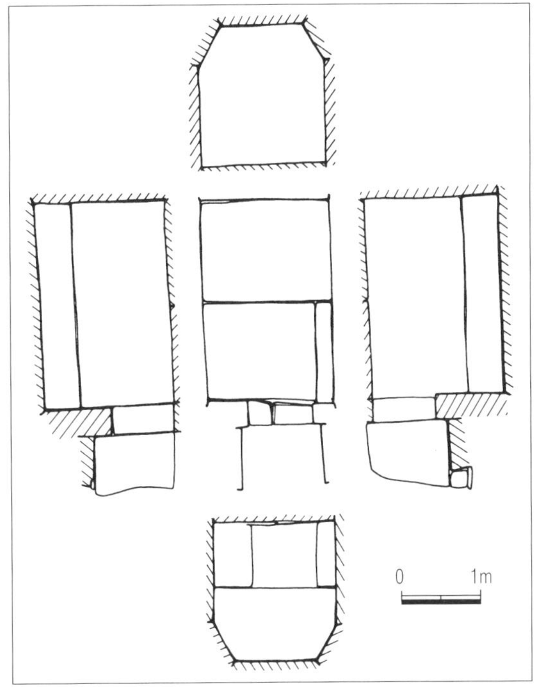

그림 8. 논산 육곡리 7호 석실분

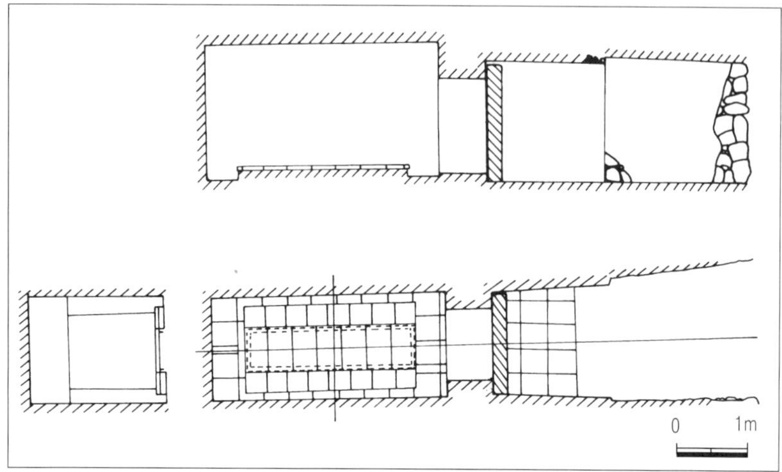

그림 9. 부여 능산리 1호 석실분

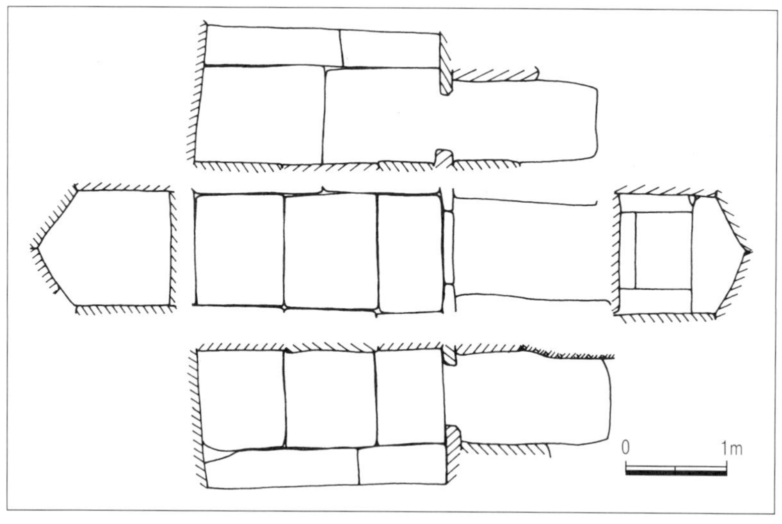

그림 10. 시복동 1호 석실분

로 편년되는 자료들이 있다. 이들은 서울의 가락동·방이동 석실분과 더불어 백제 횡혈식 석실분의 초기자료들이다. 묘실 평면이 방형에 가깝게 시설된다거나, 연도가 중앙 혹은 좌우의 편재로 통일성이 없고, 천장도 궁극은 궁륭식을 지향하나 조임식의 범주에 머문다는 특징이 있다.

그러나 5세기 중반에 이르면 가락동 3호분이나 공주 송산리 횡혈식 석실분의 예처럼 전형적 궁륭식으로 정착되는데, 방형의 묘실에 우편재의 연도가 규칙적으로 갖추어진다. 이후 횡혈식 석실분은 중국 남조의 전축분이 유입되고, 그 영향으로 형식변화가 나타나는데 변화방향은 묘실이 장방형으로, 입구 및 연도가 중앙에 시설되면서 천장은 터널형태에서 평천정으로 진행된다. 이들 횡혈식 석실분은 묘실의 평면, 입구 및 연도의 형상, 천장의 가구방식에 따라 8가지 형식으로 구분할 수 있다.28)

竪穴式 石槨墓는 지하로 묘광을 구축하고 석축으로 空洞의 묘실을 조성한다는 점에서 횡혈식 석실분과 비슷하다. 그러나 입구 및 연도와 같은 출입시설이 전혀 마련되지 않으며, 묘실의 평면이 세장방형이고, 천장이 평천정 일색이란 점에서 커다란 차이가 있다.29) 기왕에 백제 수혈식 석곽묘 자료는 논산 표정리30)와 모촌리31)라던가, 익산 웅포리32)

---

28) 李南奭, 1992, 「百濟 橫穴式 石室墳의 構造形式 硏究」『百濟文化』22, 公州大學校 百濟文化硏究所.
29) 李南奭, 1994, 「百濟 竪穴式 石室墳硏究」『百濟論叢』4, 百濟文化開發硏究院.
30) 安承周·李南奭, 1999, 『論山表井里百濟古墳發掘調査報告書』, 百濟開發硏究院.
31) 安承周·李南奭, 1992, 『論山茅村里百濟古墳發掘調査報告書』, 百濟開發硏究院.
32) 崔完奎, 1994, 「全北 西海岸地方 百濟古墳의 一考察」『湖南考古學報』, 湖南考古學會.

등의 금강유역에서 주로 발견되었고, 이외에 횡혈식 석실분과 혼재된 형태로 잔존되어 있다.

그러나 최근 화성의 백곡리[33]나 마하리를 비롯하여 천안의 용원리에서도 그 흔적이 확인됨으로써 분포범위의 확대와 더불어 보다 세부적 형식 고찰이 필요하게 되었다. 다만 수혈식 석곽묘는 土壙을 파고, 여기에서 長方形의 墓室을 割石材로 구축하며, 묘실의 장축이 등고선 방향과 일치한다던가, 單葬를 기본으로 한다든가 라는 기본적 요소에는 변함이 없다. 그리고 매장부의 축조형태는 粗惡에 차이가 있고, 묘실 내부에 시상대의 설치라던가 유물 副葬 槨의 설치여부는 시기차이를 반영하면서 차별적으로 존재한다.[34]

나아가 천안 용원리나 화성 마하리의 수혈식 석곽묘에는 목관의 사용 흔적이 남아 있어 목관 사용여부에 차이를 보이며, 부장유물도 지역 및 시기에 따른 차이가 있다. 더불어 수혈식 석곽묘는 유물부장이 양적인 풍부함을 보이나 횡혈식 석실분의 등장을 기회로 점차 변화 혹은 소멸되기도 한다.

橫口式 石槨墓도 횡혈식 석실분이나, 수혈식 석곽묘처럼 지하로 묘광을 조성하고, 석축으로 空洞의 墓室을 축조한다는 점에서 공통성이 있다. 묘실의 형상은 竪穴式과 大同小異하지만 반면에 墓室의 한쪽에 입구를 개설하는 점에서 횡혈식과 상통한다. 그러나 입구에 별도의 연도가 달리지 않는 형식, 즉 벽면의 전체를 개구하여 입구로 사용하였다는 점에서 횡혈식과 차이가 있다.[35]

---

33) 姜仁求, 1997, 『華城 白谷里 古墳』, 韓國精神文化硏究院.
34) 李南奭, 1994, 위의 註 1의 글.
35) 崔完奎, 1994, 위의 글.

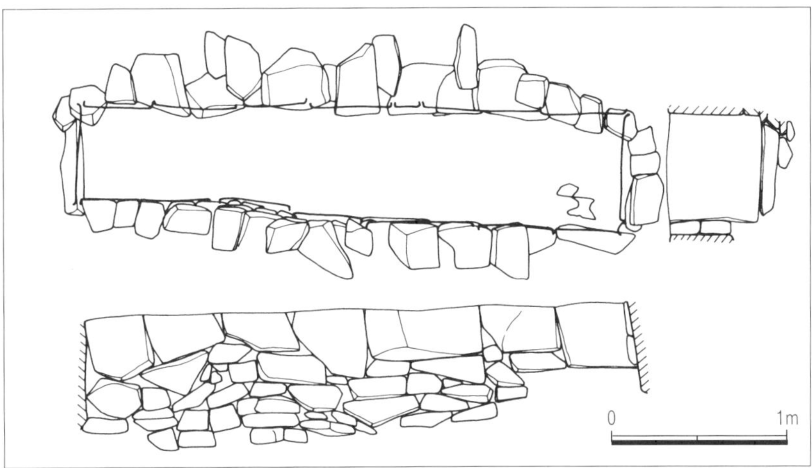

그림 11.　논산 표정리 13호 수혈식 석곽묘

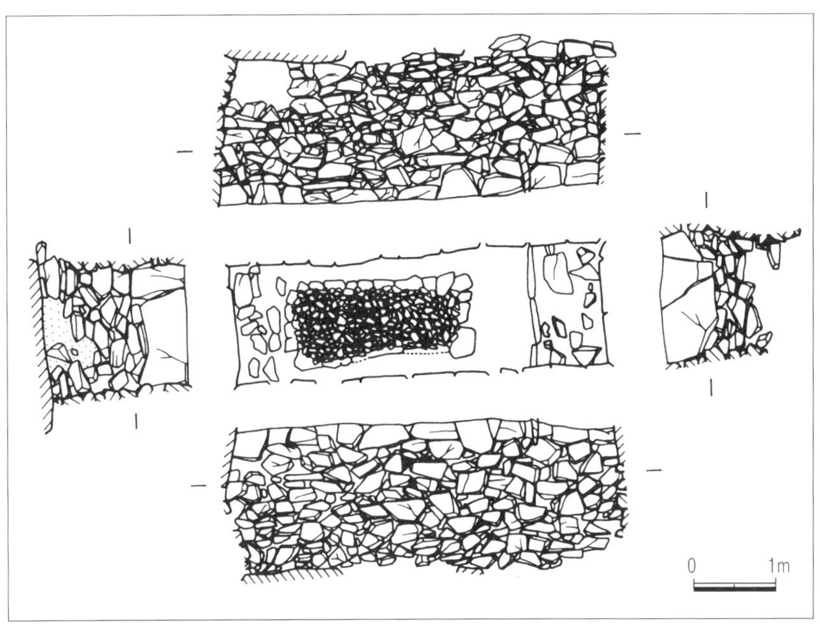

그림 12.　모촌리 93-5호 수혈식 석곽묘

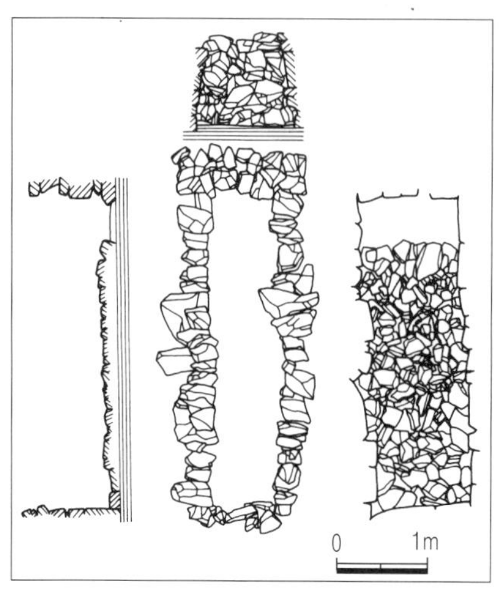

그림 13.　도구머리 1호 횡구식 석곽묘

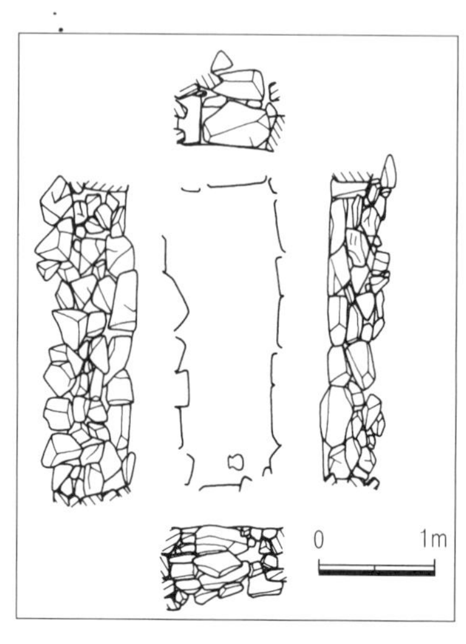

그림 14.　익산 웅포리 92 - 8호 횡구식 석곽묘

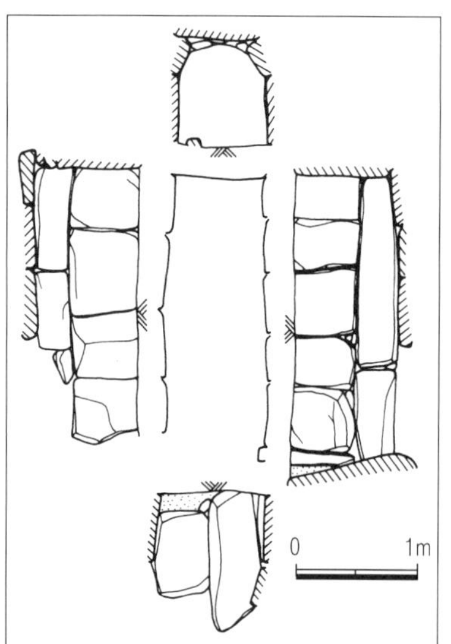

그림 15.　송학리 4호 횡구식 석실분

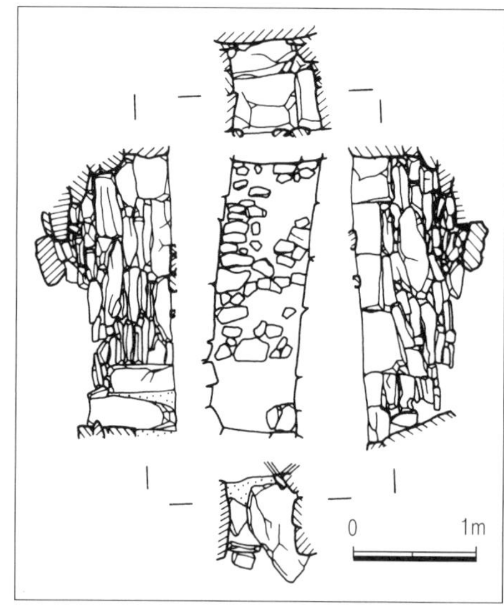

그림 16.　보통골 4호 횡구식 석실분

橫口式의 발생은 竪穴式 石槨墓에 橫穴式 墓制의 流入에서 비롯된 것으로 보았는데,36) 묘제적으로 횡구식도 두 가지로 구분될 것으로 본다. 즉 수혈식 석곽묘가 횡혈식 석실분의 영향으로 발생한 것과, 횡혈식 석실분의 약화 혹은 퇴화에서 비롯된 것이 그것이다. 물론 이들은 사용된 석재나 입구의 閉鎖方式에 차이가 있다. 前者의 예는 논산 표정리 도구머리 지역의 자료가37) 그것인데, 할석재를 사용하였고, 적석하여 입구를 閉鎖한 상태이다. 後者는 공주 송학리 고분군의 횡구식 석실분이 그것인데,38) 사용 석재가 판석재가 많고, 입구의 폐쇄가 積石보다는 세워 막는 형태로 이루어졌다는 것이다. 후자의 경우 묘실의 평면이 세장방형보다는 장방형으로 구분되는 것이 많은 것도 하나의 특징이다.

2) 토광묘

土壙墓는 지하로 묘광을 조성하고 여기에 시신을 안치하는 방식이다. 이는 목재로 棺 혹은 槨의 설치여하에 따라 純粹 土壙·木棺 土壙·木槨 土壙으로 구분할 수 있다. 우선 순수 토광묘 자료는 공주 남산리 9호 토광묘를 예로39) 볼 수 있고, 이외에 청주 신봉동의 일부자료나40) 부여 초촌면 소사리 토광묘도41) 목관 혹은 그 흔적이 없는 것으로 보고되어 있다. 그러나 남산리 토광묘 이외는 토광의 규모나 형태로 미루어 목관 흔적의 未發見에 원인이 있는 것으로 볼 수도 있다. 목관

---

36) 李南奭, 1996, 위의 글.

37) 尹武柄, 1979, 「連山地方百濟土器의 研究」 『百濟研究』 10, 忠南大學校百濟研究所.

38) 安承周·李南奭, 1990, 『公州 松鶴里·南山里 百濟古墳發掘調査報告書』, 百濟開發研究院.

39) 安承周·李南奭, 1990, 위의 報告書.

40) 李隆助·車勇杰, 1983, 『淸州新鳳洞百濟古墳發掘調査報告書』, 忠北大學校博物館.

41) 朴秉國·安承周, 1971, 「百濟古墳文化의 研究」 『百濟文化』 5, 百濟文化研究所

Ⅰ. 생토부스러기 포함 다갈색 사질점토
Ⅱ. 황갈색 사질점토
Ⅲ. 황색 점토
Ⅳ. 회백색 사질토
Ⅴ. 흑갈색 사질점토
Ⅵ. 생토부스러기 포함 황백색 점질토
Ⅶ. 밝은 황색 점질토
Ⅷ. 생토부스러기 포함 황백색 사질점토 다짐층
Ⅸ. 굵은 모래 포함 황색 사질점토
Ⅹ. 다갈색 사질점토
ⅩⅠ. 황백색 점질토
ⅩⅡ. 황생토부스러기 포함 녹갈색 사질점토 다짐층
ⅩⅢ. 생토부스러기 포함 황갈색 사질점토
ⅩⅣ. 생토부스러기 포함 적색 점질토
ⅩⅤ. 생토부스러기 포함 다갈색 사질점토 다짐층
ⅩⅥ. 황갈색 점질토
ⅩⅦ. 생토부스러기 포함 명갈색 점질토
ⅩⅧ. 다갈색 점질토

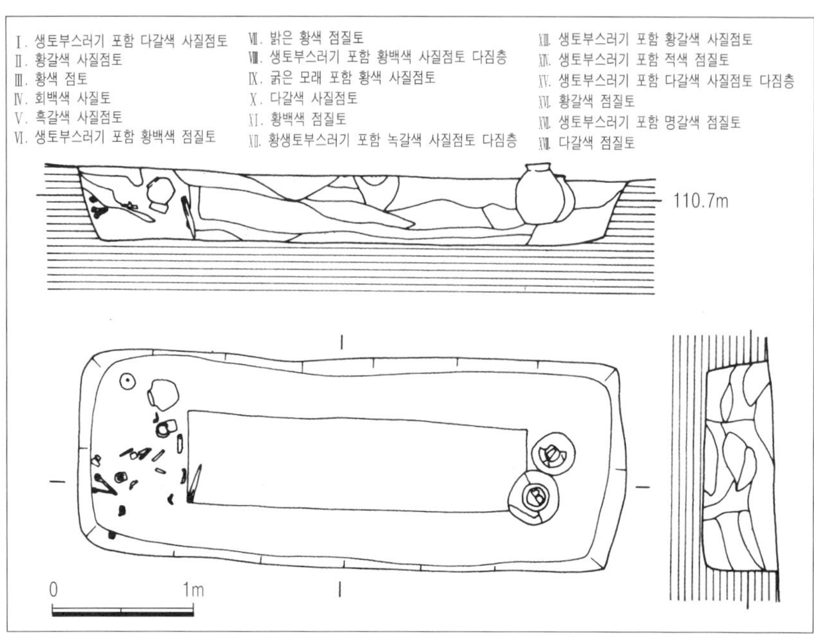

그림 17. 용원리 72호 토광묘

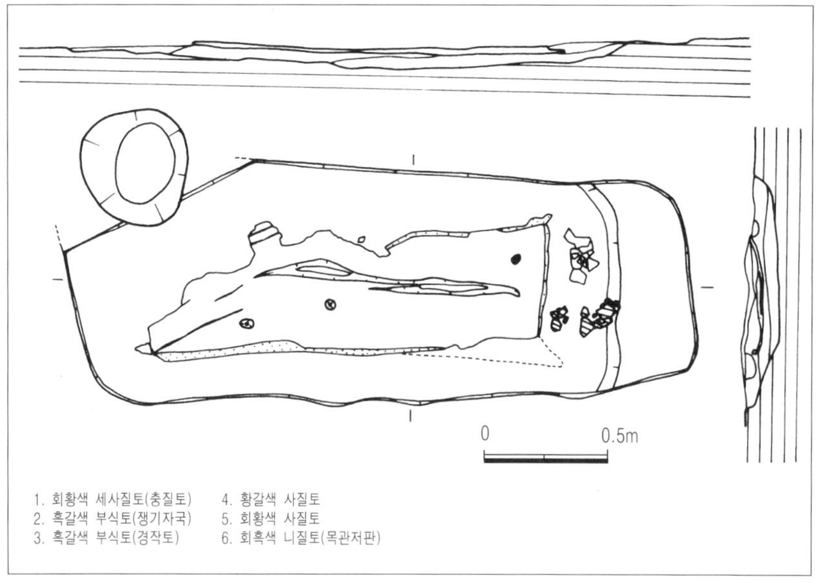

그림 18. 화성리 B - 6호 토광묘

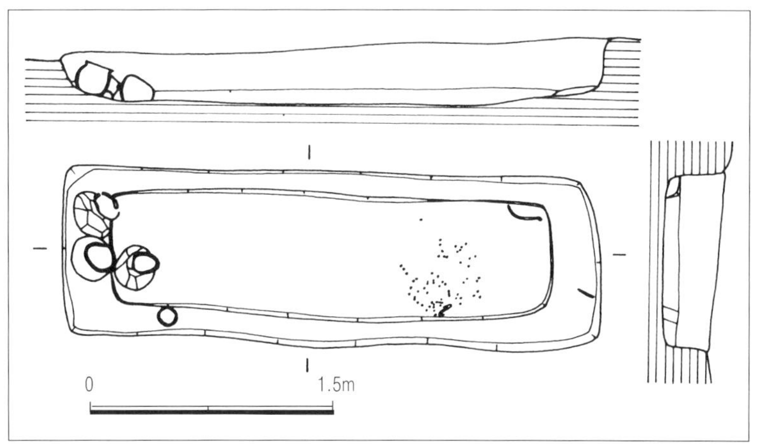

그림 19. 청당동 2호 토광묘

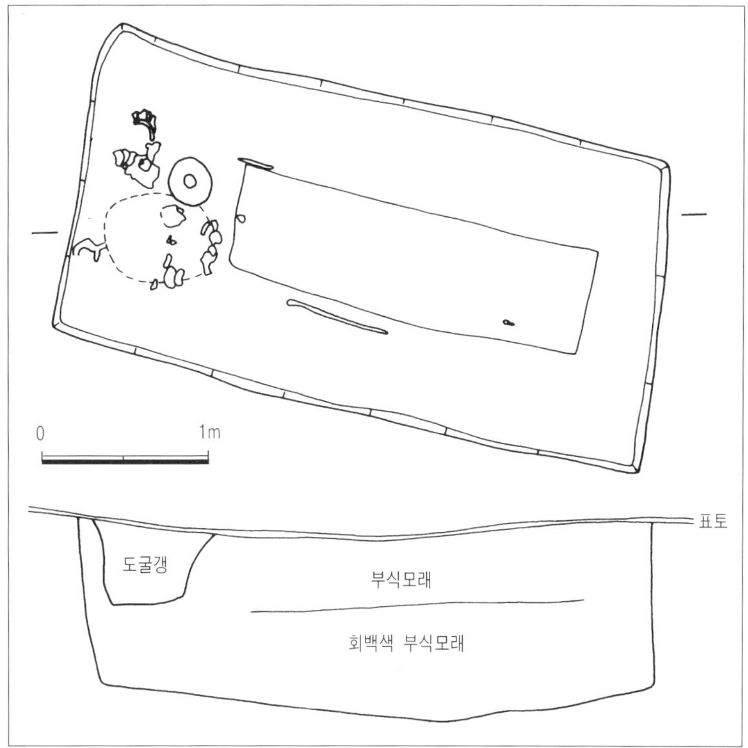

그림 20. 신봉동 14호 토광묘

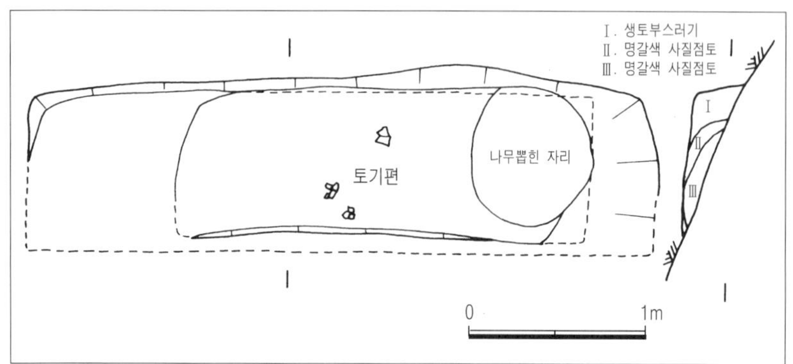

그림 21. 분강·저석리 3 호 토광묘

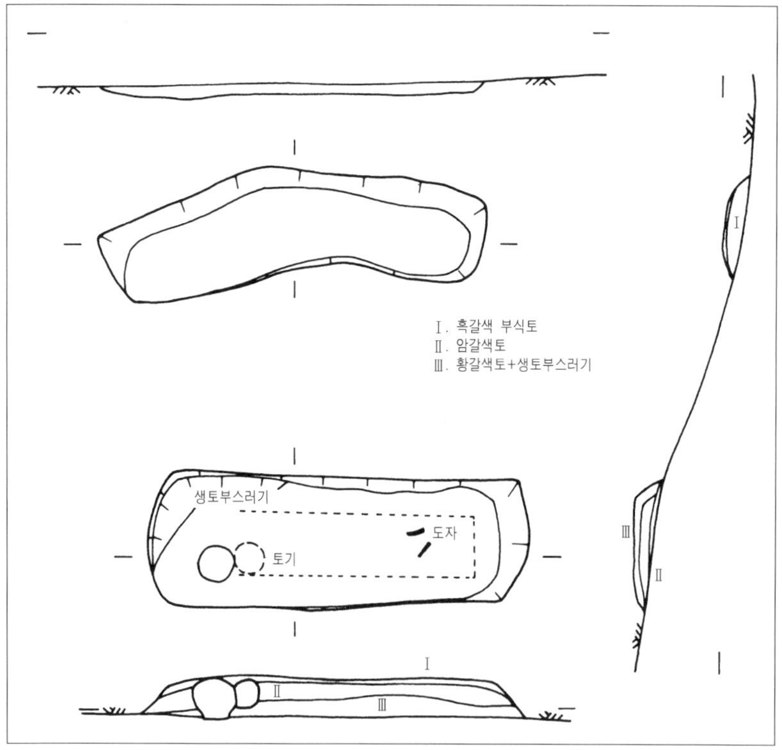

그림 22. 오석리 94 - 2 호 토광묘

토광묘는 백제지역에서 발견된 대부분이 이 형식으로 천안 용원리 토광묘, 화성리 토광묘,42) 청주 신봉동 토광묘 등을 들 수 있다. 이외에 천안 청당동이나43) 두정동, 서천 오석리,44) 공주 분강·저석리 고분군에도 목관 토광묘가 있는 유적이다. 지하로 土壙을 굴착하고 토광의 중앙에 목관을 설치하고 목관을 고정시키기 위하여 외곽에 흙 다짐을 한 다음에 시신을 안치하고 목관의 상하 혹은 목관 위에 土器 등의 유물을 埋納한 것으로 보인다. 목곽 토광묘는 목관 외에 토광 벽면에 槨施設을 갖춘 것으로 사례가 많지는 않다. 청주 신봉동 고분군과 천안 화성리 토광묘의 예에서 확인할 수 있는 것으로 목관 토광묘와 混在된 형태로 있음이 일반적이다.

3) 옹관묘

옹관묘는 시신이나 유골을 항아리나 옹에 넣어 매납하는 묘제이다. 따라서 일단 甕이나 항아리는 棺의 기능이 있는 것이고, 이 관을 안치하는 시설이 다양하게 마련된다. 가장 보편적인 옹관의 안치방식은 토광인데, 지하로 광을 파고, 1~3개의 옹을 잇대어 안치하는 것이다.45) 토광 옹관의 대표적 예는 공주 남산리 옹관묘, 부여 염창리 옹관묘, 분강·저석리의 옹관묘를 예로 들 수 있으며, 다른 묘제의 배장적 성격으로 존재하는 것이 많다.46)

---

42) 金吉植 外, 1991, 『天安 花城里 百濟墓』, 國立公州博物館.

43) 徐五善·權五榮, 1990, 「天安 清堂洞遺蹟 發掘調査報告」『休岩里』, 國立中央博物館.

44) 李南奭, 1997, 『烏石里 遺蹟』, 公州大學校博物館.

45) 鄭桂玉, 1985, 「韓國의 甕棺墓」『百濟文化』16, 公州師範大學 百濟文化研究所.

46) 李南奭, 1999, 「中西部地方 百濟甕棺墓」『역사와 역사교육』3·4합, 熊津史學會.

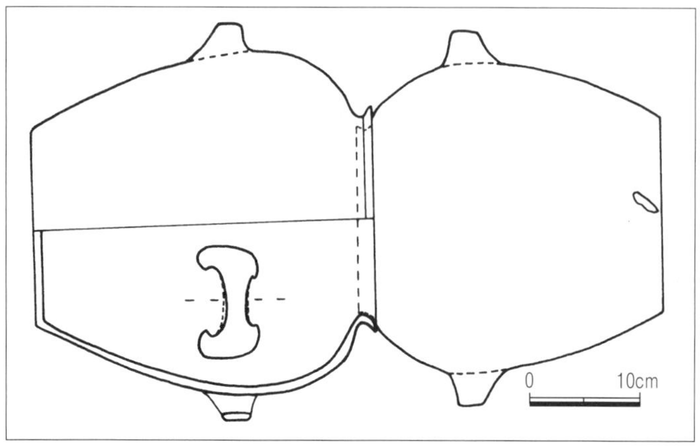

그림 23. 남산리 옹관묘

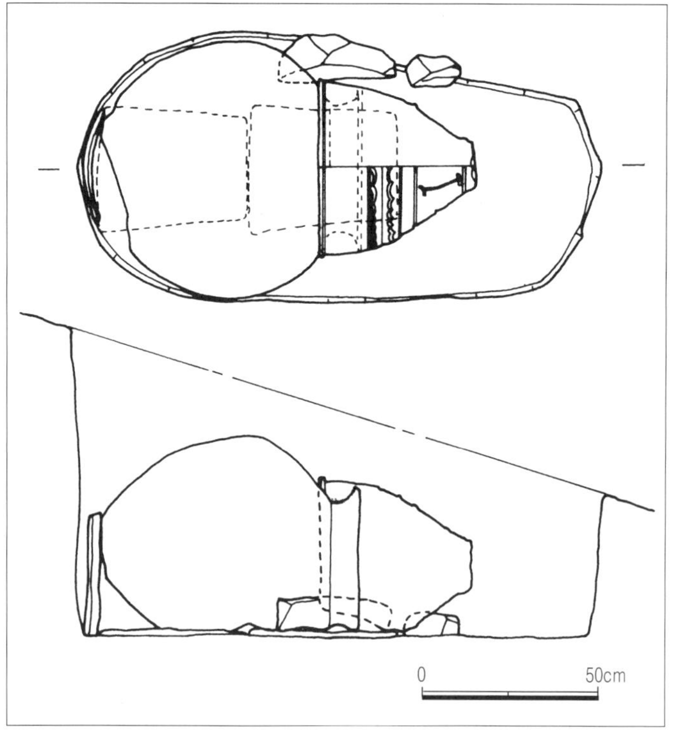

그림 24. 염창리 옹관묘

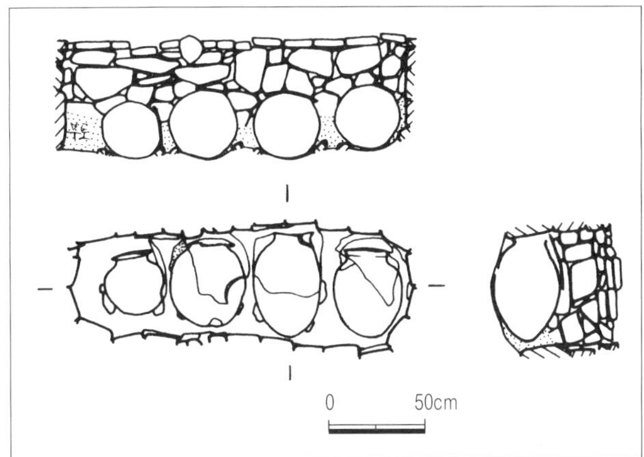

그림 25. 봉정리 옹관묘

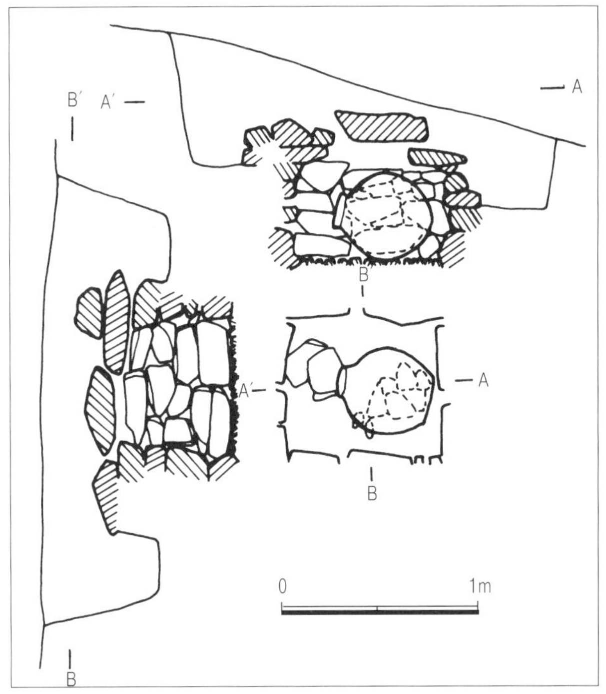

그림 26. 웅진동 9호 옹관묘

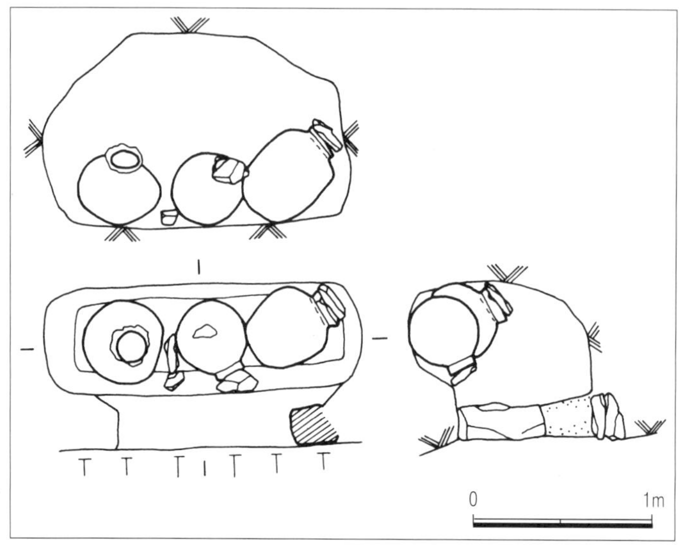

그림 27. 웅진동 1호 횡혈 옹관

석실 옹관은 공주 봉정리 옹관묘라던가 공주 웅진동 9호 옹관묘[47] 등을 예로 들 수 있다. 옹관 안치를 위해 構築된 석실은 竪穴式으로 조성하는 것이 기본이고, 대체로 1개의 甕을 안치하면서 옹의 입구는 석재나 土器片으로 막는다. 횡혈 옹관은 공주 웅진동 1호분과[48] 공주 산의리 4호 옹관묘가[49] 예이며, 경사면의 횡으로 파서 굴을 만들고 그 안에 옹을 안치한 다음 입구를 석재로 막는 묘제이다. 그리고 墳丘 甕棺은 영산강 유역의 대형 옹관묘가 그들이다. 지상에 墳丘를 조성하고 여기에 여러 개의 甕棺을 안치한 형식이다.[50] 한편 논산 모촌리 14호 옹관묘처

---

47) 安承周, 1982,「公州 熊津洞百濟古墳群發掘調査報告書」『百濟文化』14, 公州師範大學 百濟文化研究所.
48) 安承周, 1982, 위의 報告書.
49) 李南奭, 1998,『山儀里 遺蹟』, 公州大學校博物館.
50) 成洛俊, 1984,「榮山江流域의 甕棺墓 研究」『百濟文化』15, 公州師範大學百

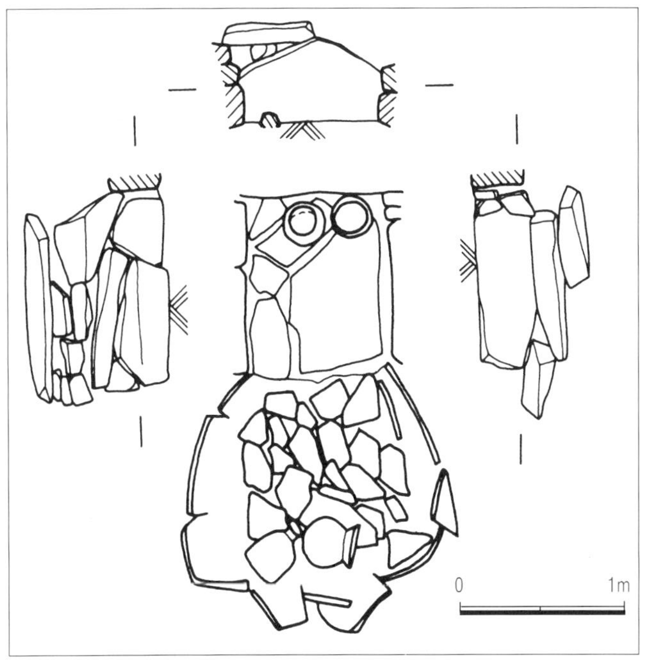

그림 28. 모촌리 14호 옹관묘

럼51) 甕棺과 石築을 결합하여 埋葬部를 조성한 특이한 형태도 있다.

4) 기타 특수형

火葬墓는 장골용기를 사용하는 묘제이다. 여러 개의 장골용기를 집단적으로 埋納하며, 지면을 파서 토광을 조성하는 것이 일반적이다.52) 화장묘는 부여 당정리의 예에서 확인할 수 있는데, 백제의 마지막 도읍

濟文化硏究所.

51) 安承周·李南奭, 1993,『論山 茅村里 百濟古墳群發掘調査報告書Ⅱ』, 百濟文化開發硏究院.

52) 姜仁求, 1977,『百濟古墳硏究』, 一志社.

지역인 부여에서 발견된
것이 대부분이다. 塼築墳은
공주 송산리의 6호분과 무
령왕릉이 전부인데 공주
교동에도 있었던 것으로
전한다.53) 횡혈식으로 중
앙연도에 묘실의 평면은
장방형이고, 천장은 터널형
이다. 벽돌은 무령왕릉이
蓮花文, 6호분이 五銖錢文
이 새겨진 것으로 중국 남
조의 5세기말 전축분의 유
형과 매우 흡사한 것으로

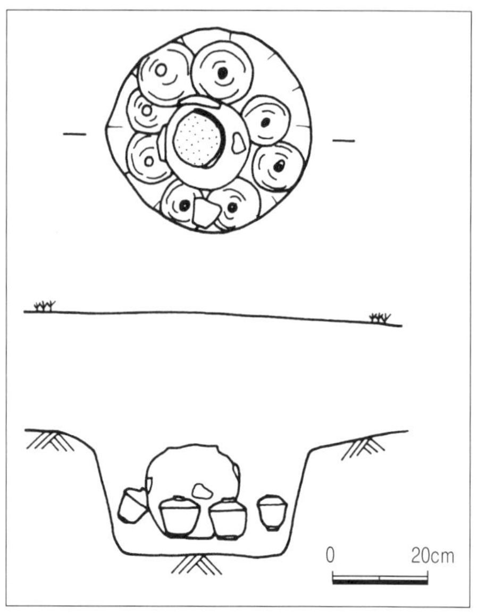

그림 29. 부여 중정리 화장묘

볼 수 있는 것이다. 墳丘墓는 가락동 2호분과 천안 두정동에서 최근에
조사된 자료를 예로 들 수 있다. 모두 지상에 흙을 쌓아 올리고 옹관
혹은 土壙을 매장시설로 사용한 多葬으로, 분구와는 달리 매장시설이
매우 미약한 특징이 있다. 瓦棺墓는 서산 여미리에서 7기가 조사되었으
며, 토광을 파고 안에 기와를 棺 형상으로 시설한 것이다. 이들 와관묘
는 매우 소형으로 조성되었다. 한편 주구묘는 익산의 영등동 유적이54)
유명하다. 이외에 공주 하봉리나 천안 청당동 등지도 주구묘로 분류된
것이 있는데, 이들은 주구가 방형으로 돌려진 것과 매장부의 상단에 원
형으로 돌려진 것과는 구분되어 이해되어야 할 것으로 본다.

---

53) 輕部慈恩, 1972, 『百濟遺蹟の硏究』, 吉川弘文館.
54) 崔完奎, 1994, 위의 글.

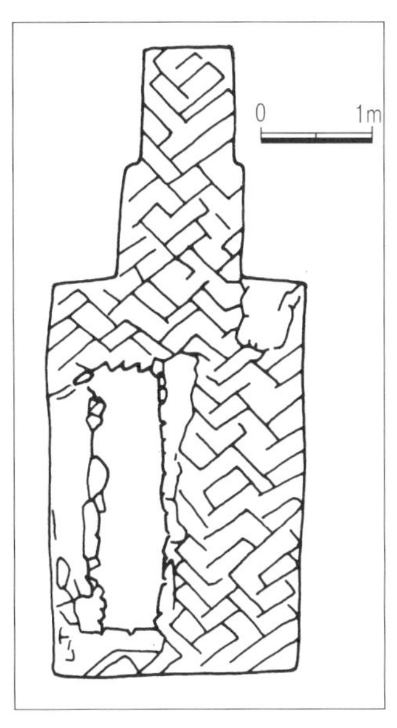

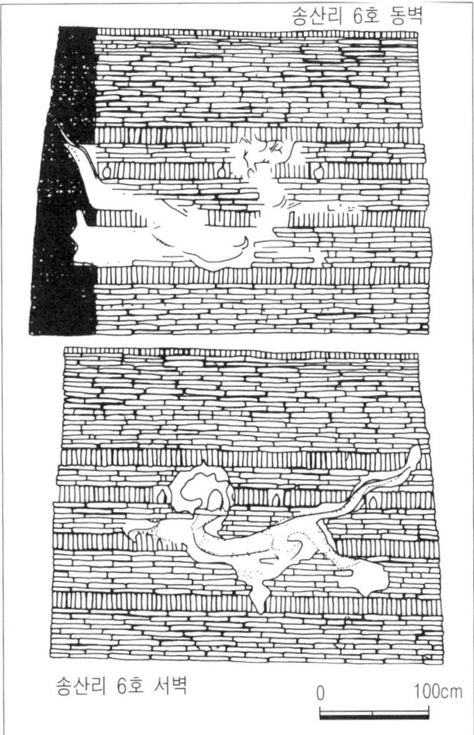

그림 30. 송산리 6호 전축분

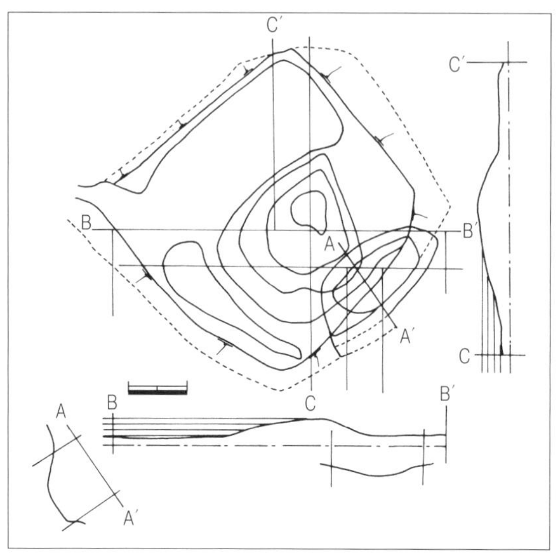

그림 31.　가락동 2호 분구묘

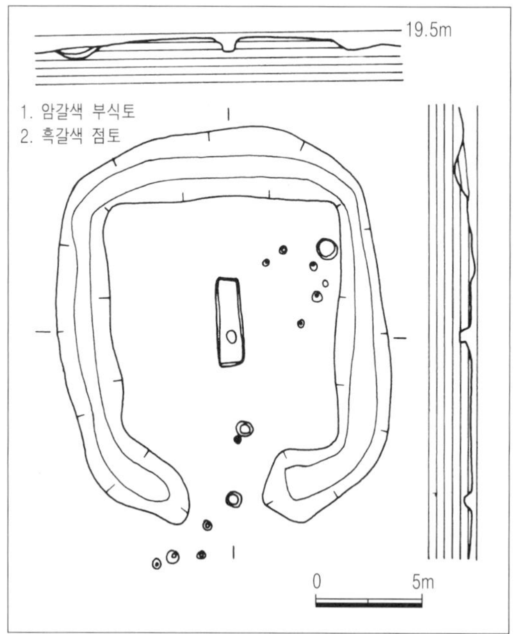

그림 32.　영등동 주구묘

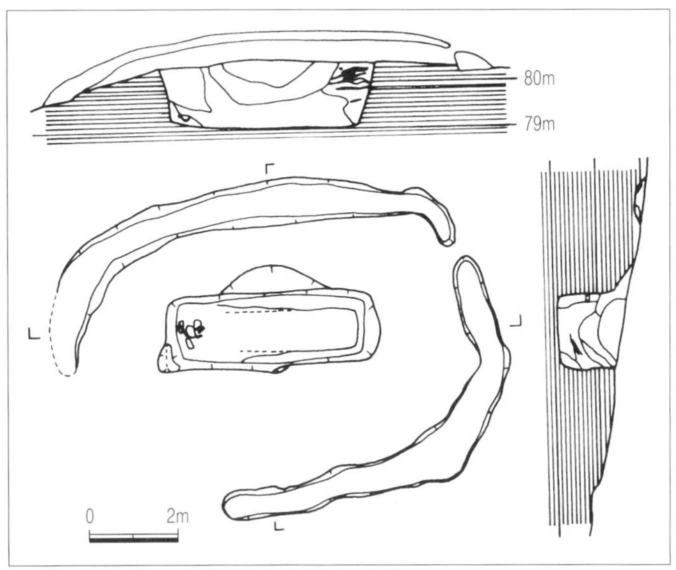

그림 33. 송절동 주구묘

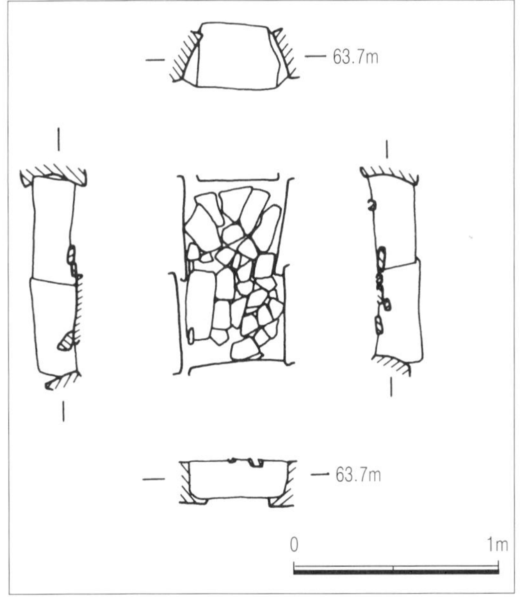

그림 34. 여미리 와관묘

4. 百濟墓制의 展開

백제묘제 유형으로 16가지를 정리하고, 그에 대한 내용을 개관하여 보았다. 그런데 이들 다양한 묘제들은 백제가 존속하던 시기에 그 疆域 內에서 잔존되었던 것이나 지역과 시기에 따라 서로 양상을 달리하여 존재한다. 즉 특정의 묘제가 잔존하는 지역에 새로운 묘제가 유입되면 기존의 것이 소멸·변화를 거치는 일련의 전개과정이 진행되는 것이다. 물론 이러한 변화는 백제사회, 특히 백제의 정치력 성장과 밀접한 관련 하에 진행된다는 특징이 있다. 백제묘제의 전개현황을 검토하기 위하여 우선 각 墓制別로 존속시기와 분포위치에 대한 대략적 이해가 필요하 다.

積石塚이 백제사회에 등장하게 된 것은 건국집단의 출현과 관련된 것으로 보지만 분명하지 않다. 다만 시기적으로 3세기말 혹은 4세기 초 반의 것들이 가장 이른 시기로 밝혀졌고, 하한은 5세기 중반대까지는 존재하였다고 본다. 그리고 이 적석총의 분포범위는 대체로 백제의 초 기 도읍지였던 한강유역에 국한된 특징이 있으며, 일부는 한강 상류에 散布된 양상이나 이들은 초기적 성격의 것으로 평가된다.[55]

석실분으로 횡혈식 석실분이 백제사회에 출현한 것은 마하리나 법천 리, 서울의 가락동·방이동 석실분으로 미루어 4세기 후반대 즈음으로 볼 수 있다. 이는 4세기 중반이후 백제가 서북지역에 진출한 것과 관련 있을 것으로 추정되는데[56] 이후 확대 사용되면서 백제사회의 보편적 묘제로 발전한다. 이 횡혈식 석실분의 분포현황은 초기에는 도읍지를

---

55) 林永珍, 1995, 위의 글.

56) 李南奭, 1992, 「百濟初期 橫穴式 石室墳과 그 淵源」『先史와 古代』3, 韓國古
    代學會.

비롯한 일부 구역에 나타나는데, 점차 시간이 경과되면서 분포범위가 점진적으로 확대되는 특징이 있다. 반면에 수혈식 석곽묘는 횡혈식 석실분보다 빠르게 등장한 것으로 추정된다. 수혈식 석곽묘는 이전시기의 석관묘와 관련 있을 것으로 추정하였으나[57] 지금까지 확인된 자료로 보면 4세기보다 이른 것은 아직 발견되지 않아 외부에서 유입된 것이 아닌가 추정될 뿐이다. 수혈식 석곽묘는 대체로 5세기말경까지 사용된 것으로 추정되며, 분포범위는 금강유역을 중심으로 중서부지역에 집중되면서 보다 북쪽으로 散發的으로 分布되어 있다. 그리고 횡구식 석곽묘는 횡혈식 석실분의 등장과 함께 수혈식 석곽묘의 변화로 말미암아 발생된 것으로 판단되고, 出現時期는 횡혈식 석실분과 비슷한 것으로 볼 수 있다. 그러나 횡혈식 석실분의 退化形도 횡구식으로 분류될 수 있어 백제의 후기에도 이 유형이 널리 사용되었다. 이의 분포범위는 횡혈식 석실분과 거의 일치한 형태로 있다.

토광묘는 지금까지 알려진 자료의 범위에서 보면 청주 송절동 유적[58]이나 천안 청당동 유적으로 미루어 등장시기가 적어도 2세기 이전까지 거슬러 올라가는 것으로 볼 수 있다. 이후 천안 두정동, 용원리, 그리고 청주 신봉동 등지의 유적은 이들이 5세기 초·중반까지 지속적으로 조영되었음을 알게 한다. 분포범위는 대체로 중서부 지역에 밀집된 양상이나 영산강 유역에도 적지 않게 남아 있어 백제지역 전체에 망라된 분포양상을 보이고 있다. 다만 토광묘 자체를 묘제별로 구분하여 지역 혹은 시기별 分布狀을 差別化하기는 아직 어렵다. 옹관묘는 영산강 유역의 경우 신창리 옹관묘를 통해 매우 이른 시기부터 사용되었

---

57) 李南奭, 1995, 앞의 冊.
58) 車勇杰·趙詳紀·禹鍾允·吳允淑, 1994, 『淸州 松節洞 古墳群』, 忠北大學校 博物館.

음을 알 수 있고, 이외의 지역에서도 백제의 존속시기의 전 기간에 걸쳐 사용되었음을 알 수 있다. 그러나 잔존상황에서 영산강 유역이외에서는 토광묘나 석실분과 병존하는 것도 하나의 특징이다. 그러면서 영산강 유역의 옹관묘는 분구 옹관묘로 독자성을 보이면서 발전을 거듭하다가 대체로 6세기 초반경에는 소멸되고, 이외의 지역에서는 석실분의 配葬墓로 그 명맥을 유지되고 있다.

이외에 특수형으로 분류된 火葬墓는 사비도읍 시기에 도읍지 일원에 국한하여 잔존된 것이고, 塼築墳은 6세기 초반에 두 번째 도읍지인 웅진에만 있는 것으로 瓦棺墓와 더불어 각각 특수성이 있는 것이다. 墳丘墓는 서울의 가락동, 천안의 두정동에서 발견되었을 뿐으로 분포범위나, 존속시기를 구체적으로 언급하기가 어렵다. 다만 분구묘가 남아 있는 지역의 묘제현황을 고려하면 이들은 3세기 혹은 4세기 초반 이후에는 더 이상 조영되지 않은 것으로 추정할 수 있다. 분포범위도 일단 한강유역과 그 이남지역으로 국한시킬 수 있을 것이다. 주구묘는 토광묘에 원형의 주구가 돌려진 것과 방형의 주구가 시설된 것을 구분하여 이해할 필요가 있음과 함께, 방형 주구를 갖춘 것들이 대체로 3세기대를 벗어나지 않으면서 호서, 호남의 서해안 지역에 밀집 분포된 점이 주목되어야 할 것이다.

결국 백제묘제의 시·공적 존재 현황을 종합하면, 묘제별로 존속시기나 잔존지역에 차이가 있음을 알 수 있다. 나아가 특정 墓制를 중심으로 상호 影響下에 변화가 나타나는 것도 알 수 있다. 이들은 지역별로 다양하게 존재하던 묘제가 점차 횡혈식 석실분으로 통일된다는 특징을 발견할 수 있다. 이러한 변화상황은 中央墓制인 적석총과 횡혈식 석실분의 교체 및 변화과정과 이에 대응된 地方墓制(土着墓制)의 전개 양상을 토대로 모두 5단계로 설명될 수 있다[59)]

初期는 문헌기록에서 확인되는 백제가 한강유역에 자리한 기원전후의 시기부터 대략 3세기 중·후반까지의 기간이다. 도읍지역의 경우 중앙묘제로 볼 수 있는 것은 아직 등장하지 않은 상태로 토광묘, 옹관묘나 혹은 분구묘가 사용된다. 지방사회도 토광묘나 옹관묘 혹은 분구묘, 주구묘 등이 확인된다. 이 기간에 백제묘제의 중요한 위치를 차지하는 적석총이나 횡혈식 석실분은 아직 나타나지 않으며, 지방묘제로 수혈식 석곽묘도 확인되지 않는다. 이로 보면 백제묘제의 전개는 초기의 경우 도읍지역도 가락동 등지의 토광묘 예로 보아 적석총보다는 오히려 분구묘라던가 토광묘가 먼저 부각되었음을 알 수 있다. 그리고 지방사회는 신창리 옹관묘나[60] 천안 청당동, 두정동, 진천 송두리 토광묘[61], 청주 송절동 등지의 자료로 미루어 청동기시대 이래의 전통적 묘제가 여전히 조영되고 있음을 알 수 있다. 따라서 백제의 건국지역인 한강하류지역과 이외에 지방사회의 묘제간에 차별성이 보이지 않는다는 특징을 지적할 수 있다. 나아가 이는 백제초기의 국가성격이 어떠한가를 단언하기 어렵지만 묘제상에서 건국주체의 것으로 인정할 수 있는 독창적 묘제는 발견되지 않는 것으로 정리된다.

前期로 구분되는 기간은 3세기말경에서 4세기 후반대까지를 기점으로 한다. 적석총이 등장한 다음 다시 횡혈식 석실분이 등장하기까지의

---

59) 단계의 구분은 前半期의 적석총 사용단계와 後半期의 횡혈식 석실분 사용단계로 크게 구분하고, 前半期를 다시 적석총의 출현시기까지를 초기, 적석총의 본격적 조영단계를 전기로 본다. 적석총의 사용시기에 횡혈식 석실분이 등장하는데 병존 단계를 거쳐 적석총이 소멸되기까지를 중기로 구분할 수 있다. 後半期는 횡혈식 석실분의 定着단계와 擴大단계로 나누어 후기와 말기로 구분하여 전체 백제묘제의 전개과정을 初·前·中·後·末期의 다섯 단계로 나누는 것이다.

60) 金元龍, 1964, 『新昌里 甕棺墓址』, 서울大考古人類叢刊 第 1冊.

61) 車勇杰·趙詳紀, 1991, 『鎭川松斗里遺蹟發掘調査報告書』, 忠北大學校博物館.

기간이다. 적석총 등장의 상한에 대한 異見을 고려하면 시기의 설정에 다소 문제가 있겠지만 여기에서는 석촌동 1호 적석총이 3세기 於間으로 편년되는 점에62) 근거한 시기설정이다. 중앙묘제로 적석총이 등장하여 基壇式 積石塚으로 분류되는 高塚이 조성되는가 하면, 기존의 묘제를 압도하여 土壙墓 造營技法이 적석총 유형으로 변질이 나타나기도 한다. 이 적석총은 횡혈식 석실분이 등장하는 4세기 후반대까지 중앙묘제로 유일하게 존재하는 것이다. 지방묘제는 전반적 환경이 前時期의 것을 그대로 답습한다. 다만 분구묘나 주구묘와 같은 특수한 묘제는 점차 자취를 감추고 청주 신봉동이나 천안 용원리 토광묘, 그리고 영산강 유역의 옹관묘 예에서 알 수 있듯이 목관 토광묘라던가 목곽 토광묘 혹은 옹관묘가 집중적으로 조영되고, 일부는 高塚古墳으로 조영되기도 한다. 이 시기 분묘에는 威信財 혹은 分謝品으로 볼 수 있는 中國製 瓷器라던가 環頭大刀 혹은 貴金屬類 및 特殊形의 土器들이 부장되기도 한다.

한편 중서부 지역을 중심으로 마하리 고분군, 용원리 고분군, 그리고 논산 표정리 고분군의 예처럼 수혈식 석곽묘가 나타남을 주목할 수 있다. 그러나 수혈식 석곽묘가 등장한 지역에서 기존의 옹관묘는 점차 위축되어 배장묘로 전락하는 변화도 확인된다. 수혈식 석곽묘는 도읍지보다는 지방사회에서 주로 발견되어 지방묘제로 분류하는 것이며, 초기의 일부 자료는 토광묘와 混在되지만 점차 그들만이 군집된 형상으로 조영되는 특징도 있다. 결국 前期의 墓制環境은 도읍지에는 적석총이 조영되지만, 분포범위가 도읍지에 한정된다는 특징이 있고, 지방사회는 初期에 이어 그들의 傳統墓制들이 계속적으로 사용되나 규모가 커지고

---

62) 金元龍·任孝宰·林永珍, 1989,『石村洞 1. 2號墳』, 서울大學校考古人類叢刊 第 14冊.

밀집된 상태로 조영되는가 하면 지역적으로 獨自的 性格이 강화되고 있다. 이 시기는 백제묘제가 중앙과 지방으로 구분되어 墓制環境의 二元化가 분명하게 나타나는 시기이기도 하다.

中期는 중앙묘제가 적석총에서 횡혈식 석실분으로 전환되는 기간이다. 4세기 후반을 시작으로 적석총의 사용이 점차 止揚되고 횡혈식 석실분이 專用되는 5세기 중반까지를 기간으로 할 수 있다. 따라서 中期는 中央墓制로서 적석총과 횡혈식 석실분이 병용되는 기간이다. 시기 설정의 근거는 화성 마하리 횡혈식 석실분이나 법천리의 석실분이 4세기 후반대로 편년되고, 여기에 가락동·방이동의 석실분이 백제 횡혈식 석실분의 초기자료라는 논거에63) 근거한다. 그리고 하한은 적석총인 석촌동 4호분이나 5호분이 5세기 초반부로 편년되는 점에64) 기초한 것이다. 중앙묘제의 환경은 墓制의 交替 외에 자료의 부족으로 지세한 정황을 확인하기는 어렵다. 지방묘제는 여전히 전기의 환경이 지속되고 있다. 청주 신봉동 토광묘나 논산 모촌리 수혈식 석곽묘 그리고 영산강 유역을 비롯한 남부지역의 분구옹관묘가 그 대표적 예이다. 다만 도읍 지역에 등장하는 횡혈식 석실분이 지방사회에서도 산발적으로 나타나기 시작한다. 그러나 이들은 기존의 묘제 속에 소수로 존재할 뿐으로 확대가 매우 미약한 수준이다.

後期는 횡혈식 석실분이 적석총을 대신하여 중앙의 主墓制로 자리한 이후의 시기이다. 漢城都邑 末期인 5세기 중반을 기점으로 이들이 백제 전역으로 확산되는 熊津都邑 末期인 6세기 初中半의 시간범위이다. 중앙묘제인 횡혈식 석실분은 初期型으로 분류된 원형천정 형식이 조영되

---

63) 李南奭, 1999, 「百濟의 橫穴式石室墳 受容樣相에 對하여」 『韓國古代史硏究』 16, 한국고대사학회.
64) 서울大學校博物館, 1975, 『石村洞積石塚發掘調査報告』.

는가 하면, 자체적으로 형식변화가 나타나기도 한다. 즉 궁륭식에서 터널식으로의 변화가 그것인데, 이는 中國墓制의 영향에서 비롯된 것으로 특수형인 塼築墓制가 도입되어 사용된 것과 관련 있다. 중국 전축분묘제의 유입은 기왕의 백제 횡혈식 석실분의 구조속성에 많은 변화를 가져와 이후 평천정으로 정착하는 계기가 되기도 한다. 그런데 이시기 地方墓制는 아직도 獨自性이 유지된 채 온존되는 지역이 있다. 그러나 대체로 5세기 중반 이후에 이르면 중앙묘제인 횡혈식 석실분의 확산이 가속화되면서 토광묘가 점차 위축되는가 하면, 수혈식 석곽묘는 횡구식으로 변화가 나타난다. 다만 영산강 유역의 분구 옹관묘는 여전히 명맥이 유지되나 옹관묘 사회에 횡혈식 석실분의 유입이 도처에서 확인된다. 이시기 墓制環境의 특징은 중앙묘제인 횡혈식 석실분이 도읍지뿐만 아니라 지방사회에도 점차 증가하고 있어 중앙에서 지방으로 묘제의 파급이 괄목할 정도로 이루어지나 여전히 산발적일 따름이다.

末期는 6세기 초중반 이후의 기간이다. 도읍지역에 유일한 묘제로 자리한 횡혈식 석실분은 段階的 形式變化를 거쳐 百濟的 型式인 평천정으로 정착된다. 그러면서 종전에 지방으로 散發的 확산단계를 벗어나 旣往의 지방사회에 자리하던 토착묘제를 대신하여 主流的 위치를 차지할 만큼 포괄적으로 전개된다. 결과 이 시기에 이르면 중서부 지방의 경우 토광묘는 거의 자취를 감추고, 수혈식 석곽묘도 횡혈식 석실분의 배장적 위치에 머물 따름이다. 남부지역에 번성하였던 墳丘 甕棺도 위축의 단계를 지나 더 이상 조영되지 않고, 횡혈식 석실분으로 대체되고 있다. 따라서 백제묘제는 이 시기에 이르러 多元的 환경을 벗어나 횡혈식 석실분으로 일원화되는 것이다. 더불어 이 시기 火葬墓가 사용되기도 하는데, 지역적으로 도읍지에 국한될 뿐만 아니라 시기도 최말기에 한정되는 것으로 추정된다.

요컨대 백제묘제를 중앙묘제인 적석총과 횡혈식 석실분의 등장과 전환 및 변화단계를 기준 삼고, 여기에 지방묘제도 대비시켜 그 전개양상을 5단계로 구분하여 살펴보았다. 결과 적석총이 중앙묘제로 등장하기 이전의 초기는 중앙과 지방의 구분 없이 토광묘, 옹관묘, 분구묘, 주구묘 등의 묘제가 사용된다. 이어 전기에 도읍지역에 적석총이 등장하나 이는 중앙묘제로 존재할 뿐, 지방사회로 파급되지 않는데 지방묘제로는 토광묘와 옹관묘가 정착되어 가면서 여기에 수혈식 석곽묘가 등장하고, 나아가 이들은 독자성이 강화된다. 물론 이러한 양상은 중기도 마찬가지인데 다만 중앙묘제로 적석총에 이어 횡혈식 석실분이 竝行·使用되는가 하면, 이들이 지방사회로 미약하나마 확대되는 모습은 확인된다. 그러다가 후기에 이르면 중앙묘제로 적석총은 사라지고 횡혈식 석실분이 주 묘제로 자리하면서 이들이 지방으로 점차 확산되고 더불어 지방묘제의 위축시키다가 말기에 지방묘제는 자취를 감추고 중앙묘제인 횡혈식 석실분으로 百濟墓制가 一元化된다.

5. 結 言

백제는 한반도 중서부에 자리한 고대국가이나, 建國이나 發展의 質量에서 流動性이 적지 않다. 그러나 이러한 流動性은 政治體인 백제에 국한되는 것이고, 물적자료인 묘제는 恒常性을 지닌 채 存在하기에 百濟墓制의 윤곽을 설정하는데 어려움이 없지 않다. 때문에 묘제의 傳統性을 고려, 백제묘제를 백제라는 정치체의 존속시기와 그 전체 疆域에 초점하여 보다 廣義的 範疇에서 규정하면서, 補完的으로 建國主體 혹은 國家의 運營主體와 관련된 것은 中央墓制, 그들과 거리를 두고 있는 土着社會의 墓制는 地方墓制로 구분하여 살필 수 있을 것이다.

百濟墓制는 類型的으로 매우 다양하다. 유형구분에 어떤 요소를 기준으로 적용하는가에 따라 차이가 있겠지만, 가능한 유형을 망라하겠다는 점에서 築造材料, 埋葬部의 構造形態, 築造方式을 기준 삼아 石築墓로 積石塚·橫穴式 石室墳·竪穴式 石槨墓·橫口式 石室墳과 石槨墓로, 土壙墓는 純粹 土壙墓·木棺 土壙墓·木槨 土壙墓로, 그리고 甕棺墓는 石室 甕棺·土壙 甕棺·墳丘甕棺·橫穴 甕棺으로 나누면서 이외에 特殊形으로 火葬墓·塼築墳·墳丘墓·周溝墓, 瓦棺墓의 16가지로 나눌 수 있다.

이들 16가지의 墓制는 中央墓制와 地方墓制로 구분할 경우 積石塚과 橫穴式 石室墳이 전자에 속하고 특수형을 제외한 以外의 墓制는 후자의 범주에 포함되어야 할 것이다. 그리고 존속시기와 분포위치에 따라 역동적 변화가 전개되는데, 이는 初·前·中·後·末期의 5단계 구분되어 상호관계의 추적이 가능하다. 즉, 初期는 中央墓制는 등장하지 않고 지방 묘제의 유형이 공통적으로 사용되는 시기, 前期는 中央墓制로 積石塚이 등장하나 도읍지에만 국한되고 地方墓制는 土壙墓와 甕棺墓·竪穴式 石槨墓로 집중되면서 중앙과 지방의 墓制가 二元化가 진전되었던 시기, 中期는 中央墓制로 횡혈식 석실분이 추가로 등장하여 積石塚과 병행 사용되고, 횡혈식 석실분이 일부 지방으로 확산되나 매우 미약할 뿐, 오히려 地方墓制의 獨自性이 강화되는 시기, 後期는 中央墓制로 횡혈식 석실분이 유일한 것이 되면서 이들이 점차 지방사회로 확산되지만 여전히 지방묘제가 존재하는데 점차 변화를 겪는 시기, 그리고 末期는 중앙묘제인 횡혈식 석실분이 전역으로 확산되면서 백제묘제를 중앙묘제로 一元化되는 시기로 구분하여 그 전개상을 정리할 수 있다.

이러한 百濟墓制의 展開狀은 백제사회의 변화와 함께 나타난 것으로 볼 수 있다. 즉 백제의 발전은 주변지역으로 영토를 확장한다던가 혹은 기존의 토착세력을 자기 세력화 및 예속하는 과정일 것이고, 그러한 확장이 점진적으로 진행되었을 것인데, 墓制變化의 段階化가 이를 대변하는 것이 아닌가 생각된다.

第2章　百濟墓制의 受容과 展開

백제묘제의 전개는 時間과 空間에 따라 다양하게 이루어진다. 특히 백제묘제는 이동한 도읍지별로 差別化된 형태로 존재하는데, 이는 發生과 消滅, 혹은 접촉에 의한 변화가 都邑地 移動이란 사건과 병행하여 활발하게 진행되었음을 나타내는 것에 다름없다. 백제의 墓制類型은 축조재료나 外形 및 埋葬部와 같은 構造型式, 그리고 葬制的 特性을 기준으로 積石塚 橫穴式·橫口式·竪穴式의 石室墳과 石槨墓, 甕棺墓, 土壙墓, 塼築墳, 火葬墓 등으로 구분할 수 있다.

# 第2章 百濟墓制의 受容과 展開

Ⅰ. 橫穴式 石室墳 受容樣相

1. 序 言

橫穴式 石室墳이 百濟墓制의 전개과정에 차지한 비중은 결코 적지 않다.[1] 이 墓制는 百濟가 熊津으로 遷都한 이후 都邑地를 중심으로 사용된 唯一한 것이었고, 나아가 百濟의 성장과 함께 점차 지방의 다양한 墓制를 흡수 통합하는 主體가 되기도 한다.[2] 그러면서 다양한 형식변화가 나타나는데, 이는 墓制自體에 百濟社會의 力動的 實狀이 그대로 반영되었다는 증거이기도 하다. 그러나 이 墓制가 언제, 어디에서, 어떻게 流入되었는가에 대해서는 아직 통일된 견해를 갖고 있지 못하다. 물론 이러한 문제의 해결은 百濟 橫穴式 石室墳 자료 중에서 始原形으로 볼 수 있는 初期型을 분류해 내고,

---

1) 李南奭, 1995, 『百濟石室墳 研究』, 學研文化社, pp,435 – 459.
2) 李南奭, 1994, 「百濟古墳의 墓制類型考察」 『蒼海朴秉國教授停年紀念史學論叢』, pp.205 – 228.

이를 통해서 淵源 등의 문제가 검토되어야 할 것이다. 그러나 旣往에는 자료적 한계가 적지 않았고, 그로써 마땅한 결론을 얻기가 어려웠던 것도 부인하기 어렵다.

그 동안 백제 횡혈식 석실분의 연원이나 전개문제와 관련하여 서울의 可樂洞·芳夷洞의 橫穴式 石室墳이3) 일찍부터 주목되었다. 그러나 이들은 百濟古墳으로 보기가 어렵다는 疑問이 제기되고,4) 나아가 출토유물인 土器로 보면 오히려 新羅古墳으로 보아야 한다는 견해가 강하게 제기된 상태이다.5) 물론 出土된 土器가 신라 것이라는 점에 疑問이 전혀 없지만, 그렇다고 고분자체 마저도 신라의 것으로 보기에는 先決되어야할 課題가 많다. 특히 최근 새롭게 조사된 자료를 통해서 이미 百濟人이 만든 석실분에 나중에 신라인에 의한 追加葬 혹은 墓室의 再活用이 이루어지고, 그로써 백제 석실분내에 新羅土器가 남겨질 수 있다는 사실이 새롭게 밝혀졌다. 이를 토대로 可樂洞·芳夷洞의 석실분도 신라토기가 출토되었다고 하여 단순히 新羅古墳으로 볼 것이 아니라 고분구조를 통해 다시금 百濟古墳으로 가능성을 검토할 수 있는 충분한 여지가 생겼다고 본다.

본고는 백제사회의 횡혈식 석실분 수용양상을 살피기 위한 것이다. 이에 우선 백제가 웅진으로 南遷한 다음에 곧바로 사용된 橫穴式 石室墳의 존재양상을 토대로 이들의 淵源을 고찰할 수 있는 前提를 마련하

---

3) 可樂洞·芳夷洞 석실분에 대한 보고서는 다음과 같다.
　① 蠶室地區遺蹟發掘調査團, 1975, 『蠶室地區遺蹟發掘調査報告書』.
　② 蠶室地區遺蹟發掘調査團, 1976, 『蠶室地區遺蹟發掘調査報告書』.
　③ 趙由典, 1975, 「芳夷洞遺蹟發掘調査報告書」 『文化財』9, 文化財管理局.
4)　金元龍, 1974, 「百濟初期古墳에 대한 再考」 『歷史學報』 62, 歷史學會, pp.147-164.
5)　崔秉鉉, 1992, 『新羅古墳硏究』, 一志社.

고자 한다. 이어서 최근 발견된 자료의 현황과 이들의 墓制的 特徵을 검토한 다음, 그와 관련하여 한강유역의 可樂洞·芳荑洞의 橫穴式 石室墳이 백제고분이었고, 백제사회에 橫穴式 石室墳이란 墓制는 漢城에 都邑하던 기간에 이미 도입되어 변화·발전을 거쳐 이것이 웅진지역에 移入되었음을 다시 한번 강조하여 보고자 한다.6)

2. 熊津 都邑期 橫穴式 石室墳 現況과 展開

百濟의 熊津 遷都는 百濟史 展開에 하나의 획기적 大事件임은 두말할 필요가 없다. 갑작스런 천도는 漢城에 都邑하던 시기에 축적한 政治·社會的 力量을 일거에 붕괴시킨 사건이었을 뿐만 아니라, 南遷으로 말미암은 정치·사회적 변화 또한 적지 않기 때문이다. 그러나 비록 力量의 崩壞 혹은 萎縮이 적지 않았음에도 백제의 기본 속성은 그대로 유지되었다는 것을 의심할 필요가 없고, 이러한 맥락에서 國家的 正體도 여전히 한성시대와 동일한 것으로 이해될 수 있다. 특히 夫餘氏 王室의 連續性이 확인되고, 백제사회의 기본적 속성도 지속된다는 점에서 그러하다. 그러나 熊津으로의 遷都는 비단 도읍의 遷移만이 아니라 지방 귀족이 대거 중앙정계에 진출하게 되었고, 나아가 시간이 경과되면서 위축된 國力回復을 위한 先進文化에 대한 욕구가 적지 않게 분출되는 것으로 보아 변화도 적지 않았을 것이다. 그 중에서 주목되는 것이

---

6) 필자는 한강유역의 可樂洞·芳荑洞의 횡혈식 석실분을 百濟古墳으로 보아야 한다는 의견을 개진한 바 있다(李南奭, 1992, 「百濟初期 橫穴式 石室墳과 그 淵源」『先史와 古代』3, 韓國古代學會). 이러한 입장은 이후에도 변함이 없다(李南奭, 1995, 註 1의 冊). 다만 기왕의 검토에서 이를 백제고분으로 본 근거 중에 묘제와 관련된 내용은 변함 없으나 고배와 같은 유물에 대한 의견은 수정이 필요하다고 생각한다.

墓制環境의 變化, 즉 積石塚에서 橫穴式 石室墳으로의 완전한 전환이다.

사실, 백제묘제의 전개는 時間과 空間에 따라 다양하게 이루어진다. 특히 백제묘제는 이동한 도읍지별로 差別化된 형태로 존재하는데, 이는 發生과 消滅, 혹은 접촉에 의한 변화가 都邑地 移動이란 사건과 병행하여 활발하게 진행되었음을 나타내는 것에 다름없다. 백제의 墓制類型은 축조재료나 外形 및 埋葬部와 같은 構造型式, 그리고 葬制的 特性을 기준으로 積石塚, 橫穴式·橫口式·竪穴式의 石室墳, 石槨墓, 甕棺墓, 土壙墓, 塼築墳, 火葬墓 등으로 구분할 수 있다.

그리고 이들을 지역적으로 구분하기 위하여 도읍지에서 비롯되고 사용된 묘제를 중앙묘제, 도읍지 이외의 지역에서 전통적으로 사용되던 것을 지방묘제라 할 경우, 적석총과 횡혈식 석실분은 중앙묘제에, 이외의 묘제는 지방묘제로 분류할 수 있다. 필자는 적석총과 횡혈식 석실분으로 이어진 중앙묘제의 변화과정과 이에 대응된 지방묘제의 변천을 토대로 展開過程을 다섯 단계로 구분하여 본 바 있다.7) 물론 이러한 구분은 百濟史를 漢城時代·熊津時代·泗沘時代라는 도읍지별로 구분하고, 장기간 도읍한 漢城時代를 便宜에 따라 좀더 세분하여 3기로 나눈 것과 對比될 수 있다. 여기에서 주목되는 것은 중앙묘제인 적석총이 횡혈식 석실분으로 전환되는 시기의 문제이다.

잘 알려져 있듯이 백제 적석총은 外形에서 고구려의 積石塚과 類似함이 많기 때문에 그 系統을 고구려 적석총에서 구하지만, 導入背景이나 構造屬性에 대한 정확한 설명은 아직 어려운 형편이다. 백제 적석총은 고구려 적석총과는 달리 埋葬部를 남긴 것이 없고, 따라서 고찰이

---

7) 李南奭, 1995, 앞의 註 1의 책, pp.443－451.

단지 外形的 屬性만을 근거로 이루어진다는 한계가 있기 때문이다. 그럼에도 百濟가 漢城에 都邑한 후 국가적 기틀을 强固하게 마련한 4세기대에 이르러 이 묘제는 도읍지를 중심으로 널리 사용되었다는 것이 일반적 인식이다.

그런데 백제묘제로서 적석총은 백제가 漢城에서 熊津으로 천도한 475년 이후부터 도읍지에서는 전혀 발견되지 않으며, 오히려 적석총을 이어 등장한 것으로 보아야 하는 횡혈식 석실분만 발견될 뿐이다. 이로 보면 적어도 백제가 웅진에 도읍하던 시기의 묘제는 적석총이 아니라 횡혈식 석실분이라는 것을 알 수 있다. 결국 이러한 현황은 적석총이 적어도 웅진에 도읍을 옮긴 이후에는 전혀 사용되지 않았기에, 絶對年代로 475년 이전에 이미 소멸되었다는 추정도 어렵지 않다. 물론 論者에 따라서는 公州 宋山里 古墳群內에서 조사된 積石 遺構를 積石塚으로 比定된8) 것을 근거로 웅진에 도읍하던 초기에 적석총의 사용되었다고 보기도 한다.

그러나 이들 遺構는 墳墓, 특히 적석총으로 보기에 문제가 적지 않으며, 오히려 祭祀施設로 보는 것이 타당할 것이다.9) 결국 이로 보면

---

8) 이 유구는 문화재연구소에서 조사한 것으로 비슷한 유형의 적석 유구 2기가 확인되었다(尹根一, 1988, 「公州 宋山里 古墳發掘調査 槪報」 『文化財』21, 文化財管理局). 그러나 이들은 외형이 적석총과 유사하지만 매장시설이 전혀 없는데, 이중에 D지역의 유구를 적석총으로 복원(趙由典, 1991, 「宋山里 方壇階段形 무덤」 『百濟武寧王陵』, 公州大學校百濟文化硏究所)하고, 개로왕의 墟墓로 추정하고 있다.

9) 이것이 제사시설임은 이미 일제시대 송산리 고분군의 조사과정에서 언급된 바 있으며(輕部慈恩, 1927, 「公州에 於ける 百濟古墳」 『考古學雜誌』26), 1989년 조사후의 결과를 토대로 분묘로 볼 수 없음이 논급된 바 있다(① 徐程錫, 1995, 「宋山里 方壇階段形 積石遺構에 대한 檢討」 『百濟文化』24, ② 李南奭, 1997, 「公州 宋山里 古墳群과 百濟王陵」 『百濟研究』27, 忠南大學校 百濟研究所).

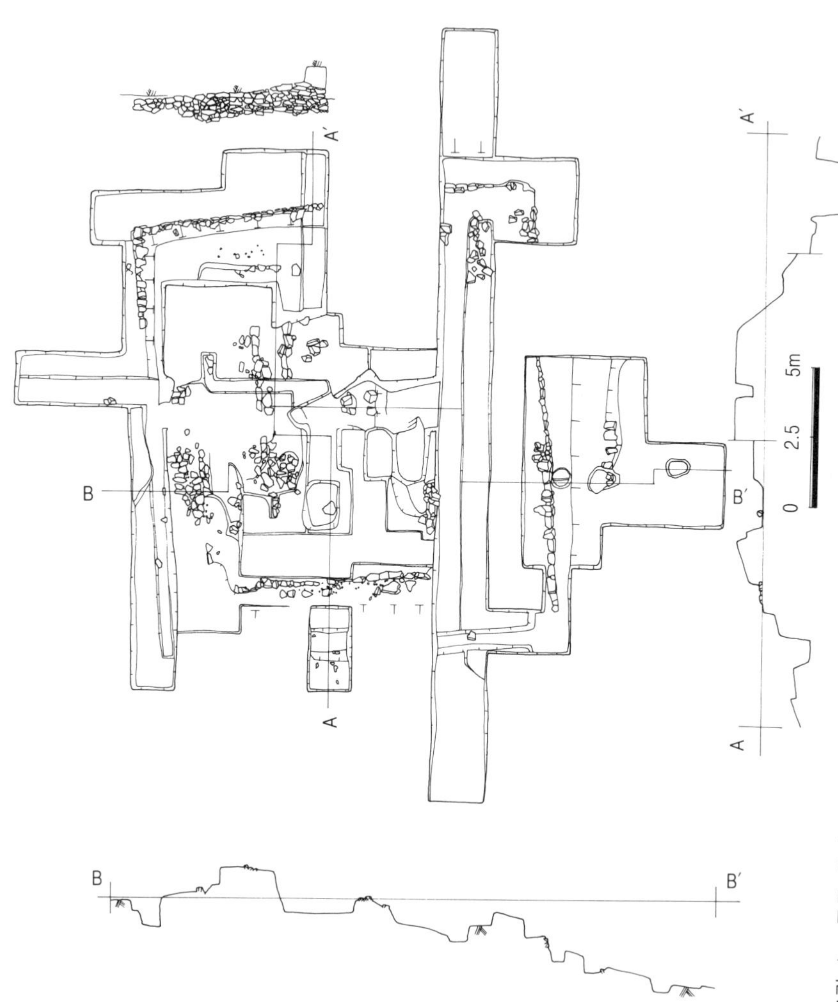

그림 1. 공주 웅진동 송산리 고분군내 적석유구(D지구)

적석총에서 횡혈식 석실분으로의 전환은 백제가 漢城에 都邑하던 시기에 이루어졌다고 볼 수밖에 없게 된다. 다만 墓制의 轉換이 百濟의 南遷이란 정치적 사건과 並行하여 갑자기 나타난 것이 아닌가의 문제는 여전히 남는다. 물론 이 경우에도 전환이 段階的으로 진행되었는가 아니면 一擧에 이루어졌는가, 또한 한성에 도읍하던 시기에 이루어졌는가 아니면 熊津 遷都를 계기로 갑자기 나타난 것인가의 판단도 필요하다. 이는 백제사회에 횡혈식 석실분의 도입 혹은 발생과 관련된 것인데, 여기에는 횡혈식 석실분 전개의 장이 도읍지였는가 아니면 지방사회에서 비롯되었는가의 의문도 자연스럽게 제기된다.

백제의 웅진천도는 국가적 위기에서 비롯된 것임이 분명하나 천도후 즉, 熊津時代의 백제도 여전히 漢城時代 백제의 연장선상에서 이해되어야 할 것이기에 遷都 後 都邑地의 묘제는 한성에 도읍하든 시기의 것이 지속적으로 사용되었다고 보는 것이 훨씬 자연스럽다. 이러한 論點에서 본다면 백제가 漢城에 도읍하던 末期에는 적어도 도읍지의 묘제가 횡혈식 석실분이어야 할 것이다. 왜냐하면 漢城이란 도읍지의 연속선상에서 이해되어야 할 熊津이란 都邑地에 거주하는 백제지배층의 묘제가 횡혈식 석실분이기 때문이다. 그러나 백제가 한성에 도읍하던 시기에 사용되었다고 객관적으로 인정된 횡혈식 석실분 자료가 분명하지 않다는 문제가 있다.

반면에 백제가 熊津에 都邑하던 時期의 墓制環境은 비교적 鮮明한 편이다. 이는 도읍지역인 熊津 一圓에서 비교적 다량의 자료가 조사되었고, 이들의 상호비교를 통해서 묘제의 구조속성을 명확하게 확인할 수 있으면서 그와 관련된 변화·변천의 軌跡이 비교적 明瞭하게 추적되기 때문이다. 그 결과 웅진지역의 백제묘제는 횡혈식 석실분이 主流를 이루면서, 이들은 시간의 경과에 따른 변화의 모습이 뚜렷하게 나타

난다는 것을 알 수 있다. 예컨대 묘제는 횡혈식 석실분이 주류를 이루
면서 여기에 竪穴式이나 甕棺墓가 配葬的 형태로 존재하고, 부분적으로
橫口式의 유형이 並存하는 형상이다. 나아가 횡혈식 석실분의 경우도
초기의 것은 穹窿式으로 분류된 方形의 묘실에 右遍在의 羨道, 開口式
入口, 그리고 천장을 圓形으로 조성하는 것이 보통이다. 그러다가 武寧
王陵과 같은 中國의 博築墓制가 도입되면서 기존의 穹窿式은 天井의
형상을 터널식으로 조성하고, 墓室은 長方形에 羨道가 중앙에 시설되는
변화가 나타난다. 이러한 변화는 선진적인 中國 墓制의 수입에 따른 결
과지만 兩 墓制가 單室墓에 橫穴式이란 속성을 共有하기에 변화자체가
큰 진통없이 이루어질 수 있었다는[10] 배경적 이해도 마련되어 있다,

　　그런데 백제가 웅진에 도읍하던 초기부터 사용되었다고 볼 수 있는
穹窿式의 形態的 特徵은 백제사회에 횡혈식 석실분의 수용과 전개를
고찰함에 있어 주목할 수 있는 요소이다. 우선 熊津이란 도읍지 일원에
서 조사된 것들은 구조적으로 定型的 통일성을 갖추고 있다. 즉 方形에
가까운 묘실의 평면, 右遍在의 羨道, 그리고 入口가 開口式으로 만들어
진다는 점에서 그러하다. 특히 穹窿式의 형태적 특징은 천장의 가구방
식에 있지만 이외에도 築石에 사용된 석재가 벽돌형상의 割石材라는
점, 묘실의 바닥에 棺臺를 시설하기보다는 敷石하면서 하단에 板石材를
깔거나 혹은 강 자갈을 깔고, 그 아래에 배수로를 시설하며, 벽면에 회
바름을 한다는 것도 공통점으로 지적할 수 있다.[11] 다만 이러한 공통적
속성 외에 묘실의 평면이 方形외에 逆 長方形 혹은 長方形에 가까운
것이 있는가 하면, 바닥의 敷石 방식 등에서 약간의 차이가 발견되지만,

---

10) 李南奭, 1992, 「百濟 橫穴式石室墳의 構造型式研究」『百濟文化』22, 公州大
　　學校百濟文化研究所.
11) 李南奭, 1992, 위 註 10의 글.

부분적 현상에 불과하다.

또한 웅진 일원의 백제유적의 내용을 종합 검토할 경우, 백제가 웅진으로 천도한 475년보다 이른 시기로 편년되는 자료가 거의 없다는 사실도 주목될 필요가 있다.12) 이러한 현황은 웅진이란 도읍지의 造營이 백제의 南遷과 더불어 비롯되었음을 대변하는 것이고, 묘제인 횡혈식 석실분도 동일한 맥락에서 이해될 수 있기 때문이다. 이로 보면 웅진지역의 백제 횡혈식 석실분에 나타난 구조적 통일·정형성은 이 묘제가 발전과정의 가장 정점에 있는, 즉 가장 발전된 형식으로 볼 수 있다. 더불어 이러한 내용은 횡혈식 석실분이란 묘제가 천도후의 도읍지인 熊津에서 나타나 점진적 발전을 거친 것이 아니라, 다른 지역에서 충분한 발전과정을 거친 다음, 천도와 더불어 웅진지역으로 移入된 것으로 볼 수밖에 없다.

요컨대, 熊津에 都邑하던 時期의 백제묘제 환경은 積石塚이 사용되지 않았고, 橫穴式 石室墳이 처음부터 主 墓制로 활용된다. 그러면서 이 횡혈식 석실분은 穹窿式이란 定型的인 통일양상을 지닌, 즉 가장 발전된 형태가 갑자기 나타난다는 특징이 있다. 그로 말미암아 백제의 웅진도읍시기 主墓制로 사용된 횡혈식 석실분은 묘제적 통일성을 갖추게 되는데, 이러한 정형성의 담보는 결국 이전에 충분한 발전과정을 거쳤다는 것을 나타내는 것으로 보아야 할 것이다. 문제는 그것이 웅진으로 천도하면서 곧바로 새롭게 채용되었는지, 漢城에 都邑할 때에 사용되던 것이 천도와 더불어 移入된 것인가, 아니면 지방사회에서 사용되던 것이 천도와 함께 도읍지로 逆 流入된 것인가의 판단이 필요하다. 그러나 墳墓는 物的資料이기에 그것이 어디에서 비롯되었는가를 스스로 雄辯

---

12) 李南奭, 1997, 「熊津地域 百濟遺蹟의 存在意味」 『百濟文化』26, 公州大學校 百濟文化研究所.

하지 않는다. 때문에 횡혈식 석실분 자체의 속성을 보다 구체적으로 考究하고, 이를 통해서 단서를 얻어야 할 것이다.

3. 初期 橫穴式 石室墳 資料

백제가 웅진으로 천도하기 以前에 造營된 횡혈식 석실분 자료는 漢城에 都邑하던 시기에 조성되었다고 볼 수 있는 서울의 가락동·방이동 고분군으로 보는 경향이 많았다. 그러나 이들은 오히려 신라고분으로 보아야 한다는 주장이 강하기에 백제고분으로서 검토하는 자체가 문제될 수 있어 여기서는 일단 제외할 수밖에 없다.

지금까지 조사된 백제고분 자료에서 웅진으로 천도하기 以前의 것으로 취급되는 횡혈식 석실분 자료는 淸州 新鳳洞 1호분,[13] 益山 笠店里 1호분,[14] 公州의 汾江·楮石里 12 - 14호분과 16, 17호분,[15] 原城郡의 法泉里 1호분[16]이 있다. 그리고 최근에 조사된 자료로 아직 정식 보고서는 간행되지 않았지만 略報告書, 혹은 발표 자료를 토대로 羅州의 伏岩里 2, 3호 石室墳,[17] 天安 龍院里 石室墳,[18] 淸州 主城里 石室墳,[19] 華城 馬霞里 石室墳,[20] 그리고 法泉里 石室墳,[21] 天安 斗井洞 유적내의

---

13) 李隆助·車勇杰, 1983,『淸州新鳳洞百濟古墳發掘調査報告書』, 忠北大學校博物館.
14) 文化財研究所, 1989,『익산 입점리고분 발굴조사보고서』.
15) 李南奭, 1997,『公州 汾江·楮石里 古墳群』, 公州大學校 博物館.
16) 金元龍, 1973,「春城郡 法泉里 石槨墓와 出土遺物」『考古美術』120, 韓國美術史協會.
17) 文化財研究所, 1996,『나주 복암리 3호분 발굴조사현장설명회자료』.
18) 서울대 인문학연구소, 1998,『천안용원리 유적조사결과 개략보고자료』.
19) 조상기, 1999,「淸原 主城里 遺蹟發掘調査 槪報」『호서지방의 선사문화』, 湖西考古學會.
20) 김성남, 1999,「마하리 유적 개략보고」『전국고고학대회 발표요지』
21) 윤형원, 1999,「原州 法泉里古墳群 發掘調査槪報」『博物館新聞』8월호.

石室墳22) 등을 확인할 수 있다. 양적으로 많은 것은 아니나 以前의 자료현황에 비추어 자료자체가 비약적으로 증대되고 있음을 알 수 있다. 이들 초기적 속성을 지닌 자료를 간략하게 살펴보겠다.

우선, 청주 신봉동 1호 석실분은 토광묘 지역에 포함된 것으로 1982년에 조사된 것이다. 이 지역 토광묘는 대규모 군집을 이루고 있는데, 대체로 4세기대에서 5세기 중반경으로 編年되며, 목관을 시설한 百濟 土壙墓制의 전형인 것으로 본다.23) 1호 석실분은 토광묘가 밀집 분포된 구역의 上端에 있다.

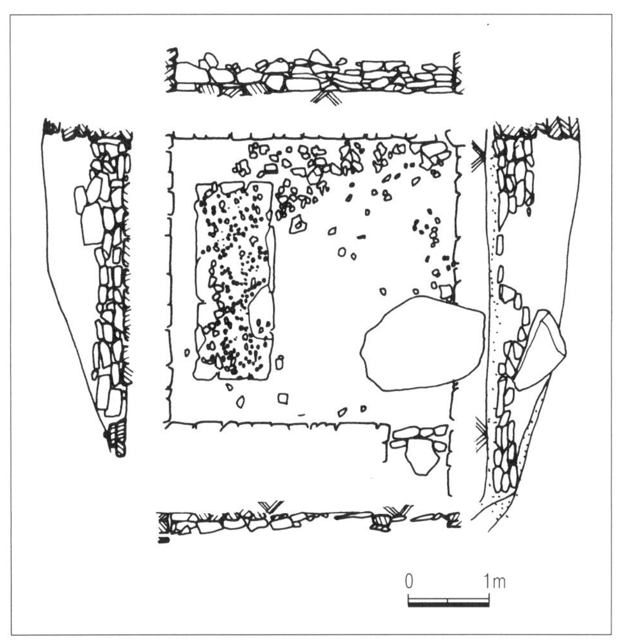

그림 2. 청주 신봉동 1호 석실분

---

22) 公州大學校博物館, 1999,『天安 斗井洞遺蹟發掘調査槪略報告』.
23) 咸舜燮, 1998,「錦江流域圈의 馬韓에서 百濟로의 轉換」『3-5세기 금강유역의 고고학』, 韓國考古學會.

그러나 표면층의 유실이 심하여 遺構 上面이 대부분 파괴·유실되었고, 단지 하부구조만 남아 있는 것으로, 이를 통해서 기본적 속성이 파악된다. 완만하게 경사진 지역에 경사방향으로 장축을 두면서 묘광 및 묘실을 조성한 것으로 지하로 墓壙을 堀壙하였으나 壁體만 地下에 묻히는 형상의 半地下式 구조이다. 割石材를 사용하여 구축한 묘실은 평면이 방형에 가깝고, 開口式 입구는 좁은 右遍在 羨道가 연결된다. 묘실 바닥은 敷石하였는데 遺構의 잔존형상이나 사용된 석재로 미루어 천장이 원형구조임을 알 수 있다.

입점리 1호분은 竪穴式 혹은 橫口式 石室墳과 함께 군집된 고분군내에 있다. 초보적 도굴이 있지만 遺構의 손상은 거의 없고, 金銅冠具와 飾履, 그리고 靑瓷類를 비롯한 다양한 유물이 출토되었다.

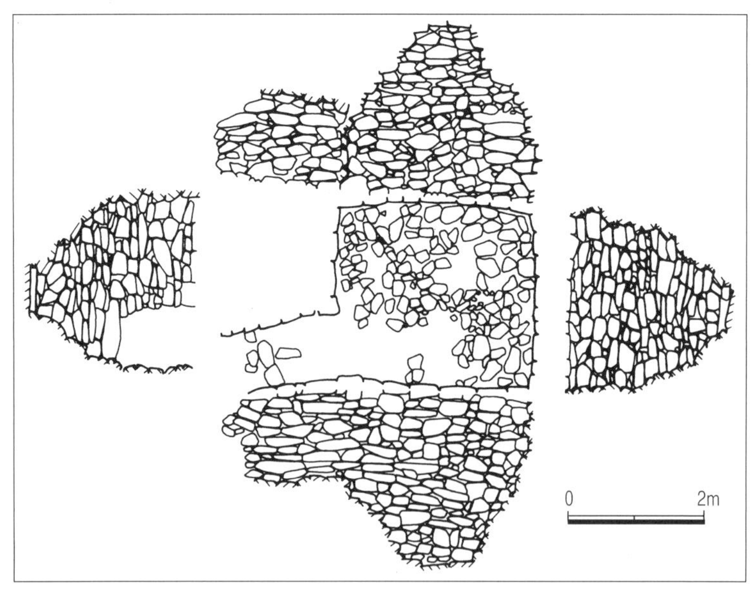

그림 3. 입점리 1호 석실분

경사면에 조성되었는데 묘실을 완전히 아우를 수 있도록 地下式으로 묘광을 구축하였다. 장축은 방위에 맞추어 배치하였는데 경사방향과는 다소 어긋난 형태이다. 할석재로 축조한 묘실은 평면구조가 거의 방형에 가깝고, 천장은 定型은 아니나 일단 穹隆式으로 분류할 수 있다. 그리고 묘실의 정면에 연도를 右偏在로 시설하면서 입구는 開口式으로 만들었다. 묘실 바닥은 작은 돌을 전면에 敷石하였으며, 羨道로 이어진 긴 배수로가 있다. 이 석실분의 축조 년대는 5세기 중반에서 6세기 초반까지 다양한 의견이 제시되었는데, 백제의 웅진천도 즈음에 조성된 것으로 볼 수 있다.

법천리 1호분은 비록 발견과정에 문제가 없지 않으나 기록내용에 근거하면서, 이후 발견된 분강·저석리의 고분이나 나주 복암리의 2, 3호분과 비교하면 횡혈식 석실분으로 보는데 큰 어려움이 없다. 다만 규모를 정확하게 알기 어렵고, 구조형식도 불분명한 것이 많다. 하지만 묘실의 평면이 방형이라던가 회바름, 축석 형태 등의 구조내용은 백제 횡혈식 석실분의 초기적 속성을 지닌 것으로 볼 수 있다. 그리고 입구의 형상은 일단 壁體의 중간에 橫口로 시설되었다고 추정되는데,24) 이는 후술될 분강·저석리나 나주 복암리 2, 3호분과 동일한 내용이다. 羊形器라던가 鐎斗 등의 출토유물을 근거로 적어도 4세기 후반의 것으로 보고 있어 비교적 이른 시기의 것임을 알 수 있다.

---

24) 입구가 없는 것으로 보고되어 있으나 전언을 토대로 작성한 것이기 때문에 완전한 구조복원으로 보기는 어렵다고 여겨진다. 오히려 입구와 같은 출입 시설이 마련되지 않는 수혈식 계통의 묘제는 묘실의 평면이 세장방형이 대부분이고, 평면 방형을 지닌 것은 아직 발견되지 않는다. 여기에 분강, 저석리의 12-14호분이나, 나주 복암리의 2, 3호 석실분 평면이 방형이면서 벽체의 중간에 입구가 개설된 점에 근거하면 이 법천리 고분도 벽체의 중간에 횡구로 개설된 입구가 있었다고 보는 것이 자연스럽다.

분강·저석리 고분군은 백제의 횡혈식 석실분의 대부분 형식이 남아 있는 유적이다. 이 유적은 전체 고분군의 형식별 분포형상을 보면, 산의 정상부에서 하단 쪽으로 내려오면서 시간순에 따라 순차적으로 조영된 것을 알 수 있다. 이중에 초기적 속성을 지닌 횡혈식 석실분은 12-14호분과 16, 17호분이다. 12-14호분은 법천리라던가 혹은 나주 복암리의 2·3호분과 동형이다. 16, 17호 석실분은 중간쯤에 위치하며, 熊津 都邑期의 定型的인 穹窿式 석실분과 유사한 것으로 앞의 12-14호분보다는 시기적으로 늦은 것이다. 12-14호분의 3기는 적어도 5세기 중반보다는 이른 시기에 조성된 것으로 볼 수 있고, 16호, 17호 석실분도 축조시기를 百濟의 熊津遷都 以前으로 소급할 수 있다.

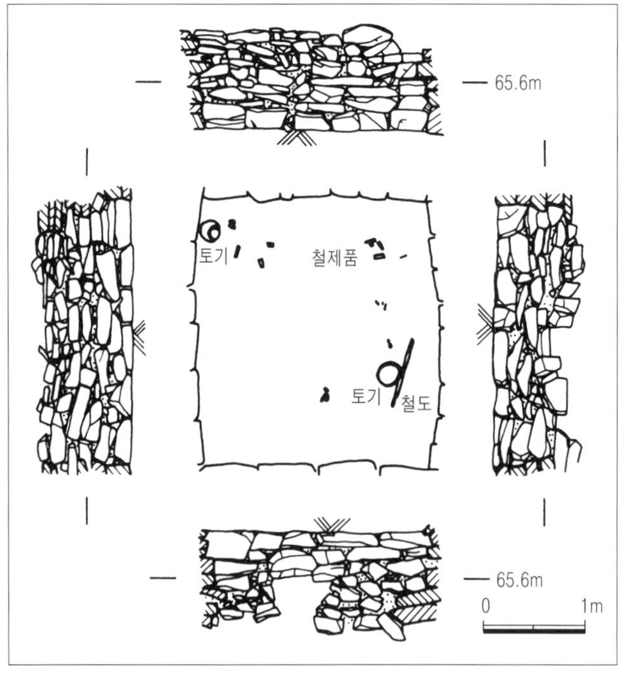

그림 4. 분강 저석리 13호 석실분

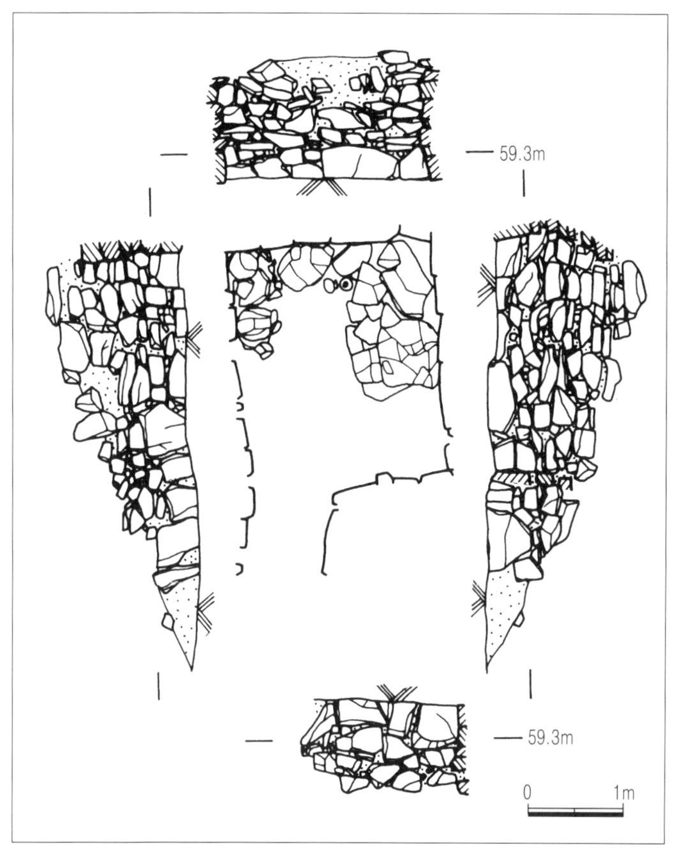

그림 5. 분강 저석리 16호 석실분

12-14호 석실분은 구릉의 정상에 입지한 것으로 墓壙이 비교적 얕게 남아 半地下式의 구조로 墓壙이 구축되었음을 알 수 있다. 여기에 묘실은 평면 방형이고, 입구 및 연도가 壁體의 중간쯤에 시설되었다는 특징이 있고, 天井部는 파괴되었지만 원형천정으로 보는데 의문이 없다. 그리고 16, 17호 석실분도 묘광은 半地下式의 구조이고, 墓室 평면은 약간 장방형에 가까운 방형이다. 연도는 左遍在로 시설되었으며, 墓

室內에 목관이 아닌 甕棺을 사용한 특징이 있다. 웅진 도읍기의 백제 횡혈식 석실분이 대부분 목관을 사용하고 있는 것과 비교하면 다소 이례적인데, 이로써 조성시기가 적어도 웅진천도 이전으로 볼 수 있지 않은가 추정한다.

한편 나주 복암리 3호분내에 위치한 석실분은 2호, 3호로 구분되었다가 후에 다시 석 1, 석 2호분에 횡구식 석실분으로 재분류된 것이다.[25] 墳丘形態의 大型 封墳의 중앙부 평탄지가 형성되어 있고, 이에서 약간 북단에 치우쳐 동서로 배치되었다.

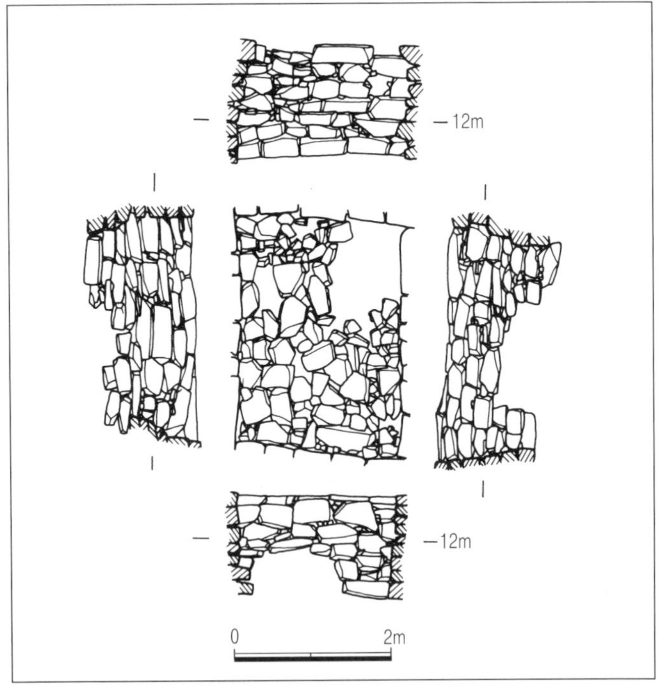

그림 6. 나주 복암리 석실분

---

25) 金洛中, 1998, 「羅州伏岩里 3號墳 發掘調査」『3－5세기 금강유역의 고고학』, 韓國考古學會.

분구 정상에 半地下式 구조를 가지도록 墓壙을 구축하고, 석축으로 방형의 묘실을 조성하였다. 묘실의 천장부는 비록 붕괴되었지만 대형 석재가 없는 점으로 보아 궁륭식 혹은 네벽 조임식이었던 것으로 볼 수 있다. 이들도 분강·저석리 12-14호분처럼 입구가 벽체의 중간에 작게 개구된 형상으로 있다.

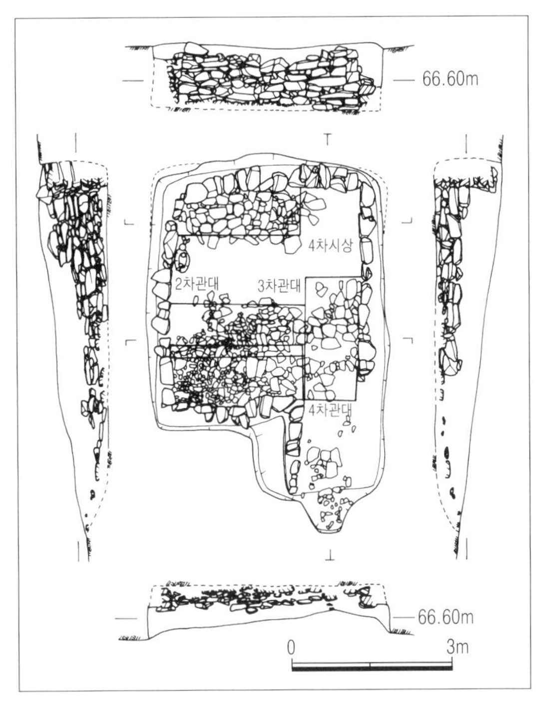

그림 7. 청주 주성리 석실분

청주 오창의 산업단지 조성부지에 위치한 주성리 고분군은 99년에 조사된 것으로 주구가 갖추어진 4-5세기대의 백제 토광묘를 비롯하여 5-6세기대의 石槨墓, 石室墳, 積石木槨墓 등이 남아 있는 유적이다. 여기에 포함된 1호 석실분과 2호 석실분은 백제고분으로, 백제가 웅진으로 천도한 시기보다 훨씬 이전으로 소급될 수 있는 초기적 속성을 갖춘 것들이다. 1호 석실분은 半地下式의 墓壙을 지니고 있으며, 거의 방형에 가까운 묘실, 그리고 右遍在의 연도를 갖추고 있다.

벽돌형상의 割石材로 築石하였는데, 대체적 구조형상은 서울의 가락동 3호분과 유사하다. 그리고 2호 석실분은 연도가 약간 우측으로 치우쳐 중앙에 시설되었다는 차이 외는 1호 석실분과 大同小異한 구조이다. 半地下式으로 조성되었으며, 묘실의 평면이 방형에 가깝고, 천장도 궁륭식 혹은 조임식으로 만든 원형으로 추정할 수 있다. 보고자는 1호, 2호 석실분이 모두 在地의 百濟人이 축조한 것으로 보는데, 특히 1호 석실분은 묘실내 매장흔적이 매우 특이하게 남아 있음을 특기하고 있다. 즉 이 석실분은 묘실내에 모두 5차례에 걸친 매장행위, 즉 追加葬 흔적을 남겼는데, 층위와 출토유물에 따르면 1-3차는 백제인, 그리고 4, 5차는 신라인에 의한 행위였던 것으로 판단하면서, 백제인이 축조한 墳墓에 나중에 신라인에 의한 追加葬이 실행되었음을 주목하고 있다.

마하리 고분군은 수혈식 석곽묘 혹은 횡구식 계통의 석실분이 밀집된 유적이다.26) 이 유적은 99년의 확대조사 과정에서 횡혈식 석실분 1기가 횡구식 및 수혈식 석곽묘와 混在된 상태로 확인되었다. 남향의 경사면에 墓壙을 半地下式으로 조성한 이 고분은 묘실의 평면구조가 방형에 가까운데 오히려 逆長方形의 구조이다. 그리고 右遍在의 羨道, 추가장을 추정할 수 있는 여러 개의 棺臺를 갖춘 것으로, 羨道의 안쪽에 埋納된 토기는 이 석실분이 4세기 후반에 조성된 것임을 보여주는 것으로 여기고 있다.

이외에 천안 용원리 석실분은 규모가 구릉의 線上部에 축조된 것으로 장방형의 대형 묘실을 갖춘 매우 특이한 것이다. 구릉 선상에 위치하면서 입구를 경사의 위쪽으로 향하게 하였고, 중앙연도를 갖추었다. 그리고 장벽의 측면에 있는 異形의 石築施設이 있기도 하다. 이 석실분

---

26) 金載悅 外, 1998, 『華城 馬霞里 古墳群』, 湖巖美術館.

은 수습된 中國製 靑瓷가 적어도 5세기 후반으로 編年될 수 있는 것으로, 백제 횡혈식 석실분으로는 초기자료로 볼 수 있다. 한편 천안 두정동 유적은 3세기말 혹은 4세기 초반의 백제 토광묘 및 주거지 일부가 조사된 유적이다. 여기에도 1기의 석실분 흔적이 남아 있다. 비록 地盤에 시설한 墓壙과 내부 석축 흔적 및 여기에 약간의 석재가 남았지만, 방형 묘실에 중앙연도를 갖추었음을 알 수 있다. 이 석실분은 주변에서 조사된 토광묘 등의 遺構와 연계 검토할 경우 적어도 4세기말 혹은 5세기 초반에 조성되었다고 추정된다

　이상으로 최근에 조사된 횡혈식 석실분 중에서 백제가 웅진으로 천도하기 이전에 조성되었다고 여겨지는 자료를 간략하게 정리하였다. 많은 것은 아니나 以前의 자료에 비해서는 양적인 증가가 두드러지며, 특히 백제사회에 횡혈식 석실분의 출현시기를 상당히 上向시킬 수 있는 자료가 적지 않다는 점이 주목된다. 우선 조성시기를 종합하면, 가장 이른 것이 마하리 석실분과 법천리 석실분으로 4세기 후반대로 編年되는데, 이로 보아 백제사회에 횡혈식 석실분의 유입이 상당히 빠르다는 것을 알게 한다. 그리고 주성리 석실분은 출토유물로 미루어 적어도 5세기 초반의 연대를 제시할 수 있으며, 나주 복암리 2·3호분은 편년상에 다소 문제가 있지만 동형인 분강·저석리 12-14호분을 고려하면 적어도 5세기 전반경 즈음에 위치시킬 수 있다. 이외에 청주 신봉동의 석실분이라던가 익산 입점리의 석실분은 5세기 중반 혹은 그보다 약간 늦은 어간으로 편년된다. 이들 외에 적어도 5세기 중반경에 포함시킬 수 있는 汾江·楮石里의 16·17호분도 있으며, 나주 복암리 1호분도 동일한 맥락에서 이해될 수 있다. 결국 백제사회에 횡혈식 석실분은 적어도 4세기 후반에 이르면 그 자태를 나타내는 것을 알 수 있고, 나아가 이들은 5세기 전반을 거쳐 中·後半에까지 連續的으로 조영되고 있음

을 알게 한다.

자료들의 墓制的 측면을 검토하면 구조형식의 제반 속성은 相異問題가 적지 않게 나타난다. 다만 분강·저석리 12-14호분과 법천리 고분, 그리고 나주 복암리 2·3호분은 구조적 공통성이 있다. 이들은 墓室의 平面形狀과 羨道의 位置와 形態에서 그러한데 특히 羨道가 벽체의 중간에 구멍처럼 작게 開口된 형상으로 만들어진다는 공통점이 있다. 다만 묘실 바닥의 敷石與否와 출토유물의 갖춤새만 차이가 있을 뿐이다. 그러나 이외의 자료는 구조적으로 相異性이 두드러지게 드러난다.

입지환경의 경우 대체로 백제 횡혈식 석실분은 구릉 정상이나 線上部를 피하여 南向의 傾斜面에 자리하는 것이 일반적이다. 이런 관점에서 보면 복암리 2·3호분이나 분강·저석리 12-14호분은 頂上部라는 점에서, 법천리의 것도 거의 평지에 가까운 지형에 立地하여, 일반적 석실분의 입지환경과는 차이가 있는 異例的인 것이다. 반면에 청주 고창의 주성리 석실분은 구릉의 선상부에 가깝지만 약간 경사면에 치우쳐 있고, 마하리 고분도 그러하여 백제 석실분의 입지환경과 거의 동일하다. 이외에 분강·저석리의 16·17호분이나 청주 신봉동, 그리고 익산 입점리 고분, 나아가 나주 복암리 1호 석실분도 전형적 백제 횡혈식 석실분의 입지환경과 크게 다르지 않다.

백제 횡혈식 석실분은 묘실을 구축하기 위하여 먼저 墓壙을 파는데, 대체로 석실 전체를 지하에 아우를 수 있도록 조성하는 것이 일반적이다. 그러나 마하리 석실분이나, 분강·저석리의 12-14호분, 그리고 주성리 석실분은 묘광이 묘실 전체를 地下化하기 어려운 구조이다. 오히려 壁體정도만이 地下化할 수 있는 半地下式이다. 그러나 사용된 석재는 塊石 형상인 割石材가 공통적이다. 한편 묘실의 평면은 제시된 자료의 대부분이 방형이 주류지만, 長方形 혹은 逆長方形도 없지 않아 평면

구조가 통일적 양상이 아님을 알 수 있다. 羨道의 경우 앞서 본 분강·저석리나 마하리 혹은 법천리 석실분이 壁體의 중간에 시설된 特異性이 지적되었는데 이외 석실분은 묘실 바닥에 연이어 水平되게 시설하였다. 그러나 연도의 규모나 위치는 차이가 심하다. 주성리 1호분, 마하리 석실분, 입점리 1호분, 신봉동 1호분은 右遍在로 시설된 반면에 분강·저석리 16·17호분은 左遍在이며, 주성리 2호 석실분, 용원리 석실분, 두정동 석실분은 中央에 시설하였다. 이외에 벽면의 회바름이나 배수로의 有無는 선택적이고, 출토유물은 차이가 심하다.

요컨대 웅진천도 이전에 조성된 것으로 볼 수 있는 횡혈식 석실분은 백제 고지의 전역에서 발견된다. 이들 자료에 의하면 백제사회의 횡혈식 석실분 등장은 적어도 4세기 후반부에 이루어졌음을 알 수 있다. 나아가 이들 초기형 석실분들은 구조적으로 橫穴式이란 統一性은 있으나 세부적 속성은 오히려 規則性이 발견되지 않아 상호 異質的 要素가 많음을 알 수 있다. 특히 웅진으로 천도한 이후의 횡혈식 석실분에서 보편적으로 발견되는 통일적 構造樣態와는 대조를 이룰 만큼 다양한 구조속성을 지니고 있다.

4. 橫穴式 石室墳 受容樣相

百濟墓制의 多樣性은 구성세력의 다양성을 의미함에 다름없다. 특히 횡혈식 以外의 묘제는 百濟故地에 散布되어 있으면서 이들은 百濟勢力이 全域으로 확산되기 이전부터 이미 사용되고 있다. 그러다가 앞서 살핀 것처럼 4세기 후반 무렵에 이르면 횡혈식 석실분이 등장하고, 이들은 점진적 발전을 거듭하면서 백제 전역으로 확산되는데, 특히 百濟가 熊津으로 遷都한 이후에는 백제묘제의 중추적 역할을 담당한다. 그런데 문제는 백제가 웅진에 도읍하면서 도읍지역의 핵심 묘제로 자리한 횡혈식 석실분이 어떻게 受容되었는가이다. 앞에서 보았듯이 백제가 웅진으로 南遷하기 以前에 만들어진 횡혈식 석실분 자료들은 百濟故地 전역에 散布된 형상으로 있다. 원주의 법천리에서 화성의 마하리, 청주의 주성리라던가 공주의 분강·저석리, 익산의 입점리를 거쳐 남쪽으로 나주의 복암리까지 매우 넓은 지역에 걸쳐 있다. 이들의 잔존형상은 횡혈식 석실분만 多量·群集되어 있는 것이 아니다. 횡혈식 석실분 자체는 오히려 單基로 존재하면서 여타의 묘제, 특히 傳統墓制로 분류되는 것들과 混在하던가, 아니면 보다 늦은 시기의 횡혈식 석실분과 함께 있음이 일반적이다. 법천리와 마하리 고분군은 수혈식 석곽묘 혹은 횡구식 석실분과, 청주의 주성리, 천안 두정동, 신봉동은 토광묘와 함께 있다. 그리고 분강·저석리 석실분은 전대의 토광묘와 후대의 석실분이 混在하고, 복암리 석실분도 이전의 옹관묘와 후대의 석실분이 함께 있다. 이러한 잔존상황은 특정 지역의 사회집단들이 그들의 분묘를 조성하면서 새로운 묘제의 도입결과로 나타난 것으로 여겨진다. 그리고 횡혈식 석실분으로 초기적 속성을 지닌 것들이 광역에 걸쳐 적지 않게 남아 있음은 아마도 초기형의 유입이 기존의 묘제 사용집단내로 산발적으로 이루어졌음을 보여주면서, 이들은 점차 旣往의 묘제를 구축하여 형식적 변화를 거치면서 정착되었음도 알게 한다.

그런데 이러한 초기자료들은 백제가 熊津에 都邑한 이후에 본격적으로 조성한 횡혈식 석실분과 비교할 경우 구조속성이란 측면에서 상관관계가 거의 발견되지 않는다. 때문에 이들 자료를 토대로 백제의 웅진 도읍시기에 축조된 횡혈식 석실분의 연원을 고찰하기는 어려운 형편이다. 또한 초기적 속성을 지닌 이들 횡혈식 석실분들이 도읍지가 아닌 각 지역에서 자체적으로 변화·발전을 거쳐 웅진이란 도읍지로 逆流入

되었다고 볼 만한 내용의 확인도 어렵다. 때문에 백제의 도읍지였던 웅진지역의 횡혈식 석실분은 천도라는 역사적 사건과 더불어 갑자기 등장한 것이 틀림없음에도 그것이 어디에서 유입되었는가는 여전히 의문으로 남게된다. 결국 이러한 의문은 이전의 도읍지였던 漢城地域에서 사용되던 墓制가 그대로 이입되지 않았는가라는 전제의 마련을 가능케 하고, 나아가 그러한 문제의 해결은 한성지역의 고분자료를 주목하면서, 그 중에도 횡혈식 석실분이 남아 있는 가락동·방이동의 유적에 대한 재검토의 필요성이 제기된다.

사실, 서울지역에서는 일찍이 可樂里 2호분 등의 횡혈식 석실분이 발견되면서[27] 이들 자료를 근거로 백제는 이미 한성도읍시기에 積石塚 외에 횡혈식 석실분을 그들의 묘제로 사용하였다고 論及되어 왔다.[28] 이후 한강유역에서 발견되는 횡혈식 석실분은 대체로 百濟古墳의 범주에서 이해되었고,[29] 나아가 이들의 연원을 基壇式 積石塚[30], 고구려의 石室墳 系統[31] 혹은 樂浪地域의 墓制[32]에서 구하기도 하였다. 그러다가 앞서 언급한 것처럼 이들 한강유역의 횡혈식 석실분 자료가 百濟보다는 오히려 신라의 것일 수 있다는 疑問이 제기되고, 이어 한강유역의 횡혈식 석실분 특히 가락동·방이동의 횡혈식 석실분은 백제보다는 오

---

27) 野守建 外, 1929, 「公州宋山里古墳調査報告」『昭和二年度古蹟調査報告』, 朝鮮總督府.

28) 輕部慈恩, 1927, 앞의 註 9의 글.

29) ① 安承周, 1975, 「百濟古墳의 研究」『百濟文化』7, 8合輯, 公州大學校百濟文化研究所.

    ② 姜仁求, 1977, 『百濟古墳研究』, 一志社.

30) 西谷正, 1980, 「百濟前期古墳의 形成過程」『百濟文化』13, 公州大學校百濟文化研究所.

31) 安承周, 1975, 앞의 註 29-①의 글 및 姜仁求, 1977, 앞의 註 29-②의 책.

32) 小田富士雄, 1980, 「橫穴式 石室墳の導入とその源流」『日本古代史講座』4, 學生社.

히려 신라의 것이라는 논지가 강하게 주장되었던 것이다. 이러한 논거의 배경은 가락동·방이동의 석실분에서 출토된 신라토기가 적극적 증거로 활용되었는데 이에 대한 반론으로 부장품으로서 토기의 특수성 문제라던가, 묘제적 측면에서 본 구조특성은 백제 고분일 수밖에 없다는[33] 지적도 있었지만 論據의 貧弱이나 資料的 限界로 말미암아 여전히 크게 주목되지 못하였던 것이 사실이다. 오히려 최근 이들 자료는 묘제적 속성에서도 오히려 신라 석실분에 가깝다는 의견이 다시 제기된 형편이다.[34]

그런데 가락동·방이동의 횡혈식 석실분을 신라의 것으로 보기에는 선결되어야 할 문제가 적지 않다. 앞서 살핀 것처럼 백제사회에는 이미 4세기대에 횡혈식 석실분이 도입되어 있었다. 그럼에도 가락동·방이동의 고분들이 백제가 아닌 신라고분이라면 백제가 漢城에 도읍하던 시기의 도읍지에는 횡혈식 석실분을 사용한 흔적이 전혀 없고, 오히려 지방사회에만 존재하는 것으로 된다. 반면에 백제가 熊津으로 遷都한 직후에 이전의 도읍지역에 전혀 흔적을 보이지 않던 횡혈식 석실분이 완벽하게 定型的 형상을 갖춘 발전된 묘제로 갑자기 등장할 뿐만 아니라 한 걸음 나아가 도읍지역의 보편적 묘제로 자리하는 다소 모호한 환경이 전개되는 것이다. 물론 이러한 환경은 이전의 도읍지역인 漢城이 아닌 다른 지역에서 발전된 것이 南遷이란 특수환경과 더불어 도읍지로 逆流入된 것으로 볼 수도 있는데, 앞서 살핀 것처럼 이를 입증할 수 있는 자료가 아직은 발견되지 않기에 오히려 가락동·방이동이 백제 횡혈식 석실분으로 초기형이 아닌가에 대한 의문은 어쩌면 당연할 것이다.

---

33) 李南奭, 1992, 앞의 註 6의 글.
34) 崔秉鉉, 1997, 「서울 江南地域 石室墳의 性格」『崇實史學』10, 崇實大學校史學會.

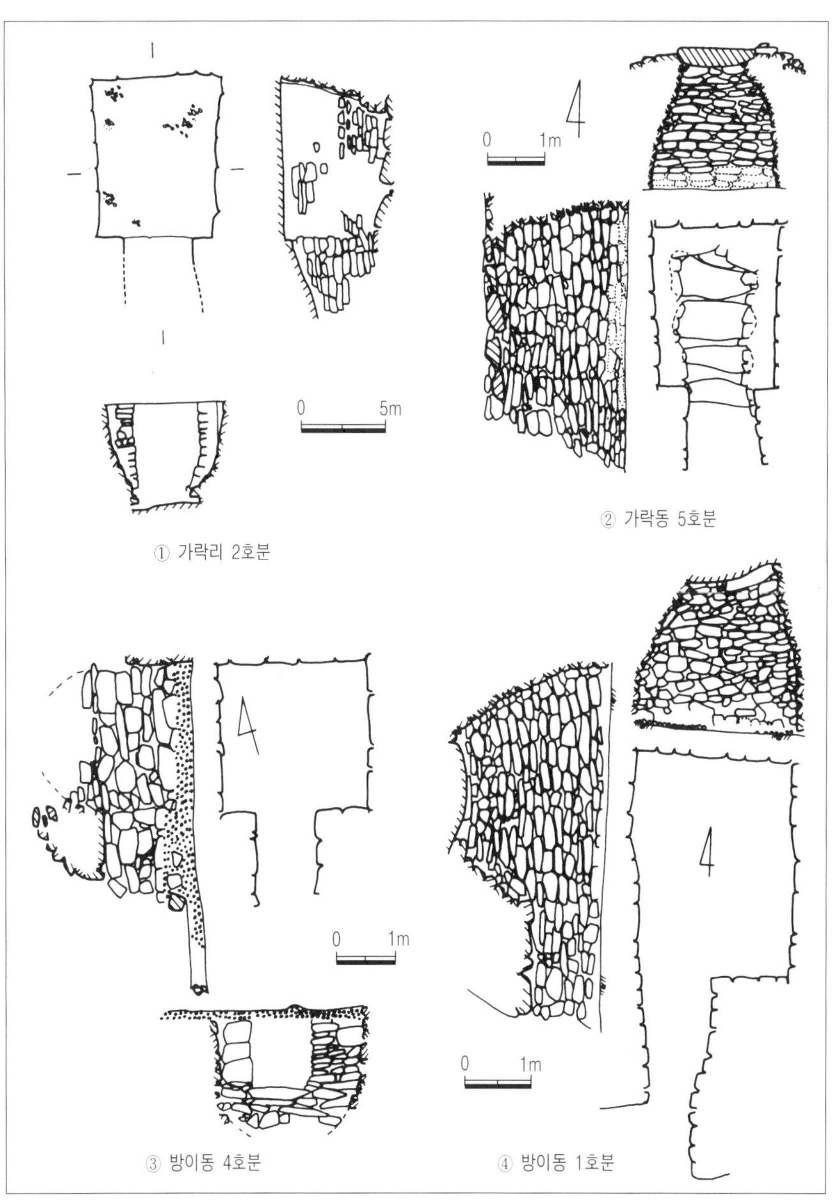

그림 8. 가락동・방이동의 석실분들

가락동·방이동 석실분에 대한 墓制檢討는 충분하게 이루어졌다고 보아도 문제가 없다. 그리고 이들은 입지나 축조환경, 그리고 내부 구조 등의 세부속성은 백제의 횡혈식 석실분의 속성과 상통한다는 것도 상당부분 인정되었던 내용이다. 그럼에도 여기에서 출토된 토기가 전형적 신라토기라는 점, 墓室의 구조속성에서 羨道의 左遍在 혹은 中央 羨道, 혹은 묘실이 逆 長方形이라던가 人骨의 出土狀態 및 축조양상이 기왕에 알려진 백제 횡혈식 석실분의 속성과 차이가 있다고 하여 이들을 신라고분으로 보는 논거로 제시된 상태이다. 물론 이러한 논거의 배경은 신라가 진흥왕기에 한강유역에 진출한 사실을 염두에 두고, 때문에 적어도 6세기 중반에 신라인에 의해 이들 분묘가 축조된 것으로 보고 있음은 물론이다.

이를 위해서는 新羅 眞興王의 한강유역 진출과 관련 가락동·방이동 고분군이 조성되었다는 점에 대한 文獻史를 통한 배경이나 내용의 詳論은 어렵지만, 고고학적 측면에서 고분자체나 유물이 아닌 다음의 사실은 우선 주목할 필요가 있다. 즉 신라가 진흥왕기에 한강유역에 진출하면서 옛 백제의 도읍지인 한강하류의 이남지역까지 그들의 영토로 확보하였고, 그로써 가락동·방이동의 횡혈식 석실분과 같은 고분군이 신라인에 의해 조영되었다면, 분묘가 정주생활과 밀접한 관련이 있음에 비추어 동시기의 그에 동반될 수 있는 다른 유적은 왜 발견되지 않는가라는 문제가 제기된다.

그리고 가락동·방이동의 석실분을 신라 진흥왕기의 진출결과로 나타난 것이라면, 이들은 삼국의 이해가 가장 尖銳하게 대립된 緊張地域에 造營되었다고 보아야 한다. 그런데 신라고분의 전개현황에 비추어 이들 횡혈식 석실분은 가장 先進的 墓制이면서 이른 시기의 것들로 보아야 한다. 나아가 가락동 3호분을 例로 보면서 그 규모나 축조양상을 고려할 경우 여기에 被葬된 자들은 상당한 신분의 소유자로 보아야 할 것인데, 과연 신라의 도읍지인 경주에서 멀리 떨어진 변경지역인 한강유역에 그러한 분묘의 조성이 가능할까라는 의문도 없지 않다.

유적자체의 잔존형상에도 의혹이 있다. 가락동·방이동의 석실분은 일반 석실분에 비해 나름의 규모를 갖추고 있지만 부장품은 토기 수점에 불과하다. 즉 분묘의 외형적 규모에 비해 부장품이 지나치게 영세하다. 예컨대 가락동 3호분의 경우 고분의 규모는 백제고분으로서는 초대형에 속하고, 동 시기 신라 횡혈식 석실분으로도 규모가 작지 않다. 그럼에도 부장품은 병형토기 등 수점의 토기에 불과하다. 특히 동시기의 신라 횡혈식 석실분의 유물 출토환경에 비해서 그 빈약상이 두드러지고, 때문에 副葬品과 遺構의 내용의 不調和가 매우 두드러지게 나타난다는 깃을 否認하기 어렵다.35) 이리한 유물 갖춤새는 오히려 소형의 석곽묘 부장품 내용에나 걸맞은 것으로 볼 수 있을 뿐이다. 물론 유물의 貧弱狀을 盜掘問題라던가 혹은 여러 가지 배경의 제시가 가능하겠지만 도굴된 고분에서 토기 등의 殘片이라도 남아 있는 것이 일반적임에 비추어 어색함이 많다. 이와 같은 의문점은 결국 가락동·방이동 횡혈식 석실분에서 출토된 신라토기의 이해에 적지 않은 문제점이 포함되어 있다고 볼 수 있다.

이외에 가락동·방이동 석실분을 재검토함에 있어 묘실의 구조형식이 백제적 속성인가 아니면 신라적 속성에 속하는 것인가에 대한 정확한 판단이 우선적으로 필요하다. 그러나 우리나라 三國期 橫穴式 石室

---

35) 동시기 신라시대의 橫穴式 石室墳은 경주는 물론 외곽지역에서 발견되는 것들로 동일규모에서 비교적 다량의 유물이 수습되고, 百濟古墳도 마찬가지이다. 여기에 도굴의 문제도 대부분의 도굴된 고분에서 적어도 관못이나 비교적 많은 토기편이 수습되는 것이 일반적이다.

墳의 구조속성은 외형이 아닌 내부 埋葬部의 경우 서로간에 공통점이 많기 때문에 峻別하는데 어려움이 없지 않다. 특히 백제와 신라의 횡혈식 석실분은 서로 差別化될 수 있는 요소가 그리 많지 않다. 그럼에도 가락동·방이동 횡혈식 석실분의 묘실의 구조형상은 신라보다는 백제적 속성이 강하다.36) 그리고 비록 墓室의 平面이나 羨道의 位置 등에 대한 特異性을 근거로 신라고분으로 보기도 하지만 앞에서 살펴본 것처럼 백제 횡혈식 석실분 초기자료에서 그러한 속성이 많이 발견되는 점과, 나아가 초기자료의 구조속성의 다양성에도 불구하고 가락동·방이동의 석실분과 상통하는 요소가 오히려 많다는 점을 有意할 필요가 있다. 가락동·방이동에서 조사된 횡혈식 석실분들간에도 구조적인 차이가 심한 편인데, 이처럼 백제 횡혈식 석실분의 초기자료에 나타나는 구조적 다양성은 횡혈식 석실분이란 묘제가 定型的 墓制로 발전하기 이전의 속성으로 볼 수 있지 않은가 여겨진다. 이로 보면 가락동·방이동 횡혈식 석실분도 그것이 백제 횡혈식 석실분으로서는 초기자료이기에 당연히 발전을 거쳐 정형화된 횡혈식 석실분과는 구조적 차이가 있어야 할 것이다. 물론 이러한 구조적 차이는 이들이 오히려 백제고분이면서 횡혈식 석실분으로서 초기적 성격을 보여주는 요소로 볼 수 있을 것이다.

문제는 유물, 즉 가락동·방이동 석실분 출토의 신라토기 문제이다. 사실 기왕에 이들 석실분이 백제고분임을 강조하면서 유물을 특수한 존재로 보고자 하였지만, 전체적 분위기는 유물문제를 도외시하고 단지 구조속성만을 근거로 속성을 논급하기는 어려운 형편이었다. 특수한 경우를 제외하고 고분출토 유물은 조성주체를 대변하는 것으로 보는 것

---

36) 李南奭, 1992, 앞의 註 6의 글.

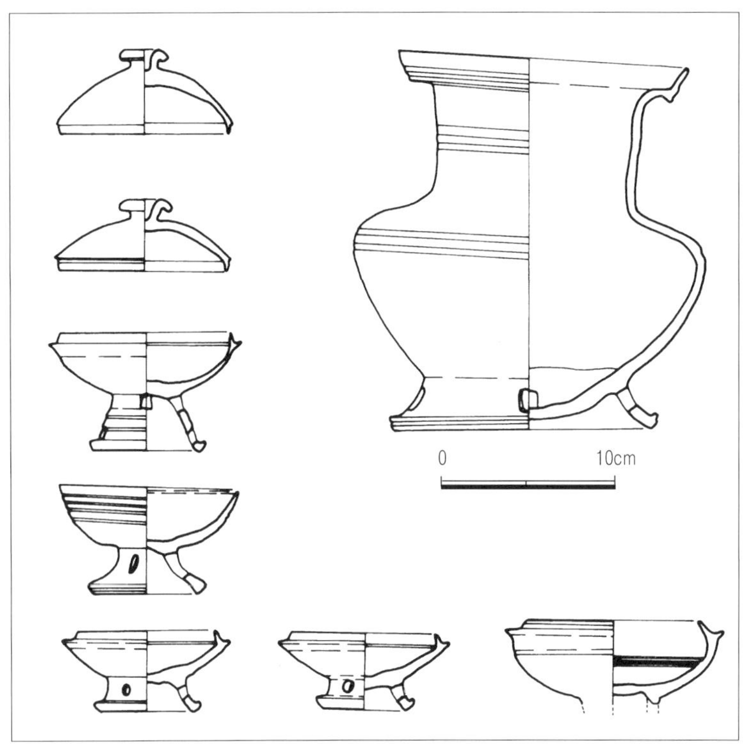

그림 9. 주성리 석실분 출토 신라유물

이 일반적이었기 때문이다. 그런데 가락동·방이동의 횡혈식 석실분을
신라고분으로 보는데 절대적 증거였던 신라토기의 존재양상에 대한 재
검토가 필요하게 되었다. 즉 묘실내에서 출토된 신라토기는 매장주체인
유구가 신라고분임을 입증하는 근거였는데, 앞에서 살펴본 청주 주성리
1호 석실분에 나타난 매장 모습은 고분출토 유물이 반드시 조영주체를
나타내는 것이 아니라는 것을 보여주기 때문이다. 물론 여기에는 횡혈
식 석실분이란 묘제의 특성도 참고되어야 할 것이다.

주성리 1호 석실분은 묘실의 조성방법이나 규모가 서울의 可樂洞 3

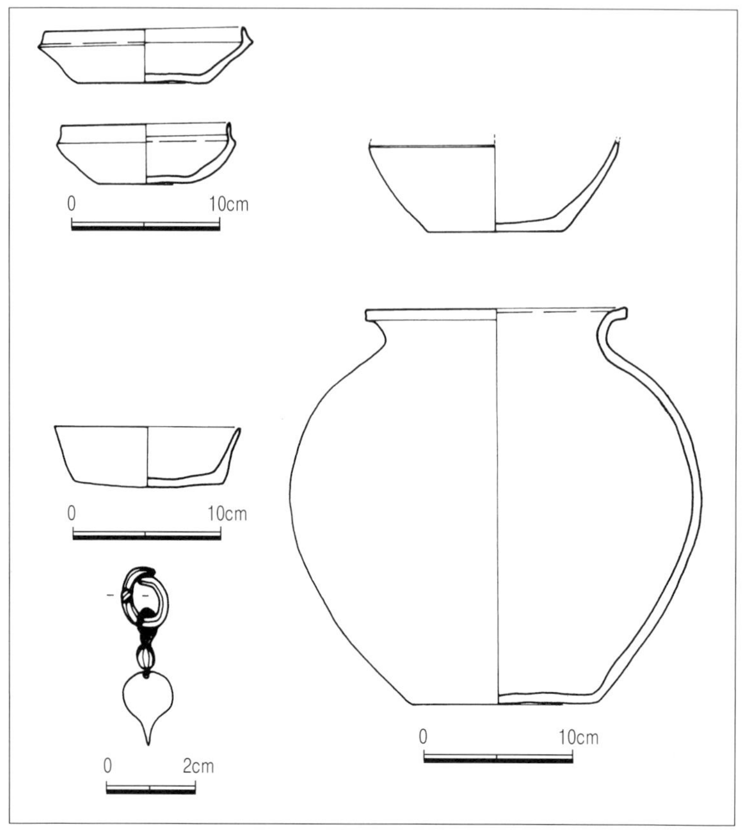

그림 10. 주성리 석실분출토 백제유물

호분과 크게 다르지 않다는 것은 살핀 바와 같다. 즉 주성리 1호 석실
분은 할석으로 축조하였는데 방형의 묘실에, 右遍在 羨道를 시설하였
다. 그런데 이 석실분은 묘실의 바닥에 5차례에 걸친 埋葬行爲가 이루
어졌음이 棺臺 혹은 遺物의 重層關係로 확인된다. 조사내용에 따르면
1－3차의 매장행위는 잔존유물이라던가 층위관계를 통해서 백제시대의
것임이 확인되었다. 그리고 상층의 4, 5차의 매장행위는 잔존유물이 6

세기 중반이후의 新羅系 토기라는 점에서 신라인에 의한 매장행위로 파악된다. 百濟人의 매장행위결과 남겨진 유물은 土器片 외에 작은 金銅製 耳飾이 있고, 이는 천안 용원리 토광묘군에도 발견된 것과 同形의 것이다. 이 금동제 이식은 적어도 4세기말에서 5세기 초반으로 編年될 수 있는 것이기도 하다. 반면에 상층의 신라유물은 병형토기를 비롯한 토기 7점이다. 특히 瓶形土器는 慶州産으로 보듯이 百濟系 유물과는 전혀 異質的인 것으로 신라유물로 보는데 문제가 없는 것들이다.

결국 주성리 1호 석실분은 百濟人이 만든 백제의 횡혈식 석실분이고, 그것도 4세기말 혹은 5세기 초반에 축조되었다고 볼 수 있다. 그리고 이 석실분은 적어도 150여년에 걸쳐 사용되면서 백제인에 의해 3차, 다시 신라인에 의한 2차에 걸쳐 반복적으로 사용되었음도 알 수 있다. 특히 주목할 수 있는 것은 백제의 횡혈식 식실분에 신라의 유물이 副葬되는 경우도 있다는 점이다.

횡혈식 석실분은 追加葬을 전제로 만들어진다는 점에 묘제적 특징이 있다. 즉 횡혈식 석실분의 입구 및 연도는 일단 추가장을 전제로 시설되기 때문이다. 백제의 횡혈식 석실분에서 추가장 혹은 재사용을 분명하게 보여주는 자료도 적지 않다. 예컨대 대부분의 횡혈식 석실분이 2인 이상을 多葬한다는 점이 그것이고, 특히 공주 산의리 1호 석실분의37) 경우처럼 처음 만들어진 묘실에 후대에 다시 추가의 매장행위가 진행되면서 기왕의 棺臺를 한단 높여 사용되고 있음을38) 예로 들 수 있다. 이는 추가장 자체가 상당정도의 시간이 경과된 후에 이루어졌음

---

37) 李南奭, 1999, 『山儀里 遺蹟』, 公州大學校 博物館.

38) 이러한 관점에서 본다면 芳夷洞 호에 나타난 묘실내의 이중벽체의 잔존도 기왕의 무덤을 재사용하는 과정에서 남겨진 것으로 볼 수 있겠는데, 동일한 형상의 구조가 청주의 주성리 고분 중에 석곽묘로 분류된 것에서 확인되기 때문이다.

을 보여주는 사례이다. 논산 육곡리 7호 석실분의 묘실내에 3개체 遺骨의 殘存形狀도[39] 백제 횡혈식 석실분의 추가장을 적극적으로 보여주는 것들이다.

追加葬은 同一血緣 혹은 集團에 의해 상호간 연속선상에서 진행되는 것이 자연스런 현상이다. 그런데 이러한 추가장은 전혀 이질적 환경의 발생으로 무덤의 재활용 형태로 이루어질 수도 있음을 想定하기 어렵지 않다. 특히 추가장 자체가 시간이 상당히 경과된 후에 이루어지고, 그 과정에 정치・사회적 변화가 크게 나타났다면 유구와는 전혀 이질적 遺物이 副葬될 수 있다는 사실도 인정할 수 있다. 그러한 例는 청주 주성리 1호 석실분에서 찾을 수 있겠는데, 초기에 매장된 百濟時代의 유물이 한쪽으로 치워지거나 整地 혹은 청소된 다음에 그 위에 다시 신라토기를 사용하는 사람들에 의해 매장행위가 이루어진 사실에서 알 수 있다.

청주 주성리 1호 석실분에서 확인된 추가장 혹은 분묘의 재활용 행위는 가락동・방이동의 횡혈식 석실분에서 발견된 신라토기의 성격 이해에도 그대로 적용될 수 있지 않을까 생각된다. 가락동・방이동의 석실분은 백제가 한성에 도읍하던 시기에 축조된 것인데, 후대에 신라토기를 사용하는 사람들이 무덤자체를 재활용하면서 신라토기가 부장된 것으로 보아도 되지 않을까라는 것이다. 특히 신라토기를 남긴 사람들은 새롭게 무덤을 만들 수 없고, 오히려 旣存의 분묘를 재활용하는 처지라면, 부장품으로 귀중품 혹은 유물을 풍부하게 남기기는 어려웠을 것이다. 그러한 환경으로 가락동・방이동의 횡혈식 석실분에 남겨진 신라계 유물은 토기 수점이란 零細性을 보일 수밖에 없었을 것이다.

---

39) 安承周, 李南奭, 1988, 『論山六谷里 百濟古墳發掘調查報告書』, 百濟文化開發研究院.

　결국 가락동 방이동의 횡혈식 석실분들은 百濟가 漢城에 도읍하던 시기, 즉 적어도 4세기 후반경, 백제사회에 횡혈식 석실분이 유입되면서 조영되기 시작한 것으로 볼 수 있을 것이다. 그러다가 백제가 웅진으로 南遷하고, 얼마 후 신라토기를 사용하면서 橫穴式 墓制를 인지한 사람들이 이 지역에 진출하면서 새롭게 고분을 축조할 수 없는 환경에서, 旣往에 百濟人이 만들어 놓은 석실분을 再使用한 결과 신라토기가 유물로 남겨진 것으로 볼 수 있다는 것이다. 오창의 주성리 1호 석실분 출토 신라토기의 갖춤새나 형태가 가락동·방이동의 석실분에서 출토된 신라토기와 상통하는 점이 많다는 점에서도 동일한 환경의 유추가 가능하다고 본다.

　요컨대 百濟 橫穴式 石室墳의 검토에서 旣往에 한강유역의 가락동과 방이동의 석실분을 신라고분으로 보았던 적극적 증거가 출토유물이란 점을 부인할 수 없지만 유물 자체가 고분자체의 築造者를 나타내는 것이 아님은 이미 주성리 고분을 통해서 알 수 있다. 이들 유물은 오히려 추가장적 속성을 지닌 횡혈식 묘제의 특성으로 말미암아 百濟의 漢城 都邑期에 만들어진 무덤을 신라인들이 재활용하는 과정에서 남겨진 것으로 볼 수밖에 없다. 이로 보면 가락동·방이동의 석실분은 百濟古墳으로 볼 수 있는 여지가 충분하다고 생각된다. 나아가 서울의 가락동·방이동 횡혈식 석실분이 신라고분이 아니라 백제고분이라면, 이들은 백제가 웅진으로 천도하기 이전, 즉 漢城 都邑期에 도읍지에도 횡혈식 석실분이 사용되었음을 보여주는 자료이다. 특히 이들 석실분 중에는 가락동 3호분처럼 웅진도읍 초기의 횡혈식 석실분과 동일한 구조가 있는가 하면 구조적으로 정형화되지 않은 초기적 속성인 다양성도 공존한다. 이를 토대로 백제 횡혈식 석실분의 전개는 이미 한성도읍기에 초기형이 등장하고, 이것이 점차 가락동 3호분과 같은 定型的 형태로의 발전된 후, 천도와 함께 웅진으로 이입되었다는 전개과정도 마련될 수 있다.

5. 結 言

백제묘제에서 횡혈식 석실분이 차지한 비중은 결코 적지 않다. 웅진 遷都 後 墓制 전체를 통일시키고, 나름의 형식변화를 거치기도 하는데, 이의 연원에 대한 문제는 다소 논란이 없지 않았다. 특히 百濟史 혹은 문화의 연속선상에서 보면, 橫穴式 石室墳墓制가 한강유역에 都邑하던 시기에 이미 백제사회에 유입되었음을 보여주는 가락동·방이동의 석실분을 백제보다는 신라의 고분으로 봄으로서 혼란이 가중되었는데, 그의 적극적 증거는 출토유물이었다.

사실 百濟의 熊津 都邑時期의 墓制 환경은 積石塚은 전혀 사용되지 않고, 橫穴式 石室墳이 처음부터 主墓制로 활용된다. 특히 이 횡혈식 석실분은 穹窿式이란 定型的인 통일양상을 지닌 가장 발전된 형태가 갑자기 나타난 것이다. 물론 이는 웅진지역 자체에서의 자생적 발생이나 변화 변천의 결과로 보기는 어렵다. 더욱이 百濟의 漢城 도읍시기 묘제 환경이 積石塚이었다는 점과 이의 존재양상, 나아가 熊津 遷都의 환경을 고려하면 熊津 都邑時期 백제 횡혈식 석실분의 등장은 한성지역에서 사용되던 묘제가 연속선상에서 이입된 것으로 이해되던가, 아니면 주변의 지방사회에서 사용되던 묘제가 웅진이란 도읍지역으로 역유입된 것이 아닌가의 판단이 필요하였는데, 자료적 한계로 단지 유추하는 정도에 불과하였다.

그런데 최근 조사된 횡혈식 석실분 자료에는 百濟의 熊津 遷都 이전에 조성된 것들이 적지 않게 포함되어 있다. 이들은 주변유적이나 출토

유물로 미루어 4세기 후반에서 5세기 전·중반에 이르는 자료가 발견되고, 분포지역도 百濟 故地의 전역에서 나타난다. 더불어 이들 자료는 구조속성에 다양성이 있고, 특히 葬制的으로 追加葬 혹은 墓室의 再活用을 추정할 수 있는 것이 있다. 따라서 새롭게 확인된 자료를 토대로, 기왕에 한강유역의 가락동·방이동의 석실분을 신라고분으로 보았던 적극적 증거가 출토유물이란 점을 부인할 수 없지만 유물 자체가 고분 자체의 築造者를 나타내는 것이 아님을 청주의 주성리 1호 석실분을 통해 확인할 수 있었다. 주성리 1호 석실분은 백제고분에 신라유물이 埋納될 수 있음과, 무덤의 재활용 환경을 보여주는 것으로 이러한 환경은 가락동·방이동의 석실분에도 그대로 적용할 수 있고, 따라서 이들 가락동·방이동의 횡혈식 석실분을 백제고분으로 보는데 출토유물이 더 이상 상애요소가 아님을 알게 한다.

결국 百濟 橫穴式 石室墳의 초기자료의 부족은 이들 고분의 수용이라던가 전개문제의 이해에 적지 않은 장애를 가져왔고 그로 말미암아 한강유역 가락동·방이동의 백제 횡혈식 석실분을 신라고분으로 이해할 수밖에 없었다고 본다. 그러나 최근 발견된 석실분자료 중에는 百濟社會에 적어도 4세기 후반에 橫穴式 石室墳이 이미 도입되었음을 보여주고, 서울의 가락동·방이동의 횡혈식 석실분도 백제고분으로 인정할 수 있게 되면서, 백제사회의 횡혈식 석실분 전개는 도읍지에서 비롯된다는 설명도 가능하게 되었다고 여겨진다. 나아가 百濟의 橫穴式 石室墳은 이미 漢城에 都邑하던 時期에 유입되어 한동안 사용되면서 자체적 발전과정을 거친 것으로 볼 수 있겠고, 그것이 熊津都邑 時期에는 主墓制의 위치를 차지하는데, 여기에서 발견되는 定型的 형상인 穹窿式으로의 정착은 이미 한강유역에서 이루어졌고, 그것이 熊津으로 移入되었다는 결론도 가능하다.

第 2 章

百濟墓制의 受容과 展開

Ⅱ. 竪穴式 石槨墓의 受容樣相

1. 序 言

　　수혈식 석곽묘의 묘제 특징은 지하로 묘광을 조성하고, 석축하여 묘실을 空洞으로 만들지만, 출입시설이 전혀 마련되지 않는다는 점에 있다.1) 이는 출입시설을 갖추고 있는 횡혈식 석실분과는 근본적 차이로 지적될 수 있고, 축조재료나 축조방법상에 차이가 있는 토광묘 등과는 오히려 相通되는 요소이기도 하다. 이에 필자는 횡혈식 석실분을 新來의 묘제로 보고, 수혈식 석곽묘를 토착적인 전통 묘제로 간주한바 있다.2) 백제묘제는 시간적 공간적 차이가 클 뿐만 아니라 變化狀 또한 매우 역동적이다. 변화는 정치 주체세력의 움직임과 연계되어 진행되고, 결국은 다양한 묘제가 횡혈식 석실분이

---

1) 李南奭, 1995, 「百濟 竪穴式 石室墳의 硏究」『百濟論叢』4輯, 百濟文化開發硏究院.

2) 李南奭, 1994, 「百濟古墳의 墓制類型考察」『蒼海朴秉國敎授停年紀念史學論叢』.

란 하나의 유형으로 一元化되기도 한다.3) 이러한 논의과정에서 수혈식 석곽묘는 在地의 토착묘제로 간주하면서 횡혈식 석실분의 영향으로 횡구식이란 새로운 과도적 형태가 산출되는 모태였지만 결국은 소멸되는 묘제로 판단하기도 하였다.

墓制는 葬制의 부산물로 남겨지는 것이 일반적이나 강한 전통성이 반영되기 때문에 사회적 속성을 그대로 함축하고 있다. 특히 특정 묘제의 浮沈은 사용인의 부침을 의미하는 것이다. 따라서 그와 관련된 사회적 變化狀도 추정할 수 있다. 수혈식 석곽묘는 백제의 다양한 墓制中의 하나이다. 앞서 언급한 것처럼 이도 횡혈식 석실분의 등장과 함께 결국은 소멸되지만, 同 時期에 전통적 토착묘제로 보는 토광묘나 옹관묘와도 차별화 될 수 있는 것이다. 그리고 이 수혈식 석곽묘도 백제가 고대국가로의 체제를 갖추어 나가던 시기에 지변사회를 형성한 주민들의 묘제로 활용되었다고 보는데 문제가 없다. 때문에 그 속성에 대한 정확한 이해는 백제사회 구성의 일면을 해명하는데 나름의 일조가 될 수 있을 것이다.

百濟墓制 중에 수혈식 석곽묘에 대한 본격적 고찰은 최근의 일이다. 자료는 이미 일제시대에 조사되었고, 그러한 유형이 적지 않게 있음을 확인하였음에도 횡혈식 석실분과 묘제적으로 다른 유형 즉 형식구분 외에 근본적 차이에 대한 이해는 마련되지 않았었다. 이는 해방 후에도 마찬가지였다. 1968년 신흥리 고분의 확인 후에 분묘의 구조나 출토유물에 대한 관심이 집중되나 묘제성격 이해는 여전히 이전의 수준에 머물고 있기 때문이다.4) 그러다가 수혈식 석곽묘에 대한 이해의 전환은

---

3) 李南奭, 1995, 『百濟 石室墳研究』, 學研文化社.
4) 尹武柄, 1975, 「連山 新興里 百濟古墳과 出土遺物」 『百濟文化』7·8合, 公州
   師範大學 百濟文化研究所.

표정리 고분군으로 불리는 도구머리, 당골, 하표정의 고분군이 조사되면서 이 묘제가 유형적 특성이 있고, 나아가 묘제적으로 횡혈식과는 엄격하게 구분될 수 있는 것임이 논의되면서 시작되었다.5)

물론 이러한 검토는 충남의 논산지역과 익산지역을 중심으로 조사된 자료를 바탕으로 정리된 것으로 자료적 한계가 없지 않지만, 在地的 속성이라던가 횡혈식의 영향에 따른 변화, 나아가 분류나 편년문제에서 아직은 큰 문제가 없는 것으로 확인된다. 그런데 최근 화성 마하리 백제 고분군6)과 천안 용원리 백제 고분군7)이 조사되면서 여기에는 토광묘와 함께 수혈식 석곽묘 자료가 확인되었고, 이들 자료는 이 묘제의 초기적 존재양상에 대한 특이한 내용이 함축되어 또 다른 관심이 필요하게 되었다. 특히 이들 자료는 기왕의 수혈식 석곽묘의 인식을 강화시켜 주는 것도 있지만, 일부의 내용, 즉 백제사회에 어떻게 이 묘제가 등장하였는가 등에 대한 나름의 재검토의 필요성도 제기하고 있다.

이 글은 수혈식 석곽묘의 수용과 전개라는 측면, 특히 수용과 관련한 문제에 초점을 집중하여 보고자 한다. 이에 대해 기왕에 청동기시대의 석관묘가 변화 발전한 것이 아닌가라는 추론을 내린 바 있지만8), 석관묘와의 공백기간 문제는 여전히 남아 있고, 초기의 자료에 나타난 특성으로 미루어 외부에서 유입된 것이 아닌가 생각되어 이 점을 수정 재검토하여 보고자 한다. 기회에 최근 발견된 신 자료를 중심으로 그 변화양상에 대한 補論을 시도하면서 百濟墓制로서 특징을 보다 분명하게 정리하여 보겠다.

---

5) 李南奭, 1995, 「錦江流域 百濟 竪穴式石室墳」『先史와 古代』6, 韓國古代學會.
6) 金載悅 外, 1998,『華城 馬霞里 古墳群』, 湖巖美術館.
7) 李南奭, 2000,『龍院里 古墳群』, 公州大學校 博物館.
8) 李南奭, 1995, 앞의 註 1의 글.

2. 竪穴式 石槨墓의 存在現況

기왕에 백제묘제로서 수혈식 석곽묘 자료는 대체로 금강 流域圈에 집중된 양상이었다. 금강 유역이라 함은 충청도 일원과 전북의 북부지역을 의미하는 것으로 대체로 백제의 후기 도읍지인 熊津과 泗沘의 일원을 의미한다. 물론 수혈식 석곽묘의 확인은 일찍부터 있었지만 그 존재양상에 대한 주목은 나름의 차이가 있다. 수혈식 석곽묘는 그들만이 군집된 형태로 있는 것과 이외에 횡혈식 석실분 속에 포함된 것, 그리고 횡혈식 석실분이라던가 혹은 횡구식 석곽묘와 섞여 있는 것으로 구분된다. 더불어 토광묘와 함께 있는 자료도 확인되어 수혈식 석곽묘의 존재양상이 매우 다양한데 이들을 구분하여 살펴보도록 하겠다. 이들은 어떤 묘제와 더불어 있는가에 따라 구조양상에 차이가 있고, 더불어 존재의미도 다르게 설명될 수 있다.

횡혈식 석실분 속에 수혈식 석곽묘가 포함된 유적으로 공주 송산리 고분군, 보통골 고분군, 분강·저석리 고분군을 들 수 있다. 이들은 주로 백제의 두 번째 도읍지역인 웅진 일원에서 주로 발견되는 것이 특징이다. 송산리 고분군의 수혈식 석곽묘는 7·8호분으로 분류된 것이다.9) 구조양상은 큰 차이가 없지만 7호분은 크게 파괴되었고, 8호분만 구체적 내용이 전한다.

8호분은 봉분이 없고, 급한 경사면에 묘광을 파고 석축으로 묘실을 조성한 것으로 길이 250cm에 너비 80cm의 규모이다. 묘실 장축은 경사 방향으로 두었고, 할석재로 축조한 묘실은 70cm정도까지 수직으로 쌓다가 그 위에 다시 2단을 안으로 좁혀 쌓은 고임식의 구조이다. 천장은 9개의 석재를 左·右壁에 걸쳐 덮었다. 바닥에 강자갈을 깔았고, 토기

---

9) 輕部慈恩, 1934,「公州に於ける百濟古墳」『考古學雜誌』24·25.

등의 유물이 있는데 특히 7호분에서 胸玉이라던가 銀製花形文 裝身具·金銅製 및 銀製의 板狀金具도 수습되어 수혈식 석곽묘의 유물로는 비교적 화려한 편이다. 이들은 송산리 고분군의 조성시기와 같은 5세기 말에서 6세기 초반에 만든 것으로 볼 수 있는 것이다.10)

보통골 고분군은 17기의 유구가 조사되었고, 대부분이 횡혈식 석실분과 횡구식 석실분으로 구성된 것이다. 16호분으로 분류된 1기만 수혈식 석곽묘이다.11) 경사면에 조성되었지만 묘실의 장축이 등고선 방향에 맞추어져 있다. 묘실은 길이 190㎝에 너비 43㎝로 작은 편이고, 축조상태도 매우 粗惡하다. 단벽은 판석재 1매로, 긴 벽은 하단에 큰 석재를 그리고 상단에 작은 석재를 올려 축석하였다. 천장은 긴 벽의 상단에 걸쳐 덮은 것이다. 바닥은 생토면을 그대로 사용하였는데 유물은 전혀 없다. 이 고분의 조성시기를 정확하게 확인하기는 어렵지만 대체로 백제의 熊津 都邑期 즉 6세기 초엽으로 編年될 수 있는 것이다.

분강·저석리 고분군은 횡혈식 석실분 외에 옹관묘가 다수 있고, 여기에 수혈식 석곽묘가 포함된 것인데 주류는 횡혈식 석실분이다. 모두 40여기의 유구가 있으며, 이중에 횡혈식 석실분은 17기, 옹관묘 14기, 그리고 수혈식 석곽묘는 6기가 확인되어 있다.12) 횡혈식 석실분은 초기형인 궁륭식에서 말기형인 수평식까지 있는데, 상단에는 이른 것이 있고, 아래로 내려오면서 후대의 것이 있다. 석곽묘는 대체로 中上段 지역에 일부가 있지만 규모가 작은 것들이다. 구조는 할석재로 구축하고,

---

10) 송산리 고분군의 조성시기는 개별 분묘마다 차이가 있다. 다만 무령왕릉의 존재를 고려하면 대체로 6세기 초반에 조성된 것으로 볼 수 있는 것이다. (李南奭, 1998, 「宋山里 古墳群과 百濟王陵」 『百濟研究』27, 忠南大學校百濟研究所)

11) 安承周·李南奭, 1992, 『公州보통골 百濟古墳群發掘調查報告書』, 百濟文化開發研究院.

12) 李南奭, 1998, 『汾江·楮石里 古墳群』, 公州大學校博物館.

바닥에 敷石까지 이루어졌는데 대체로 5세기말에서 6세기 초반으로 編年될 수 있다.

다음은 석실분 혹은 석곽묘가 망라된 상태에 포함된 수혈식 석곽묘 자료이다. 이 경우는 수혈식이나 횡구식 그리고 횡혈식이 함께 있는데, 수혈식의 頻度가 결코 적지 않은 것을 말한다. 사례로 원주 법천리 고분군, 논산 표정리 당골 고분군, 공주 산의리 고분군, 익산 웅포리 고분군을 그 예로 들 수 있다.

논산 표정리 당골 고분군은 모두 8기의 석축묘와 옹관묘 1기가 조사된 유적이다.[13) 수습조사이기에 보다 많은 유구가 있었을 것이다. 조사된 유구는 1기의 횡혈식 석실분과 나머지는 횡구식으로 보고되었지만 잔존형상을 보면 2기를 제외하면 모두 수혈식 석곽묘로 보아야 하는 것이다.

이들 석곽묘는 할석재로 구축된 것인데 묘실의 중앙에 시상대가 있고, 규모도 비교적 큰 편이다. 횡혈식 석실분은 석곽묘처럼 묘실 중앙에 관대가 있지만 평면구조나 벽면의 잔존형상 및 연도의 위치로 미루어 원형천장인 궁륭식으로 볼 수 있는 것이다. 석곽묘 자체만으로 편년은 어렵지만 시상대가 시설된 것과, 출토유물 중에 蓋杯라던가 병형토기 등이 있어 논산 모촌리 고분군과 비교될 수 있는데,[14) 이 당골 고분군은 5세기말이나 6세기 초반경에 조성된 것으로 볼 수 있는 것이다.

공주 산의리 유적은 청동기시대의 주거지와 저장구덩이 석관묘 및 옹관묘, 그리고 백제시대의 분묘가 혼합된 유적이다.[15) 백제시대의 고분은 모두 40여기가 확인되었고, 횡혈식·횡구식·수혈식 그리고 옹관묘

---

13) 徐聲勳·申光燮, 1984, 「表井里 百濟廢古墳調査」『中島』5, 國立中央博物館.

14) 安承周·李南奭, 1992, 『論山茅村里百濟古墳發掘調査報告書』, 百濟文化開發研究院.

15) 李南奭, 1999, 『山儀里 遺蹟』, 公州大學校博物館.

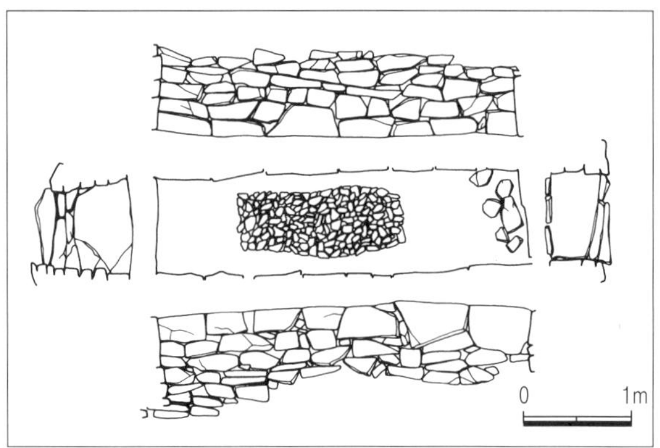

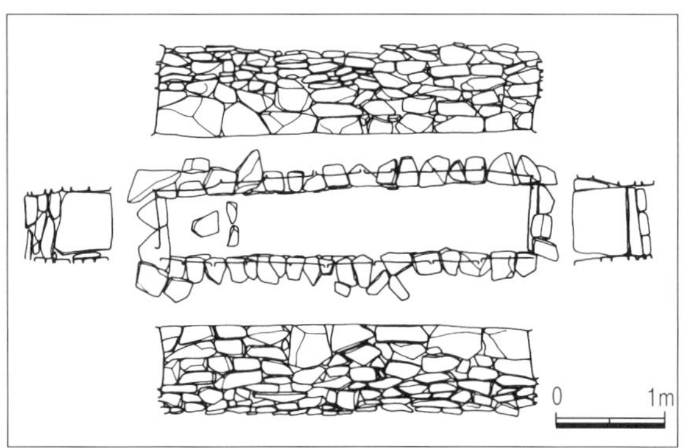

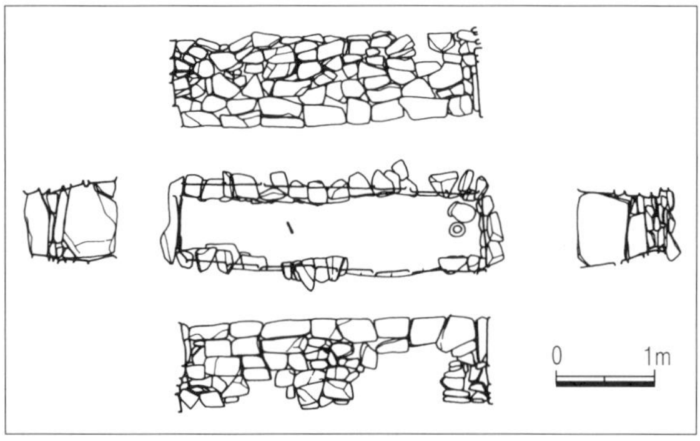

그림 1. 당골 수혈식 석곽묘

가 뒤섞여 있는데 수혈식 석곽묘는 15기가 남아 있다. 함께 있는 횡혈식 석실분은 묘실의 평면이 방형에 가깝고 천장은 궁륭식으로 조성된 것이 대부분이다.

수혈식 석곽묘는 묘실이 장방형인데 모서리가 둥그런 抹角 長方形도 있다. 특히 묘실의 평면이 세장된 것이 적은데 묘실내에서 관정의 수습이 적지 않고, 일부는 목관을 고였던 관대의 흔적도 남아 있다. 대표적 예로 2호 석곽묘를 보겠다. 등고선 방향으로 장축을 두도록 굴착한 墓壙內에 길쭉한 석재를 세로로 두어 구축한 것으로 묘실은 길이 260㎝에 너비 80㎝의 규모이다. 천장석은 모두 사라졌지만 묘실은 거의 사각단면을 지녔고, 묘실의 바닥에는 목관을 받치는데 사용된 석재가 중앙에 놓여 있다. 수습된 유물은 6세기 초반대로 볼 수 있는 토기와 철제낫 및 棺釘이 있는데, 棺釘에는 木質이 많이 남아 있다.

다음으로는 수혈식 석곽묘만이 군집된 자료들이다. 대표적 유적은 논산 표정리 하표정의 고분군, 모촌리의 고분군이 대표적 사례이다.

표정리 고분군은 모두 16기의 고분이 확인되었고, 이들은 전부가 수혈식 석곽묘이다. 독립된 구릉에 존재하는 이들은 대체로 4세기말에서 5세기의 전반에 조성된 것으로 판단되는 것이며, 구조상에서 서로 공통성이 많다. 지반상에 묘광을 파는데 묘실을 충분히 아우를 수 있도록 깊게 판다. 묘실의 장축은 모두 등고선 방향으로 맞추어져 있고, 묘실은 세장된 장방형이다. 구축한 석재는 할석형 괴석이지만 판석재도 있다. 하단의 석재는 세우고, 상단은 높여 구축하며, 천장석은 여러 매의 석재를 좌우 긴 벽 상단에 걸쳐 놓는다. 특히 이 지역의 석곽묘는 築石 후 틈을 노란 점토로 메우고 있다.[16]

---

16) 安承周・李南奭, 1988, 『論山表井里百濟古墳群發掘調査報告書』, 百濟文化開發研究院.

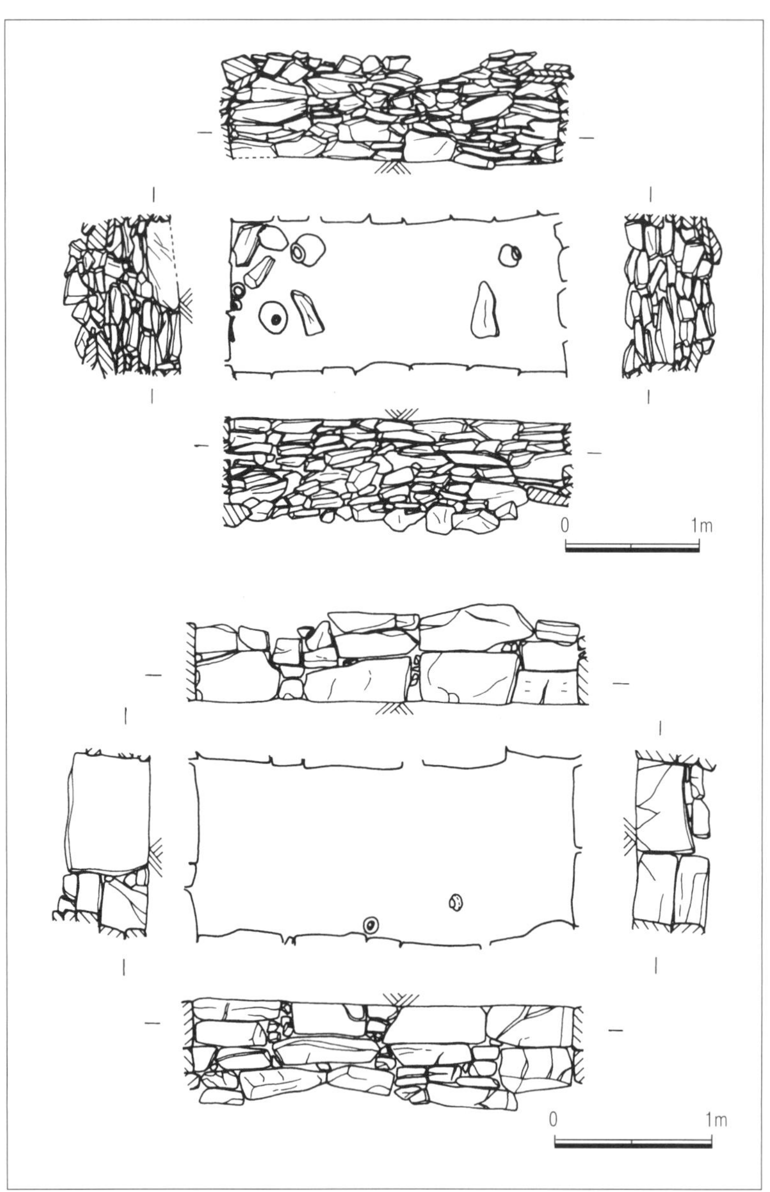

그림 2. 산의리 수혈식 석곽묘

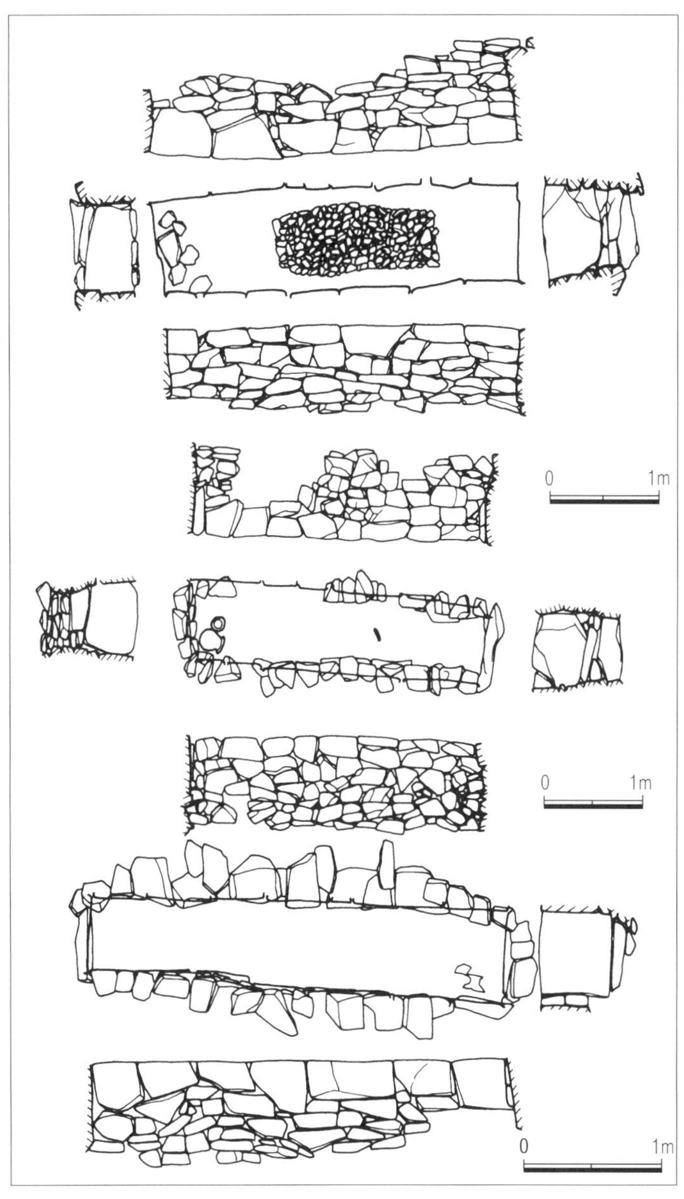

그림 3. 표정리 수혈식 석곽묘

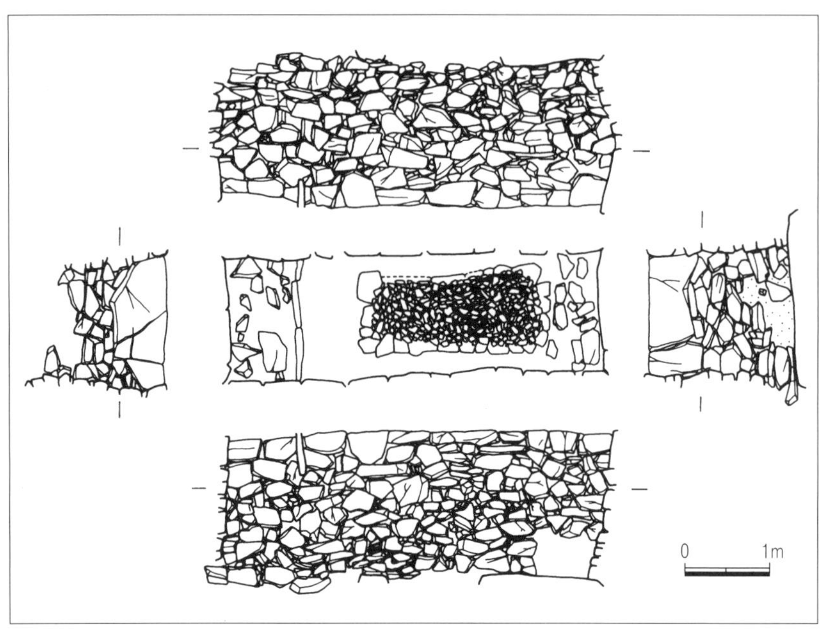

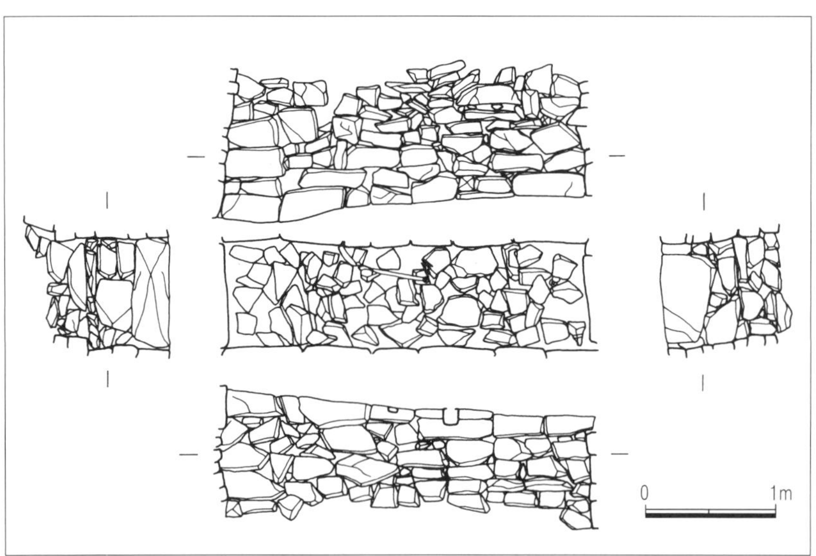

그림 4. 모촌리 수혈식 석곽묘

모촌리 수혈식 석곽묘는 2차례에 걸쳐 조사되었고, 모두 30여기가 확인되었다. 이중에 횡혈식 석실분 1기가 포함되었으나 특이현상이다. 구축형상은 표정리 고분군과 큰 차이가 없다. 地盤下에 묘광을 조성한 다음에 석축의 묘실을 구축하는데 묘실 장축은 모두 등고선 방향에 맞추어져 있다. 묘실은 세장된 장방형이지만, 구축한 석재는 표정리처럼 괴석재를 사용하지만 판석재도 많다. 규모는 차이가 있지만, 표정리와는 달리 시상대를 설치한 것이 많고, 시상대의 좌우에 부장 칸을 마련한 것도 적지 않다. 이 모촌리 고분군의 수혈식 석곽묘는 5세기 후반에서 6세기의 초반까지 조성된 것으로 보고된 바 있다.17)

마지막으로 토광묘와 더불어 있는 수혈식 석곽묘이다. 대표적 자료는 용원리 고분군이고, 이외에 마하리 고분군, 두정동 유적의 墳丘墓內에 수혈식 석곽묘를 들 수 있다. 화성 마하리 고분군은 2차에 걸친 조사가 이루어졌고 1차의 조사에서 수혈식 석곽묘 21기와 토광묘로 목관 토광묘 5기, 목곽·목관토광묘 1기가 조사된 유적이다. 토광묘는 3세기말에서 4세기의 전반에, 그리고 석곽묘는 대체로 4세기 중반경에 조성된 것으로 보고 있다.18) 구릉에 立地한 석곽묘는 장축에 일정한 방향성이 없고, 묘실을 구축하기 위한 묘광은 지하로 팠으나 표면의 유실에 따라 정확한 규모를 확인하기 어렵다. 석곽묘는 할석재로 구축하였는데 묘실의 평면이 장방형이나 세장된 정도가 미약하다. 일부는 내부에 목관의 흔적이 남아 있고, 부곽이 별도로 마련된 것이 있으며, 내부에 시상대는 없지만 橫木의 설치가 확인되어 특이성이 있는 것도 있다.

---

17) ① 安承周·李南奭, 1992, 『論山茅村里百濟古墳群發掘調査報告書』, 百濟文化開發硏究院.

② 安承周·李南奭, 1993, 『論山茅村里百濟古墳群發掘調査報告書Ⅱ』, 百濟文化開發硏究院.

18) 金載悅 外, 1998, 『華城 馬霞里 古墳群』, 湖巖美術館.

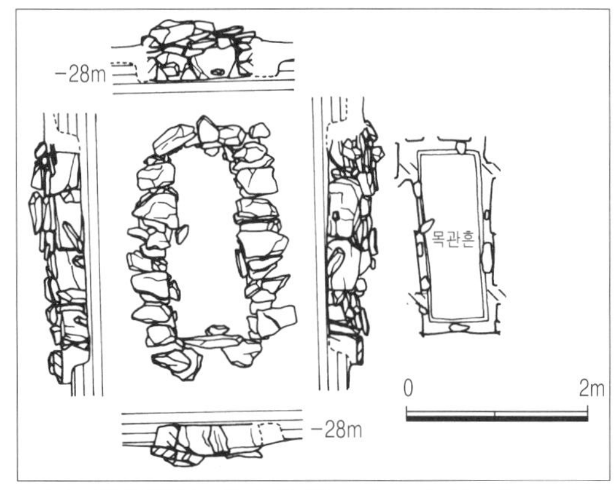

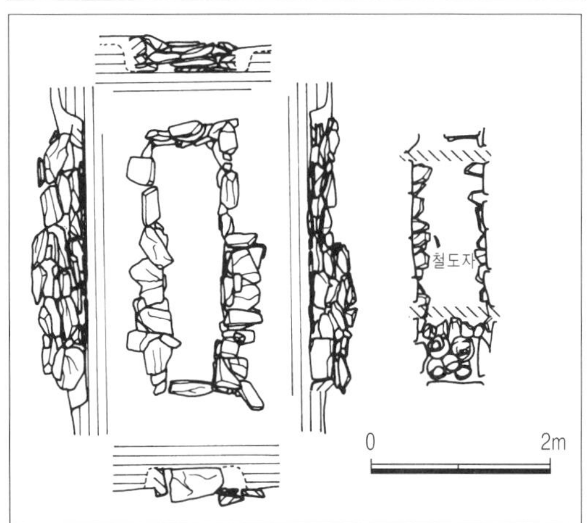

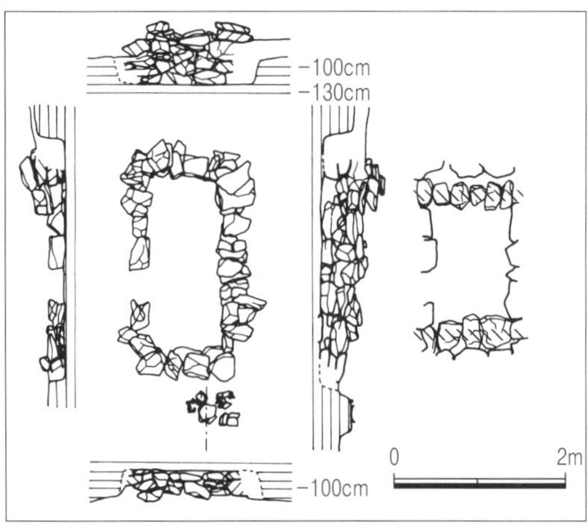

그림 5. 마하리 수혈식 석곽묘

용원리 고분군은 토광묘 137기에 수혈식 석곽묘 13기가 조사되었고, 조성시기는 대체로 4세기 중반을 기점으로 4세기 후반까지로 編年되는 것이다. 13기의 수혈식 석곽묘는 규모나 형태에 차이가 있지만 수혈식 석곽묘의 일반적 구조 즉 지하로 묘광을 조성하고 할석재로 묘실을 조성하였다는 점에서 공통적이다. 여기에 묘실의 장축은 등고선 방향에 맞추어져 있는 점도 공통적이다. 다만 묘실내부의 시설이나 벽체의 築石 양상, 그리고 바닥의 형상에서는 차이가 많다. 묘실의 구축양상은 築石이 매우 조악하고, 석재도 정연하지 않다. 나아가 묘실의 바닥은 시상대나 부곽시설보다는 敷石이 이루어진 것이 많은데, 敷石의 범위도 특정부위에만 있다. 특히 이 용원리 고분군의 수혈식 석곽묘는 대부분 목관을 사용한 흔적이 있어 매우 이채롭다.[19)]

두정동의 수혈식 석곽묘는 1기만 확인된 것이다. 그것도 특이 묘제인 墳丘墓의 한쪽에 조성된 것으로 구조자체는 매우 조악하다. 묘광도 매우 낮고, 석축도 상반이 유실되어 일부만 남았는데 다만 세장된 묘실의 형상, 그리고 묘실내에서 수습되는 꺽쇠로 미루어 목관을 사용하였다는 점은 확인된다.

묘실은 분구의 경사방향의 반대 즉 등고선 방향으로 두었고, 세장된 장방형인 점은 여느 수혈식 석곽묘와 다름없다. 묘실내에 副葬된 토기는 黑色磨研土器의 模倣品으로 판단할 수 있는 것이 있다. 이 석곽묘가 있는 분구묘가 4세기 전반에 조성된 것으로 編年됨에 비추어 석곽묘도 거의 동일시기에 만든 것이 아닌가 추정된다.[20)]

이상으로 백제고지에서 확인된 수혈식 석곽묘를 그 존재양상을 달리하는 것을 중심으로 대표적 사례를 들어 살펴보았다. 수혈식 석곽묘는

---

19) 李南奭, 2000, 앞의 報告書.
20) 李南奭·徐程錫, 2000, 『斗井洞 遺蹟』, 公州大學校博物館.

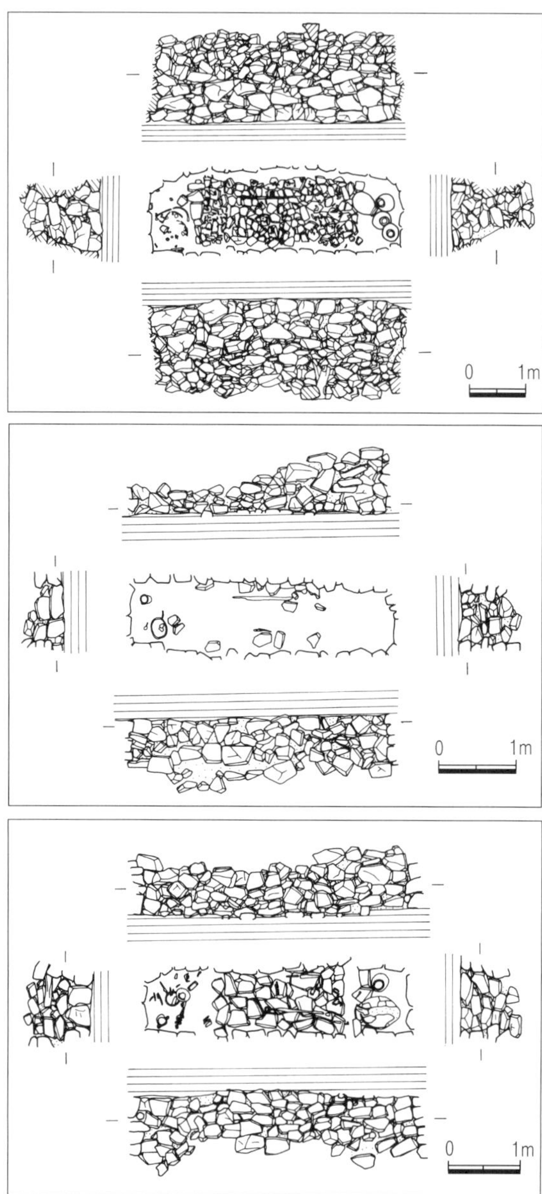

그림 6. 용원리 수혈식 석곽묘

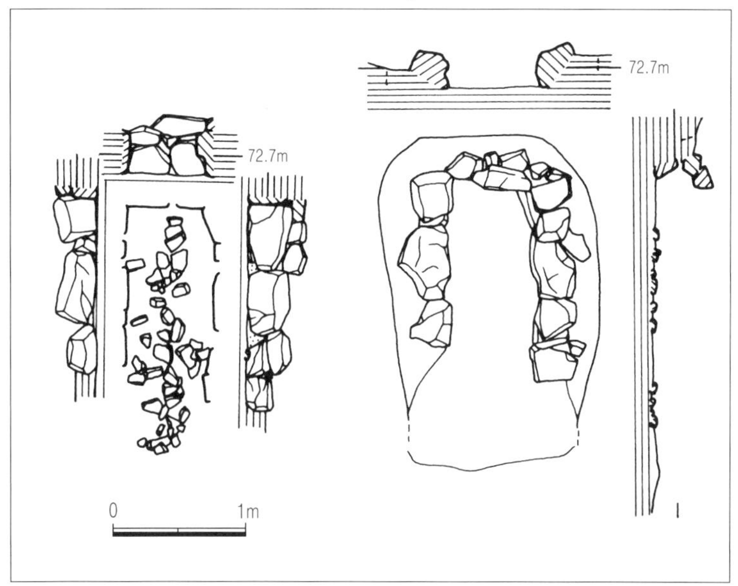

그림 7. 두정동 수혈식 석곽묘

대체로 백제의 초반부 영역 즉 경기와 충청지역, 그리고 전북의 북쪽지역에서 주로 발견되어 분포범위도 특정지역에 한정되는 것을 알게 한다. 이들은 횡혈식 석실분에 配葬形態로 존재하는 것, 횡혈식 석실분과 횡구식 석실분이 混在하면서 대등한 수적인 위치를 차지하는 것, 수혈식 석곽묘만 집중적으로 조성된 것, 그리고 토광묘와 더불어 있는 것으로 구분할 수 있다.

3. 竪穴式 石槨墓 墓制 特性

백제고지의 수혈식 석곽묘는 적어도 4세기대에 그 모습이 드러났음을 알 수 있다. 그리고 이들은 자체만의 군집된 형태로 있기도 하고, 다른 묘제와 뒤섞여 있기도 하다. 이는 이 묘제가 등장하여 다른 묘제와 일정한 관련속에 운영되었다는 것을 보여주면서 자체적 발전과정도 있었던 것으로 볼 수 있다. 더불어 이 묘제는 현재까지의 자료에 의하면 적어도 6세기 전반기까지 그 흔적이 남아 있었다는 것도 알 수 있다.

필자는 이들 수혈식 석곽묘가 4세기에서 5세기말 혹은 6세기 초반까지 존재한다는 점, 그리고 이들은 독자성을 지닌 채 나름의 변화과정을 거친다고 보고 이에 대한 고찰을 진행한 바 있다.[21] 즉 수혈식 석곽묘는 시기적으로 대체로 4세기 후반부의 것까지 확인되었고, 이들이 점차 변화 발전을 겪다가 5세기말 6세기초에 이르면 횡혈식 석실분의 유입에 따라 변화되어 소멸되었다는 시간 폭을 우선 설정하였다. 그리고 묘제의 발생이나 연원의 문제는 검토가 어렵지만 적어도 이 수혈식 석곽묘만 사용하는 집단과 단계가 있었다는 것, 나아가 그 즈음의 시기에 횡혈식 석실분이 확대되지만 수혈식 석곽묘에의 침투는 5세기 중 후반에나 이루어질 것이란 전제도 있었다.

이러한 전제를 수혈식 석곽묘가 나름의 발전과정이 있을 것이고 그에 따른 변화단계를 설정할 수 있다는 논거로 삼은 것이다. 변화 및 발전과정으로 검토된 것은 구축방식이나 혹은 평면 형상 등에서는 큰 차이가 없지만 묘실 내부의 시설 즉 敷石 혹은 시상대 및 부곽의 설치가 時間 順에 따라 변화된 흔적이었다. 그에 따르면 4세기 후반대의 것들은 묘실바닥에 아무런 시설이 없는 생토바닥을 그대로 사용하였다가 점차 敷石이 이루어지고, 이것이 시상대로, 나아가 시상대의 양쪽에 부곽을 마련하는 형태로 변화하였다고 보았다.

그런데 이러한 이해는 새로운 자료의 확보로 말미암아 수정이 불가

---

21) 李南奭, 1995, 앞의 註 1의 글.

피한 부분도 적지 않다. 특히 최근 확인된 용원리나 마하리, 그리고 백곡리22)의 수혈식 석곽묘는 이러한 이해에 적지 않은 수정을 요구한다. 따라서 여기에서는 수혈식 석곽묘의 제반 속성을 하나씩 재검토하여 보고 이를 종합하여 수혈식 석곽묘의 묘제적 특성을 점검하여 보겠다.

우선 입지환경은 기왕의 이해에서 큰 차이가 없다. 대체로 구릉의 경사면에 자리한다는 점에 큰 변동이 없다. 다만 용원리 고분군의 경우 입지가 북향의 경사면을 선택한 것이 있어 주목되기는 한다. 물론 용원리 고분군은 비단 수혈식 석곽묘만이 아니라 함께 있는 토광묘도 南向面 보다는 북향의 경사면에 주로 집중되어 있어 지역적 특색으로 볼 수 있는 것이기는 하다. 때문에 입지환경에서 큰 차이를 지적하기는 어렵다. 그리고 묘실 구축하기 위해 조성한 묘광도 지반을 파서 묘실이 완전히 지하에 안치되도록 만들었다. 물론 묘광의 구축은 유적에 띠라 차이가 있고 나름의 특징도 있다. 예컨대 용원리 고분군의 9호 석곽묘는 묘광을 3段으로 구축하고 있는 것이 그것이다. 이 9호 석곽묘는 위에서 아래로 내려가면서 단계별로 좁혀 단을 두는데 묘실의 바닥까지 낮은 단을 두고 있다. 단을 만든 목적은 단지 묘광내의 묘실의 구축과 관련된 것으로만 판단될 뿐이다.

묘실의 장축은 경사와 직교된 즉 등고선 방향으로 두는 것이 원칙이다. 이는 앞서 살핀 것처럼 입구가 없는 세장된 장방형 묘실의 배치는 경사방향보다는 오히려 등고선 방향으로 장축을 취하는 것이 효과적이다. 그러나 장축이 반드시 등고선 방향으로 배치되는 것은 아니다. 횡혈식 석실분 속에 포함된 것으로 송산리 7, 8호 석곽묘는 장축이 경사방향 즉 남향사면에 위치하면서 남북방향으로 장축을 두고 있다. 그리

---

22) 姜仁求, 1994, 『華城 白谷里 古墳』, 韓國精神文化研究院.

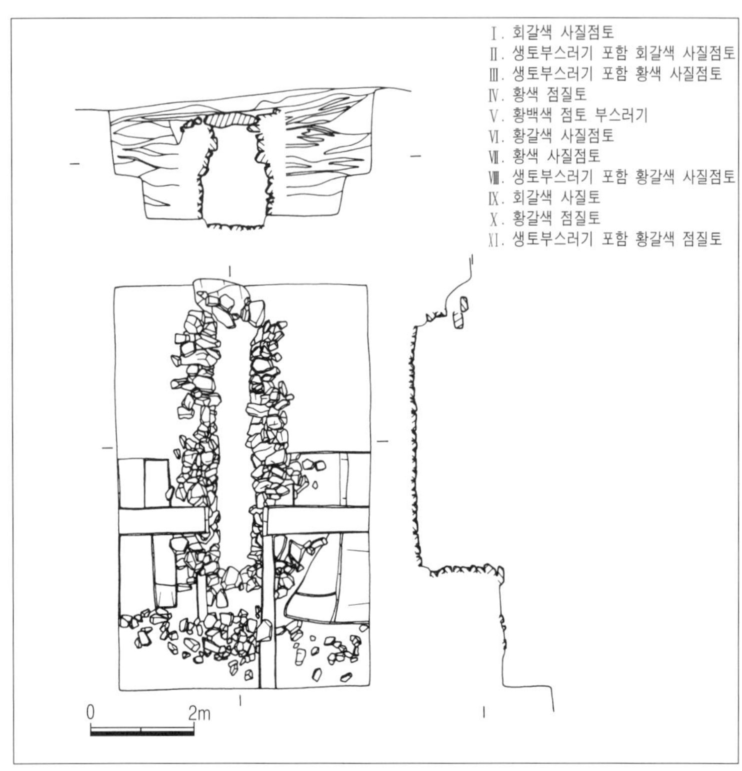

그림 8. 용원리 9호 석곽묘의 묘광 형태

고 화성 백곡리의 석곽묘도 장축이 경사방향에 맞추어져 있다. 이러한 현황은 마하리의 석곽묘 일부에서도 확인된다.

묘실의 장축은 입구가 있는 횡혈식과 입구가 없는 수혈식은 서로가 정반대의 방향을 취하고 있다. 석곽묘와 석실분의 관계에서 석곽묘가 석실분으로, 다시 말하면 입구가 없는 것에서 있는 것으로 변화된다는 점을 고려하면, 장축도 그와 관련된 형태로 변화되었을 것으로 추정할 수 있다. 이를 명확하게 보여주는 것이 송산리 7·8호분이다. 이들은 1–5호분으로 분류된 횡혈식 석실분과 함께 있고, 配葬으로 추정되는 것이기에 수혈식 석곽묘임에도 횡혈식 석실분의 장축방향을 선택하여 경사방향에 맞추어져 있는 것으로 볼 수 있다. 다만 이외의 것들 즉 백곡리나 마하리의 경우도 그러한 환경으로 보기는 아직 자료의 부족으로 판단이 어렵다.

수혈식 석곽묘의 묘실을 구축하기 위하여 사용된 석재는 대체로 할석재 혹은 괴석재가 일반적이다. 수혈식 석곽묘의 사용이 진행되면서 묘제가 어느 정도 발전된 단계에서는 판석재의 사용도 증가한다. 다만 판석재의 경우 대강 다듬은 정도에 불과하며 정면 한다거나 물갈이한 것은 보이지 않는다. 그러나 초기의 것으로 볼 수 있는 마하리나 용원리의 석곽묘의 축조에 사용된 재료는 거의 다듬지 않은 塊石類가 대부분이다. 그러나 5세기대의 것으로 볼 수 있는 논산 표정리나 모촌리의 석곽묘들은 거칠지만 넓은 판식재도 사용한다. 다만 자료의 편중 및 부족으로 말미암아 재료의 선택을 오히려 지역적 특색으로 보아야 하지 않을까라는 의문도 있다.

수혈식 석곽묘의 묘실 평면은 기본적으로 장방형이다. 그것도 세장된 것이 일반적인데 細長의 정도는 지역 혹은 시기에 따라 차이가 있다. 초기의 것으로 볼 수 있는 용원리 수혈식 석곽묘를 보면 평면이 정형을 이루지 않은 특징이 있다. 抹角의 장방형을 띤 것도 있고, 어떤 것은 장방형이면서 세장된 것도 있다. 그러나 석곽묘만 군집되어 있는 유적 즉 표정리나 모촌리의 석곽묘군의 묘실 평면은 세장된 형태로 어느 정도 정형성을 보이고 있다. 반면에 다른 것들과 섞여 있는 것, 즉 횡혈식이나 횡구식과 混在된 것들은 묘실의 평면이 다양하다. 기본적으로 장방형을 유지하지만, 묘실의 규모에 차이가 있고, 세장된 정도에도 큰 차이가 있다. 대표적 사례로 산의리 유적의 수혈식 석곽묘를 보면 묘실 자체가 細長 정도가 매우 떨어진 즉 기본적 장방형의 형상을 지닌 것도 있다.

묘실내부의 시설은 바닥처리와 屍床臺 혹은 棺臺의 유무와 그 형태, 그리고 부곽의 설치문제를 볼 수 있다. 우선 바닥은 生土面을 그대로 이용한 것, 敷石한 것, 그리고 시상대 혹은 棺臺가 있는 것으로 구분할 수 있다. 묘실바닥에 아무런 시설 없이 생토면을 그대로 이용한 것은 마하리 고분군, 용원리 고분군, 표정리 고분군, 산의리 고분군 등을 대표적 예로 꼽을 수 있는데, 이처럼 생토면을 그대로 사용하는 예가 수혈식 석곽묘의 바닥형태로 가장 보편적인 것이다. 다만 생토 바닥을 그대로 이용하더라도 산의리 수혈식 석곽묘에서는 목관을 고였던 흔적이 남아 있기도 하다.

바닥을 敷石한 예도 적지 않다. 敷石의 방식은 판석재를 깔거나 잡석을 까는 것이 일반적이며, 범위나 형태는 차이가 있다. 묘실바닥 전체를 敷石하는 것으로 마하리나 백곡리의 예를 들 수 있을 것이고, 유물의 부장범위를 제외한 나머지 구역만을 敷石한 즉 시신의 안치범위만을 부석하여 자체가 마치 시상대 혹은 棺臺처럼 남아 있는 것도 있다. 이는 용원리 고분군 1호 석곽묘, 표정리의 16호 석곽묘가 그것이다. 또한 공주 송산리 7·8호분처럼 자갈을 敷石한 예도 있지만 이는 함께 있는 횡혈식 석실분의 묘실바닥의 부석 방식과 밀접한 관련이 있다.

바닥시설로 주목될 수 있는 것은 시상대 혹은 관대이다. 생토면을 그대로 이용한 것은 그러한 구분이 어렵지만, 부석한 경우도 묘실의 중앙부분, 즉 시신을 안치하는 곳만 부석한 것이 적지 않은데 이것은 단순히 바닥을 부석한 것만이 아니라 시상대 혹은 관대와 관련된 시설로 볼 수 있을 것이다. 물론 定型的 관대 혹은 시상대의 형상을 지니고 있는 것도 적지 않다. 표정리 당골 고분군, 모촌리 고분군 등지에서 확인되는데 묘실의 중앙에 석축으로 일정한 높이로 築石하여 만든 것이다.

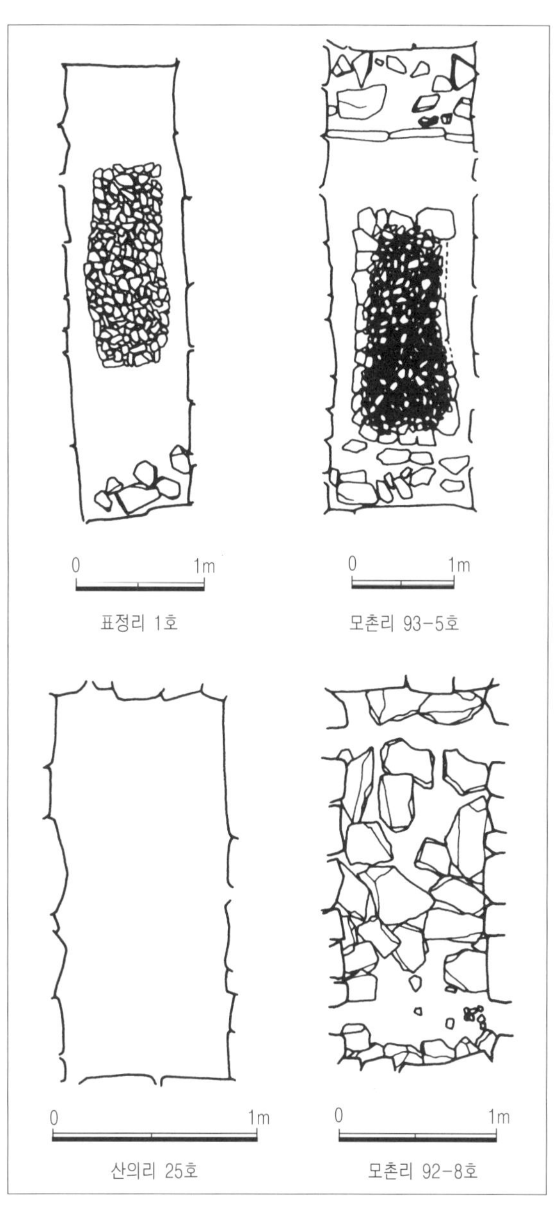

그림 9. 수혈식 석곽묘의 묘실 평면 및 바닥 형상

마지막으로 부장 칸의 존재여부 및 그 형상에 대한 것이다. 부장 칸은 부곽으로 부르듯이 부장품을 두기 위해 마련한 것이다. 분묘출토 유물은 몸에 장착하였던 장식품과 별도로 넣어주는 부장품으로 구분할 수 있는데 수혈식 석곽묘는 백제고분으로 특이하게 부장품을 안치하는 별도의 시설을 가진 것이 많다. 예컨대 마하리 고분군에서는 묘실의 긴 벽 한쪽에 별도의 감실 형태 부곽을 두어 유물을 안치한 특이한 유형이 있다. 그리고 용원리 1호 석곽묘의 경우는 묘실의 중앙부분은 敷石하였지만, 양쪽은 敷石되지 않은 범위를 남기고 여기에 마구나 철기 혹은 토기를 두었다. 별도의 시설을 추정하긴 어렵지만 유물은 두는 구역이 있음을 알게 한다. 이러한 양상은 표정리 16호에서도 그대로 나타난다. 부곽은 모촌리 석곽묘에서 標識的으로 나타나는데, 대체로 묘실의 한쪽을 板石으로 막아 구획한 형상이다.

이상으로 수혈식 석곽묘의 입지, 묘광, 장축, 묘실의 형태 및 내부시설에 대해 살펴보았다. 이는 기왕의 수혈식 석곽묘의 구조양상에 대해서 일반적 이해의 폭을 넓힐 수 있는 것을 중점적으로 보았는데, 입지나 묘광의 형태, 그리고 묘실의 대체적 내용은 큰 문제가 없다. 다만 장축이라던가 내부시설에 特異性도 적지 않음을 알 수 있다. 이러한 특이성은 오히려 이 묘제의 특성 및 그 연원이나 전개현황을 이해하는데 매우 중요한 것이며, 주목되는 것은 이들 수혈식 석곽묘가 어떤 형태로 존재하는가에 따라 그 구조가 다르게 나타난다는 점이다.

우선 수혈식 석곽묘는 적어도 4세기대에 등장하여 6세기 초반까지 존재하면서 여타의 다른 묘제와 混在하던가 아니면 그들만이 군집된 형태로 변화·발전된 것으로 볼 수 있다. 그런데 이들 수혈식 석곽묘는 존재시기나 분포양상의 차이에도 불구하고 구조형식에서의 기본적 성격 즉 수혈식의 구조인 입구가 없는 석축의 묘실이 만들어진다는 점에서는 여전히 통일적 양상이다. 그리고 수혈식 석곽묘의 묘제 특징은 석축으로 地下化된 묘실을 조성하는데 입구가 없다는 점도 여전하다. 이 묘제는 直接葬에 단장을 전제로 한 것이기에 입구가 마련된 횡혈식 혹은 횡구식과는 여러 부분에서 차이를 보인다. 물론 입지라던가 외형은 封土墳의 형상이면서 매장부만이 수혈식 석곽으로 꾸미기에, 대부분의 백제고분처럼 산 경사면에 立地한다거나 지반을 파서 지하로 묘광을 조성하는 점에서는 여타의 묘제와 큰 차이가 없다. 그리고 묘광을 조성함에 있어서 장축은 경사방향과 반대인 등고선 방향으로 맞추는 것도 특징이다. 이는 축조 편의 즉 긴 세장된 묘광을 마련해야 하고, 나아가 입구를 마련할 필요가 없는 환경에서 경사진 방향으로 장축을 둘 경우 어려움이 고려된 것이다.

수혈식 석곽묘의 묘제 특징은 매장부의 형상에서도 그대로 드러난다. 묘실은 세장된 장방형이 일반적이고, 묘실의 단면은 梯形이나 長方形이다. 축조재료는 할석재, 혹은 거친 판석재를 사용하고, 지역과 시기에 따라 차이가 있지만 이들 판석재는 세워 구축하는 것이 보편적이다. 이러한 구조특성은 지금까지 확인된 수혈식 석곽묘에 정확하게 적용되는 공통적 내용이다. 다만 묘실내부의 시설 즉 시상대라던가 부곽, 그리고 바닥의 敷石 등에서는 시간 및 지역 차가 있고 존재양상에 따른 차이도 적지 않다. 그리고 부장품도 차이가 많다. 물론 副葬된 유물은 지역, 혹은 시기 차가 적지 않게 나타나는 것이지만, 수혈식 석곽묘의 존재형태와 무관하지 않다는 점도 주목하여야 할 것이다.

참고로 횡혈식 석실분이 주류를 이루는 곳에 수혈식 석곽묘가 소수로 있는 경우 이는 수혈식 석곽묘가 配葬 혹은 陪冢으로 존재하는 경우이다. 이때의 수혈식 석곽묘의 묘제는 기본적 형상은 갖추고 있지만 세부 속성에서 상당정도가 主墓인 횡혈식 석실분의 요소를 동반하고 있다. 예컨대 송산리 7·8호분이 장축을 경사방향으로 둔 것, 白灰를 바른 것, 바닥에 자갈을 깐 것 등이 그러한 흔적이다. 또한 다양한 유형이 混在된 경우도 구조속성이 상호 영향으로 변화된 형태로 남게된다. 예컨대 산의리 유적의 수혈식 석곽묘가 묘실의 평면형상, 바닥시설이 횡혈식이나 횡구식과의 상관관계를 보이는 것이 그것이다. 그러한 특징은 부장품에서도 확인된다. 용원리 고분군에서 수혈식 석곽묘의 부장품과 토광묘 부장품의 갖춤새가 동일한 성격이라는 점을 그 예로 들 수 있을 것이다.

묘실내부에 남겨진 유물은 토기나 철기가 있지만 금은 세공품이 적으면서 棺具가 거의 출토되지 않아 목관이 사용되지 않은 것으로 보기도 하였으나23) 목관의 사용문제는 시기 및 지역에 따라 차이가 있다는 결론도 얻을 수 있다. 수혈식 석곽묘에 목관이 사용되지 않았다는 주된 이유는 목관을 추정할 수 있는 증거 즉 유물로 관못 등이 전혀 없었고, 묘제의 특성상 일차의 直接葬이며, 竪穴葬이라는 점이 고려되었다. 그러나 최근 수혈식 석곽묘에서 목관을 사용하였음을 보여주는 증거, 즉 관못의 발견이 적지 않다. 천안 용원리 고분군의 수혈식 석곽묘에서 관못 및 꺽쇠가 적지 않게 수습되었고, 산의리 유적의 수혈식 석곽묘에서도 관못이 남아 있는 것이 많다. 이는 화성 백곡리에서도 마찬가지이다. 물론 이중에 산의리 석곽묘는 횡혈식과 함께 있어 이의 영향으로 볼 수도 있겠지만 천안 용원리 석곽묘는 토광묘와 함께 있는 것이다. 특히 토광묘는 목관의 사용이 있음에도 결구가 토광내에서 이루어지기에 관못이나 꺽쇠가 없는 것이 일반적이다. 그럼에도 여기의 석곽묘에서는 관못과 꺽쇠가 적지 않게 남아 있어 목관의 사용을 추정할 수 있다. 다

---

23) 李南奭, 1995, 앞의 註 1의 글.

만 이도 토광묘와 함께 있는 것이란 문제는 있다. 다만 수혈식 석곽묘의 목관사용 문제는 일단 선택적인 것으로 볼 수 있지 않은가 여겨진다.

요컨대 수혈식 석곽묘의 묘제 특성은 입구를 만들지 않는 묘실을 지하에 구축하는 것으로 일차의 직접 단인장을 위해 조성한 것이다. 묘실의 장축은 경사와 직교된 등고선 방향이고, 묘실은 장방형으로 세장된 형태, 묘실내부는 시상대 혹은 관대가 설치되기도 하지만, 이는 시간의 변화에 따라 나타나는 것임을 알 수 있다. 다만 현재로 수혈식 석곽묘는 기존의 다른 묘제 즉 토광묘와 더불어 있는 것이 있고, 新來의 묘제인 횡혈식 석실분과 더불어 있는 것도 있으며, 이들과의 상호영향으로 말미암아 구조형상의 다양성이 두드러지게 나타나는 특징이 있다.

4. 竪穴式 石槨墓의 受容과 展開

앞서 수혈식 석곽묘의 존재양상을 점검하면서 각 양상에 포함된 유구의 編年觀을 제시한 바 있다. 그에 따르면 백제지역에 수혈식 석곽묘가 가장 이른 것으로 볼 수 유적은 토광묘와 더불어 있는 용원리와 마하리 고분군이다. 그리고 이들을 이어서 수혈식 석곽묘만 있는 유구가 그 다음의 시기에 만들어진다는 것을 알 수 있다. 이들은 다시 횡구식이나 횡혈식과 더불어 있는 것이 그 다음의 순서로 編年됨을 알 수 있다. 지금까지 확인된 수혈식 석곽묘 자료에서 가장 이른 시기의 것은 토광묘 혹은 분구묘와 더불어 있는 것이며, 이는 대체로 4세기대로 編年할 수 있다. 그리고 수혈식 석곽묘만 있는 것이 4세기말에서 5세기대, 늦은 것은 6세기의 초반까지 보았다. 이외에 횡구식 혹은 횡혈식과 더불어 있는 것이 5세기 후반에서 6세기 초반까지, 그리고 횡혈식 석실분과 混在된 것이 대체로 5세기말에서 6세기 전반으로 정리할 수 있다. 이러한 수혈식 석곽묘의 존재양상은 이 묘제의 전개가 기존의 묘제들, 즉 토착묘제이든 新來의 묘제이든 간에 서로 일정한 관련을 가진 채 이루어졌다는 것을 보여주는 것이기도 하다. 나아가 이러한 존재양상은 수혈식 석곽묘라는 묘제가 어떻게 발생하였고, 어떻게 전개되었는가를 판단할 수 있는 적극적 자료라고 생각된다.

수혈식 석곽묘는 현재의 자료에 의하면 토광묘의 사용단계에 등장한 것이 된다. 그리고 백제묘제로 토광묘는 이전의 原三國時代의 것이 계승되었다고 보는데 이견이 없다. 이 묘제는 백제의 기층사회 묘제였다는 것도 널리 알려진 사실이다. 그리고 새롭게 나타나는 묘제 즉 석축묘 계통의 석곽묘나 석실분이 유행하면서 점차 자취를 감춘다는 것도 일반적 인식이다. 이로 보면 토광묘는 수혈식 석곽묘보다 전통의 묘제 즉 在地性이 강한 것임을 알 수 있다. 그러한 묘제 즉 토광묘 속에 수혈식 석곽묘가 포함되어 있는 것은 수혈식 석곽묘가 토광묘 사회에 새롭게 등장된 묘제로 보는데 문제가 없을 것이다. 문제는 수혈식 석곽묘가 어떻게 등장하였는가, 즉 발생배경 혹은 연원을 어디에서 구할 것인가라는 점이다.

사실, 수혈식 석곽묘의 연원에 대해서 기왕에 몇 가지의 의견이 개진되었지만 통일된 견해에 이르지 못하였다. 연원에 대해서는 삼국시대의 석곽묘를 검토하면서 대체로 토광묘에서 변화 발전된 것이라는 점, 혹은 청동기시대 이래의 석축묘의 전통에서 비롯된 것이 아닌가라는 의문이 제기된 정도였다. 필자는 백제 수혈식 석곽묘의 연원을 검토하면서 그 존재형상이 청동기시대의 석관묘와 연관지을 수 있어 연원을 그에서 구한 바가 있다.24) 다음과 같은 이유 때문이었다.

백제묘제로서 수혈식 석곽묘는 횡혈식 석실분보다 在地的 성격이 있는 것이고, 墓·葬制的으로 토광묘나 옹관묘와 동질성이 많기에 일단 토착묘제로 간주하였었다. 더욱이 수혈식 석곽묘는 입구가 마련되지 않은 채 석축으로 空洞의 묘실을 마련하는데, 그러한 유형이 이전의 선행 묘제로서 석관묘와 공통성이 있기에 연원을 그에서 구하고자 하였던 것이다. 그러나 이를 위해서는 적지 않은 문제도 남아 있었다. 가장 큰 문제는 석관묘가 청동기시대 즉 초기 철기시대까지 보편적으로 사용되었음에도 이후 즉 原三國時代에는 그 흔적이 거의 발견되지 않는다는 점이다. 이로써 수혈식 석곽묘가 본격적으로 사용되는 4世紀代와는 너무 긴 시간적 갭을 갖게된 것이 가장 큰 문제로 남게되었다.

수혈식 석곽묘의 연원을 청동기시대의 석관묘에서 구하고자 하는 이러한 견해는 이제 재검토가 필요하다고 본다. 그 동안 수혈식 석곽묘의 자료가 석지 않게 십적되었음에도 불구하고 숙세로 남겨진 문제를 해결할 수 있는 적극적 증거가 나타나지 않는다. 오히려 새롭게 확인된 용원리의 수혈식 석곽묘라던가 백곡리, 그리고 마하리 등지의 자료들은 그것이 초기적 성격을 지니고 있으면서 백제의 수혈식 석곽묘의 등장인 연원문제 혹은 수용문제를 청동기시대의 석관묘에서 찾기보다는 다른 배경에서 재검토되어야 할 필요성을 제기하기 때문이다.

주지하였듯이 수혈식 석곽묘 자료로서 가장 이른 것은 용원리나 마하리의 자료들 즉 토광묘와 混在된 것들이다. 이들은 시기적으로 대체로 4세기 중반 혹은 그 이후의 것으로 편년된다. 그런데 토광묘는 하봉리나[25] 청당동[26]의 예에서 알 수 있듯이 3세기 후반 혹은 4세기 초반

---

24) 李南奭, 1995, 앞의 글.

25) 徐五善·李浩炯, 『下鳳里 土壙墓』, 國立公州博物館.

26) 徐五善·權五榮, 1990, 「天安淸堂洞遺蹟發掘報告」『休岩里』5, 國立中央博物館.

의 것들도 있다. 즉 백제지역에는 수혈식 석곽묘가 나타나기 이전에 토광묘가 사용되고 있었다. 그리고 현재의 자료로 보면 백제 수혈식 석곽묘는 그것이 토광묘와 더불어 있기에 적어도 토광묘를 사용하면서 새롭게 수용하였다는 결론이 가능하다. 그 배경은 토광묘의 변천 즉 목관 혹은 목곽 토광묘의 뒤 채움이라던가 혹은 木槨을 대신하여 석축이 이루어져 그것이 수혈식 석곽묘로 정착되었던가, 아니면 전통적으로 토광묘를 사용하던 집단들이 새롭게 수혈식 석곽묘를 수용하여 사용하게 되었고, 결국 이 新來의 묘제가 토광묘를 구축하고 새롭게 자리잡게 된 것이 아닌가라는 문제로 귀결되게 된다. 이를 위해서는 초기자료로 볼 수 있는 것들 즉 토광묘와 함께 있는 유적을 살펴볼 필요가 있다.

우선 마하리 고분군을 살펴볼 필요가 있다. 여기에는 수혈식 석곽묘 21기가 확인되었고, 그 중에 6호 석곽묘는 특이하게 내부에 목관의 흔적이 남아 있고, 外邊에 석축으로 墓槨이 마련된 형상이다. 이러한 구조특성은 토광묘와 같은 것으로 볼 수 있다. 즉 내부에 목관을 두고 다시 木槨을 설치하는 대신에 石槨을 둔 형상이다. 이는 판단에 따라서는 토광묘가 석곽묘로 변화된 것으로 볼 수 있는 자료들이다. 이러한 형상은 마하리 20호분에도 확인된다.27) 다만 마하리 고분군에서 석곽내에 목관이 설치되었음에도 이의 결구에 사용하였을 것인 관못이나 꺽쇠는 전혀 확인되지 않고, 있어 관의 결구 방식이 토광묘와 동일한 것으로 추정된다.

다음은 용원리 유적을 보자. 이 유적은 전체적으로 토광묘의 조성이 석곽묘보다 이른 것으로 판단된 것이다. 그리고 석곽묘는 토광묘가 조성되던 중간과정에 사용되기 시작하였음이 분포형상이나 유물의 編年

---

27) 金載悅 外, 1998, 앞의 報告書.

的 비교에서 확인된다. 그러면서 토광묘와 석곽묘가 한동안 병행 사용되었음도 확인된다. 용원리 고분군의 석곽묘와 토광묘를 대비할 경우 構造樣態는 天壤之差지만, 모두 一次의 單人葬이란 점에 공통적이고, 조성방식에서 토광묘와 석곽묘처럼 사용재료만의 차이가 있다. 나아가 유물도 석곽묘에 威勢品을 비롯한 高品格의 유물이 많지만 전체적 속성은 동일하다. 이로 보면 수혈식 석곽묘와 토광묘의 피장자는 거의 같은 성격의 사람들임을 알 수 있고, 나아가 토광묘의 사용인들이 수혈식 석곽묘를 새롭게 사용함과 더불어 그것도 上層人들이 사용하였다는 것을 보여준다. 그런데 주목할 것은 이 용원리 고분군의 내용에서 토광묘에서 석곽묘로의 전환을 입증할 수 있는 흔적이 전혀 발견되지 않는 점이다.

용원리와 마하리 고분군의 석곽묘 존새양상은 연원을 도광묘의 변천에서 구할 것인가, 아니면 외부 유입으로 볼 것인가의 판단을 여전히 어렵게 하는 요소이다. 다만 마하리 고분군을 보면 석곽묘는 토광묘의 구조변화에서 비롯된 것처럼 이해될 수 있지만, 적극적 증거를 마련하기 어려운 것도 사실이다. 이를 염두에 두고 다시 용원리 고분군의 석곽묘 존재양상을 다시 주목해 볼 필요가 있다.

앞서 살핀 것처럼 용원리 고분군의 수혈식 석곽묘는 분명히 토광묘가 사용되던 중간단계에서 등장하였음을 보여준다. 그리고 이들의 전반적 속성 즉 묘제에서 토광묘와 석곽묘라는 차이 외에 기타의 장제와 관련된 내용은 차이를 발견하기 어렵다. 그리고 토광묘와의 배치에서도 차별적 형상은 발견되지 않는다. 오히려 토광묘의 배치 속에 석곽묘가 위치하는데 거의 대등한 형상 즉 토광묘와 열과 줄이 맞추어 있다. 다만 말기 즈음에는 석곽묘만의 구역이 설정된 것으로 보인다. 부장품의 경우도 세트화된 것은 토광묘와 큰 차이가 없는데 다만 석곽묘의 일부

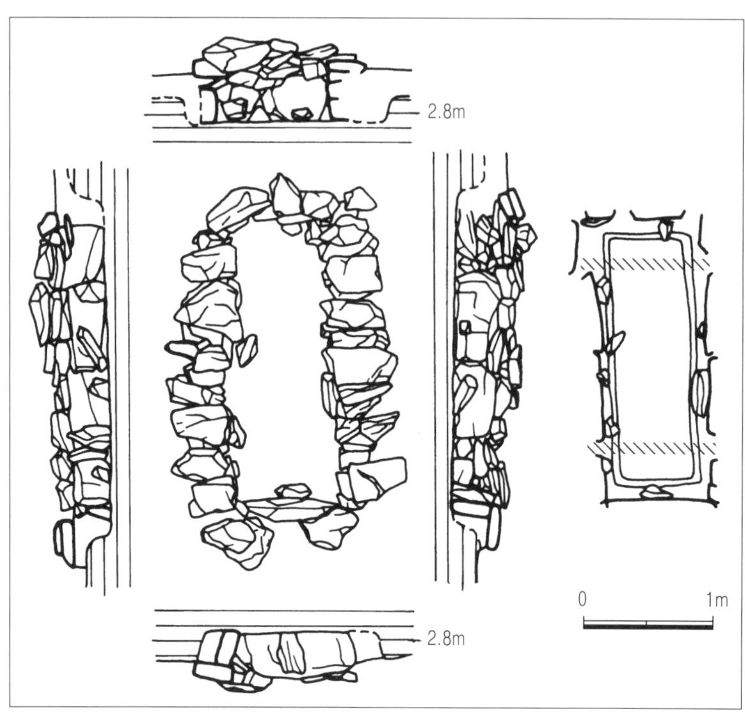

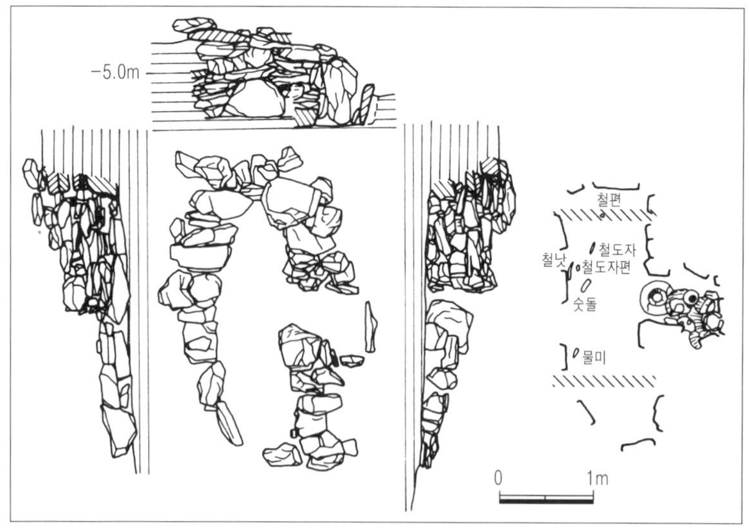

그림 10. 마하리 6호 석곽묘와 21호 석곽묘

에 위세품적 성격을 지닌 고품격의 유물이 많이 있다는 차이가 있다.

이러한 차이는 수혈식 석곽묘의 피장자가 토광묘의 피장자와 더불어 사회, 문화적 기반이 동일하다는 것을 보여주면서, 단지 신분 혹은 위계에서 서로가 차별화될 수 있음을 나타낸다. 즉 신분적 위계에서 석곽묘에 피장된 자가 토광묘의 피장자보다 높다는 것을 알려준다. 그런데 이러한 현상은 수혈식 석곽묘의 등장이 토광묘의 변화에서 비롯되기보다는 오히려 새롭게 유입된 것을 강조하는 것이 아닌가 여겨진다. 묘제의 변화 즉 토광묘의 변화에서 석곽묘가 촉발되기 위해서는 威信財를 埋納할 수 있는 분묘에서만이 아니라 보다 포괄적으로 이루어져야 할 것이다. 그러나 용원리 고분군에 있는 수혈식 석곽묘의 존재는 오히려 상층인의 묘제로 사용되면서 특정한 시기에 갑자기 등장하여 토광묘와 더불어 지속적으로 사용되기에 이 묘제는 새롭게 도입되어 사용된 것으로 볼 수밖에 없다는 것이다.

그러한 흔적은 석곽묘의 구조에도 나타난다. 용원리 석곽묘의 구조를 살필 경우 이들이 수혈식 석곽묘의 定型的 형상을 갖추고 있지만 사용된 석재가 매우 조잡하고, 築石狀態도 열악하기 그지없다. 특히 벽체의 구축에 모서리의 抹角이 크게 남은 점이라던가 천장을 구성하기 위하여 상부의 좁힘이 급격하게 이루어진 것은 축조상의 기술적 문제를 그대로 나타내는 것이다. 그리고 일부의 자료는 壁體중 일부는 土壁을 그대로 사용한 것이 있다. 9호 석곽묘 같은 경우는 3단의 묘광 구축이 있는데 築石 상태보다는 오히려 묘광구축이 보다 정교한 모습이다.28) 이러한 현황은 토광묘의 구축 기술에 새롭게 석축 즉 석곽묘의 축조기술이 가미된 것을 단적으로 보여주는 것으로 자체적 변화보다는

---

28) 李南奭, 2000, 앞의 책.

오히려 새로운 요소의 도입에 의한 적용이라고 보아야 할 것이다.

문제는 그 연원을 어디에서 구할 것인가이다. 필자는 백제묘제의 연원을 고찰하면서 횡혈식 석실분의 경우 西北韓 地域의 낙랑문화 요소를 지적한 바 있다.29) 이는 관련자료가 분명하게 남아 있다는 점에서 어느 정도 설득력이 있겠지만, 수혈식 석곽묘의 현황은 전혀 다르다. 그러한 중에서도 일단 동아시아 전체의 환경으로 미루어 수혈식 석곽묘의 존재가 확인되는 것, 즉 백제의 것과 관련시킬 수 있는 것을 주목하여야 할 것이다. 현재의 백제 수혈식 석곽묘의 자료는 4세기, 그것도 중반이후의 것만 확인되는 것으로 보아 그와 관련된 시기는 4세기 전반 혹은 그 이전에 동형의 수혈식 석곽묘의 자료가 확인되어야 하는데 아직은 적당하지 않다.

동아시아의 묘제환경을 보면 이시기에 수혈식 석곽의 흔적이 확인되는 곳은 중국의 동북지역 즉 鮮卑族의 문화권에서 그러한 것들이 확인된다.30) 그러나 지리적으로 어떻게 연결시킬 것인가, 나아가 구조적으로 미세한 차이가 있는 점을 어떻게 볼 것인가의 문제는 여전히 難題로 남게된다. 다만 유물에서 마구의 출현이라던가. 철제무기의 부장 증대, 그리고 새로운 유형의 토기가 등장하는 것 등을 보면 서로의 상관관계가 어느 정도 유추될 수 있을 것이다. 오히려 이러한 현황을 보면서 수혈식 석곽묘의 새로운 유입과 그것이 백제사회에 적용되고 사용된 사실이 인정된다면 백제의 4세기는 커다란 변혁이 일어난 시기로 추정할 수 있다. 이 수혈식 석곽묘의 등장시기에 즈음하여 백제의 고분문화에는 마구라던가 철기 등의 부장, 그리고 새로운 토기문화의 전개

---

29) 李南奭, 1992, 「百濟 橫穴式 石室墳의 淵源」『先史와 古代』2, 韓國古代學會.
30) 朴洋震, 2000, 「중국동북지방의 鮮卑 무덤 연구」『百濟研究』32, 忠南大百濟研究所.

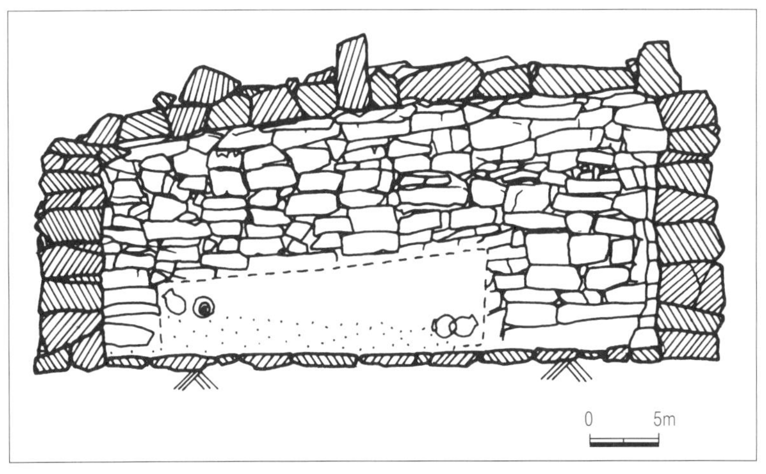

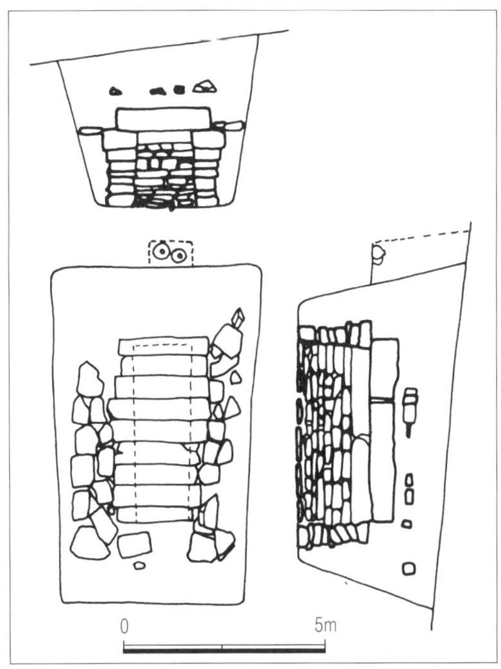

그림 11. 三燕시기의 석곽묘

등 적지 않은 변화가 있기 때문이다.

수혈식 석곽묘의 등장배경을 구체적으로 검토하기 어렵겠지만 백제 묘제로 수혈식 석곽묘의 등장은 적어도 4세기 혹은 그 이전에 이루어졌다고 보는데 문제가 없을 것이다. 나아가 현재의 자료에 의하면 수혈식 석곽묘 이전의 선행묘제인 토광묘 등이 사용되던 단계에 이 수혈식 석곽묘가 나타난 것은 분명하다. 이들 수혈식 석곽묘는 4세기 후반에 이르면서 토광묘를 驅逐하고 그들만이 독자적으로 존재하는 정도까지 발전한다. 그 대표적 자료가 논산 모촌리나 표정리의 유적들이다. 즉 이 단계에 이르면 수혈식 석곽묘는 적어도 토광묘의 사용을 지양시키고, 그들만 사용되던 시기를 창출하고 있음을 보여준다. 그 시기는 대체로 5세기대의 전반에서 후반의 일부시기까지를 포함할 수 있다.

그런데 5세기대의 백제고분문화 환경은 매우 복잡하다. 중앙사회에서는 적석총이 사용되고 있지만 4세기 후반부터 점차 횡혈식 석실분이 유입되어 점진적 확대가 나타나기도 한다. 반면에 지방사회에서는 여전히 이전의 전통묘제가 고수된다. 그러다가 5세기 후반대에 이르면 중앙묘제로 횡혈식 석실분이 主流的 위치를 차지하고, 나아가 이들은 점차 지방사회로 확대되어 백제 전지역의 보편적 묘제로 자리잡아 간다. 더불어 5세기 후반에 이르면 지방사회의 묘제도 토광묘는 거의 자취를 감추는 역동적 변화가 전개된다.31) 수혈식 석곽묘도 5세기 전반까지는 독자성을 유지하다가 후반에 이르면 횡혈식 석실분의 확대로 횡구식으로 변화되는 것이다. 결국 수혈식 석곽묘는 백제묘제로서 현재의 자료에 국한되는 한, 이 묘제는 4세기에 등장하여 5세기에 백제묘제로 독자성을 유지하다가 6세기 전반에 횡혈식 석실분이란 새로운 묘제에 흡수

---

31) 李南奭, 1995, 앞의 글.

된 것으로 볼 수 있다. 이는 비록 限時性이 있지만 나름의 독자성을 지닌 백제묘제의 유형으로 보는데는 문제가 없을 것이다.

요컨대 백제의 竪穴式 石槨墓는 4세기 중반이후에 등장한다. 초기에 등장한 수혈식 석곽묘는 토광묘 사회에 나타난 것으로 토광묘 사회가 新類型의 묘제로 수용하였다고 볼 수 있다. 다만 그 淵源은 지금으로서는 中國 東北地方의 鮮卑文化에서 그 속성을 찾을 수밖에 없다. 백제사회에 등장한 수혈식 석곽묘는 점차 토광묘를 구축하고 독자적 묘제로 자리한 것으로 보인다. 적어도 5世紀代에 금강유역의 일원에서는 토광묘보다는 이 수혈식 석곽묘만 사용하는 범위가 형성된 것으로 볼 수 있다. 그러나 백제사회의 변화에 따라 새로운 묘제 즉 횡혈식 석실분이 유입되면서 이 수혈식 석곽묘는 점차 사라진 것으로 보인다. 수혈식 석곽묘는 외부 유입의 묘제로 한시적으로 특정지역에 국한되어 사용되었지만, 이도 백제의 다양한 묘제의 역동적 변모에 한 축을 차지하였던 것이다.

5. 結 言

백제분묘자료는 형태적 다양성으로 말미암아 묘제적 다양성이 크게 부각된 상태이다. 각 묘제는 백제사회라는 커다란 울타리에 포함되어 나름의 존재의미를 나타내는데, 수혈식 석곽묘도 그러한 묘제중의 하나이다. 수혈식 석곽묘는 석축묘이면서 자료적 한계로 말미암아 고찰에 적지 않은 어려움이 있었는데 최근에 이러한 한계를 극복할 수 있는 새로운 자료가 적지 않게 나타났다. 이들 자료는 기왕의 수혈식 석곽묘의 인식을 강화시켜 주는 것도 있지만, 일부의 내용 즉 백제사회에 어떻게 이 묘제가 등장하였는가 등에 대한 나름의 재검토의 필요성도 제기되어 本考는 이중에서 수용과 전개라는 측면, 특히 수용과 관련한 문제에 초점을 맞추어 정리하여 보았다. 필자는 백제의 수혈식 석곽묘의 연원에 대해서 기왕에 청동기시대의 석관묘가 변화 발전한 것이 아닌가라는 추론을 내린 바 있지만, 석관묘와의 시간적 공백 문제는 여전히 남아 있었다. 그러다가 최근에 발견된 자료에 따르면 백제의 수혈식 석곽묘도 결국은 외부에서 유입된 묘제가 아닌가라는 의문에 따라 기왕의 견해를 수정 재검토하여 보았다. 이를 위해 수혈식 석곽묘에 대한 자료를 사례별로 정리하여 보고, 구조양상에 따른 묘제적 특징을 검토한 다음에 그 연원문제를 짚어보면서 이 묘제의 전개양상을 정리하여 보았다.

백제의 수혈식 석곽묘는 대체로 백제의 초반부 영역 즉 경기와 충청지역, 그리고 전북의 북쪽지역에서 주로 발견되어 분포범위도 특정지역에 한정되는 특징이 있다. 더불어 이들은 횡혈식 석실분에 배장형태로 존재하는 것, 횡혈식 석실분과 횡구식 석실분이 混在하면서 대등한 수적인 위치를 차지하는 것, 수혈식 석곽묘만 집중적으로 조성된 것, 그리고 토광묘와 더불어 있는 것으로 구분할 수 있다. 묘제 특성은 입구를 만들지 않는 묘실을 지하에 구축하는 것으로 일차의 직접 단인장이란 점이다. 묘실의 장축은 경사와 직교된 등고선 방향이고, 묘실은 장방형으로 세장된 형태, 묘실내부는 시상대 혹은 관대가 설치되기도 하지만, 이는 시간의 변화에 따라 나타나는 것임을 알 수 있다. 다만 현재로 수혈식 석곽묘는 기존의 다른 묘제 즉 토광묘와 더불어 있는 것이 있고, 新來의 묘제인 횡혈식 석실분과 더불어 있는 것도 있으며, 이들과의 상호영향으로 말미암아 구조형상의 다양성이 두드러지게 나타나는 특징이 있다.

백제의 竪穴式 石槨墓는 4세기 중반경에 등장한다. 초기에 등장한 수혈식 석곽묘는 토광묘 사회에 나타난 것으로 토광묘 사회가 新類型의 묘제로 수용하였다고 볼 수 있다. 다만 그 淵源은 지금으로서는 中國 東北地方의 文化에서 그 속성을 찾을 수 있는 정도이다. 백제사회에 등장한 수혈식 석곽묘는 점차 토광묘를 구축하고 독자적 묘제로 자리한 것으로 보인다. 적어도 5世紀代에 금강유역의 일원에서는 토광묘보다는 이 수혈식 석곽묘만 사용하는 범위가 형성된 것으로 볼 수 있다. 그러나 백제사회의 변화에 따라 새로운 묘제 즉 횡혈식 석실분이 유입되면서 이 수혈식 석곽묘는 점차 사라진 것으로 보인다. 수혈식 석곽묘는 외부 유입의 묘제로 한시적으로 특정지역에 국한되어 사용되었지만, 이도 백제의 다양한 묘제의 역동적 변모에 한 축을 차지하였던 것이다.

第2章　百濟墓制의 受容과 展開

Ⅲ. 橫口式 墓制의 檢討

1. 序 言

백제 분묘 중에서 石槨墓(石槨墳) 혹은 石室墳(石室墓)으로 분류되는 묘제는 지하로 묘광을 파고, 그 안에 石築하여 空洞의 墓室을 조성하는 것이다. 이들은 다시 入口가 만들어진 것을 橫穴式 혹은 橫口式으로, 반면에 입구가 없는 것을 竪穴式으로 구분한다.[1] 입구가 만들어진 횡혈식과 횡구식의 경우도 前者는 羨道와 입구에 문틀시설이 마련된 것이며, 後者는 한쪽 벽체를 전부 開口하여 입구로 사용하는 것을 가리킨다. 이들 竪穴式·橫口式·橫穴式은 구조양태에서 相似性이 어느 정도 인정되지만 그 淵源이나 展開 그리고 墓·葬制的 특징에서 판이한 차이를 보인다. 특히 수혈식과 횡혈식은 묘제만이 아니라 장제 그리고 그 연원 등에서 명백한 차이를

---

[1] 李南奭, 1995, 『百濟石室墳 研究』, 學研文化社.

지닌 것이며, 횡구식은 이들 수혈식과 횡혈식의 접촉에서, 혹은 횡혈식의 쇠퇴에서 비롯된 것으로 판단되는 것들이다.2)

이 글은 이중에서 橫口式 墓制를 검토하기 위하여 마련하였다. 기왕에 횡구식 묘제에 대한 검토가 없었던 것은 아니다. 유형 인정은 물론 수혈식 묘제가 횡혈식의 영향으로 발생하였다는 점,3) 횡혈식의 퇴화형도 있으며 이들은 입구의 막음상태에 따라 다시 세분하여 이해할 수 있다는 점 등이4) 考究되어 이 묘제에 대한 대체적 이해기준이 마련되었다고 볼 수 있다. 그럼에도 횡구식이란 유형을 石槨墓로 볼 것인가, 아니면 石室墳으로 볼 것인가의 혼란이 있고, 나아가 횡혈식의 퇴화결과 발생된 횡구식 묘제의 등장배경을 비롯한 유형적 특성 등에 대한 문제는 아직 未盡한 채 남겨져 있다. 그런데 필자는 최근 횡혈식과 횡구식이 混在되어 있는 부여 염창리의 백제고분군을 조사한 결과5) 이 횡구식 묘제가 상당수 존재하면서 나름의 구조특성을 지니고 있음을 발견하였다. 특히 횡혈식에서 횡구식으로의 변화가 단순한 묘제의 퇴화가 아닌 葬制의 변화에서 비롯된 것임이 추론되면서 이 묘제의 검토 필요성을 갖게 된 것이다.

백제묘제의 경우 석곽묘와 석실분의 구분, 수혈식·횡구식·횡혈식의 구분 및 이들 상호간의 連稱에 문제가 없지 않기에, 우선 이 부분도 정리할 필요가 있다. 이에 橫口式 墓制의 검토를 기회로 石槨墓와 石室墳이란 개념을 어떻게 사용할 것인가를 정리하여 보고자 한다. 이어 橫口式으로 정리된 자료 중에 석곽묘 계통의 것과, 석실분 계통의 것으로

---

2) 李南奭, 1994,「錦江流域 百濟竪穴式 石室墳」『先史와 古代』6, 韓國古代學會.

3) 李南奭, 1994, 위의 글.

4) 崔完奎, 1997,「百濟地域 橫口式石槨墳 硏究」『百濟硏究』27, 忠南大學校百濟硏究所.

5) 公州大學校博物館, 2000,『扶餘鹽倉里百濟古墳群發掘調査中間報告』.

구분, 자료의 제시와 함께 그 묘제적 특성을 살피고, 이들의 전개양상을 개괄하여 보겠다. 이는 결국 백제 墓制의 변화와 전개과정의 한 측면을 이루는 것이지만, 物的資料인 분묘가 柔軟하게 변화되는 모습을 통해 백제문화의 유연성 및 포용성을 점검할 수 있는 계기가 될 수 있을 것이다.

2. 石槨墓와 石室墳

삼국시대의 모든 묘제에 망라하여 적용할 수 있는 용어의 통일이 가능한가에는 의문이 적지 않다. 삼국시대 각국의 고분문화는 나름의 특색을 지닌 채 발전한다는 것이 일반적 사실이다. 고구려는 적석총에서 봉토석실분으로 비교적 단순한 형태상의 변화를 보이지만 세부적으로는 매우 복잡한 형식구조를 지니고 있다.

반면에 신라는 도읍지와 지방간의 묘제 차를 보이면서 다양성이 두드러질 뿐만 아니라 적석 목곽묘와 같은 특이한 묘제가 존재하기도 한다. 마찬가지로 백제도 원삼국기 묘제를 기초로 출발하지만 수혈식 석곽묘라던가 횡혈식 석실분 그리고 전축분과 같은 신유형의 묘제가 유입되고, 더불어 변화 발전하여 다양성을 갖추며, 일부 지역에 따라서는 분구 옹관묘와 같은 특수묘제가 독자적으로 존재하기도 한다. 여기에 각 지역에 고대국가의 성장이 가속화되면서 독자적 문화기반이 마련되고 그에 따른 묘제는 삼국간 異質性이 보다 강화되고 있다.

이처럼 복잡한 삼국의 묘제는 횡혈식 석실분이라던가 혹은 수혈식 석곽묘와 같이 구조적 相似性이 많은 것도 사실이지만, 실상은 세부 속성에 적지 않은 차이가 있는 것도 사실이다. 특히 축조방식이나 재료, 구조의 차이도 적지 않다. 나아가 규모의 차이도 적지 않으며, 매장부를 지하에 마련하는가 아니면 지상에 마련하는가의 차이도 있다. 특히 외부의 봉분시설은 직접대비가 어려울 만큼 이질성이 두드러지다.

때문에 삼국시대 묘제를 아우를 수 있는 통일적 용어로 石室墳이라던가 石槨墓 혹은 橫穴式이나 竪穴式과 같은 개념적 용어는 사용될 수 있겠지만 세부 대상을 지칭하기 위해서는 반드시 각 유형 혹은 형식의 묘제를 나타낼 수 있는 별도의 용어를 사용할 필요가 있다. 이처럼 複雜多端한 구조형상에 비추어 삼국의 묘제에 통일적으로 적용될 수 있는 용어의 통일은 어렵다고 본다. 오히려 개괄적 용어 외에 세부속성을 나타낼 수 있는 용어를 마련하여 더불어 사용함으로써 삼국 혹은 지역별로 묘제특성이 용어에 그대로 반영되도록 배려하는 것이 형식분류의 목적에 적합할 것이다.

백제묘세는 축조에 사용된 재료를 도대로 석축묘·토광묘·옹관묘 등으로 분류되고, 이들은 다시 묘·장제적 특성에 따라 유형화한다. 이 중에서 석축묘는 다시 적석총과 석실분으로, 석실분은 수혈식·횡구식·횡혈식으로 세분한 바 있다.6) 이 경우 석축묘는 용어상으로 보면 墓室이든 아니면 외부이던 돌을 사용하여 조성한 것을 의미한다. 이에 따르면 적석총과 석실분의 경우 분류기준을 어디에 두는가, 즉 매장부만 기준으로 할 것인가 아니면 외부시설에 둘 것인가에 따라 다른 의미의 구분이 필요하다. 예컨대 적석총을 매장부 형태에 따라 분류한다면 그에 따라 명칭을 달리하여야 할 것이며, 석실분의 경우도 매장부가 아닌 외부까지 아우른다면 석실분이라는 구분이 반드시 타당한 것이 아니다.

이는 묘제라는 물적자료를 유형화 혹은 型式分類할 경우 분류기준의 설정이 매우 어렵다는 것을 단적으로 보여주는 것이다. 적석총과 같이

---

6) 李南奭, 2000, 「百濟墓制와 그 展開現況」 『韓國古代文化의 變遷과 交涉』, 刊行委員會.

무덤 전체를 돌만 사용하여 구축한 것이 있는가 하면, 석실분이나 석곽묘 유형은 지하로 토광을 파고 그 안에 석축으로 매장 주체를 조성한 다음, 상면에 封墳으로 흙을 덮는 봉토 석실분의 유형도 있어 구조자체의 복잡성이 매우 두드러진 것과 무관하지 않다. 결국 분묘의 모든 속성을 고려하면서 유형 혹은 형식 구분하여 명칭을 사용할 경우 자체가 지나치게 세분될 수밖에 없고, 그것은 오히려 분류자체의 목적인 이해 편의에 자칫 역행하는 결과를 가져올 수도 있다.

이러한 배경에서 필자는 백제고분을 분류하면서 지반을 파서 墓壙을 조성하고, 그 안에 空洞의 墓室을 조성하는 유형의 묘제, 즉 石築으로 매장주체를 구성한 다음에 封土하는 유형의 묘제를 石室墳으로 통일시킨 바 있다.7) 이는 종전에 수혈식 석곽분 혹은 석곽묘, 횡구식 석곽분(묘)을 모두 수혈식과 횡구식의 용어만으로 이해될 수 있다는 판단 아래 空洞의 묘실을 모두 석실분으로 통일하였고, 여기에 횡혈식 석실분을 포함하여 석실분은 수혈식·횡구식·횡혈식이란 冠形語로 분류하고자 한 것이다. 이러한 이해방식이 효과적이라 할 수는 없었지만, 사용된 용어자체에 형태론적 의미가 충분하게 반영되었다고 보았다. 그리고 각 유형 혹은 형식의 묘제를 설명하는데 불편이 없을 뿐만 아니라 그 유용성이 있다고 보았다. 또 다른 이유는 횡구식 유형의 묘제가 수혈식에서 비롯된 것임에도 불구하고 묘제적 특징은 오히려 횡혈식과 유사하기에 이를 수혈식을 연상케 하는 石槨墓라 부를 것인가, 아니면 횡혈식을 연상케 하는 石室墳으로 부를 것인가의 고민도 있었다. 이의 문제해결은 차제에 형태적으로 空洞으로 石築하여 墓室을 조성한 것을 석실분으로 통일하는 것도 이해를 쉽게 하는 방법이란 편의적 발상도 없

---

7) 李南奭, 1994, 「百濟古墳의 墓制類型考察」『蒼海朴秉國敎授停年紀念史學論叢』.

지 않았다. 지금도 類型 差에 따른 차별화는 수혈식이나 혹은 횡구식, 횡혈식이란 관형어로 충분하기에 空洞의 묘실을 가진 것을 석실분이란 용어로 통일한 것이 아직도 큰 문제는 없을 것으로 생각된다.

그런데 필자가 수혈식 석곽묘를 수혈식 석실분으로 개칭한 것이 과연 타당한 것인가의 여부를 떠나 백제묘제의 용어사용에 보다 혼란만 가중시킨 감이 없지 않다.8) 여기에 횡구식의 유형을 설명할 적에 이를 횡구식 석곽묘로 할 것인가, 아니면 횡구식 석실분으로 정리되어야 할 것인가의 문제는 여전히 남게 되었다. 그런데 최근 새롭게 확인된 횡구식 자료들은 석실분이란 통일적 용어보다는 오히려 구분하여 수혈식 계통을 석곽으로 그리고 횡혈식 계통은 석실로 구분할 필요가 제기되었다.

한편 석곽을 석곽묘로 할 것인가, 석곽분으로 할 것인가와 마찬가지로 석실은 석실묘로 부를 것인가 아니면 석실분으로 부를 것인가라는 점도 검토가 필요하다. 사실, 석곽묘(분)나 석실분(묘)의 용어는 槨과 室이란 형태소의 구분, 그리고 墓와 墳의 漢字語의 정확한 의미 추구가 필요하다. 즉 槨은 사방이 막혀 있는 형상의 상자시설로 용어정리가 가능한데, 분묘에 적용할 경우 관을 넣기 위한 이중의 시설로 마련된 것이다. 반면에 室은 방을 의미하는 것이고 방은 생활공간으로 출입시설이 마련되는 것이다. 따라서 입구가 없는 수혈식은 석곽으로, 그리고 입구가 있는 것은 석실로 분류하는 것도 나름의 타당성이 있다. 그리고 墓와 墳이란 용어는 墳墓로 合稱되어 사용되듯이 모두 무덤을 의미하는 것이나 규모 차에 근거하여 墳籠이 만들어진 경우는 墳으로, 그것이

---

8) 이는 석곽묘나 석실분의 구분과 함께 앞에 수혈식 혹은 횡혈식의 관형어를 사용하면서도 입구가 마련되지 않는 석축묘를 수혈식 석곽묘란 용어로 오랫동안 관행적으로 사용된 것과 무관하지 않다.

없는 경우는 墓로 불리는 것이 일반적이다.

그러나 석곽이던 석실이던가에 백제 분묘에서는 봉분의 확인이 어렵기 때문에 봉분의 유무를 기준으로 구분·사용하기에 어려움이 적지 않다. 다만 수혈식의 경우 봉분의 존재가 아직 확인되지 않지만 횡혈식에서는 일부 확인되어 있다. 예컨대 塼築墳이지만 공주 송산리의 武寧王陵은 횡혈식 묘제이면서 봉분이 조성되었다는 것을 보여주는 基石施設이 있었고, 봉분도 어느 정도 감지되는 것으로 전한다.9) 그리고 부여 능산리의 석실분들도 봉분을 조성하면서 함께 시설된 기석이 확인되어10) 묘실의 상단에 봉분을 올렸음을 충분히 짐작할 수 있다. 물론 이외에 익산의 雙陵이라든가11) 공주 금학동의 고분12) 등에서도 확인되고 있는데, 다만 그것이 어느 정도 보편성을 가진 것인지는 알 수가 없다. 오히려 대다수의 횡혈식 석실분에서 봉분의 존재가 확인되지 않는 것을 고려하면 봉분 자체가 그리 큰 것은 아닐지도 모른다.

이상의 내용을 고려하면 일단 수혈식 석곽계통의 분묘에는 墳이라는 용어보다는 墓라는 용어가 오히려 타당할 것으로 여겨진다. 물론 사례에 따라 封墳의 존재가 확인될 수도 있겠지만 수혈식 계통의 석곽은 墓로 통일하는 것이 어떨까 한다. 반면에 횡혈식 석실 계통의 분묘는 특수한 사례에 국한된 것이지만 봉분의 존재가 확인되는 것이 있음에 비추어 墓보다는 墳이란 용어로의 통일이 필요하다고 보아진다. 물론 이러한 구분은 수혈식과 횡혈식이란 구분을 보다 선명하게 부각시키는 효과도 있을 것이다. 특히 竪穴式 石槨 계통의 묘제는 전통적인 측면이

---

9) 文化財管理局, 1973, 『武寧王陵』.
10) 李南奭, 2000, 「陵山里古墳群과 百濟王陵」 『百濟文化』29輯, 公州大學校 百濟文化研究所.
11) 李南奭, 2000, 「百濟古墳과 益山雙陵」 『2000년 馬韓百濟文化學術大會要旨』.
12) 忠淸埋藏文化財研究院, 2000, 『公州金鶴洞古墳群發掘調査槪略報告』.

강하면서 在地的 성격이 있고,13) 나아가 횡혈식 석실 계통의 묘제는 新來의 것이면서 사용주체가 도읍지 중심의 중앙세력에서 비롯되기에14) 그러한 배경을 고려한 차별화의 차원에서 墓와 墳으로의 구분도 가능할 것이다.

결국 백제의 석축묘제 중에 석곽묘는 수혈식 계통에, 그리고 석실분은 횡혈식 계통을 의미하는 것으로 정리될 수 있다. 즉 입구가 없는 것은 석곽묘, 반면에 입구가 있는 것은 석실분이란 용어로 정리될 수 있다. 물론 이로 보면 수혈식 석곽묘, 혹은 횡혈식 석실분과 같이 수혈식 및 횡혈식이란 용어는 구태여 사용되지 않아도 될 듯하다. 그러나 문제는 횡구식 계통의 묘제가 남아 있어 여전히 이들 용어는 사용될 수밖에 없다.

횡구식 묘제는 그 자체의 특성, 즉 입구를 마련하시만 좁은 벽체의 한쪽 전부를 개구하여 사용한다는 특징이 있는 것이다. 때문에 수혈식을 의미하는 석곽묘나 횡혈식을 의미하는 석실분과는 다르게 표현되어야 한다. 물론 그러한 특징을 반영하기 위하여 竪穴系 橫口式 石槨墓라는 용어도 사용되지만, 이도 석곽묘가 수혈식을 의미하는 것이라면 竪穴系라는 용어를 반복 사용할 필요가 없다. 그런데 이는 후술되겠지만 횡구식 묘제로 분류될 수 있는 자료를 검토하면 그 연원에 따라 석곽묘로 분류할 수 있는 것과 석실분으로 분류할 수 있는 것이 뚜렷하게 구분되는데, 그 성격에 따라 석곽묘 혹은 석실분으로 분류하면서 관형어로 횡구식을 連稱하여 사용하면 이해가 쉬울 것이다.

결국 백제 석축묘제로 空洞의 묘실을 갖춘 것으로 입구가 없는 것은

---

13) 李南奭, 1995, 「百濟 竪穴式 石室墳의 研究」『百濟論叢』4輯, 百濟文化開發研究院.
14) 李南奭, 1995, 앞의 註 1의 글.

석곽묘, 입구가 있는 것은 석실분으로 크게 분류할 수 있지만, 여기에 입구의 존재여부, 그리고 그 형상에 따라 다시 세분되어야 하기에 수혈식·횡구식·횡혈식이란 용어와 함께 사용될 수밖에 없다. 문제는 입구가 있는 횡구식이 문제로 남는데 이 유형의 묘제는 연원에 근거하여 石槨墓와 石室墳으로 구분되는 二元的 存在樣相을 보이기에 그에 따라 구분하면 큰 문제가 없을 것이다. 따라서 석곽묘는 수혈식 계통을, 그리고 석실분은 횡혈식 계통을 의미한다고 보고, 기본적 수혈식 계통의 석곽묘를 수혈식 석곽묘로, 이들이 횡혈식 석실분의 영향으로 입구가 마련되는 것을 횡구식 석곽묘라 구분하면서 여기에 정형적 횡혈식 석실분 외에 횡혈식 석실분이 변화되어 나타난 횡구식 유형을 횡구식 석실분으로 정리할 수 있을 것이다.

3. 橫口式 石槨墓의 發生과 展開

1) 資料 檢討

횡구식 석곽묘는 입구가 마련된 것이나 한쪽 벽면 전체를 개구한 것이다. 오히려 入口이외의 요소에서는 석곽묘적 속성이 강하다. 전통적 수혈식 석곽묘의 사용과정에서 횡혈식 묘제의 유입으로 말미암아 이 묘제가 나타났기 때문이다.15) 이 묘제의 발생과 전개 현황을 살피기 위해서는 우선 그 자료를 검토할 필요가 있다. 그러나 자료 중에 석곽묘적 요소가 있는 것과 석실분적 요소가 있는 것의 판단이 어떤 기준에 따라 진행하여야 하는가의 문제가 남는다.

이에 대해서는 일단 수혈식 석곽묘 혹은 횡혈식 석실분 중에서 초기형과 더불어 있는 것을 석곽묘적인 것으로, 그리고 수혈식 석곽묘는 없

---

15) 李南奭, 1994, 앞의 註 2의 글.

으면서 횡혈식 석실분도 후기형과 함께 있는 것을 석실분적 요소가 있는 것으로 보고자 한다. 석곽묘적 속성과 석실분적 속성을 우선 추출한 다음에 이를 근거로 관련자료를 정리하는 것이 순서겠지만 그러한 속성의 적출을 위해서는 자료 검토가 선행되어야 하기에 다소 편의적 방식에 의해 앞의 전제에 따라 자료 검토를 진행하겠다.

수혈식 석곽묘와 횡혈식 석실분의 초기 형식이 자리하면서 횡구식 묘제가 확인된 유적은 대체로 한강 하류의 이남지역에서 금강 유역까지에 분포되어 있다. 지금까지 백제의 수혈식 석곽묘 유적으로 알려진 것은 경기도의 화성 마하리,16) 백곡리,17) 여주의 법천리,18) 천안의 용원리,19) 논산 표정리,20) 신흥리,21) 모촌리,22) 공주의 분강·저석리,23) 산의리,24) 익산의 웅포리,25) 성남리,26) 입점리,27) 등이 있는데 횡구식 석곽묘 유적도 거의 이 범위에 속한다.

횡구식 석곽묘가 확인된 유적은 화성 마하리 고분군, 백곡리 고분군, 여주 법천리 고분군, 그리고 논산 표정리의 당골28), 도구머리 고분군,29)

---

16) 金載悅 外, 1998,『華城 馬霞里 古墳群』, 湖巖美術館.
17) 韓國精神文化研究院, 1994,『華城白谷里古墳』調査研究報告書 94-1.
18) 國立中央博物館, 2000,『法泉里古墳群發掘調査概略報告』.
19) 李南奭, 2000,『龍院里古墳群』, 公州大學校博物館.
20) 安承周·李南奭, 1988,『論山表井里百濟古墳發掘調査報告書』, 百濟文化開發研究院.
21) 尹武柄, 1975,「連山 新興里 百濟古墳과 出土遺物」『百濟文化』7·8合, 公州師範大學 百濟文化研究所.
22) 安承周·李南奭, 1992,『論山茅村里百濟古墳發掘調査報告書』, 百濟文化開發研究院.
23) 李南奭, 1998,『汾江·楮石里 古墳群』, 公州大學校博物館.
24) 李南奭, 1999,『山儀里 遺蹟』, 公州大學校 博物館.
25) 金三龍·崔完奎, 1996,『益山 熊浦里 古墳群』, 百濟文化開發研究院.
26) 崔完奎·金鐘文, 1997,『益山 城南里 百濟古墳群』, 圓光大學校博物館.
27) 國立文化財研究所, 1988,『笠店里 古墳』.
28) 徐聲勳·申光燮, 1984,「表井里 百濟廢古墳調査」『中島』5, 國立中央博物館.

공주 탄천 남산리 고분군,30) 산의리 유적, 분강 저석리 고분군, 익산 웅포리 고분군, 입점리 고분군 등이 있다. 이외에 보령의 보령리 고분군,31) 홍성의 성호리 고분군, 서산의 여미리 고분군에도32) 횡구식 석곽묘를 확인할 수 있지만, 이들은 동반된 횡혈식 석실분에서 초기형으로 인정되나 수혈식 석곽묘의 존재가 분명하지 않은 유적이다. 위의 유적 중에서 횡구식 석곽묘의 형상을 비교적 선명하게 갖추고 있는 것 중에서 지역적 범위를 고려하여 표정리 고분군, 산의리 고분군, 그리고 웅포리 고분군의 내용과 조사된 횡구식 석곽묘 자료를 간략하게 살펴보겠다.

표정리의 고분군중에서 횡구식 석곽묘와 관련된 유적은 당골 고분군과 도구머리 고분군이다. 당골 고분군은 모두 9기가 조사되었고, 이중에 옹관묘 1기, 횡혈식 석실분 1기 외에 나머지는 횡구식으로 분류되었다. 이 고분군은 남에서 북으로 흘러내린 작은 구릉에 입지하며, 정상의 중앙 부근에 횡혈식 석실분이 있고, 주변에 橫口式으로 분류된 7기의 분묘가 자리한다. 횡혈식 석실분은 묘실의 장축을 동서간으로 배치되었고, 나머지 橫口式으로 분류된 것 중에 1기만 이 횡혈식 석실분과 같은 방향으로 장축을 두었을 뿐, 거의 남북간을 축으로 배치되었다. 이를 지형에 맞추어 보면 경사방향과 직교된 형태로 있다.

앞서 언급된 7기의 분묘는 비록 보고서에 횡구식으로 분류되었지만 수혈식으로 볼 수 있는 것도 없지 않다. 횡구식으로 분류한 근거가 좁

---

29) 尹武柄, 1979,「連山地方 百濟土器의 研究」『百濟研究』10, 忠南大學校 百濟研究所.

30) 安承周・李南奭, 1990,『南山里・松鶴里百濟古墳發掘調査報告書』, 百濟文化開發研究院.

31) 百濟文化開發研究院, 1984,『保寧 保寧里百濟古墳發掘調査報告書』.

32) 忠淸埋藏文化財研究院, 1999,『余美里古墳群發掘調査槪略報告』.

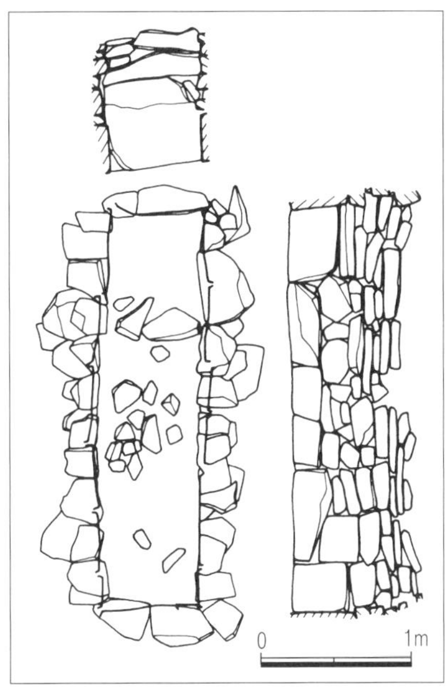

그림 1. 당골 3호 횡구식 석곽묘

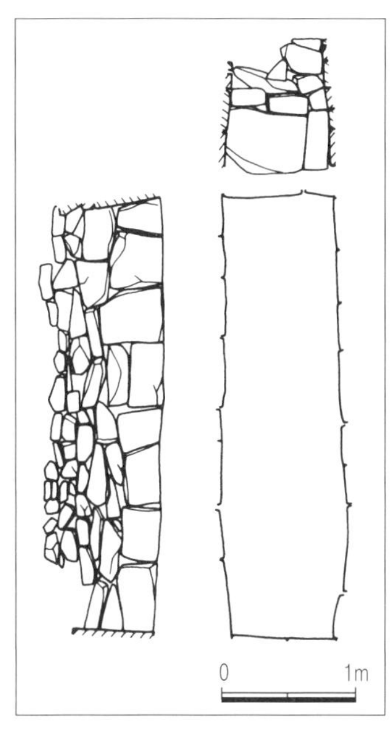

그림 2. 당골 5호 횡구식 석곽묘

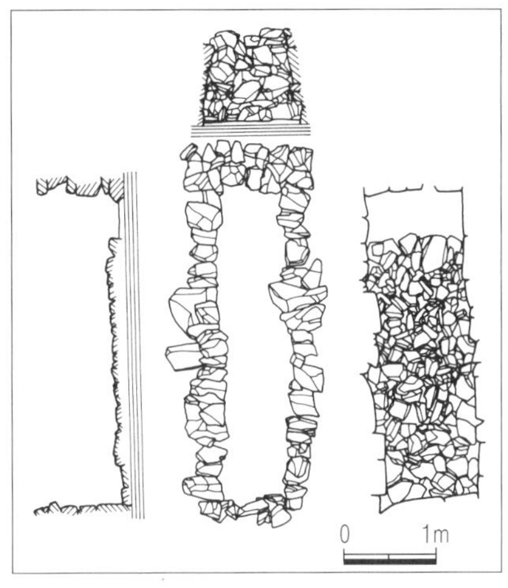

그림 3. 도구머리1호 횡구식 석곽묘

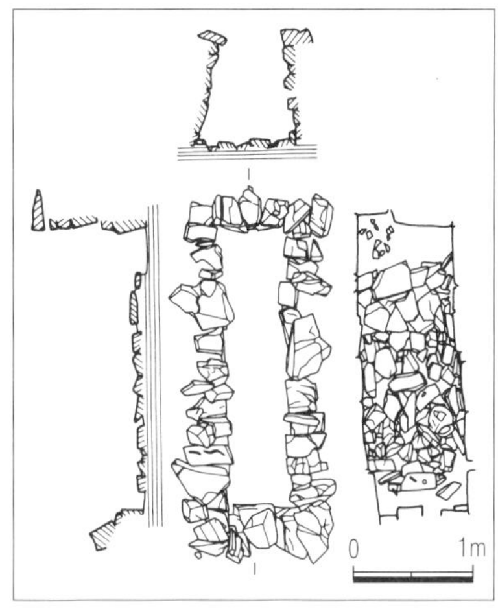

그림 4. 도구머리 3호 횡구식 석곽묘

은 벽체의 築石形態인데 2기를 제외한 나머지는 입구로 추정한 부분이 경사의 위쪽에 있다거나 혹은 입구 자체가 폐쇄가 아닌 축재의 차이만 확인될 뿐이다. 정확하게 횡구식의 구조, 즉 한쪽 벽면을 개구한 흔적이 분명하게 남겨진 것은 3호분, 5호분이다. 이들 횡구식 석곽묘 2기는 묘실 평면이 장방형이나 크게 세장되지 않았다. 벽면의 구축은 하단에 판석형 괴석을 세우고 그 위에 보충석을 올린 형상이다. 묘실의 깊이는 천장의 덮개돌이 이미 제거되었기에 확인이 어렵지만 묘실의 가운데에 시상대가 마련되어 있다. 입구로 추정되는 한쪽의 좁은 벽체는 1열로 축석되었고, 거칠고 불규칙한 형태로 있는데 밖에서 안으로 밀어 쌓은 형상이다.

도구머리 고분군은 다수의 분묘가 있는 중에서 이미 파괴로 말미암아 표면에 노출되어 있는 13기가 조사된 것이다. 이중에 2기는 횡혈식 석실분이고 나머지가 횡구식이다. 북에서 남쪽으로 흘러내린 산지의 하단부에 자리하며, 조사된 분묘의 대부분이 경사방향에 맞추어 묘광을 구축하고, 그 안에 석축으로 묘실을 조성한 것이다. 수혈식 석곽묘는 확인되지 않고 횡혈식 석실분과 횡구식 석곽묘만 조사되었다.

묘실은 장방형이지만 세장된 것도 있다. 예컨대 1호분의 경우 묘실 길이 350㎝에 너비는 95㎝로 세장된 형태의 것으로 분류할 수 있다. 반면에 2호분은 길이가 286㎝인데 너비는 95㎝로 세장된 정도가 약하다. 그리고 3호분의 경우는 길이 225㎝에 너비가 80㎝로 거의 장방형의 형상을 갖추고 있다. 벽체의 구축은 할석재를 사용하였음이 공통적이나 하단은 판석형 괴석을 세워서 구축하였음도 공통적이다. 그리고 긴 벽은 위로가면서 안으로 좁혀 단면이 사다리꼴을 이루고 있음도 같다. 더불어 조사된 횡구식은 묘실의 바닥에 시상대 혹은 관대 형상의 敷石이 있는데, 묘실의 한가운데에 시설하면서 양단은 생토면을 그대로 두었다. 다만 이들 바닥의 관대 혹은 시상대의 경우 당골의 횡구식 석곽묘에 비해서 낮다. 한편 묘실의 입구에 해당하는 한쪽의 좁은 벽면은 대체로 1열 築石으로 폐쇄하였음이 일반적인데 밖에서 안으로 들어서 축석한 관계로 벽면에 굴곡이 심하게 남았고, 8호분의 경우는 2열로 폐쇄한 흔적을 남기고 있다.

공주 산의리 유적은 청동기시대의 주거지와 저장 구덩이, 그리고 백제시대의 분묘가 더불어 있는 것인데, 백제 분묘는 횡혈식 석실분, 수혈식 석곽묘, 그리고 횡구식 석곽묘가 모두 발견되었다. 모두 40여기의 분묘 중에서 횡구식 석곽묘는 8기인데 이중에서 30호가 대표적 예이다. 경사방향에 따라 장축을 두었는데 할석재로 구축된 묘실은 세장된 장방형이다. 묘실은 길이 220cm에 너비 60-80cm이고, 높이는 124cm이다. 묘실의 바닥은 잡석을 부석하였는데 배수로가 설치되이 이채롭다. 입구는 경사의 아래쪽 좁은 벽면을 전부 개구한 것인데 폐쇄는 기본적으로 큰 석재를 세워 막았지만 積石으로 이루어진 것도 있다.

익산 웅포리 고분군은 86년과 92년의 2차에 걸쳐 조사되면서 횡혈식 석실분과 수혈식 석곽묘 및 횡구식 석곽묘가 확인된 유적이다. 전체 분묘 중에서 횡구식으로 제시된 것은 92-9호분이다. 92-9호분은 도굴 및 파괴되었던 것을 조사한 관계로 유구의 상반부는 상당정도 유실되었다. 묘실은 등고선 방향으로 장축을 두었고, 길이 212cm에 너비 86cm의 규모이다. 벽체는 1-2단만 남았지만 하단에 장방형의 석재를 세워 구축하였음과 서벽을 橫口部로 사용하였음이 분명하게 확인되는 것이다. 바닥은 전면이 부석된 상태로 있다.

이상의 자료를 통해보면 횡구식 석곽묘는 잔존현황에서 횡혈식 석실분과 공존하고, 수혈식 석곽묘와 더불어 있음을 알 수 있다. 수혈식 석곽묘가 확인되지 않는 유적도 있지만 횡혈식 석실분과는 반드시 공존

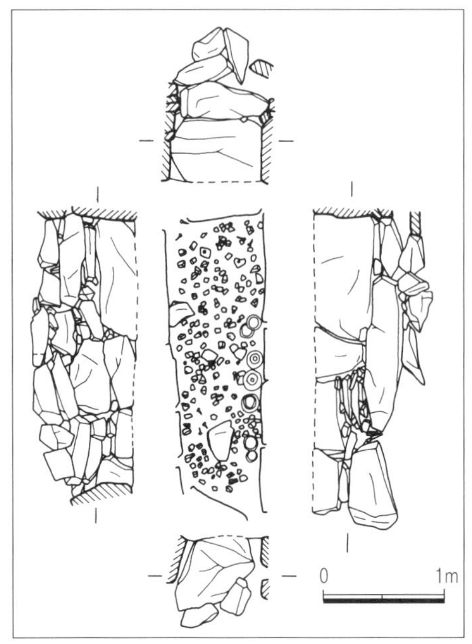

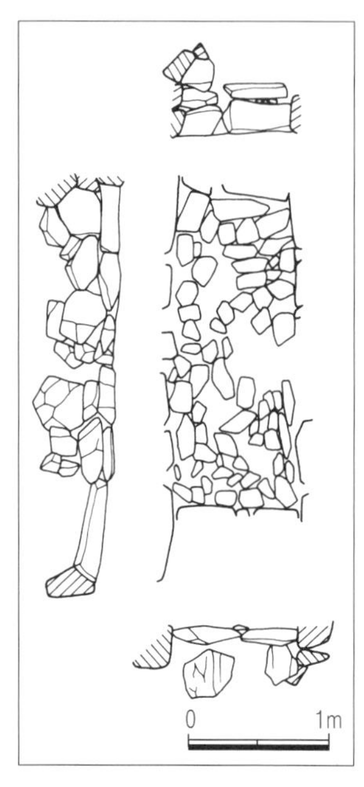

그림 5. 산의리 30호 횡구식 석곽묘   그림 6. 웅포리 92 - 9호횡구식 석곽묘

함이 일반적이고, 그것도 대체로 초기형식인 원형천장의 유형이 함께
있다. 예컨대 표정리 당골 고분군의 횡혈식 석실분은 1기인데 묘실의
평면이 약간 장방형의 구조를 지녔지만 벽체 및 천장의 구조, 그리고
입구 및 연도의 형상은 초기적 내용을 갖추고 있다. 그것도 천장의 구
조가 네벽 조임의 형상을 갖추고 있어 궁륭식보다 이른 것으로 판단되
는 것이기도 하다. 마찬가지로 도구머리 고분군의 횡혈식 석실분도 당
골 횡혈식 석실분과 마찬가지로 묘실의 평면이 방형에 가까운 장방형
이고, 편재된 연도에 천장은 제거되었지만 원형 천장 혹은 네벽조임식
으로 판단되는 것들이다. 이러한 현황은 공주 산의리 고분군도 마찬가
지이다. 횡혈식 석실분의 경우 궁륭식의 구조로 판단할 수 있는 것 외
에 묘실의 평면이 약간 장방형이지만 천장의 가구나 입구 및 연도가

우편재된 것만 있어 횡혈식 석실분으로서는 비교적 이른 시기의 것들
만 있음을 알 수 있다.

2) 墓制와 展開現況

횡구식 석곽묘의 잔존 현황은 수혈식 석곽묘와 기본적으로 공존하면
서 횡혈식 석실분도 함께 있음이 일반적이다. 이는 이 묘제가 수혈식
석곽묘 속에 횡혈식 석실분이 유입되면서 묘제가 발생되었다는 점을
분명하게 보여주는 것이다. 특히 지금까지 발견된 횡구식 석곽묘는 수
혈식 석곽묘의 분포범위에 한정되어 있는데 이는 이들 두 묘제가 상호
밀접한 관련이 있음을 보여주는 것이다. 그리고 수혈식 석곽묘와 더불
어 초기형의 횡혈식 석실분이 混在된 경우에만 횡구식 석곽묘가 발견
된다는 점도 그와 무관하지 않다. 물론 수혈식 석곽묘만 있고, 횡혈식
석실분이 없는 경우는 이 묘제가 발견되지 않는다. 예컨대 천안 용원리
수혈식 석곽묘라던가 논산 표정리 하표정 고분군이 그 예이다. 이러한
잔존 양상은 결국 수혈식 석곽묘와 횡혈식 석실분의 상호관계 속에서
횡구식 석곽묘가 발생하였음을 단적으로 보여주는 것이다.

이러한 자료를 근거할 경우 횡구식 묘제의 발생은 수혈식 석곽묘와
횡혈식 석실분의 관련 속에서 이루어졌음을 알 수 있다. 나아가 그 배
경은 수혈식 석곽묘가 재지 혹은 선행의 묘제로 존재하다가 그 과정에
횡혈식 석실분이 유입되고, 空洞의 석축묘를 조영하던 수혈식 석곽묘
築造人들이 횡혈식 묘제의 특성 즉 다장 혹은 추가장을 위한 목관의
사용과 橫納이란 새로운 묘제의 영향으로 그들이 사용하던 수혈식 묘
제에 입구를 개설하였다는 이해에 문제가 없을 것이다.33)

---

33) 李南奭, 1994, 앞의 주 2의 글.

횡구식 석곽묘의 발생배경에서 알 수 있듯이 이 묘제가 수혈식 석곽묘나 혹은 횡혈식 석실분과의 관련이 있기에 묘제적 특성도 그들의 요소를 다분히 포함하고 있다. 입지의 경우 대체로 산지에 있는데 이는 연원이 되는 묘제의 입지와 상통하는 것으로 볼 수 있다. 다만 일부 수혈식 석곽묘는 저지대의 평지에 가까운 지역에 자리하는 것도 있다. 반면에 횡혈식 석실분은 대체로 산지의 남향사면 혹은 경사면에 자리하는 것이 일반적이다. 지금까지 발견된 횡구식 석곽묘는 대체로 횡혈식 석실분의 입지와 유사성이 많은데 연원이 되는 묘제의 영향에서 비롯된 것으로 본다면 이후의 변화라던가 전개는 새로운 묘제로의 접근으로 진행되었다고 볼 수 있다.

횡구식 석곽묘는 수혈식 석곽묘와는 달리 입구를 개설하기에 그에 편리한 지형선택이 필요하다는 것은 주지의 사실이다. 때문에 입구 개설을 전제하면 횡혈식처럼 경사면을 선정 경사의 아래쪽에 입구가 위치하도록 배려하여 묘광의 장축이 설정되어야 할 것이다. 그런데 지금까지 발견된 횡구식 석곽묘는 장축의 설정이 등고선 방향으로 이루어진 것과 경사방향으로 이루어진 것으로 구분된다. 예컨대 논산 표정리 당골 고분군의 횡구식 석곽묘가 등고선 방향으로 장축을 둔 대표적 예이고, 산의리 횡구식 석곽묘는 오히려 등고선과 직교된 형태로만 있어 이러한 혼란상을 그대로 보여준다. 물론 이러한 차이는 각각 수혈식 석곽묘의 전통이 유지되는가 아니면 횡혈식 석실분의 전통을 새롭게 채용하는 과정에서 나타날 수 있는 것으로 판단된다. 즉 초기의 것인 수혈식 석곽묘적 요소가 많은 것은 등고선 방향으로 장축을 두었을 것이고, 점차 횡혈식 석실분적 속성이 강화되면서 등고선과 직교된 경사방향으로 장축을 두게 된 것으로 볼 수 있다.

횡구식 석곽묘의 축조에 사용된 석재는 할석재가 대부분이다. 물론 바탕이 되는 수혈식 석곽묘의 경우라던가 횡구식 유형의 발생 動因을 제공한 횡혈식 석실분의 축조재료도 다듬지 않은 할석재가 대부분이다. 이를 고려하면 축조재료에서 석곽묘와 초기의 횡혈식 석실분과 대동소이하기 때문에 큰 문제가 없을 것이다. 이는 후술하겠지만 횡구식 석실분과는 큰 차이로 지적될 수 있다.

횡구식 석곽묘를 구축하기 위하여 조성한 묘광은 대체로 지하가 기본이나 일부는 반지하식인 것도 있다. 물론 표면의 유실이라던가 조사환경도 고려되어야 하겠지만 특히 묘실의 장축이 경사방향으로 이루어진 것의 경우, 경사의 아래쪽 유구는 지표면에 노출된 것이 많다. 이로 보면 묘광의 구축이 완전 지하로 이루어진 것인가에 대해서는 세밀한 검토가 필요하기는 하다. 단 이시기 수혈식 석곽묘는 물론 횡혈식 석실분도 대체로 지하로 묘광을 조성하는 것이 원칙임을 고려할 필요는 있다.

묘실의 평면은 대체로 세장된 장방형을 띤 것이 많지만 부분적으로 세장된 정도가 적은 것도 많다는 것이 유의된다. 그러나 동시기의 횡혈식 석실분인 네벽조임식이나 궁륭식 혹은 터널식의 묘실 평면이 방형 혹은 방형에 가까운 장방형임을 고려하면 묘실의 기본 형상은 여전히 이전의 수혈식 석곽묘의 구조를 따르고 있는 것이다. 그런데 수혈식 석곽묘의 경우 後行의 형식에서 묘실이 세장된 것이 많은데, 이로 보면 횡구식은 횡혈식의 영향으로 점차 묘실의 세장된 정도가 약화된 것이 아닌가 추정된다. 물론 묘실의 평면만이 아니라 벽체의 구성이나 천장의 가구형상은 횡혈식 석실분보다 오히려 수혈식 석곽묘적 요소가 강하다. 벽체의 경우 횡혈식 석실분은 뉘어 쌓기로 구성하는 반면에 수혈식 석곽묘는 하단에 큰 석재를 세워쌓기 하는 경우가 많다. 이는 횡구식 석곽묘에서 자주 발견되는 현상이며, 천장의 가구방식도 마찬가지이다. 다만 입구만은 차이가 있다.

횡구식 석곽묘에서 입구의 개설은 한쪽 벽체를 전혀 구축하지 않고, 단지 3벽만 우선 구축하면서 나머지 한쪽의 벽면을 그대로 입구로 사용하는 방식이다. 이 입구는 장벽이 아닌 단벽의 한쪽을 사용함이 일반적이기에 입구의 축석상태로 판별되어야 할 경우가 많다. 대체로 벽체의 축석이 외줄 쌓기 형식으로 이루어져 있다. 그런데 입구의 폐쇄도 밖에서 외줄 쌓기 형식으로 쌓아 올렸기에, 입구의 잔존형상은 단지 축석면이 불규칙하고, 거친 築石의 흔적만 남기고 있다. 물론 입구가 아닌 안쪽의 좁은 벽체는 좌우의 긴 벽체와 서로 맞물려 함께 구축되지만 입구의 폐쇄가 벽체와 전혀 엇물리지 않으면서 벽체의 안쪽으로 들여쌓는 특징도 있다.

묘실의 바닥시설도 차이가 많다. 이는 횡구식 석곽묘가 수혈식에서 변질된 것이기에 묘실의 바닥도 그와 관련하여 이해되어야 할 것이나 규칙성은 보이지 않는다. 즉 수혈식 석곽묘의 변천은 이 묘제의 말기 즉 횡구식으로 변천 직전인 최고의 발전단계에 이르면 묘실의 바닥에 시상대가 설치되고 아울러 시상대의 전후로 부곽이 설치되는 정형성을 갖추고 있다.34) 따라서 횡구식 석곽묘도 수혈식 석곽묘의 말기형의 변천에서 비롯되었다면 당연히 시상대라던가 부곽의 존재가 확인되어야 할 것인데 그러한 정형성은 보이지 않는다. 아마도 이는 장제와 관련 있을 것으로 추정된다.

수혈식 석곽묘의 시신안치는 위에서 아래로 즉 입구가 없는 상태에서 덮개돌을 덮기 전에 천장부를 통해서 시신을 안치하여야 한다. 따라서 천장부는 완전히 개방된 상태에서 유물의 배치나 시신의 안치가 이

---

34) 李南奭, 1994, 앞의 주 2의 글.

루어지기에 시상대 및 부곽의 설치가 나름의 유용성이 있었을 것이다. 그러나 횡혈식 석실분은 입구를 통해서 시신이라던가 혹은 유물의 납입이 이루어져야 한다. 더욱이 시신은 목관의 사용이 전제되어야 할 것이고, 그것도 橫納으로 이루어져야 한다. 횡납이 전제되는 횡구식 석곽묘는 묘실의 구조가 세장된 장방형에 천장이 그리 높지 않은 상태이다. 그러면서 한쪽의 좁은 벽체를 입구로 사용하여 시신이나 유물의 안치가 이루어져야 한다. 때문에 시상대나 유물을 두기 위한 부곽은 오히려 불편을 초래하기에 수혈식 석곽묘에서 횡구식 석곽묘로 변화된 후에 이들 시상대나 혹은 부곽은 자연히 사라진 것으로 판단할 수 있다.

이처럼 횡구식 석곽묘는 묘제의 기본적 형상은 수혈식 석곽묘적 속성을 그대로 간직하고 있음이 많고, 부분적으로 입구가 마련된다거나 상축의 변화, 그리고 묘실의 세장된 징도의 변화와 같은 횡혈식 석실분의 요소가 반영되어 있을 뿐이다. 그러나 무엇보다도 중요한 것은 수혈식 석곽묘란 묘제 즉 單葬에 一次葬, 그것도 直接葬으로 시신을 수직으로 안치하는 방식이, 多葬, 혹은 追加葬과 같은 二次葬에 목관을 사용하여 시신을 횡납하는 방식으로 변화되었다는 점에 있다. 이러한 변화는 결국 수혈식의 묘제가 횡혈식으로 전환되었음을 보여주는 것이기도 하다.

횡구식 석곽묘의 발생과 묘제 및 장제적 환경의 전환으로 보아 이 묘제의 전개는 아주 단순하게 짧은 기간에 걸쳐 이루어진 것으로 볼 수밖에 없다. 따라서 이 묘제는 발생과 존재는 인정될 수 있지만 전개는 횡구식 자체의 전개가 아니라 오히려 횡혈식 석실분으로 전환된 것으로 보아야 할 것이다. 횡구식 석곽묘로 분류할 수 있는 자료가 초기형만 확인되는 것도 이와 관련된 것으로 보아야 한다. 앞서 언급된 것처럼 횡구식 석곽묘는 수혈식 석곽묘의 분포범위에만 한정되고 초기형의 횡혈식 석실분과 더불어 있을 뿐이다.

횡혈식 석실분은 초기형이 등장한 이후에 점진적 변천과정을 거쳐 백제 지역의 보편적 묘제로 자리한다. 그런데 보다 발전된 형식의 횡혈식 석실분과 횡구식 석실분과 동반된 예는 거의 발견되지 않는다. 그러한 예로 논산 육곡리 고분군이나[35] 공주 금학동 고분군,[36] 그리고 남쪽으로 남원 초촌리라든가 신덕 고분군 등에도[37] 횡구식은 없고 횡혈식만 남았다는 점에서 이해될 수 있을 것이다.

요컨대 횡구식 석곽묘는 수혈식 석곽묘가 사용되던 지역에 횡혈식 석실분이 유입되면서 장제적 영향으로 묘제의 변화가 나타나 발생한 것이다. 따라서 입구가 개설되었다는 점 외의 묘제적 속성은 여전히 수혈식 석곽묘와 유사하다. 나아가 이 묘제는 그것이 횡혈식을 지향하는 과정에서 수혈식 석곽묘의 변천결과로 나타났기에 자체적 변화나 변천을 거치지 않고, 이 묘제의 사용인이 횡혈식 석실분을 사용함에 따라 더 이상 전개되지 않았다고 볼 수 있다.

4. 橫口式 石室墳의 發生과 展開

1) 資料 檢討

횡구식 석실분도 한쪽 벽면 전체를 개구하여 입구로 사용하는 묘제이다. 그러나 이 묘제는 한쪽 벽면 전체를 개구하여 입구로 사용한 횡구식 석곽묘가 수혈식 석곽묘적 요소를 다분히 포함하고 있는데 반해

---

35) 安承周・李南奭, 1988, 『論山六谷里百濟古墳群發掘調査報告書』, 百濟文化開發研究院.
36) 忠清埋藏文化財研究院, 2000, 앞의 槪略報告書.
37) 이와 관련된 내용은 公州大學校博物館 刊行, 『百濟古墳資料集』 1995, 參照.

서 횡혈식 석실분적 속성이 강하게 남아 있는 것이다. 따라서 형태적으로 보아 횡구식 석곽묘와는 차별될 수 있는 요소가 적지 않은데 차이점 및 묘제의 특성을 추출하기 위해서는 관련 자료의 검토가 필요하다. 마찬가지로 석곽묘와 석실분적 요소가 있는 것의 판단을 어떤 기준에 근거하여야 하는가의 문제가 남지만 일단 발전된 횡혈식 석실분 즉 말기형의 횡혈식 석실분과 동반된 것을 석실분적 요소가 있는 횡구식으로 보면서 그와 대비될 수 있는 자료를 탐색하고자 한다.

횡구식 석실분 유형으로 볼 수 있는 자료가 포함된 유적은 적지 않다. 다만 지금까지 확인된 것은 대체로 백제 후기의 도읍지역인 사비 혹은 웅진일원에 집중된 양상이다. 대표적 예로 공주 보통골 고분군, 공주 송학리 고분군, 부여 두곡리 고분군,38) 부여 정암리 고분군, 부여 능산리 고분군39), 부여 지선리 고분군,40) 부여 염창리 고분군 등을 꼽을 수 있다. 이중에서 공주의 보통골 고분군과 송학리 고분군, 그리고 최근에 조사된 염창리 고분군의 횡구식 석실분 내용을 살펴보겠다.

보통골 고분군은 백제의 두 번째 도읍지였던 웅진의 동쪽에 위치한 유적이다. 이미 일제시대부터 백제 고분군으로 알려진 후41) 90년도에 廢 古墳 17기가 조사된 바 있는 유적이다.42) 17기의 고분은 웅진도읍시기에 조성된 횡혈식 석실분의 유형 중에 궁륭식 구조를 지닌 것과 더불어 백제 말기에 유행한 평천장인 수평식도 있으며, 이중에 4호분과 8호분이 횡구식이다.

---

38) 徐聲勳, 1979, 「豆谷里百濟廢古墳群」 『考古學』5, 考古學會.
39) 扶餘文化財研究所, 1998, 『陵山里』.
40) 扶餘文化財研究所, 1991, 『扶餘芝仙里古墳群』, 扶餘文化財研究所學術研究叢書1.
41) 輕部慈恩, 1934, 앞의 글.
42) 安承周・李南奭, 1991, 『公州보통골百濟古墳群發掘調査報告書』, 百濟文化開發研究院.

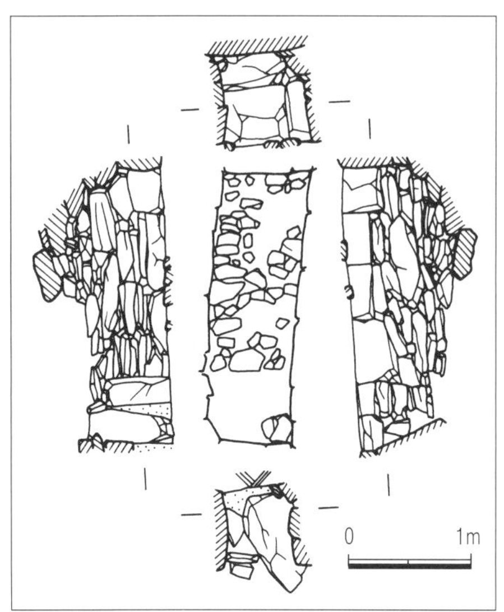

그림 7.　보통골 4호 횡구식 석실분

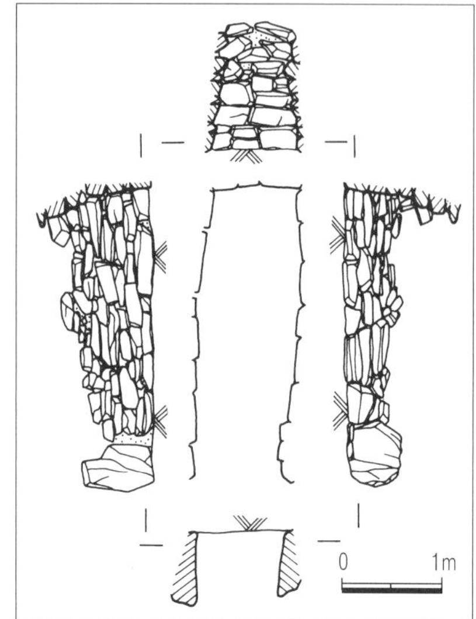

그림 8.　보통골 8호 횡구식 석실분

　　4호분은 지하로 묘광을 파고 길이 212㎝에 너비 74㎝의 묘실을 석축으로 조성하면서 남쪽의 단벽을 그대로 입구로 사용한 것이다. 입구는 서쪽의 장벽 남쪽을 좁힌 관계로 너비가 65㎝로 좁혀져 있지만 밖에서 규모가 큰 석재를 세워 막고 있다. 묘실은 동·서쪽의 긴 벽을 수직으로 쌓았지만, 북쪽의 좁은 벽면은 위로 가면서 안으로 좁혀 曲律을 두고 있어 이채롭다.

　　한편 8호분도 지하묘광에 석축으로 길이 270㎝에 너비 100㎝ 규모의 묘실을 조성하였는데 묘실의 높이가 124㎝로 비교적 높다. 서쪽의 좁은 벽체를 그대로 개구하여 입구로 사용하였고, 이 부분의 남·북쪽의 긴 벽면은 석재를 세워 마치 입구처럼 치장한 모습을 남기고 있다. 바닥면은 생토를 그대로 이용하고 있다.

　　송학리 고분군은 백제 후기의 도읍지인 웅진과 사비의 중간지대에 위치한 것으로, 일찍이 백제 석실분 2기가 알려진 이후[43] 87년에 다시 8기의 백제고분이 확인된 유적이다.[44] 8기의 고분은 횡혈식 석실분 2기와 판단이 어려운 것 1기 외에 나머지는 횡구식이다. 이 지역의 횡혈식 석실분은 고임식 구조를 지닌 것으로 횡혈식 석실분으로서는 후기의 것들이다. 횡구식은 4호, 5호, 6호, 7호, 9호로 축조재료나 규모에 약간의 차이가 있을 뿐, 구조양상이 대동소이하다.

4호분의 경우 지하 토광에 어느 정도 정제된 화강암 대판석을 사용하여 길이 215cm, 너비 92cm, 높이 88cm의 묘실을 조성하였으며, 묘실은 긴 벽의 상단에 고임석을 둔 고임식이다. 별도의 입구나 연도를 마련하지 않고, 남쪽을 완전 개구한 형태로 두면서 큰 대형 석재 2매를 세워 막았다. 바닥은 생토면을 그대로 이용하였다. 반면에 5호분은 화강석재를 사용하여 고임식 구조로 조성한 것이라던가, 한쪽 벽면을 그대로 개구하여 입구로 사용하는 것은 비슷하지만 입구를 폐쇄한 방식에 차이가 있다. 즉 입구를 대형석을 세워 기대 막은 것이 아니라 여러 개의 석재를 축석하듯이 밖에서 안으로 들여쌓아 막고 있다. 이러한 방식은 7, 9호분도 동일하다. 특히 9호분은 묘실의 바닥에 잡석이 조밀하게 부석되어 있기도 하다.

염창리 고분군은 백제 고분 특히 옹관묘의 존재로 널리 알려진 유적이고,[45] 이후 2000년에 대규모 백제 고분군이 조사된바 있다.[46] 약 300여기의 석실분이 조사되었으며, 유구는 횡혈식 석실분과 횡구식이 뒤섞여 있다. 횡혈식 석실분은 터널식의 퇴화형이 있기도 하지만 대체로 고임식 혹은 수평식의 구조가 지배적이다. 횡구식은 약 30%정도로 집계

---

43) 姜仁求, 1977, 『百濟古墳研究』, 一志社.
44) 安承周・李南奭, 1990, 앞의 보고서.
45) 姜仁求, 1977, 앞의 글.
46) 公州大學校博物館, 2000, 앞의 槪略報告書.

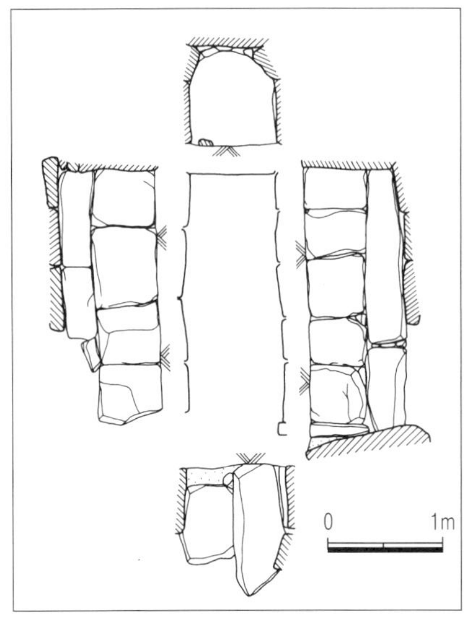

그림 9.　송학리　4호 횡구식 석실분

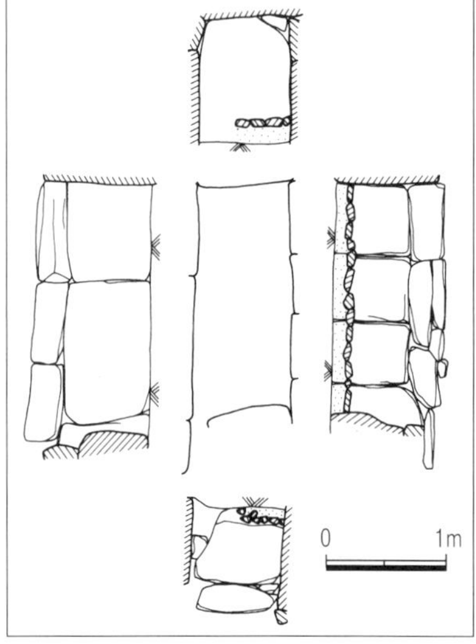

그림 10.　송학리　6호 횡구식 석실분

되는데 이는 구조가 정확한 것만을 대상으로 하였을 뿐이다.

　염창리 고분군의 횡구식 구조의 석실분은 대체로 경사의 상단에 위치하며, 구조형상은 입구의 개설방식외에는 대체로 횡혈식과 큰 차이가 없다. 석재는 거칠게 다듬은 판석재를 사용하였고, 천장은 고임식 혹은 수평식의 구조인데 고임식의 흔적이 많다. 묘실의 바닥은 생토면을 그대로 이용한 것이 많지만, 관을 받치는 정도의 부석도 적지 않다. 묘실의 규모는 횡혈식보다는 작지만 평면상태는 약간 세장된 정도에 불과하다. 모두 긴 묘도를 갖추고 있다. 특히 입구로 사용한 벽면은 좌우의 긴벽 말단을 마무리하듯이 축석하여 치장한 것도 있다. 입구의 폐쇄는 판석재를 기댄 것도 있지만 묘실쪽에 1열 축석한 다음에 밖에서 적석한 형상으로 있다.

　이상의 검토된 자료에서 알 수 있듯이 이들은 백제의 후기 도읍지역 즉 웅진과 사비지역에서 집중적으로 확인되었음이 주목된다. 물론 이 묘제의 발생동기를 고려하면 백제 횡혈식 석실분의 사용지역에 망라되어야 하겠지만 아직은 자료적 한계가 많다. 다만 횡구식 석실분 자료가 후기 도읍지역에서 집중적으로 확인되는 것은 이들 지역이 백제 횡혈식 석실분이 가장 보편적으로 유행하였고, 변화·변천을 주도한 지역이란 점도 유의할 만하다.

2) 墓制와 展開現況

횡구식 석실분 자료들은 대체로 금강유역인 백제의 후기도읍지 웅진과 사비지역과의 至近 거리에 있는 것이다. 이밖에 거리를 둔 홍성 성호리 고분군이나 보령의 보령리 고분군에서도 같은 양상이 확인된다. 그리고 전북지역이나 혹은 전남지역에도 최근 횡구식 석실분으로 분류될 수 있는 자료들이 확인되어 대체로 횡구식 석실분은 횡혈식 석실분의 분포범위와 겹치는 형태로 있음을 알 수 있다.

횡구식 석실분의 묘실의 구조특성은 횡혈식 석실분과 큰 차이가 없다. 標識施設이랄 수 있는 봉분 등의 현황은 여전히 확인이 어렵지만, 입지에서 남향의 경사면을 선호하면서 구릉의 선상부 혹은 산지의 정상부를 피하는 것도 여전하다. 횡혈식 석실분처럼 군집된 형태로 일정한 간격을 두고 조영되는데 군집 정도는 이전의 횡혈식 석실분보다 조밀한 것이 특징이다.

매장부를 구축하기 위하여 조성한 묘광도 이전의 횡혈식 석실분과 다름없다. 횡구식 석실분의 묘광은 경사방향에 정확하게 맞추어 장축을 두고 조성되는 것이 통일적으로 확인된다. 이는 석곽묘 계통의 것들이 등고선 방향에 맞추어 장축을 두는 것이 대부분이란 점과는 커다란 차이이다. 묘광은 매장부를 완전히 아우를 수 있도록 깊게 조성하지만 입구가 개설되기에 경사면을 L자로 구축하면서 경사의 안쪽에 묘실을, 그리고 아래쪽으로 입구를 연결하는 형식이다. 다만 입구의 바깥쪽으로 긴 묘도가 만들어짐이 일반적인데 이 묘도는 대체로 경사의 말단부분까지 이어지고 있다.

묘실은 석곽묘 계통보다 규모가 큰 편이다. 평면구조는 횡구식 석곽묘가 세장된 장방형임에 반해서 횡구식 석실분은 세장된 정도가 덜하다. 물론 축조재료는 석곽묘 계통이 할석재 혹은 괴석재를 많이 사용하지만, 이들 횡구식 석실분은 오히려 판석재의 사용이 많고, 묘실의 높이도 비교적 높은 편이다. 묘실의 구조는 비록 한쪽 벽면 전체를 개구하여 입구로 사용하는 횡구식이지만, 횡혈식의 구조속성이 그대로 남아 있다. 천장의 가구방식에서 평천정을 기본으로 하면서 고임식의 흔적, 즉 좌우의 장벽 상단에 고임석을 안으로 切角한 형태로 축석하고 덮개를 덮어 고임천장 구조를 이룬 것이 많다.

묘실 바닥에는 부석된 흔적이 많지만 판석재를 전면에 깐다거나 정교한 배수로를 설치하고, 나아가 전면을 두껍게 부석하는 등의 정교함은 보이지 않는다. 묘제의 기본이 목관을 사용하기에 이들 목관을 고이는 정도의 敷石이 이루어진 것이 많다. 특히 석곽묘처럼 관대라던가 혹은 부곽을 추정할 수 있는 시설은 전혀 확인되지 않는다.

횡구식 석실분의 구조특성 중에 가장 두드러진 것은 입구의 시설상태이다. 앞서 살핀 것처럼 횡구식 석곽묘는 입구가 묘실의 단벽 한쪽을 축석하지 않고 그대로 입구로 사용하였다는 점에 있고, 그 형상은 입구를 의도적으로 개설하기보다는 오히려 자연적으로 남겼다가 폐쇄한 형상이 대부분이다. 반면에 석실분 계통의 횡구식 묘제는 입구가 의도적으로 만들어진 형상, 즉 한쪽 벽면 전체를 입구로 사용하지만 입구의 좌우라던가 혹은 門楣石 형태를 두어 본래부터 입구를 의도하면서 전체를 시설한 형상으로 남아 있다. 특히 일부 자료는 입구의 좌우에 벽체를 두어 입구자체가 橫穴의 형상을 지닌 것도 있다.

또 다른 특징은 입구의 폐쇄방법이다. 횡구식 석곽묘의 입구 폐쇄는 입구자체를 밖에서 막으면서 마치 벽체를 축석하듯이 진행하기에 築石狀態의 粗惡으로 횡구식인가 수혈식인가의 구분이 가능할 정도이다. 반면에 석실분 계통의 횡구식 묘제는 입구의 폐쇄가 나름의 특징적 형상을 갖추고 있다. 방법은 두 가지로 구분할 수 있겠는데 판석재를 세워서 마치 문비석을 둔 것처럼 입구를 폐쇄하는 방법과, 묘도에서 입구까지 積石하여 폐쇄하는 것이 그것이다. 전자의 경우 대체로 2-3매의 판석재를 세워 입구를 막고 그 바깥에 작은 괴석을 판석재에 기대 積石하는 형상의 것이 많다. 이러한 입구의 폐쇄방법은 횡혈식 석실분 특히 발전된 형식인 고임식이나 수평식에서 유행하였던 것이다. 빈면에 후자는 묘실의 입구부분은 一列 築石으로 쌓으면서 그 후면에 보강석 형태로 괴석을 덧대어 막고 있다. 이러한 입구 폐쇄방법은 초기 횡혈식 석실분의 입구 폐쇄방법에서 널리 사용되던 것이기도 하다. 물론 積石式의 폐쇄방법이 초기 횡혈식 석실분의 입구의 폐쇄 방법과 관련된 것으로 보기는 어렵고 단지 형태상 유사성이 있다는 것이다.

결국 횡구식 석실분은 묘제의 개괄적 현황은 횡혈식 석실분과 유사함이 많다. 다만 입구의 차이, 다시 말하면 입구에 문틀식 시설이 이루어졌는가 아니면 전체를 개구하여 입구로 사용하는가의 차이만 있을 뿐이다. 물론 이러한 차이는 단순하게 형상적인 것만이 아니라 보다 큰 기능적 차이인 장제의 차이를 나타내는 것이기에 그 의미를 過小評價할 수는 없다.

지금까지 확인된 횡구식 석실분의 자료는 앞서 언급된 대로 백제의 도읍지역인 웅진이나 사비지역에 집중되어 있고, 이 지역은 백제묘제로서 횡혈식 석실분이 보편적으로 사용되던 지역이기도 하다. 더불어 횡구식 석실분은 자료에서 알 수 있듯이 대부분 횡혈식 석실분과 섞여 있다. 앞서 본 보통골 고분군이나 송학리 고분군, 그리고 염창리 고분군은 물론 이외의 횡구식 석실분 대부분이 그러하며, 그것도 후기 혹은 말기형식의 횡혈식 석실분과 함께 있는 것이 공통적 존재특성이다. 결국 이러한 현황은 횡구식 석실분의 발생이 횡혈식 석실분에서 비롯된 것으로 볼 수밖에 없다는 결론에 이를 수 있는데 문제는 그 배경이다.

이를 위해서는 먼저 횡혈식 석실분과 횡구식 석실분에서 구조적으로 가장 크게 대비되는 입구를 주목할 필요가 있다. 매장시설에 입구가 존재한다는 것은 출입 혹은 묘실의 반복 사용과 관련된 것일 수밖에 없다. 앞서 살펴 본 것처럼 수혈식 석곽묘에서 횡구식 석곽묘로의 변화도 이 입구의 활용에서 기인된 것이다. 따라서 묘실의 반복 사용 혹은 출입이 전제된 묘제는 입구의 설치가 필수적이기에 입구를 개설하지 않는 이전의 토광묘나 옹관묘, 그리고 수혈식 석곽묘가 변천 혹은 소멸되는 것도 어쩌면 매우 자연스럽게 여겨진다. 이처럼 석실분의 입구가 지닌 출입이란 기능적 중요성에도 불구하고 횡구식 석실분의 입구는 횡혈식 석실분과는 달리 한쪽 벽면 전체를 개구하지만 입구로서는 형식화 혹은 약화된 감이 없지 않다.

백제사회에서 매장부에 입구가 설치된 횡혈식 묘제의 사용은 웅진에 都邑하던 시기부터 보편화되기 시작하여 이후 사비천도를 즈음하여 백제 전지역으로 확산된다. 물론 확산의 중심묘제는 횡혈식 석실분이었다. 이 묘제의 특징은 이전의 單葬의 直接葬的 장제가 追加葬에 의한 多葬制的 형태로의 운영되는데 있다. 즉 횡혈식 석실분은 입구가 개설된 이유가 입구를 통한 시신의 안치 외에 이 입구의 假 閉鎖 등의 조처 후 다시 추가장을 통한 묘실내에 다수의 시신을 안치하는 것이 기본적 전제였다. 이러한 장제는 기왕의 직접장에 의한 단장의 관습으로 보면 변혁적인 것으로 볼 수 있겠는데 백제사회에 횡혈식 석실분의 사용이 보편화되는 것으로 보면 이러한 변혁이 전 사회에 걸쳐 진행된 것으로 볼 수 있다.

그런데 백제사회의 장제는 다시금 多葬에서 單葬으로의 변화가 백제 말기에 이루어진 것으로 판단된다. 이러한 변화의 흔적은 왕릉으로 구분되는 능산리 고분군에서 확인된다. 즉 능산리 고분군의 경우 사비천도 초기에 조성된 것으로 본 中下塚은 合葬이란 다장 즉 추가장이 실현된 것임을 정확하게 알려준다. 반면에 東下塚이나 中上塚은 묘실내에 1인용의 관대가 남겨져 있고, 거기에 남겨진 棺材도 1인 즉 단장만을 추정할 수 있는 내용밖에 없다.47) 이로 보면 백제는 사비도읍기 후반기에는 다장제에서 단장제, 즉 하나의 무덤에 하나의 시신만 안치하는 변화가 일어난 것으로 보는 것이 어렵지 않다.

횡혈식 석실분에서 횡구식 석실분의 발생도 이처럼 다장에서 단장으로의 변화와 관련된 것으로 볼 수 있지 않은가 여겨진다. 백제 묘제를 考究할 때 장제 내용을 확인할 수 있는 것이 많지 않다. 분묘의 조성과정에서 수많은 의례가 행하여졌을 것이고 다양한 행위가 이루어졌을 것이나 그것을 구체적으로 지적할 수 있는 것은 거의 없다. 다만 묘실내에 남겨진 유물을 통해 일부만이 알 수 있을 뿐이다. 분묘의 조사과정에서 묘실내에 남겨진 관정이나 혹은 유골 그리고 잔존 유물의 위치 등을 통해서 시신이 어떤 형태로 안치되었는가, 몇 구의 시신이 납입되었는가 그것이 추가장인가 아니면 동시에 이루어졌는가 정도는 파악이 가능하다. 그와 관련하여 주목되는 것은 염창리 고분군이다.

---

47) 李南奭, 2000, 앞의 글.

염창리 고분군에서는 다수의 횡구식 석실분이 조사되었고, 개중에는 인골의 수습이 있을 뿐만 아니라, 인골이 남아 있지 않은 경우 관못 정도는 남아 있음이 일반적인데 통일적으로 단인장 즉 1인만이 매장하였음이 확인된다. 더불어 염창리 고분군중에는 입구를 설치하고 폐쇄한 형태로 있으면서 천장석이 이 입구의 閉鎖石 위에 올려진, 즉 천장석이 閉鎖石을 누르고 있어 입구가 형식적으로 시설되었음을 보여준다.

다장에서 단장으로의 변화는 출입이나 반복사용이 전제된 입구의 기능이 더 이상 필요가 없었을 것이다. 그럼에도 입구의 설치는 이전의 횡혈식 석실분의 입구 설치 전통의 잔존으로 볼 수 있으면서 시신의 안치가 橫納으로 이루어지는 것이 하나의 전통 혹은 관습으로 정착된 것과도 관련 있을 것이다. 물론 횡구식 석실분의 사용이 횡혈식 석실분을 완전히 배제한 상황까지 진행되었다고 보기는 어렵겠지만 현존의 자료에 의하면 백제말기에는 비교적 널리 유행하였음을 추론하기 어렵지 않다.

횡구식 석실분의 등장은 결국 다장제적 묘제가 단장으로 변화된 것과 밀접한 관련이 있기에 이의 발생은 백제사회에 다시금 단장제적 묘제가 운영되는 7세기 이후에 비롯되었다고 볼 수 있다. 다만 이 묘제가 백제 전 사회에 보편적 묘제로 확산되었는가는 의문이 있다. 그러나 삼국시대 이후 신라나 고려시대의 석축묘가 대체로 이 횡구식 석실분의 형상을 갖추고 있다. 이는 삼국시대 후반에 유행한 횡혈식 석실분묘제가 삼국말기에 단장제의 재등장으로 말미암아 횡구식 석실분이란 묘제를 파생시켰고, 그것이 이후 사회에 보편적 묘제로 자리잡아갔다고 볼 수 있겠다.

5. 結 言

百濟墓制로 石槨墓와 石室墳으로 불리는 것들은 돌로 埋葬部를 조성한 것이다. 이들은 다시 입구의 유무 및 형상에 따라 竪穴式·橫口式·橫穴式으로 구분하여 불린다. 이러한 분류와 명칭의 부여는 이름 자체가 분류결과를 효과적으로 반영하면서 각 자료를 인지하는데 유용성을 얻기 위함이다. 그러나 분묘는 관습적 행위의 산물이면서 전통성이 있지만, 시간과 지역에 따라 많은 차이가 있어 매우 다양한 형상으로 남아 있다. 특히 우리 나라 삼국시대는 문화가 나름의 독자성을 지녔고, 그 산물로 남겨진 분묘자료도 개략적 공통성 외에 세부적 속성차이가 크다. 때문에 삼국의 분묘자료에 통일적으로 적용할 수 있는 용어를 마련하기는 매우 어렵다.

이에 본고는 삼국간 분묘자료. 특히 석곽묘, 혹은 석실분에 공통적으로 적용될 수 있는 용어를 유념하면서 최근 백제 고분자료의 증가와 함께 石築墓의 유형이 다양하게 나타나 이들의 용어를 정리할 필요를 느꼈다. 그 중에서도 석실분 묘제의 유형 및 그 형식, 특히 횡구식의 재검토 가능성이 있어 이를 정리하여 보았다.

백제묘제의 다양성은 널리 알려진 것이나 地盤에 墓壙을 파고, 그 안에 石築하여 공동의 묘실을 구축한 묘제는 나름의 定型性을 갖추고 있다. 이에 필자는 석축으로 지하에 공동의 묘실을 구축한 것을 석실분으로 분류하고 입구의 有無, 혹은 그 形狀에 따라 수혈식 석실분·횡구식 석실분·횡혈식 석실분으로 세분하였었다. 물론 이중에 수혈식 석실분은 수혈식 석곽묘로 통용되던 것이고, 횡구식 석실분도 석실분이 아닌 석곽묘 혹은 석실분이 혼용되던 것을 석실분으로 통일한 것이다. 배경은 석곽묘가 입구가 없는 것을 의미하는 것이고, 석실분이 입구가 있는 것이란 일반적 인식에 대해 이들 묘제가 모두 空洞의 묘실을 갖추고 있고, 석실이란 무덤 방을 의미하는 것으로 보아도 큰 문제가 없을 것이란 전제에서였다. 나아가 입구가 개설된 횡구식을 석곽묘라 할 것인가 아니면 석실분으로 구분할 것인가의 애매함도 있어 일단 석실분으로 통일한 것이다. 그런데 최근 횡구식 묘제가 적지 않게 발견되면서 횡구식 자체도 수혈식에서 비롯된 것과 횡혈식에서 비롯된 즉 두 가지 계통으로 구분됨을 확인할 수 있어 기왕에 사용하던 석곽묘와 석실분으로 개념을 재정리하였다.

백제의 횡구식 묘제는 2계통에서 발생된 것으로 확인된다. 하나는 수혈식 석곽묘가 횡혈식 석실분의 영향으로 발생한 것으로 속성은 비록 입구가 시설되지만 석곽묘적 요소가 많다. 또 다른 하나는 횡혈식 석실분의 葬制 즉 多葬이 單葬으로 변화되면서 입구의 기능이 약화되어 형식화된 상태로 남은 것이 그것이다. 이에 본고는 백제 횡구식 묘제를 수혈식에서 비롯된 것과 횡혈식의 변화에서 발생한 것으로 구분하였다. 그리고 이들을 각각의 연원에 근거하여 전자를 橫口式 石槨墓, 후자를 橫口式 石室墳으로 구분하여 그 묘제적 특징을 살펴보았다.

백제묘제로 횡구식은 석곽묘와 석실분으로 구분할 수 있듯이 수혈식 석곽묘와 횡혈식 석실분에 각각 연원을 두고 있지만, 횡구식 석곽묘는 수혈식의 묘제가 횡혈식으로의 전환되는 과정에 존재한 것이고, 횡구식 석실분은 횡혈식에 장제의 변화가 나타나 입구가 형식화되면서 이루어진 것이다. 전자는 대체로 횡혈식 석실분이 확대되는 5세기대에 집중적으로 조영되나 6세기에 이르면 점차 자취를 감춘다. 그리고 후자는 횡혈식 석실분이 가장 활발하게 사용되던 6세기말 혹은 7세기 초반부터 서서히 나타나기 시작하여 사용된 것으로 백제 이후의 묘제전개에도 큰 영향을 끼친 것으로 볼 수 있다.

　나아가 이러한 검토를 토대로 백제의 石室墳墓制에 대한 분류도 새롭게 정리될 수 있을 것이다. 입구가 설치되지 않은 것은 수혈식 석곽묘, 그리고 이 수혈식 석곽묘에 바탕을 두고 횡혈식 묘제의 영향으로 한쪽 벽면 전체를 개구하여 입구로 사용되는 것은 횡구식 석곽묘로 구분할 수 있다. 그리고 연도 및 입구가 시설된 횡혈식 석실분이 있으며, 이 횡혈식 석실분에 장제적 변화 즉 多葬이 單葬으로 변화되면서 연도 및 입구의 시설 변화가 나타나 한쪽 벽면전체를 개구한 유형을 횡구식 석실분으로 구분하는 것이 그것이다. 이들 4가지 유형은 현재까지 백제 석실분묘제의 모두를 망라할 수 있는 개념들이라 판단된다.

第3章　百濟王陵

그 동안 송산리 고분군에 대한 관심은 다각적 형태로 있어 왔다. 고분군의 초기 발견에서 최근 祭祀遺蹟으로 판된되는 유적이 재조사되기까지 오랫동안 여러 차례의 조사과정을 거쳤다. 그러나 武寧王陵처럼 매지권의 출토로 구체적 이해가 가능한 고분도 있지만 아직 미해결된 문제도 적지 않게 남아 있다. 예컨대 武寧王陵과 동일한 전축분으로 6호분의 피장자는 아직도 논의만 분분할 따름이며, 武寧王陵과 선후문제도 아직 구체적이지 않다. 여기에 고분군내의 개별고분, 혹은 전축분과 석실분간의 관련문제, 전통묘제로 알려진 수혈식 석곽묘가 존재하지만 이들의 성격문제 등은 아직 구체적 이해를 마련하지 못하고 있다.

第 **百濟王陵**
3 Ⅰ. 公州 宋山里 古墳群과 百濟王陵
章

1. 序 言

공주 송산리 고분군은 웅진 백제기에 재위하였던 왕들이 묻힌 왕릉으로 널리 알려진 유적이다. 특히 1971년 발견된 武寧王陵으로 말미암아 이 유적은 백제 왕릉군으로 분명한 위치가 부여되었고,1) 이후 백제의 웅진도읍기 왕릉은 이 송산리 고분군만을 대상으로 생각되어 왔다.

송산리 고분군이 백제왕릉이 포함되었다는 점에는 의문이 없지만, 지금까지 분명하게 認知된 王陵은 武寧王陵 뿐이다. 백제의 웅진 도읍기간은 약 60여년이었으며, 이 기간 타계한 군주는 武寧王외에 文周, 三斤, 東城王도 있다. 그리고 웅진 도읍기 조영된 왕릉이 송산리 고분군뿐이라면 武寧王외에 나머지 3인의 왕릉도 여기에 있어야 할 것이다. 그런데 현재까

---

1) 文化財管理局, 1973, 『武寧王陵』

지 조사 및 연구된 내용을 종합하면, 나머지 3 왕의 무덤을 이 송산리 고분군에서 찾는데는 적지 않은 어려움이 있다.

그 동안 송산리 고분군에 대한 관심은 다각적 형태로 있어 왔다.[2] 고분군의 초기 발견에서 최근 祭祀遺蹟으로 판된되는 유적이 재조사되기까지 오랫동안 여러 차례의 조사과정을 거쳤다. 그러나 武寧王陵처럼 매지권의 출토로 구체적 이해가 가능한 고분도 있지만 아직 미해결된 문제도 적지 않게 남아 있다. 예컨대 武寧王陵과 동일한 전축분으로 6호분의 피장자는 아직도 논의만 분분할 따름이며, 武寧王陵과 선후문제도 아직 구체적이지 않다. 여기에 고분군내의 개별고분, 혹은 전축분과 석실분간의 관련문제, 전통묘제로 알려진 수혈식 석곽묘가 존재하지만 이들의 성격문제 등은 아직 구체적 이해를 마련하지 못하고 있다.

그런데 既往의 百濟古墳 연구는 백제묘제에 대한 체계적 이해를 토대로 사용주체에 대한 구분과 시기별 묘제전개에 대한 대체적 윤곽을 마련되었다고 본다.[3] 여기에 송산리 고분군에는 백제묘제의 편년적 서

---

2) 百濟文化研究所編, 1991,『百濟武寧王陵研究論文集』Ⅰ.Ⅱ 참조.

3) 그 동안 百濟墓制 특히 石室墳에 대한 論考를 간추리면 다음과 같다.

　① 輕部慈恩, 1933 – 1936,「公州に於ける百濟古墳」『考古學雜誌』

　② 梅原末治, 1972,『朝鮮古代の墓制』, 圖書刊行會.

　③ 安承周, 1975,「百濟古墳의 研究」『百濟文化』7・8合, 百濟文化研究所.

　④ 姜仁求, 1977,『百濟古墳研究』, 一志社.

　⑤ 궁성희, 1986,「백제돌칸흙무덤에 관한 편년」『조선고고연구』1986 – 4호.

　⑥ 尹 煥, 1989,「漢江下流における百濟横穴式石室墳」『古文化論叢』20 – 中.

　⑦ 李榮文, 1991,「全南地方 横穴式 石室墳에 대한 考察」『鄕土文化』11, 全南鄕土文化研究會.

　⑧ 吉井秀夫, 1991,「熊津泗比時代百濟横穴式石室墳의 基礎研究」, 慶北大學位請求論文.

　⑨ 崔完奎, 1994,「全北西海岸地方 百濟古墳의 一考察」『湖南考古學報』1, 湖南考古學會.

　⑩ 李南奭, 1995,『百濟石室墳研究』, 學研文化社.

열을 가늠할 수 있는 武寧王陵이 있어 이를 백제 횡혈식 석실분의 고찰에 절대기준으로 삼을 뿐만 아니라 송산리 고분군내 개별고분의 상호 우열관계 및 선후문제를 고찰할 수 있다고 본다.

여기에서는 백제고분의 연구결과를 토대로 고분군내 개별고분간의 선후 문제라던가, 6호 전축분의 피장자 및 여타 고분의 피장자 등을 백제묘제의 범주에서 검토하여 보고, 이를 기회로 백제시대, 특히 남천후 후기사회의 왕릉조영실상에 대한 대강을 이해하여 보고자 한다. 이를 위해 먼저 송산리 고분군내 개별고분 현황을 재정리한 후 이들의 묘제 내용을 살펴 武寧王陵과 비교, 선후의 편년고찰을 진행할 것이며, 나아가 묘제내용을 근거로 피장자의 성격을 가늠하여 보겠다. 물론 피장자가 구체적으로 누구인가를 밝히기는 어렵지만 개별고분의 왕릉여부의 판단은 가능하나고 본다. 이로써 공주 송산리 고분군의 백제왕릉으로서의 성격을 보다 심층적으로 살펴보고, 이를 토대로 백제의 왕릉조영에 대한 대강의 내용을 추구하여 보고자 한다.

2. 宋山里 古墳群

宋山里 古墳群은 금강의 남안에 솟아 있는 동남쪽으로 뻗어 내린 소구릉과의 기점에 있다. 동남향 능선의 8부 정도에 위치하는데 표고 75m 정도이다. 조사는 1927년에 비롯된다. 당시 王陵調査를 목적으로 지금 1－4호분으로 구분된 자료가 조사되면서 이것이 百濟王陵으로 추정된 바 있다.4) 이후 1932년에는 이들 古墳의 參觀路의 개설과정에 5호 石室墳이 노출되고, 이를 조사하는 과정에서 1932－1933년의 於間에 6

---

4) 野守建 外, 1935, 「公州宋山里古墳調査報告」『昭和2年度古蹟調査報告』, 朝鮮古蹟研究會.

호 塼築墳이 조사되어 이를 무령왕 혹은 동성왕릉으로 추정하면서 조사전 前壁의 안쪽, 즉 연도천정이 파괴되어 조사전 이미 도굴되었던 것으로 전한다.5) 한편 당시 6호 塼築墳 조사과정에서 6호 塼築墳의 後方에 돌출되어 있는 오늘날 武寧王陵의 봉분에 대한 언급이 있다. 이는 6호 塼築墳을 四神思想에 맞추어 조영하면서 後方에 玄武에 해당하는 人爲的 구릉을 조성한 것으로 보고 있어 주목된다. 이외에 宋山里 古墳群은 1-4호분과 5호 石室墳, 6호 塼築墳의 조사 즈음에 주변에서 다수의 고분이 파악되어 있다.6) 그러다가 1971년 6호 塼築墳의 배수로 공사과정에 武寧王陵이 발견됨으로써 송산리 고분군은 百濟 王陵으로서 구체성을 얻게 되었다.7) 여기에 1989년 이미 일제시대에 파악되었던 제사시설 등이 재조사되어8) 積石塚으로 복원되기도 하였다.9)

이상의 조사내용을 종합하면, 宋山里 古墳群은 塼築墳인 武寧王陵과 6號墳외에 橫穴式 石室墳으로 1-5호분과 파괴분, 9호분, 29호분을 비롯한 다수의 횡혈식 석실분과 7-8호분으로 구분된 竪穴式 石槨墓 등의 십수기 고분이 있음을 알 수 있다. 그러나 이들은 송산리 지역에 산포된 채 남아 있는 고분들이 모두 망라된 것이다. 이들은 지형과 밀집의 정도에 따라 다시 세분할 수 있는데, 오늘날 송산리 고분군으로 구분된 범위에는 2기의 전축분과 1-5호분 및 7-9호분으로 구분된 석실분과 29호분이 하나의 단위 고분군을 이룬다.

이 단위그룹을 이루는 개별고분은 石室墳인 5호분과 29호분, 塼築墳

---

5) ① 輕部慈恩, 1946, 『百濟美術』, 寶雲舍.
　② ______, 1972, 『百濟の遺蹟研究』, 吉川弘文館.
6) 輕部慈恩, 1933-1936, 「公州に於ける百濟古墳」 『考古學雜誌』.
7) 文化財管理局, 1973, 註 1의 報告書.
8) 尹根一, 1988, 「공주 송산리 고분발굴조사 개보」 『文化財』21호.
9) 趙由典, 1991, 「宋山里 方壇階段形 무덤」 『百濟武寧王陵』, 公州大學校百濟文化研究所.

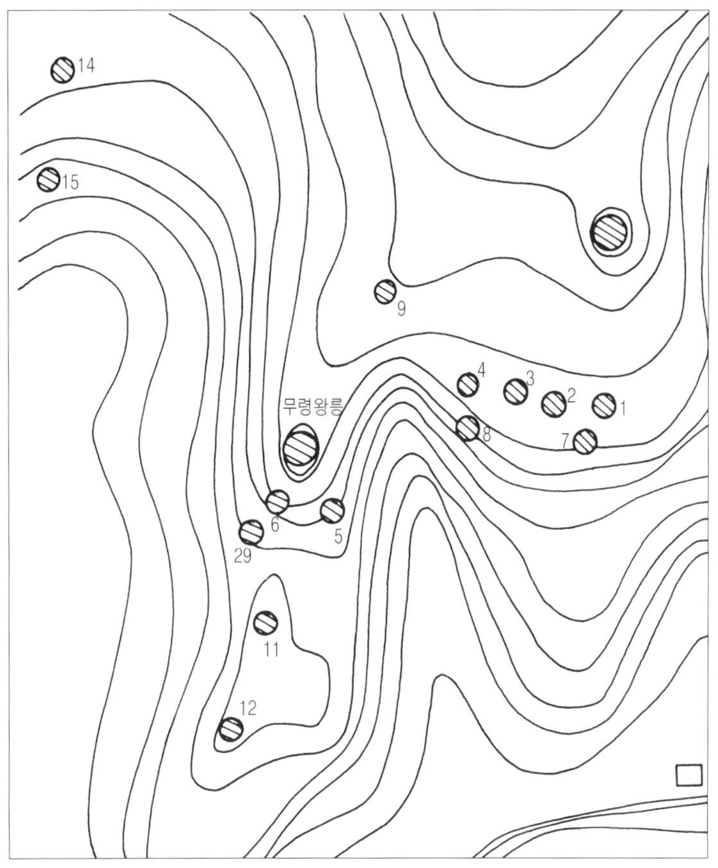

그림 1. 宋山里 古墳 分布 現況圖

인 6호분, 武寧王陵이 다시 작은 하나의 그룹을 이룬다. 武寧王陵이 최
북단에 있고 이에서 남으로 약 9–10m 간격을 두고 6호 전축분이 자리
한다. 또한 5호분은 6호분에서 동쪽으로 10m의 거리를 두고 있으며, 반
대방향의 같은 거리에 29호분이 있기도 하다. 이들은 武寧王陵을 상단
에 두고 아래에 6호분이 있고, 6호분의 좌우에 5호분과 29호분이 있다.

또 하나의 그룹은 이들에서 북으로 20-30m 거리를 두고 있는 1-4호분과 7·8호분으로 구분된 것이다. 1-4호분은 동서 길이로 있으면서 하단의 좌우에 7·8호의 수혈식 석곽묘로 구분된 것이 함께 있다. 다만 파괴분으로 구분된 자료는 1-4호분 사이에 잔존된 것으로만 확인된다. 7·8호의 수혈식은 1호와 4호의 하단에 있었던 것으로 전한다. 9호분은 武寧王陵이 자리한 구릉의 윗부분에 있는 것으로 전하나 내용을 확인할 수 없는 것이다. 제사유적인 적석유구는 1-4호분의 동쪽 山峰과, 5호분의 하단에 있다. 개별자료의 현황을 보겠다.

1) 塼築墳

(1) 武寧王陵

입지한 지형은 南向한 傾斜 丘陵의 말단 가까이다. 조사전 분구는 직경 약 20m 내외의 원형으로 추정하고, 묘실 바닥에서 7.7m의 높이로 계측되면서 분구를 보완하기 위해 설치한 護石도 확인되었다. 塼築의 單室墓로 평면은 남북길이의 장방형이고, 전면 중앙에 연도가 설치되었다. 벽면은 좌우벽을 상부에서 곡률을 주어 頂部에서 만나고, 전후벽은 수직으로 하여 터널형 천정을 구성하였다. 塼築은 길이모 쌓기와 작은 모 쌓기를 반복하여 四平一竪 방식으로 축조되어 중국의 三平一竪法과 차이가 지적된다. 사용된 塼은 연꽃무늬가 장식되었으며, 위치에 따라 사격자의 망상문과 연화문을 다르게 배열하였다. 등잔을 두기 위하여 북벽에 1개, 동·서벽에 2개씩 작은 화염문을 채색한 보주형 벽감과 전 9개를 길게 배열한 살창(유자창)을 시설하였다. 이외에 묘실벽에는 대형의 철정이 여기저기에 박혀 있고, 묘실바닥을 한단 높여 관대를 시설하면서 아래에 배수로도 설치하였다. 특히 武寧王陵 축조에 사용된 벽돌

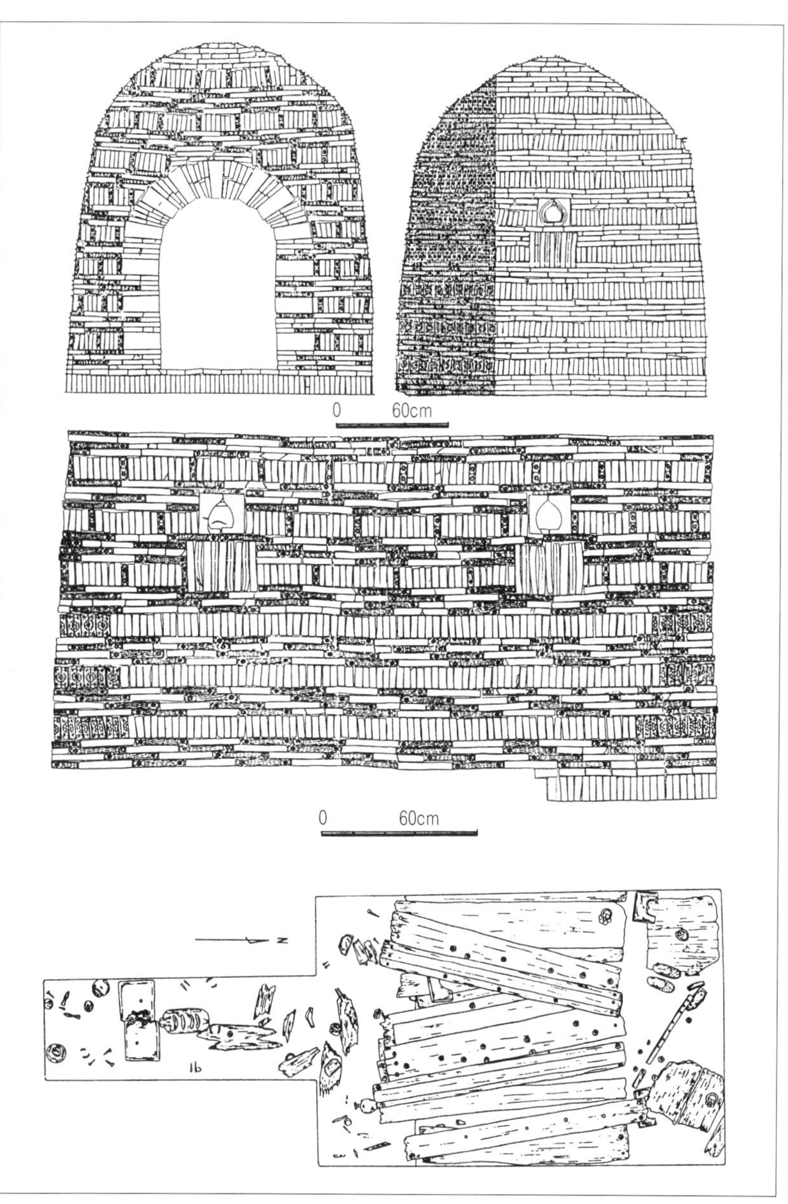

그림 2. 武寧王陵 現況圖.

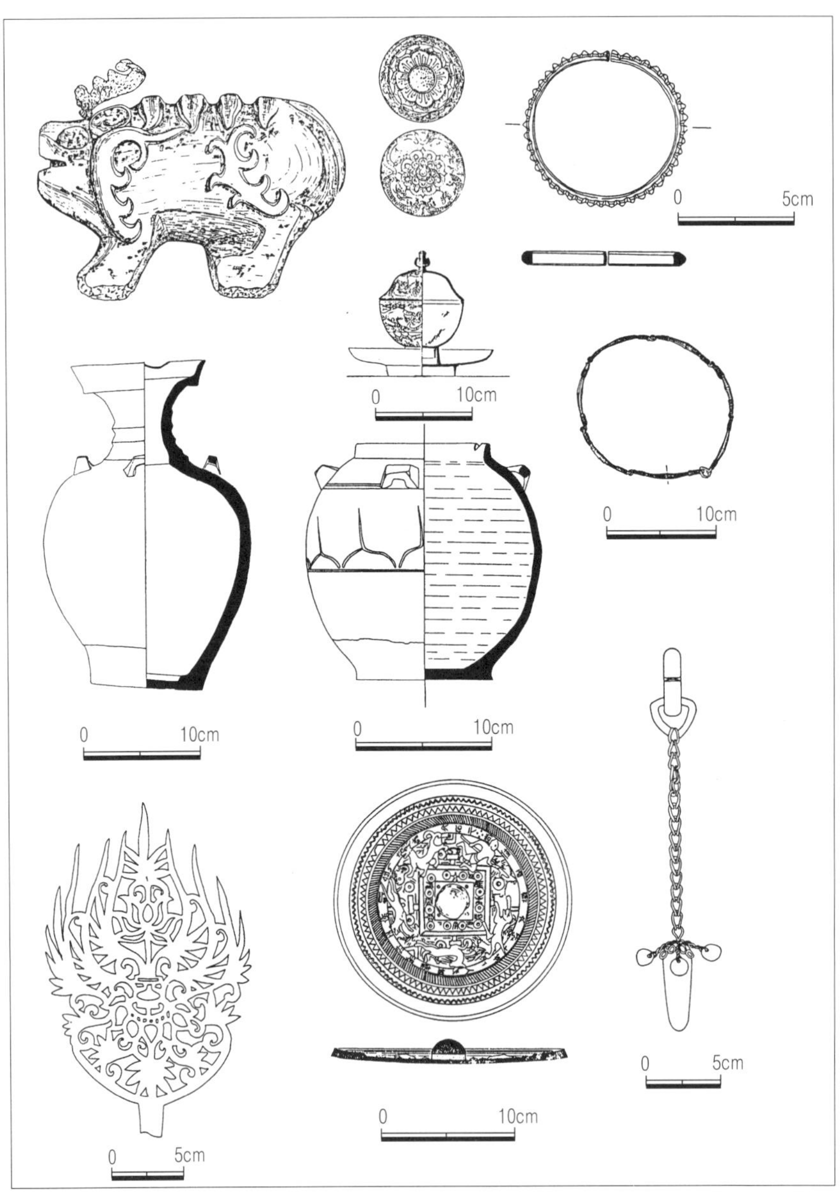

그림 3. 무령왕릉 출토유물

은 연화문이 기본임에도 불구하고 입구의 막음 벽돌중에는 무문전이 적지 않으며, 문양이 있는 전들 중에는 연화문 이외에 6호분의 전과 동일한 전범문전도 꽤 많이 있다. 출토유물은 약 3000여점으로 108종으로 구성되어 있다.10)

(2) 6 號墳

百濟古墳의 일반적 築造法인 地下로 墓壙을 파고 이에 장방형 墓室의 남벽 중앙에 二重構造의 연도를 설치하였다. 바닥에 삿자리 문양형태로 이중으로 벽돌을 깔고, 築壁은 단변에 오수전이 시문된 벽돌로 構築하면서 뉘어쌓기와 세워 쌓기의 방식을 사용하여 천정을 터널형으로 표현하였다. 그리고 동서의 양벽에 각 3개, 북벽에 1개의 寶珠形 형태 壁龕 및 같은 숫자의 창문시설이 있다던가 벽돌을 사용하여 排水口를 構築하는 등의 대체적 축조기법에서 武寧王陵과 크게 다르지 않다. 다만 6號 塼築墳의 四壁에는 壁畵가 그려져 있다. 벽화는 壁面의 凹凸을 없애기 위해 바른 점토만이 壁畵의 전체 형적을 보일뿐이나 4벽에 사신을 배치하고 이외에 해와 달 그리고 雲文을 표현하기도 하였다. 출토유물은 전혀 알려져 있지 않다.11) 이외 이 고분의 조사과정을 알려주는 자료중 입구 폐쇄전의 내부 사진을 보면12) 여기에 사용된 벽돌이 武寧王陵에 사용된 연화문이 시문된 전으로 판단되는 점도 유의된다.

---

10) 文化財管理局, 1973, 註 1의 報告書.
11) 輕部慈恩, 1946, 위의 글.
12) 鄭在薫, 1987, 「公州 宋山里 6號墳」『文化財』20, 文化財管理局.

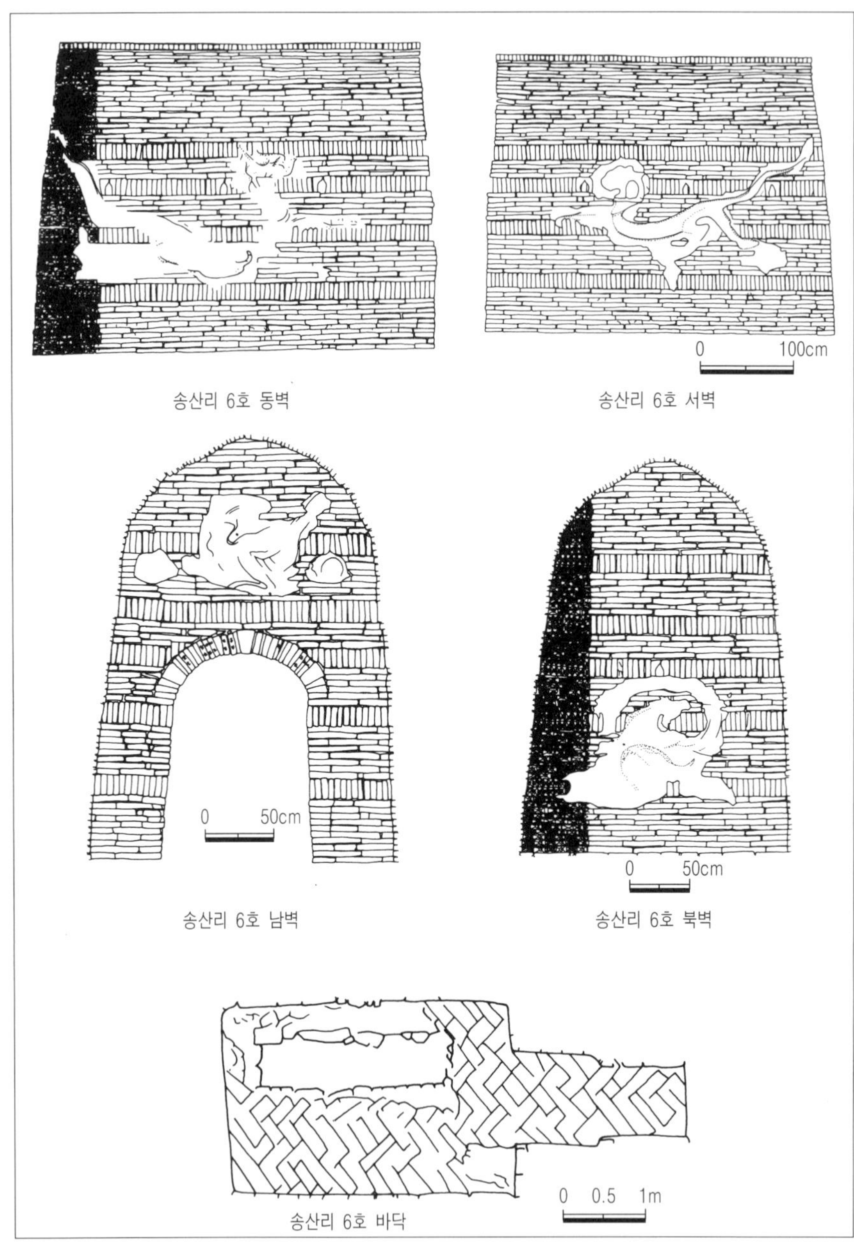

그림 4. 6호 전축분 현황도

2) 石室墳

(1) 1호 石室墳[13]

남향에 약간 동으로 치우친 산의 경사면에 지하로 墓壙을 파고 그 안에 벽돌 형태의 割石으로 墓室과 연도를 축조한 橫穴式 石室墳이다. 天井을 穹隆狀의 형태로 架構하고, 墓室의 장축은 남북을 기준, 동으로 약 25.5도 편향되었다. 남북이 약간 긴 長方形 묘실은 점판암제 벽돌형태 석재를 사용하여 전형적 穹隆式 墓室을 구성하였다. 남벽 오른쪽으로 편재된 연도를 시설하였고, 묘실내부 전체에 회바름이 있다. 바닥은 강자갈을 10cm내외의 두께로 깔았으며, 조사당시 이미 도굴되어 天井과 동벽이 파괴되었던 것으로 전한다.[14]

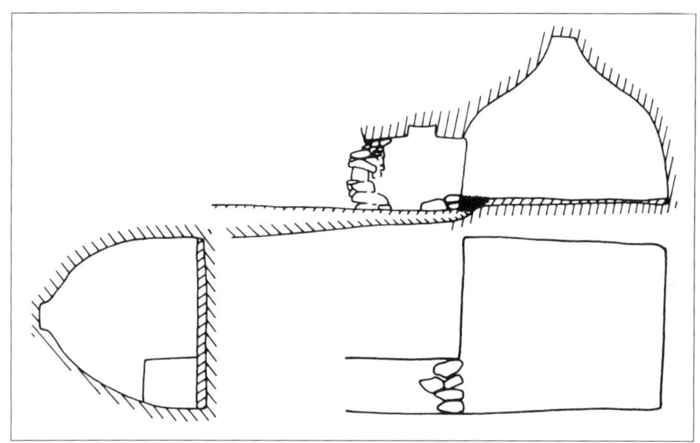

그림 5. 4호 石室墳 現況圖

---

13) 1927년에 확인한 古墳 중 4號墳 혹은 5號墳 중 하나로 추정되나 그 구체적 내용의 파악은 어렵다. 다만 1933년의 보고에서 1號墳으로 분류한 것에 근거하여 이를 1號墳으로 규정하는 바 이 古墳이 武寧王陵 報告書에 표시된 1號墳인지의 여부는 자세하지 않다.

14) 野守建 外, 1935, 위의 報告書.

(2) 2호 石室墳[15)

기본형식은 1호분과 크게 다르지 않다. 墓壙을 지하로 구축하고 그 안에 벽돌형의 割石으로 墓室과 연도를 축조한 횡혈식 석실분으로 우편재의 입구 및 연도를 설치하고 천정은 원형으로 조성한 穹窿式에 속하는 것이다. 墓室은 거의 長方形으로 시설되었으며 배수로나 바닥 등의 처리가 1호 석실분과 거의 비슷하다. 土器 5점, 鐵製大刀, 단면 圓形인 鐵製 鐵矛殘片, 철촉 3점외에 純金製 耳飾 2점, 輕玉, 胸玉 1점씩 출토된 것으로 확인된다.[16)

(3) 3호 石室墳[17)

남향의 경사면에 지하로 墓壙을 조성하고 墓壙內에 벽돌형태의 割石으로 墓室 및 연도를 축조하였으며, 입구 및 연도는 우편재에 장연도로 시설한 橫穴式 석실분중에 穹窿式으로 분류되는 것이다. 배수로의 시설이나 벽면 회바름, 묘실 바닥의 처리 등이 앞의 석실분과 대동소이하다. 유물은 金銅垂佩金具殘片, 金銅帶跨 2점, 金銅帶端 金具 1점, 鐵에 金銅을 입힌 杏葉片, 銀製 花形式 金具 1점, 環頭釘이 있고, 추가조사시 棺材 1점, 鐵製 大刀片 2점, 銀製板 등이 수습되었다.[18)

---

15) 1927년에 존재 확인과 함께 3號墳으로 분류만하고 조사는 실시하지 않았는데, 이후 輕部慈恩에 의해 그 구조형식의 내용이 조사되면서 2號墳으로 재분류되었고 武寧王陵의 報告書에도 2號墳으로 표기되어 있는 古墳이다.

16) 野守建 外, 1935, 위의 報告書.

17) 현재 외형으로 노출되어 있는 4기의 古墳 중 서쪽에서 두번째의 위치에 자리하고 있는 古墳이며 1927년에는 2號墳으로 분류되었으나 이후 3號墳으로 재분류하였으며, 이어 武寧王陵의 調査報告書에도 3號墳으로 표시되어 있는 古墳이다.

18) 野守建 外, 1935, 위의 報告書.

(4) 4호 石室墳[19]

남향의 경사면에 지하로 墓壙을 조성하고 墓壙內에 割石築으로 墓室과 연도를 갖추고 天井의 架構가 穹窿式을 한 橫穴式 석실분으로, 묘실은 거의 方形에 가깝다. 장축은 남북을 기준으로 하여 동으로 11도 편향되었으며, 墓室은 동서의 너비가 약간 큰 평면이다. 벽과 연도, 천정 등에 두껍게 백회바름이 있으며, 서벽 아래에 5개, 북벽에 1개의 철정이 박혀 있는 것이 확인되고, 같은 것이 남벽에 2개, 동벽에 3개가 더 확인된다. 유물은 銀製透雕帶跨 2매, 銀製 柄頭金具, 銀製當 및 木棺에 사용한 頭部에 도금한 관못, 金製 透彫帶跨 2점, 金銅製 角錐鏃形具 1점, 鐵製 角頭 못 7점, 목관용 목편 2개, 漆器 파편 일부도 수습된 것으로 전한다.[20]

(5) 5호 石室墳

남향의 경사를 따라 地下로 墓壙을 조성하고 그 안에 벽돌형태의 割石으로 墓室과 연도를 축조한 橫穴式의 구조이다. 天井은 穹窿狀으로 架構하였고, 墓室 장축은 남북간을 기준으로 동으로 12도가량 편향되었다. 墓室은 약간 歪曲된 점이 있지만 대체로 거의 방형에 가깝다. 벽면의 축석은 점판암제의 벽돌형태 석재를 대강 다듬어 사용하였으며, 130cm의 높이에서 약 25도가량 안쪽으로 경사를 두고 쌓아 穹窿狀 천정을 이룬다. 연도는 우편재에 장연도이다. 백회바름이 있지만 대부분 탈락되고, 벽돌로 만든 2개의 棺臺가 있다. 金製 繪馬形 裝身具 1점, 純金製 葉形 裝身具 8점, 純金製 菱形 裝身具 14점, 純金製 瓔絡形 裝身

---

19) 이 古墳은 현재 외형만 정비되어 공개되는 것으로 1-4號墳으로 분류되고 있는 4基의 古墳 중에서 가장 서측에 위치하고 있는 것이다. 1927년에 처음 조사할 때 1號墳으로 구분된 바 있는데 이후의 다른 보고서에는 4號墳으로 구분된 것으로 武寧王陵의 報告書에서도 4號墳으로 분류되고 있다.

20) 野守建 外, 1935, 위의 報告書.

具 1점, 純金製 圓形 6瓣花形 裝身具, 純金製 山梔玉 1점, 銀製 花形의 座飾이 붙은 못 5점, 土器壺 1점외에 頭部 銀製 6瓣花形 못 30여점, 角錐頭 金銅釘 50여점, 圓頭 철못 10여점, 鐵製 大刀片 1점, 철촉 11점, 황색 유리제 소옥 1점, 銅製器具 파편 1점 등의 유물이 있다.21)

(6) 破壞墳

1-4호분으로 구분된 고분에서 초기 조사시 5호분으로 구분된 것이나, 현재는 분류번호에서 빠져있고, 위치 확인도 어렵다. 남향사면을 지하로 파고 할석으로 묘실을 축조하였는 바 길이 350cm에 너비 255cm이고 장방형의 묘실은 동서쪽과 북벽의 세벽면이 약간 팽배된 형상에, 남벽에 우편재의 장연도를 설치한 것이다. 천정은 궁륭식으로 분류되며, 바닥은 자갈을 깔고 배수로가 설치되어 있고, 묘실의 벽면에 백회바름이 있다. 출토 유물은 금동제 교구를 비롯하여 금동과 팔엽금구 및 각종 옥류가 다량으로 수습되어 있다.22)

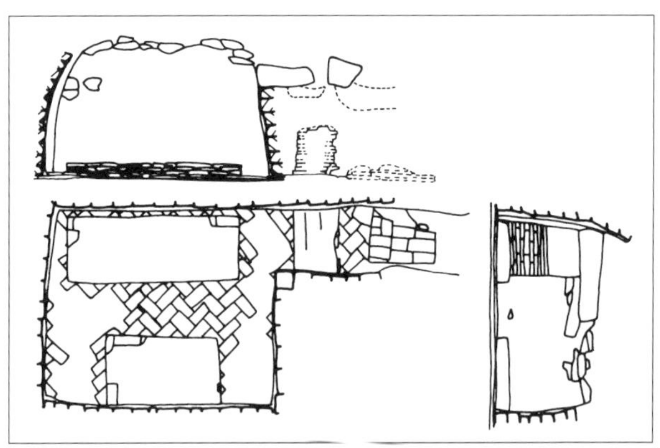

그림 6. 29호 石室墳 現況圖

---

21) 輕部慈恩., 1933, 위의 報告書.
22) 野守建 外, 1935, 위의 報告書.

(7) 29호 石室墳

穹窿狀 天井의 구조를 지니고 있는 古墳으로 墓室은 남북을 기준으로 서쪽으로 10도 가량 편재되었으며, 墓室 바닥을 6號墳과 마찬가지로 벽돌로 시설한 것이다. 그러나 벽면은 벽돌형태의 割石으로 축조하고 있다. 墓室은 장방형이고, 동쪽으로 연도를 부설하고 있다. 棺臺는 현실 내에 縱으로 2기를 두고 있는데, 당시 동쪽의 棺臺에 피장자를 안치하고, 한번 연도를 폐쇄한 후 다시 벽을 파괴, 서측의 관대를 설치한 후 두번째의 피장자를 안치한 흔적을 분명하게 확인한 것으로 전한다.23)

3) 竪穴式 石槨墓

(1) 7 號墳

고분군의 동단에 횡혈식 석실분에서 3m 정도 아래에 있는 것으로 조사전에 이미 도굴되어 유물은 없었다. 다만 교란된 흙속에서 옥이 약간 수습된 것으로 전한다. 유구는 할석으로 수혈식의 묘실을 축조하였다. 길이는 약 250cm로 입구 및 연도가 없는 수혈식으로 바닥과 벽면을 백회로 발랐다. 더불어 벽면중 좌우의 긴벽 상단은 고임석 형태로 가구하였고, 큰 판석을 뚜껑으로 사용하였다. 수습된 유물은 흉옥 1점과 은제 6엽 화형문 장신구 1점, 은제소옥 7점, 각종의 옥류 외에 금동제 및 은제의 판상금구가 있다.24)

(2) 8 號墳

1~4호분의 서단에 있는 고분에서 아래로 약 10m의 거리에 있으며,

---

23) 輕部慈恩, 1946, 위의 글.
24) 輕部慈恩, 1933, 위의 報告書.

조사전 표면은 완전 유실되었었다. 유구는 경사면에 묘광을 파고, 할석으로 축석하여 길이 250cm, 너비 80cm, 높이 95cm의 수혈식 석실을 조성하였다. 경사방향에 따라 남북의 장축을 두었고, 7호 석실분과 마찬가지로 긴벽면의 상단에 고임석 형태를 둔 후, 판석을 덮은 형식이다. 바닥에 자갈을 부석하였는데 부장품은 공사중 고분의 일부가 파괴되면서 유실이 있지만 북쪽의 좁은 벽면에 붙어서 토기가 1점 있고, 남단에 3점의 토기가 있는 외에 은제 엽형장신구 등의 유물이 다양하게 출토되었다.[25]

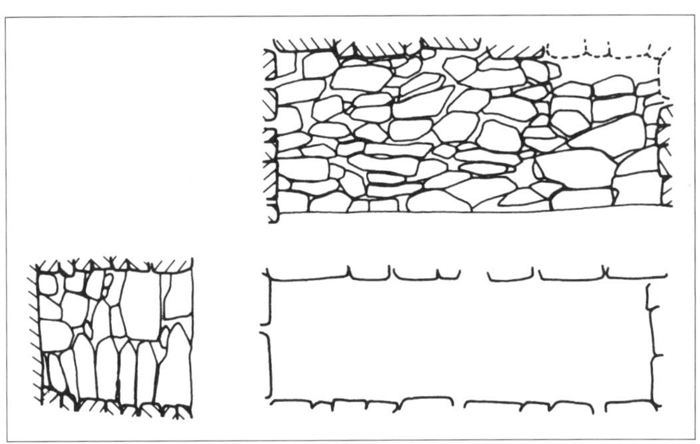

그림 7. 8호 石室墳 現況圖

4) 積石遺構

적석유구로 알려진 자료는 1989년에 古墳群의 주변에서 조사되었는데 하나는 1-4호분의 동단에 있고, 다른 하나는 5호분의 하단 구릉지역에 자리한다.

---

25) 輕部慈恩, 1933, 위의 報告書.

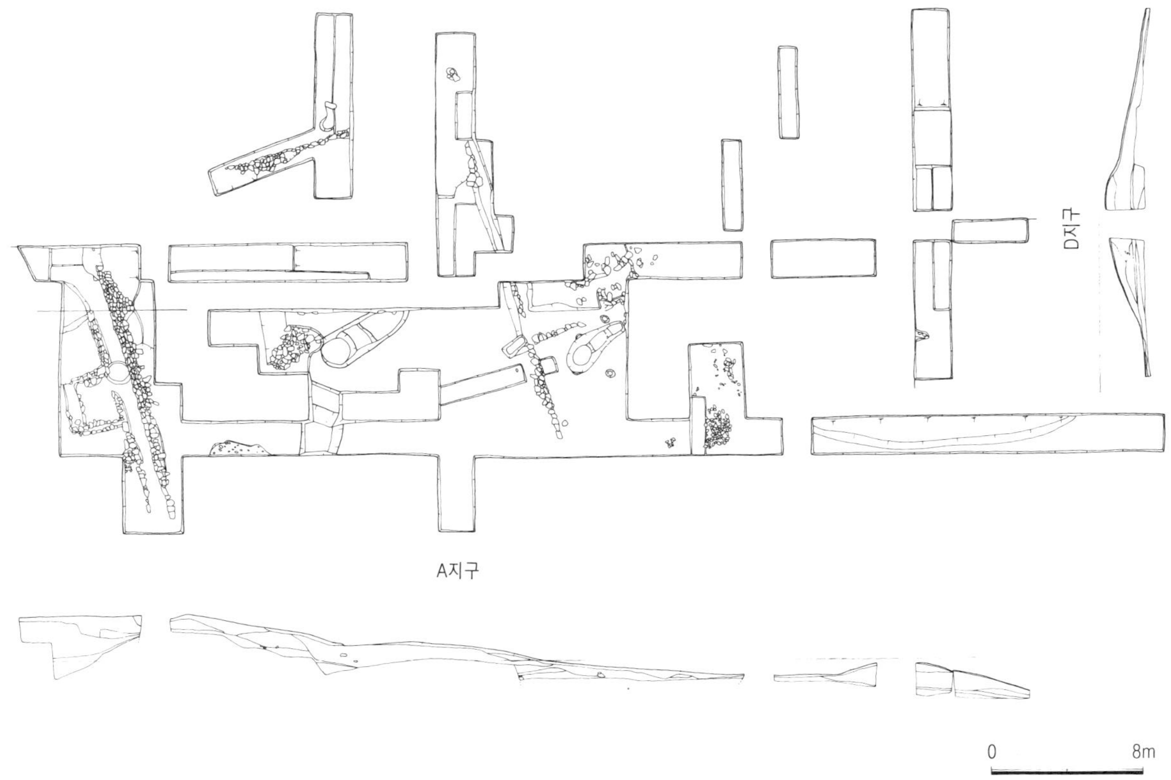

그림 8. 송산리 적석유구 (A·D 지구)

(1) A 지구 적석유구

5호와 6호, 그리고 무령왕릉이 있는 구역에서 남쪽으로 뻗어내린 구릉상에 방형형상의 석축시설이다. 북쪽은 석비례의 지반토를 깎아 지반을 정지하면서 길이 14.2m로 5-9단으로 조성되었고, 높이는 110cm정도로 추정한다. 남쪽은 북쪽의 석축열에서 21m의 너비를 두고 길이 16.8m로 3-4단 축석이 남아 있고, 높이는 약 80cm로 추정한다. 이외에 남북 석축단의 중앙지점에 둥글게 판 구덩이가 있는데 이는 제례시설로 추정하고 있다.

(2) D지구 적석유구

1-4호 석실분에서 동쪽으로 거리를 두고 위치한 이 적석유구는 구릉의 정상부에 위치한다. 이 유구는 3단의 형태로 이루어져 있는데 제1단은 15m, 2단은 11.4m, 3단은 6.6m의 길이로 정방형이며, 높이는 1.8-2.7m로 지형에 따라 차이가 있는데 1단축석에서 2단축석까지의 범위는 부석이 이루어져 있다. 중앙부에 특별한 시설은 없고, 바닥부분에서 삼족토기 1점이 수습되었을 뿐이다.

이 유구를 조사자는 백제의 초기묘제인 적석총, 즉 상단의 방단이 마련된 석촌동의 적석총묘제의 퇴화형식으로 보면서 매장부와 관련된 유구나 유물이 없는 점으로 미루어 가묘, 혹은 허묘일 것으로 추정하고 있다.

정리된 송산리 고분군은 6호 및 무령왕릉의 전축분 2기와, 1-5호, 파괴분, 29호의 횡혈식 석실분 7기, 그리고 수혈식으로 분류된 7, 8호분 2기가 있고, 여기에 적석유구 2기이다.

3. 百濟墓制와 宋山里 古墳群

百濟墓制는 時期와 地域에 따라 매우 다양하게 展開되었다는 특징이 있다. 그 결과 묘제의 내용도 다양한데 築造 材料만을 근거로 石築墓, 甕棺墓, 土壙墓 系統으로 구분되면서 여기에 埋葬部의 構造形式이나 이외의 여러 屬性을 근거하면 類型구분이 다양하게 세분될 수 있다. 石築墓는 재료의 사용범위에 따라 積石塚과 石室墳으로 구분이 가능하고, 다시 石室墳은 埋葬部나 棺의 使用與否 및 葬制에서 單·多葬의 방식 차에 따라 橫穴式 石室墳, 橫口式 石槨墓·石室墳, 竪穴式 石槨墓의 類型으로 구분된다. 甕棺墓는 石築 墓室內에 棺으로써 甕을 안치하는 石室 甕棺墓 類型과, 專用甕棺을 사용하는 類型, 그리고 日常容器를 사용하는 類型으로 구분되고, 土壙墓는 埋葬部의 構造內容에 근거하여 純粹 土壙墓, 木棺 土壙墓, 木槨 土壙墓로 유형 구분하는 외에 特殊型으로 博築墳과 火葬墓를 들 수 있다.[26]

그러나 百濟墓制는 유형적으로 多樣하다는 특성이 있지만, 墓制 展開가 百濟 왕실을 비롯한 中央 支配層의 墓制와 地方 土着의 墓制가 다르게 사용되다가 결국 中央墓制로 統一된다는 특징도 있다. 여기에 積石塚은 石室墳, 특히 橫穴式 石室墳 이전에 사용된 墓制라는 점과 외형의 壯大함 등을 고려할때, 일반 墓制로 보기는 어려운 初期 百濟 王室에서 主墓制로 사용되었다고 보는데 문제가 없다. 그러다가 積石塚은 橫穴式 石室墳으로 변화가 나타난다. 積石塚에서 橫穴式 石室墳으로의 變化 動機는 先進文物의 導入에서 비롯되는 것으로 볼 수 있다. 나아가 변화는 百濟가 南遷하기 以前부터 이미 진행되었고, 南遷後에는 완전한 교체가 나타나 이후는 石室墳만을 사용하는 것으로 보아야 한다.[27]

---

26) 李南奭, 1995, 위의 글.

이와 같이 백제 고분의 전개범주에서 보면, 南遷後 百濟 王陵은 石室墳 중에서도 橫穴式 石室墳으로 검토가 가능할 것이다. 그런데 앞서 정리하였듯이 宋山里 古墳群에서 중심적 위치를 차지하는 고분들은 武寧王陵을 중심으로 밀집되어 있는 10여기의 고분들이다. 여기에 포함된 고분은 6호분과 武寧王陵은 塼築墳이고, 1-5호분과 파괴분, 29호분은 橫穴式 石室墳이다. 이외에 7·8호분과 같은 오히려 竪穴式 石槨墓도 확인되어 있다. 그리고 積石塚으로 比定되는[28] 유구도 있다. 따라서 宋山里 古墳群에는 석실분외에 特殊墓制로 塼築墳, 그리고 수혈식 석곽묘와 이미 熊津時代에는 변화를 겪어 소멸된 것으로 보아야 하는 積石塚도 있다고 추정되어 매우 복잡한 양상이다. 이 경우 우선적으로 검토되어야 할 것이 전축분과 수혈식 석곽묘, 그리고 적석총으로 추정하는 적석 유구 2기의 문제이다.

塼築墳은 송산리 고분군내의 武寧王陵과 6호분외에 公州 校村里 塼築墳으로 전하는 것이 있지만[29] 파괴된 채 확인된 것으로 구조 이해는 어렵다. 그런데 백제 전축분은 공주지역, 즉 백제의 두 번째 도읍지역에 국한하여 소수가 존재할 뿐이다. 더불어 이 塼築墳은 中國 南朝의 塼築墳을 모델로 축조하였다는 점에 이의가 없어 백제의 웅진천도후 새로이 도입된 묘제라고 보는데 문제가 없다. 특히 이 전축분 묘제는 기왕의 백제묘제와 재료상의 차이외에 횡혈식에 단실묘라는 기초적 사실에 유사성이 있어 석실분과 쉽게 접촉 동화되었다고 볼 수 있다. 즉 백제 횡혈식 석실분의 전개를 보면 비록 시기 및 지역에 따라 구조형

---

27) 李南奭, 1992, 「百濟初期 橫穴式 石室墳과 그 淵源」『先史와 古代』3, 韓國古代學會.
28) 趙由典, 1991, 위의 글.
29) 輕部慈恩, 1972, 위의 글.

식의 차이가 지적되기는 하나 초기에는 시원형으로 네벽 조임식 형태의 石室墳이 조영되다 점차 궁륭식으로 정착된다. 그런데 궁륭식 石室墳은 방형에 가까운 묘실에 긴 長羨道를 開口式 入口에 이어 시설하는데 다시 터널식으로 변화를 겪고 있으며 그 원인은 무령왕릉과 같은 중국 塼築墳의 영향에서 비롯되는 것으로 볼 수 있다. 塼築墳의 묘실구성내용은 터널식 천정에 장방형의 묘실, 중앙연도 등을 특징으로 꼽을 수 있는데 이러한 塼築墳의 墓制內容이 곧바로 百濟 石室墳에 반영되어 터널식 石室墳을 만들게 되는 것이다. 물론 이 과정에서 아류형인 아치식도 나타난다.30) 따라서 전축분은 웅진도읍기에 외부에서 유입된 묘제이지만 횡혈식 석실분의 전개과정에 나름의 위치를 부여할 수 있는 묘제로 볼 수 있다. 물론 塼築墳은 百濟 固有의 墓制라기 보다는 中國 南朝의 墓制이고, 이것이 百濟社會에 도입되어 일시적으로 사용되었다. 그럼에도 塼築墳과 橫穴式 石室墳과의 관계에서 두 묘제가 모두 구조형식에 橫穴式이란 공통성이 있고, 더불어 묘제의 대체적 특성 즉 지하묘실에 단실묘 등의 요소등에 적지 않은 유사성이 있어 재료만 다른 같은 속성의 묘제로 구분할 수 있다.

竪穴式 石槨墓의 문제이다. 잘 알려져 있듯이 수혈식 석곽묘는 錦江流域에서 횡혈식이 확대되기 전부터 전통묘제로 사용되던 것이다. 이 묘제는 지하에 석축으로 묘실을 조성하는 점에서 횡혈식 석실분과 같지만 一人葬으로, 追加葬이 아닌 直接葬法의 葬事가 전제되고, 木棺이 사용되지 않으면서 묘실의 축조도 횡혈식과는 차이가 있는 것이다.31) 그런데 송산리 수혈식 석곽묘를 면밀하게 검토하면 傳統墓制로서 수혈식 석곽묘제와는 차이가 있다. 즉 묘실의 외형적 형상에서 입구가 확인

---

30) 李南奭, 1995, 위의 글.
31) 李南奭, 1995, 「百濟 竪穴式 石室墳 硏究」『百濟論叢』4, 百濟文化開發硏究院.

되지 않고 세장방형의 묘실로 구조적 공통성은 있다. 그러나 墓室의 長軸이 경사방향과 일치하는 점이나 묘실내에서 관못이 수습되어 木棺의 사용이 전제되는 점이나, 墓室內에 백회바름이 있는 것은 수혈식 석곽묘의 기본적 형상이 아닌 당시의 橫穴式 石室墳과 共通된 要素로 볼 수 있다.32) 따라서 수혈식 묘제는 전통적 수혈식 석곽묘를 援用되었지만, 葬制는 횡혈식의 맥락속에서 이루어진 것으로 보아야 할 것이다. 나아가 수혈식 구조가 원용된 것은 수혈식과 횡혈식 묘제 차이, 즉 橫穴式의 葬法인 追加葬이 불필요에서 비롯된 것이 아닌가 추정할 수 있다. 추가장이 아닌 單人葬은 方形에 가까운 묘실이라던가 별도의 入口施設이 필요없기에 竪穴式 石槨墓의 형태로 축조되었다고 여겨지기 때문이다.

문제는 적석총으로 추정되는 유구이다. 이 유구는 조사자의 경우 하나는 제사시설로 보고 다른 하나는 초기 적석총의 퇴화형으로 보면서 매장시설이 없는 점을 이유로 허묘, 혹은 가묘로 보는 것이다.33) 나아가 이 유구는 외형상 方形으로 築石된 시설이 남아 있고, 계단상의 시설 등을 근거로 D지역의 적석유구를 구체적으로 복원하여 敗死한 蓋盧王을 위한 假墓라는 論理的 근거도 제시하고 있다.34) 그런데 이 유구는 매장유구로 보는데는 적지 않은 어려움이 있다. 이미 A 지역의 적석유구는 송산리 고분군이 처음 조사되던 때부더 확인되어 祭祀遺蹟으로

---

32) 송산리 7, 8호분은 193년에 조사된 것이다. 조사내용을 보면 이들 竪穴式 石槨墓은 墓室內部만 조사한 것으로 확인된된다. 따라서 墓制의 斷定은 問題가 있다고 볼 수 있다. 왜냐하면 동일한 平面構造를 지닌 橫穴式이 있는가 하면(安承周・李南奭, 1991,『公州보통골 百濟古墳發掘調査報告書』, 百濟文化開發研究院), 외형의 잔존형태에 따라서 橫口式으로의 판단도 가능하기 때문이다.
33) 尹根一, 1989, 위의 글.
34) 趙由典, 1991, 위의 글.

비정된 바도 있고,35) 나아가 적석총으로서의 기본적 요건 즉 입지라던가 시설형태라던가 특히 매장부가 없다는 점을 근거로 적석총으로 보기 어렵다는 견해처럼, 매장유구가 아닌 송산리 왕릉과 관련된 다른 시설로 보아야 할 것이다. 특히 조사내용을 검토할 경우 A·D지역의 유구에서 공통적으로 유구의 남쪽으로 주공형태의 구멍이 있으면서 마치 출입시설 형상을 갖추고 있는 점 등을 근거하면 후자의 견해가 타당할 것으로 본다. 따라서 이 유구는 적석총으로 비정하기 위해서는 보다 분명한 비교자료가 필요하다.

　　결국 이로 보면 熊津 遷都後 조성된 宋山里 古墳群은 비록 墓制的으로 다양한 형태가 있으나, 대부분의 개별고분들은 石室墳 특히 橫穴式 石室墳의 전개범주에서 이해될 수 있다고 판단된다. 재료차에 따라 塼築墳과 石室墳의 구분, 葬制에 따라 橫穴式·竪穴式의 구분이 가능하나 적석총으로 알려진 자료는 墳墓로 보기에는 많은 문제가 있고, 수혈식 석곽묘도 비록 묘제는 다르나 축조배경을 고려하면 큰 문제가 없기 때문이다. 여기에 塼築墳은 비록 築造材料에 차이가 있으나 橫穴式 系統으로 橫穴式 石室墳과 連繫線上에 있다고 볼 수 있다.

　　그러면 송산리 고분군내 개별 고분간의 선후문제이다. 그런데 송산리 고분군의 개별고분 유형을 보면 다수를 차지하는 횡혈식 석실분은 궁륭식으로 구분되는 하나의 유형만 있고, 여기에 전축분과 수혈식 석곽묘가 있어 선후구분에 적지 않은 어려움이 있다. 다만 전축분과 궁륭식 석실분과의 관련문제는 전축분의 등장으로 궁륭식이 터널식 혹은 아치식의 유형으로 변화되는 점을 근거로 궁륭식이 일단 빠른 것으로 볼 수 있다는 전제를 마련할 수 있다. 이에 따라 송산리 고분군내 궁륭

---

35) 輕部慈恩, 1932, 위의 글.

식 석실분은 전축분보다 이른 시기의 것으로 대강의 판단은 가능하다. 그렇지만 일부의 고분, 즉 5호·29호의 석실분은 비록 구조형식이 정형적 궁륭식을 갖추고 있지만 전축분보다 이르다고 보기는 어렵다.

橫穴式 石室墳 7基는 모두 남향의 경사면에 墓壙을 파고, 벽돌형태의 할석으로 墓室을 축석하였다던가, 地下 묘실에 남쪽, 즉 경사의 아래쪽으로 入口 및 羨道를 시설하면서 單室墓에 궁륭식의 천정가구라는 점에 共通點이 있다. 특히 開口式의 入口에 羨道는 우편재의 長羨道가 특징이며, 묘실의 평면에서 세장된 장방형은 보이지 않는다. 여기에 묘실바닥에 排水路를 시설하고 하단에 판석을 깔고, 그 위에 강자갈을 깐 경우도 있는데 강자갈을 부석하였다는 점, 벽면에 面灰하였다는 것도 공통적이다. 결국 송산리 고분군의 석실분은 橫穴式 石室墳의 대체적 전개틀 속에서 보면 대체로 초기형에 집중되어 있음을 알 수 있다. 특히 궁륭식으로 묘실평면이 方形 혹은 長方形에 右偏在의 長羨道를 시설한다는 공통점이 있다. 다만 묘실 평면은 방형에 가까운 것과 보다 장방형화된 것으로 구분할 수 있다. 묘실 평면은 4호 石室墳처럼 거의 정방형에 가까운 것도 있지만 대부분이 길이가 너비보다 큰 것이 많다. 다만 그 비례가 3:2를 초과하는 것은 드문데 평면 플랜도 고분간에 큰 차이가 있는 것으로 보기는 어려울 것이다.

이로 보면 송산리 횡혈식 석실분도 축조시기의 정확한 판단에 어려움이 있다. 다만 일부에서 나타나는 재료 및 평면플랜의 차이에 따라 약간의 구분은 가능하다. 즉 재료에서 벽돌형 할석을 사용하였지만 5호분이나 29호분은 棺臺라던가 墓室 바닥에 벽돌이 사용되었기 때문이다. 물론 百濟 橫穴式 石室墳內에 벽돌을 사용한 예가 없는 것은 아니나, 동기가 武寧王陵이나 6호분과 같은 塼築墳의 등장과 관련있다고 본다면 석실분으로 벽돌을 사용된 이들은 전축분과 비슷한 시기 혹은 보다 늦은 시기로 위치시킬 수 있을 것이다. 여기에 벽돌이 사용된 5호와 29호 석실분은 묘실의 평면이 보다 장방형으로 표현되어 있으면서 벽돌이 전혀 사용되지 않은 1-4호분 및 파괴분과는 지형과 거리에서 서로 구분이 이루어진다. 결과적으로 1-4호분과 파괴분, 그리고 이들에 배장적 형태로 있는 7·8호 석실분은 전축분보다 이른 시기에 조성된 것이고, 이어 전축분이 조성되면서 혹은 조성후에 5호·29호 석실분이 조성되었다고 볼 수 있다.

문제는 6호분과 무령왕릉인 전축분 2기의 선후문제이다. 이들은 단 2기만 남아 있을 뿐만 아니라 구조형상이 거의 대동소이하여 상호 비교를 통한 선후문제나, 성격을 정확하게 논급하기에 어려움이 없지 않다. 地下 墓壙에 벽돌로 墓室을 구축한 單室墓라는 점에 武寧王陵과 6호분이 모두 共通的이다. 이들은 산 경사면을 굴착한 후 완전 地下式의 墓室을 구축하였는데, 이는 百濟 橫穴式 石室墳과 같은 屬性이다.36) 묘실의 평면도 長方形이고, 묘실의 남쪽에 入口와 羨道를 中央式으로 내고, 墓室 및 羨道의 천정을 터널식으로 架構하였다는 점도 동일하다. 이외에 긴 排水路가 묘실에서 연도를 통하여 밖으로 전개된다거나, 棺臺, 燈龕과 유자창을 시설하는 등도 공통적 속성으로 지적할 수 있다. 그런데 사용된 벽돌 문양이 五銖錢紋塼과 蓮花紋塼이라는 차이가 있다. 武寧王陵은 연꽃 무늬를 기본으로 하면서 위치에 따라 사격자의 망상문과 연화문을 다르게 배열하는 특징이 있다. 반면에 6호분은 단변에 오수전이 시문된 벽돌만 사용하는 劃一性이 보인다. 또한 규모에서 武寧王陵이 6호분보다 크다. 그리고 묘실의 평면 풀랜에서 6호분이나 武寧王陵이 모두 장방형에 중앙 연도를 시설하였지만, 6호분에서 羨道가

---

36) 李南奭, 1992, 「百濟橫穴式石室墳의 構造形式硏究」『百濟文化』22, 公州大學校 百濟文化硏究所.

二重으로 시설되어 短羨道인 武寧王陵과는 차이가 있다. 여기에 武寧王陵은 5개소에 작은 보주형의 壁龕을 시설하고 그 아래에 전 9개를 길게 배열하여 유자창을 시설하지만, 6호분은 7개의 寶珠形 형태의 壁龕을 설치하고, 그 위에 한단 건너 壁龕의 숫자만큼의 유자창을 시설한 차이가 있다. 또한 棺臺의 경우 6호분이 한켠에 1인의 棺臺가 별도 시설되었지만, 武寧王陵은 묘실의 안쪽 전체를 한단 높여 棺臺로 사용하였다. 그리고 가장 두드러진 차이로 벽화의 有無問題를 들 수 있다. 잘 알려져 있듯이 6호분은 四神圖가 네벽면에 그려져 있을 뿐만 아니라 벽면을 벽돌로 쌓고 다시 彩色한 壁畵墳인데 武寧王陵은 壁畵의 흔적이 없다. 이외에 축조에서 모두 가로쌓기와 세로쌓기를 하였으나 武寧王陵이 四平―垂로 중국의 三平―垂와 비교되지만37) 6호분은 규칙적이지 않고, 더불어 武寧王陵은 6호분과는 달리 空積法으로 묘실을 축조하고 있다.

이들은 모두 中國 南朝의 塼築墳을 모델로 하였으면서도 空積法 여부에 의한 축조방식의 차이로 무령왕릉이 이르다던가,38) 혹은 벽감이나 유자창 및 평면 플랜 등의 요소를 근거하여 6호 전축분이 이르다는39) 견해차가 있기도 하다. 아직도 要素分析을 토대로 시기차를 판단하기에 어려움이 적지 않다. 그런데 이러한 어려움은 오히려 武寧王陵과 6호 塼築墳間의 시기차가 크지 않다는 것을 보여주는 것으로 볼 수 있다. 여기에 武寧王陵의 경우 入口外部의 좌·우수직전벽에 주로 破塼이 사용되었는데 여기에는 無紋塼이 적지 않으나 문양이 있는 塼들 중에는 연화문 이외에 6호분의 전과 동일한 오수전문전이 꽤 많다는 사실이

---

37) 文化財管理局, 1973, 위의 글.
38) 安承周, 1975, 위의 글.
39) 尹武炳, 1974, 「武寧王陵 및 宋山里 六號墳의 塼築構造에 對한 考察」『百濟硏究』5.

확인된다. 또한 6호 전축분의 경우도 연도 폐쇄에 武寧王陵의 塼인 蓮花紋이 시문된 것이 사용된 점을 고려하면40) 이들 2기의 전축분은 서로 선후를 구분하기 어려우리 만큼 거의 동일시기에 축조되었지 않은 가라는 추정이 가능하다.

요컨대 宋山里 古墳群은 塼築墳인 武寧王陵 및 6호분은 구조형식이 터널식인 점으로 미루어 궁륭식 석실분보다는 다소 늦은 시기에 조성된 것이고, 이것이 중국묘제의 도입에서 비롯되는 것으로 이의 도입은 남천후 대중국 교섭이 활발하게 전개되는 武寧王期에서 구체화된다고 보아야 한다. 다만 관대 혹은 바닥에 벽돌을 사용한 석실분도 전축분과 구조 혹은 재료 특성에 따라 동일시기 혹은 그보다 약간 늦은 시기로 편년할 수 있다. 이외 석실분이 1–4호분을 비롯하여, 파괴분, 그리고 1–4호분과 관련이 있다고 보는 8, 9호 수혈식 석곽묘는 전축분보다는 이른 시기에 조영된 것으로 선·후순을 결정할 수 있다.

4. 百濟王陵으로서의 宋山里 古墳群

宋山里 古墳群은 백제가 도읍을 熊津으로 遷都한 後 조성된 王陵으로는 唯一하게 알려진 유적이다. 더불어 墓制도 南遷後 熊津 都邑期에 전개된 내용이 그대로 反映되어 있다. 그러나 宋山里 古墳群은 武寧王陵을 제외하면 나머지 고분들의 被葬者와 관련된 것들이 모두 不分明한 상태로 남아 있다. 그리고 송산리 고분군은 범위를 최소한으로 좁혀 武寧王陵이 있는 圈域을 중심으로 보아도 약 10여기의 고분이 있는데, 이들 전부를 王陵으로 보기에 문제가 있다. 오히려 被葬者가 분명한 武寧王陵을 고려한다면 송산리 고분군의 여러 무덤중에는 王만이 아니라

---

40) 鄭在薰, 1987, 위의 글.

王과 관련된 사람들이 피장된 것도 있다고 보아야 한다. 이외에도 만일 백제의 웅진도읍기 왕릉으로 송산리 고분군이 유일한 것이라면 나머지 고분들에서 미확인 왕릉이 추구되어야 할 것이다.

주지되듯이 百濟가 남천한 이후에 재위한 왕은 文周王에서 義慈王까지 모두 10명이다. 이중에 義慈王은 중국에서 사망하였기에 남천후 도읍지역인 熊津과 泗沘地域에는 모두 9명의 왕과 관련된 무덤이 있어야 한다. 여기에 百濟墓制는 多葬制, 혹은 家族葬的 성격이 전제되기에 왕실에서 造墓를 夫婦合葬으로 진행하였다면 王陵은 9基를 넘을 수 없다. 여기에다가 부여 능산리 百濟王陵을 고려하면 熊津 지역에는 文周王, 三斤王, 東城王, 武寧王의 陵이, 사비지역에 聖王, 威德王, 惠王, 法王, 武王의 능이 각각 해당 도읍지에 조영되었을 것으로 볼 수 있어, 웅진 도읍기의 왕릉은 武寧王陵 외에 文周王, 三斤王, 東城王의 陵이 미확인 채로 있는 셈이다.

사실 아직도 南遷後에 재위하였던 백제 왕들의 무덤중에 武寧王陵 이외는 구체적으로 비정할 수 있는 증거가 없기에 어떤 무덤이 어떤 왕의 무덤이라고 단정할 수 없는 형편이다. 다만 최근 부여 능산리 유적에서 불사리감에 새겨진 명문으로 미루어[41] 聖王의 陵은 능산리 고분군에 있어야 하고, 그것은 터널형 구조인 중하총이 아닌가 추정할 수 있다. 따라서 일단 공주의 송산리 고분군내 피장자 추정에서 성왕을 제외하면서 각 도읍지별 왕릉에는 해당도읍시기 재위한 왕들의 무덤이 마련되었다고 볼 수 있는 근거는 마련할 수 있다.

그 동안 송산리 고분군의 각 고분에 대한 被葬者의 추정도 다양하게 이루어졌다. 초기 조사후 오늘날 1-4호분으로 구분된 고분을 熊津 都

---

41) 국립부여박물관, 1995, 「부여능산리 유적발굴개보」.

邑期의 百濟王들의 무덤으로 추정한 감이 없지 않으며,42)이후 6호 塼築墳이나 5호 石室墳, 29호 石室墳이 확인되면서 6호 塼築墳이 武寧王의 무덤으로 비정되는 등의43)과정을 겪었다. 그러다가 武寧王陵의 발견과 함께 6호 塼築墳 被葬者로 聖王, 혹은 東城王 등으로44) 추정되기도 하였다.

송산리 고분군의 墓制檢討 내용을 토대로 보면 古墳群內의 개별고분들은 대체로 百濟가 熊津에 도읍하던 全期間에 걸쳐 造營된 갓으로 볼 수 있다. 熊津 都邑期 초기부터 만들어진 궁륭식이 있는가 하면 비록 塼築墳이지만 궁륭식 다음에 등장하는 터널식도 있기 때문이다. 따라서 송산리 고분군 각 고분의 被葬者는 피상적으로 熊津 都邑期 在位한 왕 및 王室關聯 인물로 볼 수도 있다. 그런데 송산리 고분군내 개별고분의 존재현황이나 편년내용을 토대로 보면 이 고분군내에서 무령왕이외의 왕의 무덤은 인정하기가 어렵다.

먼저 문제가 되는 6호 전축분을 보겠다. 이 고분은 무령왕릉과 마찬가지로 전축분이고, 나아가 무령왕릉과 거의 비슷한 시기에 조성된 것으로 성왕릉 혹은 동성왕릉으로 추정되었다. 그러나 성왕릉이 능산리 고분군의 중하총으로 비정할 수 있어 왕릉이라면 동성왕릉 이외의 추정은 어렵다. 그런데 6호 전축분은 분포상 무령왕릉 아래에 있으면서 좌우에 5호, 29호분이 함께 있어 무령왕릉보다 상대적으로 평가 절하된 위치에 있다. 여기에 6호 전축분은 비록 무령왕릉과 구조상 동일하나 묘실내에 하나의 관대만 남았다는 특징이 있다. 주지되듯이 동성왕은

---

42) 野守建 外, 1935, 위의 報告書.

43) 輕部慈恩, 1972, 위의 글.

44) 齊藤忠, 1976, 「百濟武寧王陵を中心する古墳群の編年的序列とその被葬者に關する試考」『朝鮮學報』21.

비록 피살되었지만 재위 20여년에 걸쳐 많은 업적을 이루었고, 나아가 무령왕보다 선대의 왕으로 이 6호 전축분을 동성왕으로 보는데는 적지 않은 무리가 따른다. 그리고 6호 전축분은 單葬墓라는 사실과, 나아가 武寧王陵과 비슷한 시기에 축조된 무덤이라는 점, 그리고 武寧王陵내에서 수습된 女性의 齒牙 감별결과를[45] 고려하면, 이 6호 전축분도 혹시 무령왕과 관련된 인물이 아닌가 추정된다.

百濟墓制로 橫穴式 系統의 墓制는 入口가 개설되어 있으면서 이를 통한 追加葬을 前提한다는 점이 가장 큰 특징이다. 무령왕릉의 경우도 왕이 먼저 묻힌 후에 다시금 왕비가 추가로 합장되었음을 전하고 있어 추가장제의 면모를 보여준다. 이로 보면 6호 博築墳도 橫穴式이고, 合葬을 前提한 墓制라는 것은 부정할 수 없다. 묘실내에 棺臺가 1인용으로 남아 있지만 이것이 한쪽으로 치우쳐 시설되었고, 반대쪽에 같은 1인의 棺臺를 추가 시설할 수 있는 충분한 공간이 그대로 남겨져 있어 고분 축조시 合葬을 전제하였다는 것을 反證하는 사실로 볼 수 있다. 그럼에도 6호 전축분은 어떤 이유인지 合葬이 아닌 單葬으로 남겨져 있다. 그 이유는 武寧王陵內에서 수습된 여성 치아를 통해 추정될 수 있다고 본다.

무령왕릉에서 수습된 치아는 鑑識結果 30대 초반의 女性의 것으로 판단되어 있다. 물론 武寧王陵이 王과 王妃의 合葬墓로 이 치아는 武寧王妃의 것이고 그녀는 30대 초반에 사망하였음을 알 수 있다. 왕과는 달리 왕비에 관하여 誌石은 壽終하였다고만 적어[46] 구체화하기 어렵지만 감식결과를 신빙하면서 武寧王이 62세에 崩御한 점을 감안하면, 合葬된 王妃는 武寧王보다 약 30여년이 젊은 것으로 보아야 한다. 이는

---

45) 文化財管理局, 1973, 위의 報告書.
46) 文化財管理局, 1973, 위의 報告書.

무령왕과 합장된 왕비는 武寧王의 초혼 대상이 아니고, 오히려 武寧王 재위시 재혼한 王妃였을 것으로 보는 것이 자연스럽게 된다.

6호 전축분은 武寧王陵과 구조 및 축조상에서 약간의 차이는 있지만, 先後差를 인정하기 어렵고, 武寧王陵과 인접되어 있으면서 형태도 크게 다르지 않다. 여기에 횡혈식 묘제로 합장이 전제되었으면서도 관대가 하나만 있다. 이는 6호분의 被葬者가 武寧王陵에 合葬된 王妃以前의 王妃로, 그는 武寧王보다 먼저 사망하였고, 이로써 武寧王은 그의 부인을 위해 6호 塼築墳을 축조하면서 본인도 후에 合葬하려 하였으나, 再婚 王妃와 함께 새로 武寧王陵에 合葬됨으로써 6호 塼築墳은 單葬으로 남게된 것이 아닌가 추정하여 본다. 6호 전축분이 武寧王 前王妃의 것이라는 사실여부 판단이 어떠하던간에 6호 塼築墳의 피장자는 백제왕은 아니다. 6호 전축분은 무령왕기에 대중국 교섭을 활발하게 전개한 후에 조성된 것으로 단인장으로 남아 있기 때문이다. 같은 맥락에서 5호·29호 石室墳도 王陵으로 보는데 어려움이 있다. 5호 石室墳이나 29호 석실분은 묘제상으로 보면 궁륭식이지만 평면이 장방형으로 크게 발전하여 궁륭식의 말기형이면서 벽돌이 사용되어 武寧王陵 혹은 6호 전축분과 동일시기 혹은 보다 늦은 시기의 것으로 보아야 하기 때문이다. 이들 석실분도 6호 塼築墳의 피장자 추정처럼 武寧王의 생존시, 武寧王陵이 축조되는 과정 혹은 그 이후의 시기에 武寧王과 일정한 관련이 있는 자들이 피장된 무덤으로 볼 수밖에 없다.

그러면 나머지 1-4호분과 파괴분으로 구분된 횡혈식 석실분의 被葬者 문제이다. 이들은 횡혈식 석실분으로 구조형식상 武寧王陵을 비롯한 塼築墳이나, 벽돌이 부분적으로 사용된 5호·29호 석실분보다 이른 시기에 조성된 것으로 판단된다. 여기에 立地上으로 보면 武寧王陵 및 6호 전축분, 5호·29호 석실분 등과 약간 거리를 둔채 있기도 하다. 따라서 만일 무령왕 이전의 왕들 무덤이 송산리 고분군내에 존재한다면 이들에서 찾아져야 할 것이다. 그런데 이들 고분도 분포위치나 규모 및 부장품의 내용으로 미루어 왕릉으로 인정하기가 주저된다. 5기의 고분은 東西로 列을 지어 위치하는데 개별 고분의 내용에서 상호간 구조 및 규모에서 큰 차이를 보이지 않는다. 다만 선후문제에서 묘실 평면이 보다 장방형화된 4호분이 늦게 조성된 것으로 볼 수도 있지만 큰 차이를 인정하기는 어렵다. 따라서 5기의 횡혈식 석실분은 武寧王陵을 비롯한 塼築墳이 유입되기 이전에 조성된 것으로 보는데는 문제가 없지만 그들간에 先後差라던가 優劣差가 확인되지 않는 점은 이들을 王陵으로 인정하는 것을 주저하게 한다.

주지되듯이 武寧王陵 외에 熊津地域에 잔존되어야 할 王陵은 文周王, 三斤王, 東城王의 무덤이다. 여기에 文周王과 三斤王이 父子關係라는 점, 東城王이 百濟 中興의 基礎를 마련한 君主로 20여년간 在位하였다는 점 등을 고려하면 武寧王陵과 인근의 6호 塼築墳, 그리고 5호 · 29호 石室墳의 配置나 構造 및 規模에서 差別性이 인정되는 것처럼, 이들 3人의 王陵은 存在形態에서 주변의 다른 고분과 差別性이 있어야 할 것이다. 그럼에도 5基의 고분은 立地나 構造 및 規模에서 대등한 수준을 유지하고 있을 뿐이다.

결국 宋山里 古墳群은 피장자의 성격이 분명한 武寧王陵을 제외하면 왕릉으로 인정될 고분은 없다고 볼 수 있다. 따라서 송산리 고분군은 무령왕과 관련된 집단의 무덤군이 아닌가 추정되면서 웅진도읍기 백제 왕릉은 비단 宋山里 古墳群외에 文周王이나 三斤王 · 東城王과 관련된 다른 왕릉이 있어야 할 것이다.

백제 왕릉과 관련된 기록은 매우 영성하다. 다만 후대의 기록이지만 『新增東國輿地勝覽』에 그 편린이 전한다. 동국여지승람에는 公州 지역과 관련된 기록에서 公州의 州治所에서 동쪽으로 五里에 陵峴이 있는데 거기에 옛 무덤이 있으며, 이를 百濟 王陵으로 전한다47)라 기록하고 있다. 이어 鄕校를 설명하면서 公州 鄕校는 州의 서쪽 3리에 있으며 鄕校에서 다시 서쪽지역에 옛무덤이 있는데 이는 百濟王陵으로 전하고 있지만 어느 왕의 무덤인지는 알 수 없다는 것이다.48) 이외에 益山지역에 雙陵이 있는데 이는 오금사의 봉우리에서 서쪽으로 수백보를 가면 고려사에 후조선 무강왕 및 왕비의 무덤으로 전하는 능이 있다는 것이다.49) 물론 마지막 都邑地인 사비지역에 陵山里라는 百濟王陵이 구체적으로 확인되었음에도 이에 대한 언급이 없어 기록자체의 신빙성 문제나 형평성 문제가 없지 않지만 기록으로 百濟王陵이 확인된다는 점에 의미를 둘 수 있다. 이를 토대로 百濟 後期의 王陵이 公州의 宋山里와 扶餘의 陵山里외에 公州의 陵峴, 益山의 雙陵도 百濟王陵 혹은 왕릉지역으로 보아야 한다는 전제가 가능하게 된다. 여기에서 익산의 쌍릉은 백제말기의 묘제형태를 지니고 있으면서 규모도 왕릉에 버금가는 특출한 것이어서 일단 인정이 가능하다고 본다. 문제는 공주의 능현에 또 다른 왕릉이 있다는 사실인데 이도 일방적으로 부정하기에는 어려움이 있다.

초기 백제고분의 조사시 대체로 왕릉탐사에 치중한 감이 있는데, 公州地域의 百濟 王陵의 탐색은 이미 1910년대에 宋山里나 능현이 아닌

---

47) 東國輿地勝覽 卷之十七의 公州牧의 山川條에 陵峴: 在州東五里有故陵基名諺傳百濟王陵.
48) 東國輿地勝覽 學校條   鄕校:在州西三里西有故陵基諺傳百濟王陵未知何王.
49) 東國輿地勝覽 卷之三十三 益山 古蹟條 雙陵:在五金寺峯西數百步高麗史云後朝鮮武康王及妃陵也俗號末通大王陵一云百濟武王小名署童 末通卽署童之轉. 라 하여, 말통대왕의 陵이라는 전언과 함께, 말통대왕은 百濟의 武王이 어렸을때 서동이라 불렸으며 말통과 서동은 상통하는 것으로 이 무덤은 武王의 무덤으로 전한다는 점도 명기하고 있다.

대학리 왕총을 주목하는 점으로 알 수 있다.50) 물론 개괄적 조사에 불과하나 陵山里나 益山 雙陵의 조사예에 비추어 百濟王陵의 탐색에 목적이 있었고 아직 송산리나 능현은 주목하지 못한 것도 알 수 있다. 公州地域에서 왕릉의 구체적 조사는 1927년에 이르러 武陵洞, 陵峴, 宋山里에서 진행하면서 송산리에서만 지금 1-4호분으로 전하는 4기를 포함한 5기의 石室墳이 조사되어 왕릉으로 인정되었을 뿐임을 고려하면 능현도 송산리와 마찬가지의 비중을 지니고 있다고 보아야 한다.

공주 능현의 왕릉 실재 여부는 추후 확인되겠지만 부여 능산리의 왕릉과 익산 쌍릉의 존재, 여기에 공주 송산리 고분군에서 왕릉은 무령왕릉 뿐이라는 점을 고려하면 다음의 두가지 사실이 주목된다. 우선 백제왕릉의 조영이 각 도읍지에 하나씩만 이루어진 것은 아니라는 사실이다. 이는 익산 쌍릉을 예로 들어 사비도읍시기에 조영된 왕릉이 두 지역에서 확인되었다는 점을 근거하면서 공주지역도 송산리 고분군외에 또 다른 왕릉 즉 동국여지승람의 기록처럼 능현 등의 왕릉이 있다고 볼 수 있다는 것이다.

다음으로 송산리 고분군이 무령왕과 관련된 가계의 매장지역이었다면 상대적으로 가계상 거리가 있는 문주왕과 삼근왕, 혹은 동성왕의 무덤은 송산리 고분군이 아닌 다른 지역에 있다고 보면서 왕릉의 조영이 가계 구성 혹은 혈연의 원근에 따라 이루어진 것이 아닌가 추정된다.

---

50) 朝鮮總督府, 1917, 『大正六年度 古蹟調査報告書』, 公州郡, 627쪽에 따르면 이 유적은 탄천면 대학리에 있는데 산의 정상부분이다. 王塚이라 부르는 대상은 이곳에 이미 조성되어 있는 조선시대의 분묘의 뒷부분이었다. 전언에 따르면 5-6년전(大正六年인 1917년 기준) 새로운 무덤을 조성할 때 이 왕총의 봉분을 깍아 새로운 무덤을 만들어 지금의 형상으로 남게 되었다는 점을 확인하면서 아울어 당시 그 부분은 높이 약 6척 정도의 돌출부분이 있었는데 이것이 고분인가 아닌가는 판단이 어렵다고 보고하고 있다.

예로 사비 천도후 성왕이후의 위덕왕, 법왕, 혜왕은 부자상속에 의한 왕위계승이 진행되었고, 성왕릉이 능산리에 있다고 볼 수 있어 능산리 고분군은 성왕의 가계와 밀접한 관련이 있는 자들이 피장된 유적이다. 반면에 무왕은 서동과 관련지어 설명되어 그의 출자가 분명하지 않은 것을 반증하듯이 능산리가 아닌 익산에 조묘하고 있는 점은 백제의 왕릉 조성이 도읍지별로 일괄적 조성이 아닌 가계와 관련하여 별도로 조성된 것으로 판단할 수 있게 한다.

5. 結 言

송산리 고분군은 백제 왕릉으로 알려진 유적이다. 여기에는 모두 11기의 고분이 단위유적으로 자리하는데 이중에서 王陵으로 분명한 위치를 차지하는 것은 武寧王陵 1기 뿐이다. 이외 나머지 고분은 被葬者나 古墳의 性格에 대해 不分明한 점이 많았다. 本考는 百濟 王陵으로 宋山里 古墳群을 墓制的으로 檢討하여 이들의 묘제내용 이해와 함께 각 고분의 편년적 서열을 마련한 후, 이를 토대로 피장자를 추정하면서 백제 왕릉의 조영환경을 나름대로 추정하여 보았다.

송산리 고분군은 장기간의 조사과정을 거치지만 1971년 무령왕릉의 발견으로 말미암아 백제왕릉으로서의 분명한 위치를 부여 받았다. 이 고분군은 塼築墳 2기를 비롯하여 橫穴式 石室墳인 1-5호분과 파괴분, 29호분이 밀집된 형태로 단위군을 이루면서 여기에 배총으로 취급되는 수혈식 석곽묘 2기가 밀집된 형태로 있다. 이외 주변에 적지 않은 고분이 있지만 武寧王陵이나 6호분을 중심으로 밀집된 것은 이들 11기가 하나의 작은 단위 고분군을 이룬다.

고분은 횡혈식 石室墳의 경우 궁륭식인 초기형만 있고, 전축분으로

6호분과 武寧王陵이 있는데 초기형인 궁륭식 다음에 등장하는 형식이다. 물론 전축분간에 선후 구분에 어려움이 있지만 6호분이 보다 조악하면서 합장을 전제하였으면서도 단인장으로 마무리되었다는 점을 주목하고 나아가 武寧王陵 사용 벽돌과 6호 전축분의 벽돌이 함께 혼용된 점 등을 고려하면 거의 비슷한 시기에 만들어졌다는 결론을 도출할 수 있다. 다만 석실분은 1-4호분이 묘실 평면이나 연도의 구성 등에 초기적 속성이 많아 이른 것으로 볼 수 있으며, 5호분이나 29호분은 묘실이 보다 장방형화된 점, 벽돌이 사용된 점으로 미루어 전축분과 거의 동일시기 혹은 늦은 시기에 조성된 것으로 판단된다.

송산리 고분군내의 개별고분 중에서 王陵으로 분명한 것은 武寧王陵뿐이다. 王陵으로 가능성이 인정되어 왔던 6호 塼築墳은 구조나 編年的 位置로 보아 王陵보다는 武寧王과 親緣關係에 있는 人物로 武寧王 前 王妃의 墳墓가 아닌가 추정된다. 또한 武寧王陵과 인접된 형태로 있는 5호분이나 29호분도 6호 塼築墳과 같은 범주에서 이해될 수밖에 없다. 여기에 나머지 석실분은 塼築墳보다 先行의 것이나 構造 및 配置形狀에서 王陵으로 보기는 어렵다.

따라서 宋山里 古墳群은 百濟가 熊津에 都邑하던 시기에 造營한 王陵 遺蹟으로 武寧王 및 武寧王과 親緣關係에 있는 왕족들의 무덤구역이라는 사실과 함께, 백제의 웅진도읍기 왕릉은 이 송산리 고분군만은 아닐 것이라는 假定도 가능할 것이다. 여기에 부여 능산리 고분군이나 익산의 쌍릉, 그리고 地理志의 기록을 토대로 보면 백제 왕릉은 도읍지별로 하나씩만 조영된 것이 아니고, 왕의 가계 혹은 혈연의 원근에 따라 별도로 조성되었다는 결론을 얻을 수 있다.

第3章 百濟王陵

Ⅱ. 陵山里 古墳群과 百濟王陵

1. 序言

　백제는 漢城·熊津·泗沘라는 세 지역에 都邑한 경험이 있고, 이들 각 지역에는 王陵으로 比定되는 유적이 남아 있다. 서울의 석촌동 고분군, 공주의 송산리 고분군, 그리고 부여 능산리 고분군이 그것이다. 그러나 이들 유적중에 공주 송산리 고분군을 제외한 나머지는 단지 왕릉이란 推定외에 이를 입증할 수 있는 적극적 증거는 갖지 못한 형편이다. 때문에 왕릉이란 추정만 내려져 있을 뿐 세부 고찰에 미진한 부분이 적지 않다. 예컨대 백제의 한성 도읍기의 시간 폭을 고려하면, 석촌동 고분군만이 유일한 백제 왕릉인가, 사비 도읍시기 왕릉으로 능산리 고분군이 존재함에도 武王陵으로 比定되는 익산의 雙陵이 존재하는 것을 어떻게 이해하여야 하는가 등의 문제가 그것이다. 여기에 공주 송산리 고분군의 경우도 세부내용의 검토결과 고분군의 전체 성격이 무령왕과

관련된 것들이란 판단은 이 지역의 왕릉 고찰에 아직도 탐색할 요소가 많다는 것을 나타내는 것이다.[1]

왕릉의 존재 의미는 다각적으로 추구될 수 있을 것이다. 왕국의 존재를 비롯하여 그들의 정치·사회 환경은 물론, 나아가 분묘에 반영된 왕실의 사후세계에 대한 인식까지 당대의 최고급 문화를 해명하는 도구로 활용될 수 있다. 물론 이를 위해서는 매장된 유적에 대한 포괄적 검토가 선행되어야 할 것이며, 각 王陵群에 남아 있는 개별 고분의 검토를 토대로 왕릉으로서의 가능성도 탐색되어야 할 것이다. 나아가 이를 바탕으로 被葬者가 누구인가를 추정하면서 그와 관련된 역사적 환경의 복원이 이루어져야 할 것이다.

그런데 백제왕릉의 경우 그 존재는 인정될 수 있겠지만 세부 내용의 검토는 아직 미진한 부분이 많다. 백제는 고구려나 신라와 다르게 왕릉의 위치라던가 형태에 대한 기록이 전혀 남아 있지 않다. 여기에 敗亡國이란 문제도 있지만, 왕릉으로 잔존된 유적자체도 선명성이 높은 것은 아니다. 때문에 백제왕릉을 검토하는데는 적지 않은 한계가 있음도 사실이다. 이러한 환경을 고려할 때, 왕릉으로 알려진 유적만을 詳考하는데도 적지 않은 어려움이 있다. 다만 백제사회의 묘제 운영은 개괄적 이해가 가능하기에 이에 비추어 각 왕릉군의 개별 분묘에 대한 검토가

---

1) 百濟의 王陵 조영환경은 고대사회의 혈연구성원리와 밀접한 관련이 있을 것으로 추정할 수 있으나, 이는 어디까지나 추정적 논지일 뿐이고 구체적으로 검토하기에는 어려움이 있다. 다만 王陵의 조성이 1인 1구역인가는 판단이 어렵지만 後期의 王陵은 왕위계승이 부자관계로 이어지지 않고 돌발적 형태로 이루어진 경우 동일지역에 함께 능묘를 조성하지 않았다는 추정은 충분히 가능하다는 것을 이미 탐색한 바 있다.(① 李南奭, 1997, 「公州 宋山里 古墳群과 百濟王陵」『百濟硏究』28, 忠南大學校百濟硏究所. ② 李南奭, 2000, 「百濟古墳과 雙陵」『益山 雙陵과 百濟古墳의 諸問題』, 제 15회 馬韓·百濟文化 學術會議)

이루어진다면 미진한 부분의 문제해결에 다소 도움이 될 수 있을 것이다.

본고는 이러한 문제의식에 입각하여 부여 능산리에 자리한 백제왕릉군의 개별 분묘를 검토하고 약간의 성격을 추구하여 보고자 마련하였다. 이 유적은 1917과 1932년 日人에 의해 조사되었고,2) 그 후 백제 왕릉으로 疑心없이 다루어져 왔다. 최근 이 유적은 국가사적으로 지정 보호되고 있어 왕릉으로서의 암묵적 인식은 보편화된 감이 없지 않다. 물론 이 고분군이 王陵群으로 의문을 가질만한 요소는 전혀 없다. 백제가 사비에 都邑한 이후에 조성된 왕릉으로서 유일한 것으로 밝혀져 있고, 유적내의 개별고분의 품격도 왕릉으로 보기에 문제가 없다고 여겨지기 때문이다. 다만 개별고분의 현황을 비롯하여 그들의 상호 관련문제, 나아가 被葬者의 比定 등에 대한 세부적 고찰이 이루어진 바가 없기에 각 분묘에 墓制的 특성을 검토하고, 이를 토대로 가능한 被葬者를 추정하여 보고자 함이 본고의 목적이다.

2. 陵山里 古墳群

陵山里 고분군은 백제의 마지막 도읍지였던 충남 부여군 능산리에 위치한다. 부여에는 부소산을 감싸면서 부여 시가지를 둘러친 나성이 남아 있다. 이 나성은 半月形으로 만들어져 있는데, 능산리 고분군은 이 나성의 동쪽 부분 바로 밖에 위치하는 고분군이다. 靑馬山城이 위치한 청마산의 남향사면 말단에 해당하며, 지형적으로 백제 횡혈식 석실

---

2) ① 關野貞, 1915,『朝鮮古蹟圖報解說』, 朝鮮總督府篇.

　② 關野貞・黑版勝美, 1915,『朝鮮古蹟圖報』3, 朝鮮總督府.

　③ 野守建・小川京吉, 1920,『大正六年度古蹟調査報告』, 朝鮮總督府篇.

분의 입지환경으로는 전형을 보여주는 곳이다. 즉 백제 석실분의 대체적 입지는 산지이고, 그것도 후면에 비교적 높은 산지에서 발기된 구릉의 하단쪽 경사에 조영되는 것이 일반적인데 능산리 고분군이 입지한 지역이 그러한 定型性을 갖추고 있는 곳이다.

고분군이 주목된 것은 일제시대이다. 물론 '陵山里'란 지명은 『輿地圖書』에 그 흔적이 보이는 것으로 미루어 일찍부터 존재한 것임을 알 수 있다. 그러나 '陵山里'란 지명이 왕릉으로 인식되지는 않은 것 같은데, 『新增東國輿地勝覽』을 비롯하여 『輿地圖書』등의 朝鮮時代 地理誌에 적은 古跡條에는 부여지역의 왕릉에 대한 언급이 전혀 없기 때문이다.3) 그러다가 일제시대의 陵山里 고분군에 대한 주목은 당시 우리 나라 유적에 대한 종합적 조사차원에서 이루어졌다. 이때 백제 유적에 대한 탐사가 본격적으로 진행되었고, 그 첫 작업이 陵山里 고분군을 대상으로 진행되었는데 이는 아마도 백제와 일본 고대사의 관련성을 염두에 두고 시작한 것으로 추정된다.

구체적으로 1915년쯤에 八木奘三郎에 의해 정확한 위치를 알기는 어렵지만 이 지역의 고분의 존재가 알려지면서4) 이어 1916년에 黑板藤美와 關野貞에 의해 조사가 시작되었다. 이후 1917년에 谷正齊一에 의해 2차의 조사가 진행되었는데, 1916년과 1917년의 兩次에 걸쳐 이루어진 조사는 현재 능산리 고분군으로 알려진 6기의 고분(中上塚·中下塚·西上塚·西下塚·東上塚·東下塚)과 이외에 塼床塚·割石塚·遞馬所大塚 및 石槨墓로 분류된 여러 기를 대상으로 진행한 것이다. 이들 조사 결과는 간략한 보고문과 더불어 도면 및 사진이 제시되었는데 1차년도의 것은 『大正6年度古蹟調査報告』에 있으나 이중에 서하총은 사진만 제

---

3) 지리지에는 陵山里라는 지명만이 제시된 상태이다.
4) 八木奘三郎, 1916, 「扶餘地方發見の古墳と水門」『人類學雜誌』29 – 4, 9號.

시되었을 뿐이고, 동상총은 사진이나 도면이 전혀 없는 상태이다. 한편 2차년도의 조사에서는 왕릉군으로 추정된 구역에서 3기의 고분을 조사한 할석총·전상총 외에 인근의 체마소 고분까지 조사한 내용이『朝鮮古蹟圖譜』에 제시되어 있다. 이들은 비록 내용이 疏略하고, 조사자체도 간략하지만 고분군의 전반적 환경을 파악하는 것은 가능할 정도이다.

능산리 고분군의 조사는 1937년에 다시 이루어진다. 이미 조사된 고분군의 동쪽지역을 대상으로 진행한 것으로 1915－1917년 조사된 동하총 이하의 고분군에서 동쪽으로 약 200cm정도의 거리를 두고 위치한다. 梅原末治를 중심으로 진행된 조사는 東古墳으로 분류된 5기를 대상으로 하였다.5)

陵山里 고분군은 일제시대에 이미 그 구체적 면모가 드러났지만, 이미 조사당시에 대부분이 도굴되어 잔존유물이 극히 일부에 지나지 않은 것으로 보고되어 있다. 이후 조사는 해방후 고분군의 정비과정에서 인근에서 조사된 옹관묘 자료 등이 제시되어 있으며, 최근 능안골 고분군의 조사도 있지만6) 이들은 왕릉군과는 약간의 거리를 두고 있는 것이다. 이로써 확인된 陵山里 고분군내의 분묘는 다음과 같다.

1) 東上塚

1917년에 조사된 이 고분은 관련 기록이 단지 사진 1매만 남겼을 뿐이다. 오히려 별도의 기록에서 확인될 뿐인데7) 그에 따르면 직경 21m의 봉분이 원형으로 남았고, 기석시설이 마련된 것으로 묘실은 고임식

---

5) 梅原末治, 1938,「扶餘陵山里東古墳群の調査」『昭和12年度古蹟調査報告』, 朝鮮古蹟研究會.
6) 國立扶餘文化財研究所, 1999,『陵山里』.
7) 有光敎一, 1979,「扶餘陵山里傳百濟王陵·益山雙陵」『疆原考古學研究所論集』4.

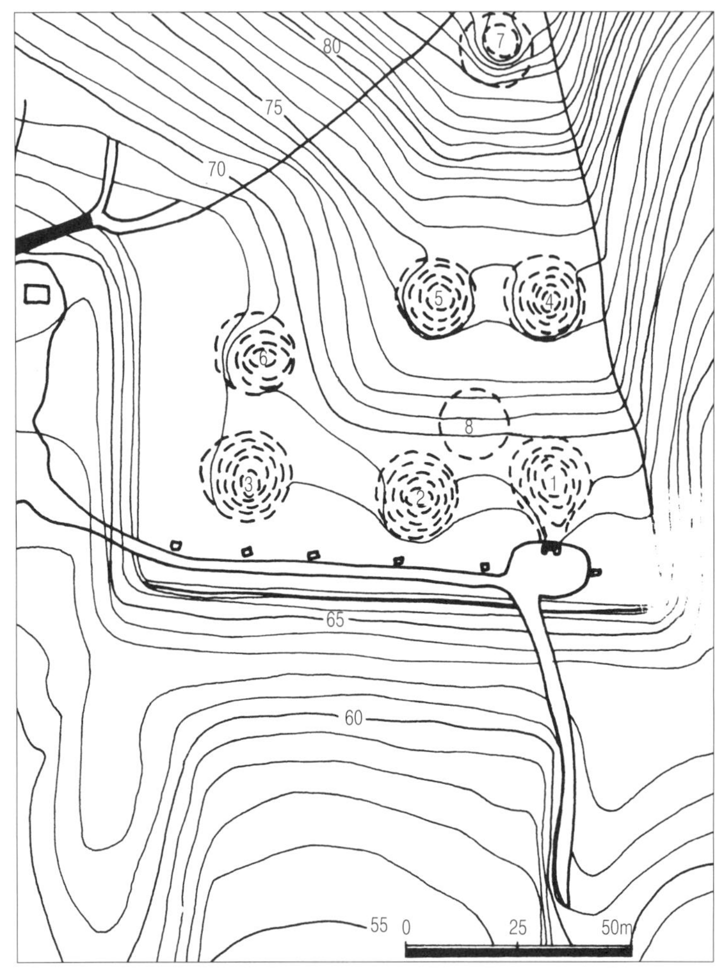

그림 1. 陵山里 고분군 고분의 배치현황

구조를 지닌 횡혈식 석실분임을 알 수 있다. 묘실은 길이 325cm에 너비
200cm정도이고, 높이는 211cm로 제시되어 있다. 남쪽에 설치된 입구 및
연도는 너비 연도의 경우 너비 125cm이고, 묘실의 입구쪽은 121cm로 정
리된 것으로 미루어 단을 두어 연도가 시설된 것을 알게 한다. 한편 묘

실을 구축한 석재는 동서의 장벽은 2매, 북벽은 1매의 화강판석을 사용하였고, 입구에 문틀시설이 마련된 것이다. 바닥에는 2개의 棺臺가 대판석으로 시설되었음이 알려져 있다.

2) 東下塚

동하총은 벽화분으로 조사당시에는 벽화의 형태가 비교적 선명하였으나 지금은 많이 퇴색되어 희미한 형체만 있다. 곱게 다듬은 화강석으로 축조하였고, 횡혈식 석실분으로 횡단면이 사각인 수평식 천정구조이다. 후에 계측된 결과에 의하면 묘실은 길이 250cm에 너비가 112cm이고 높이는 122cm로 규모로 확인되어 있다. 남쪽 전면에 연도를 중앙식으로 설치하였다. 묘실은 네벽면을 물갈이한 화강석 1매로 結構되었고, 전징식도 1매의 물갈이한 화강석을 사용하였다.

벽화는 네 벽면에 四神圖를 그리고 천정에는 蓮花와 飛雲文을 그렸지만 형상이 구체적으로 남아 있는 것은 天井의 蓮花文 뿐이다. 연화문은 8엽중 7엽이 남아 있는 바, 주변에 구름이 배치되어 비운문과 결합된 것으로 瓣端이 풍만하게 퍼지고, 연꽃은 돌기점이 표현되어 있으면서 子房이 아닌 蓮瓣의 瓣根 부분에 蓮子를 배치하는 특징이 있다. 벽면 사신도는 동쪽의 벽에 붉은 색으로 그린 백호의 형태만 희미하게 확인될 뿐, 나머지는 색감만 있다. 벽화는 송산리 6호분 벽화가 프레스코 기법으로 작성된데 반해서 화강석면을 곱게 다듬어 직접 그렸다는 차이가 있다.

3) 中上塚

중하총보다 규모가 약간 작지만 다른 고분에 비해서는 큰 편이다. 이도 조사당시 봉토의 일부가 훼손되어 도굴된 것을 알 수 있고, 봉토는 흘러내려 원형을 확인하기가 어렵다. 묘실은 장방형으로 전면에 짧은 연도를 둔 횡혈식 구조이다. 동서의 너비 145㎝이고 길이는 325㎝이다. 연도는 약간 서쪽으로 치우쳐 설치한 것으로 중상총과 마찬가지로 입구부분은 좁게, 연도의 너비는 넓게 만들었다. 연도는 너비 125㎝이고 길이는 100㎝에 지나지 않아 단연도라는 것을 알 수 있다. 입구는 두꺼운 문비석을 사용하여 폐쇄하였다.

모두 대형의 화강판석 1매로 벽체를 조성하였으며, 120㎝정도의 높이이다. 수직의 벽체위에 하나의 대형장대석을 올려 이를 안으로 기울인 다음 대형석 1매를 천정석으로 사용한 것이다. 이로써 천정은 고임식으로 분류할 수 있다. 석재는 모두 표면을 곱게 연마하였다 .바닥도 마찬가지로 1매석을 깔고 있는데 바닥 위에는 너비 70㎝, 길이 240㎝에 높이 15㎝의 석제 관대를 두고 있다. 관대 위에는 목관의 조각이 횡으로 걸친 채 남아 있었고, 두껍지만 약간 휘어진 것으로 보고되어 있다. 그러나 목관에는 옷칠이 있고 더불어 두개골 파편과 같은 인골이 남아 있었으며 이외에 두개골 부근에서 관식구로 보이는 금동투조의 금구와 8엽의 크고 작은 장식편 등이 발견되어 있다.

4) 中下塚

中下塚은 규모가 가장 큰 것으로 초기 조사된 6기의 고분중에서 정중앙에 위치하고 있다. 이미 도굴된 것을 조사한 것으로 봉분 부분에 훼손의 흔적이 있었고, 훼손된 부분에서 관재편을 비롯한 관정 등 묘실 내에서 유출된 것으로 보이는 유물이 상당수 포함되어 있었던 것으로 전한다. 고분의 외형을 갖추고 있는 봉토는 형상에 대한 언급이 없고 다만 표면토가 흘러내려 외형이 분명하지 않다고 기록되어 있다.

묘실은 다듬은 돌로 축석한 장방형의 평면을 지닌 것이다. 규모는

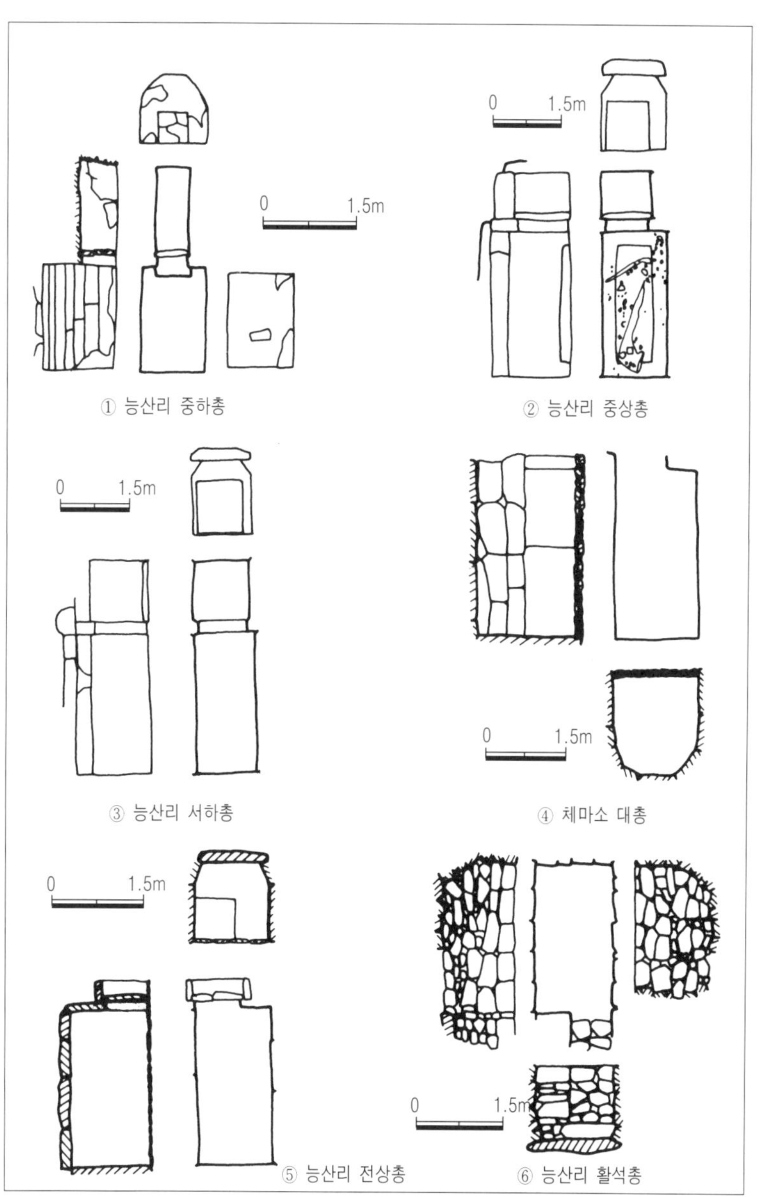

그림 2. 능산리 고분군 서쪽 분묘

길이 321㎝이고, 너비가 198㎝이며 천정의 정상부까지 높이는 215㎝이다. 매장부는 횡혈식으로 축조한 바, 전면에 입구와 연도를 개설하고 있으며, 연도는 장연도이나 입구부분이 잘록하게 좁혀져 있지만 너비가 약 1m정도의 규모이다. 천정은 터널식으로 이루어져 있다. 벽면은 다듬은 긴 장대석을 길이로 쌓아 좌우의 양벽면을 구성하는데, 중간부분에서 위로 올라가면서 안으로 기울여 터널형의 천정을 구성한다. 벽면에 두꺼운 회바름이 남아 있다. 바닥에는 방형의 다듬은 돌을 깔았으며, 입구에는 판석을 세워 이를 막았다,. 또한 연도의 입구에는 벽돌형태로 만든 돌을 보강토와 섞어서 쌓아 연도를 거듭 폐쇄하고 있다. 이들 폐쇄석에는 "巴三" "辛二" 등의 묵서가 발견되기도 하였다.

부장품은 전혀 없었던 것으로 전한다. 다만 묘실내에 옷칠편이 흩어져 있었으며, 금동으로 머리를 도금한 장식못과 쇠못을 발견하였던 것으로 확인된다.

5) 西上塚

대정 5년도에 조사된 것으로 사진만 제시된 것이다. 봉분의 규모는 알 수 없지만 외변에 기석이 돌려져 있으며, 입구쪽의 현황으로 미루어 지하로 묘광을 굴착하고 화강판석으로 묘실을 구축한 것이다. 연도가 비교적 길게 구축되었고, 입구의 폐쇄석은 중앙에 穿孔이 있어 출입시 편의를 도모한 것으로 보인다. 묘실은 장방형이고, 천장부는 고임식으로 구축한 것인데 북쪽의 단벽은 1매석, 좌우의 장벽은 하단에 1매의 장판석을 세우고, 그 위에 1매의 고임석을 올렸다. 묘실 내부에는 좌우로 2매의 장대판석을 관대로 시설하고 있다.

6) 西下塚

西下塚은 중하총의 서쪽에 자리한 고분으로 규모가 작은 것이다. 봉분의 형상이 어느 정도 확인되는 것으로 판단되나 단지 土墳으로 보고 있어 자세하지 않다. 묘실 내부는 중상총과 같은 형식으로 평면은 장방형이고 너비는 125㎝, 길이는 285㎝이다. 입구는 약간 편재되어 설치되어 있는데 연도는 길이 127㎝이고 너비는 110㎝로 단연도이다. 묘실의 벽면 구축은 모두 화강석 1매를 사용하여 구축하였으며, 좌우의 벽면 상단에 장대석의 고임석을 올려 천정을 고임식으로 조성하고 있다. 천정도 역시 1매석을 사용하여 구성하였고 바닥에서 천정까지의 높이는 5척이다. 바닥 역시 석재를 깔고 있는데 대형의 판석을 깔았다.

7) 割石塚

陵山里 고분군에서 유일하게 할석으로 축조된 횡혈식 석실분이다. 묘실은 장방형인데 천장이 비교적 낮으며, 연도는 좌측에 편재된 형태로 있고, 묘실의 입구는 할석으로 폐쇄한 것이다. 묘실의 규모를 보면 길이 264㎝이고, 너비는 127㎝, 그리고 높이도 128㎝이다. 묘실의 입구는 우편재로 시설된 것인데 너비는 70㎝이고 길이는 약 60㎝이다. 천장의 가구는 남북의 단벽이 하단에서 중간쯤 올려진 후에 점차 안으로 내경되어 올려 맞조임하였고, 좌우의 장벽은 상단에서 약간만 좁혀 올린 형상으로 있다.

8) 塼床塚

묘실의 네벽면은 판석으로 축조하였지만 바닥에 벽돌을 깐 형식의 것이다. 우편재의 연도를 지닌 횡혈식 석실분으로 고임식 천장구조를 지녔다. 묘실은 장방형으로 길이 243cm, 너비 110cm, 그리고 묘실의 높이는 165cm이다. 북쪽의 단벽은 1매석 동서의 장벽은 2매 혹은 2매의 화강판석을 세워 구축하고 그 위에 고임석을 올렸으며, 천장석은 4매로 구성되어 있다. 연도는 우편재로 작은 단연도이며 묘실 입구를 폐쇄하였다.

9) 遞馬所大塚

이 고분은 묘실의 형상이 터널형을 띠는 횡혈식 구조인데, 대형석재를 사용한 관계로 고임식의 형상을 나타내기도 한다. 비교적 규모가 큰 것이고, 우편재의 연도를 지닌 것으로 단연도이다. 묘실은 장방형의 평면이고, 길이 260cm, 너비 130cm, 높이 145cm 규모이다.

북벽은 반원형의 대판석 1매를 두고, 좌우의 벽체는 이 북벽석에 기대면서 하단은 수직으로, 중간 이후는 점차 곡면에 따라 안으로 좁히면서 올렸으며, 천장은 대판석을 사용하여 덮은 관계로 평천장의 형상을 지니고 있다. 연도는 우편재이고 입구는 작다.

10) 東 1號墳

분구가 외형상 정확하지 않지만 측면에서 보면 비교적 선명한 형상을 지닌 것이다. 약 1.5m의 높이에 직경 약 13m정도의 규모로 계측되었는데 원형이다. 묘실은 횡혈식 구조로서 매장부를 봉분에서 약간 서북으로 치우쳐 시설하고, 남쪽으로 입구를 개설한 형식이다. 참고로 묘실의 바닥은 봉분의 정상에서 약 5.3m의 깊이에 위치하여 완전 지하식임을 알게 하며, 묘광은 2.3m의 깊이로 굴착되어 있다. 전면에 단연도를 시설한 것으로 화강암을 다듬어 만든 것이며, 길이 268cm이고 너비는 110cm의 규모이다. 벽돌형태로 다듬은 대형의 화강석을 5단 높이로 쌓고 다시 그 위에 1단의 고임석을 두어 묘실은 장방형에 고임식 천정을 구성하고 있다. 입구는 4매의 석재로 결구한 문틀식이며 너비 79㎝에 높이 94㎝이고 1m정도 길이의 연도가 설치되어 있다. 천정석은 2매로 꾸몄는데 바닥에서 높이는 145㎝이다. 바닥은 지반상에 두겹으로 자갈돌을 깔았으며, 큰 판석형의 할석이 있는 것으로 미루어 이를 그 위에 덮었던 것으로 추정한다. 물론 이 할석은 관대의 역할을 한 것이다. 묘실 입구의 폐쇄는 1매의 다듬은 돌을 사용하여 실시하였는데 문비석을 고정시킨 후 틈을 메꾸기 위한 점토 바름도 확인되어 있다. 일찌기 도굴된 관계로 묘실내에 남아 있던 유물은 매우 빈약하다. 남겨진 유물은 목관편을 비롯하여 여기에 장식한 것으로 추정되는 금박편이 있고 이외에 금과 은으로 도금된 철정을 포함한 관정이 전부이다.

11) 東 2號墳

東 2호분은 1호분에서 서남쪽으로 약 60m의 거리를 두고 있다. 이곳은 봉우리에서 흘러내리는 구릉의 말단부에 돌출된 지점이기도 하다. 북쪽에서 보면 평범한 구릉의 말단부에 불과하지만 측면에서 보면 융기된 형상이 목도되는 곳이다. 따라서 이를 봉분으로 보고 남쪽에서 그 높이를 계측하면 약 5m정도가 확인된다. 묘실은 1호분과 마찬가지로 남쪽으로 입구를 개설한 횡혈식 석실분으로 길이 275㎝이고 너비는 112㎝이며, 높이는 155㎝이다. 1호분과 마찬가지로 다듬은 석재로 좌우 벽면을 축석하고 고임석을 올린 점이나 전면에 입구와 연도를 시설한 내용과 형태가 동일하다. 다만 바닥의 부석은 1호분이 자갈돌을 깔았던 데 반해서 2호분은 할석형의 잡석을 깔고 있다. 나아가 입구 바깥의 연도부분은 부석이 전혀 이루어지지 않았다. 출토된 유물이 없었던 것으로 전하는데 다만 내부에 매몰된 토사중에서 관재편과 금박편 그리고 관못만이 수습되었다.

224 百濟墓制의 研究

12) 東 3號墳

2호분과 마찬가지로 구릉의 말단부에 조성되어 있다. 외형은 2호분과 비슷하면서도 봉분으로 추정되는 부분에 손상이 많다. 봉분은 동서의 양쪽에서 약 2m정도가 계측되며 직경은 약 20m정도를 확인할 수 있다. 봉분하에 조성된 매장부는 봉토의 중심부에서 약간 서쪽으로 치우쳐 자리한다. 매장부는 횡혈식 석실분으로 묘실과 입구 연도로 이루어져 있다. 지하에 토광을 조성하고 석축으로 조성한 것이다. 묘실은 대형의 판석을 사용하여 좌우에 4매씩의 석재를 결구해 벽면을 구성한 후 그 위에 다시 고임석을 올려 고임식으로 조성하였으며, 천정은 4매로 가구되어 있다. 이로써 묘실은 길이 250cm에 너비 114cm, 그리고 높이는 137cm의 규모가 된다. 입구 바깥은 길이 54cm에 너비 89cm로 시설하여 단연도를 꾸미고 있는데 약간 편재된 연도이다. 묘실내의 부장품은 도굴로 말미암아 거의 남겨지지 않았던 것으로 보고되어 있다. 다만 묘실의 벽면에 붉게 물든 형태가 남아 있었고 목관편을 비롯한 도금된 관못 등이 수습되어 있다. 이외에 관장식을 비롯하여 금실도 일부 수습되어 있다.

13) 東 4號墳

東 4호분은 3호분에서 북쪽으로 약 25m의 거리에 있는 4호분은 조사당시 고분이 위치한 곳이 빗물로 유실되어 분구로 인정할 수 있는 부분이 매우 미약하였던 것으로 보고된 것이다. 특히 일부의 유구가 노출되어 있던 것으로 노출된 유구를 통해 고분이 확인되고 조사된 것이기도 하다. 그러나 이 4호분은 당시 조사된 고분 중에서 가장 규모가 큰 것으로 분류되고 있다. 매장부의 구성은 묘실과 입구 그리고 연도로 이루어져 있는데 특히 연도의 외면 벽면을 축석한 점을 조사자는 주목하고 있다. 묘실의 전면에는 긴 묘도가 형성되어 있는데 길이는 6m정도이다. 더불어 묘도의 안쪽 즉 연도와 접합지점에 할석으로 묘도벽을 축석하고 있는데 약 1.5m의 범위이다. 연도는 230㎝의 길이로 좌우벽은 거대한 판석 2매를 세워 구성하면서 천정을 3매로 덮었다. 연도의 바닥에는 평평한 석재를 깔았으며, 비교적 정제된 재료를 사용하였다.

묘실은 입구가 약간 편재되게 시설된 것으로 길이 300㎝에 너비 173㎝로 규모가 크다. 묘실의 축조상태를 보면 양벽은 각기 3매의 대형 석재를 세운 후 그 위에 3단을 축석하였다. 이들 3단중 위의 2단은 안으로 기울여 축조함으로써 고임식의 천정을 이루도록 하였다. 더불어 전후의 단벽은 1매석을 사용하였는데 특히 후면의 벽석에는 고분 조성시 남긴 墨跡이 있기도 하다. 묘실의 바닥은 화강암질의 암반으로 이루어져 있다. 즉 암반형의 지반 표면을 평탄하게 정지하여 묘실 바닥으로 이용한 것이나. 바닥에는 中자 형태의 홈이 파어저 있어 배수로가 시설된 깃을 일 수 있지만 이 배수로의 설치로 말미암아 묘실 바닥에는 좌우에 관대 형태의 대가 마련되기도 하였다. 그런데 묘실내에 일부의 판석형 할석이 남겨져 있어 이들 배수로를 할석으로 덮었던 것이 아닌가 추정하기도 한다. 묘실에서 수습된 유물은 관재와 관못 등에 불과하다. 대부분의 유물이 이미 도굴되어 있었는데 봉분속에서 약간의 토기편이 수습되어 있다.

14) 東 5號墳

東 5호분은 2호분의 북쪽에 있는 높은 지역을 중심으로 2호분과 서로 정확하게 30m정도 간격을 두고 있는 것이다. 3호분과 4호분도 마찬가지인데 이는 지세를 이용하여 고분을 축조하였기 때문으로 보고 있다. 5호분의 묘실은 지표하 약 3.4m의 깊이에 위치하며, 봉토의 형태로 추정하는 것이 없는 점으로 미루어 완전 지하식으로 볼 수 있다. 매장부는 횡혈식으로 남쪽에 입구와 짧은 연도가 개설되어 있다. 사용된 석

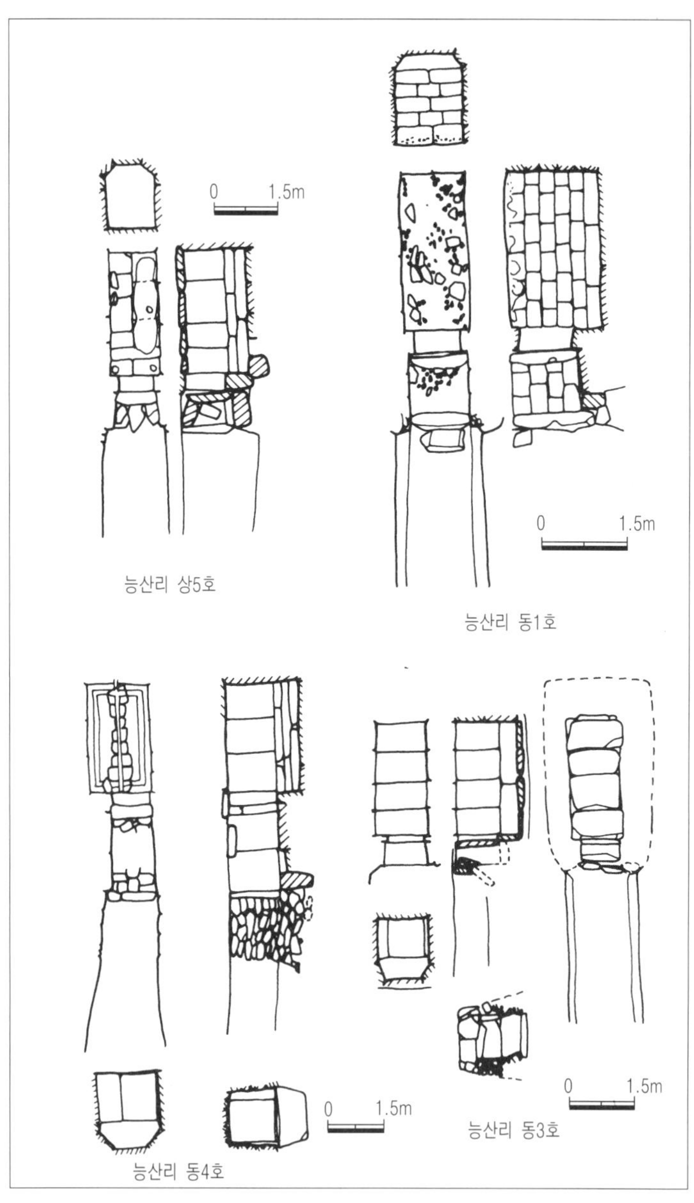

그림 3. 능산리 동고분군 분묘

재는 정제된 감이 덜하여 다른 고분에 비해 격이 떨어지는 것인데, 묘실의 규모에 대해서는 구체적이지 않다. 다만 묘실의 구조는 고임식의 태동기에 만든 것으로 지적된 바 있다.[8] 묘실내에서 수습된 유물은 이미 도굴된 후에 남겨진 관재와 관장식 그리고 관못이 주종을 이룬다.

3. 陵山里 古墳群의 墓制 檢討

陵山里 고분군의 개별고분은 모두 횡혈식의 구조를 지녔다는 공통성이 있지만 구조에서는 각각 차이를 보인다. 횡혈식 석실분은 초기 도입 후에 묘제간의 영향 혹은 자체적 변화과정을 겪고 있으며, 이러한 구조의 변화는 일정한 방향으로 이루어지고 있음도 알 수 있다.[9] 그런데 이러한 변화상은 陵山里 고분군의 조영시기의 추정 나아가 선후순의 확인에 적지 않은 도움이 될 것이다. 앞서 정리한 고분군의 현황을 정리하면 다음의 표와 같다.

陵山里 橫穴式 石室墳 現況

	형식	재료	규모	묘실형태	장축	바닥	입구형태	연도규모	위치	배수로형태	기타비고
동상총	고임식	판석	325*200*211	장방형	남북	관대	현문식			단연도	
동하총	수평식	마연석	250*112*122	장방형	남북	판석관대	현문식	64*100*138	중앙	단연도	벽화
중하총	터널식	장대석	321*198*215	장방형	남북	부석	현문식	266*170*116	중앙	장연도	벽면회바름
서하총	고임식	판석	285*125*150	장방형	남북	판석	현문식		중앙	단연도	
중상총	고임식	판석	325*145*170	장방형	남북	관대	현문식	110*	중앙	단연도	
서상총	고임식	판석									
할석통	고임식	괴석	264*127*128	장방형	남북	생토	개구식	70*60	편재	장연도	
전상총	고임식	판석	243*110*165	장방형	남북	벽돌	현문식		편재	단연도	
체마대총	터널식	장대석	260*130*145	장방형	남북	부석	현문식		편재	단연도	
동1호분	고임식	정치석	268*110*145	장방형	남북	부석	현문식	100*79*94	중앙	단연도	
동2호분	고임식	정치석	275*112*155	장방형	남북	부석	현문식	125*101*	중앙	장연도(?)	
동3호분	고임식	장판석	250*114*137	장방형	남북	부석	현문식		중앙	단연도	
동4호분	고임식	판석	300*173*200	장방형	남북	관대	현문식		우편재	장연도	시설
동5호분	고임식	판석	277*107*140	장방형	남북	부석	현문식		중앙	단연도	

8) 李南奭, 1992, 「百濟橫穴式石室墳의 構造形式硏究」『百濟文化』22, 公州大學校 百濟文化硏究所.

9) 李南奭, 1992, 앞의 글.

정리된 14기의 분묘외에 석곽묘로 제시된 것도 있고, 이후 조사된 옹관묘 등을 고려할 때, 이 지역의 고분들은 동서로 구분된 채 약 20여 기가 있었던 것으로 추정할 수 있다. 이들은 동상총 이하 서상총까지 6 기는 비교적 밀집된 형태로 단위 군을 이루고, 이에서 동쪽으로 200m 의 거리에 다시 동고분군 5기가 제시되어 일단 작은 단위로 2개 권역 화될 수 있음을 알 수 있다. 물론 이러한 현황은 조사가 전면제토가 아 닌 노출된 것만 대상으로 하였다는 한계로 고분군의 전반적 상황이 아 님은 물론이다. 다만 지형적 조건을 볼 때 서쪽과 동쪽으로의 작은 단 위로 구분된다는 것은 알 수 있는데, 개별 고분의 숫자는 보다 많았을 것으로 추정할 수 있을 것이다.

표에 제시되지 않았지만 조사된 대부분의 고분에서 봉분문제가 언급 되어 있다. 특히 서쪽의 6기는 봉분만이 아니라 기석까지 제시되고 있 다. 거칠게 다듬은 할석재를 사용한 것이지만 비교적 정연한 배치를 보 일 뿐만 아니라, 이 기석의 존재로 비교적 장대한 외형상을 지녔음을 추정하기 어렵지 않다. 사실 백제 횡혈식 석실분의 상부구조, 즉 봉분 문제는 정확한 판단기준이 결여된 상태이다. 지금까지 적지 않은 횡혈 식 석실분 자료가 집적되었음에도 봉분 형상을 분명하게 보여주는 것 은 없다. 결국 陵山里 고분군의 일부에 기석시설이 확인된 것은 백제 횡혈식 석실분에도 매장부를 보호한다거나 표지시설로 봉분이 갖추어 질 수 있음을 보여주는 사례라 하겠다. 다만 이 陵山里 고분군이 왕릉 이란 특수성을 감안하면 여기에 나타난 봉분을 백제고분 일반에 모두 적용하는 것은 좀더 검토가 필요하기는 하다.

앞서 정리된 14기의 분묘자료는 백제 묘제에서 전형적 횡혈식 석실 분이다. 횡혈식 석실분은 지하로 묘광을 파고, 그 안에 석축의 묘실을 구축한 다음에 전면에 입구를 개설하면서 이 입구에 잇대어 연도 및

墓道가 이어지는 것이다.10) 물론 연도의 형태나 墓道의 존재는 개별자료에 따른 차이가 있지만 입구가 전혀 갖추어지지 않은 竪穴式 石槨墓라던가11) 벽면 전체를 개구하여 입구로 사용하는 횡구식 유형과는 판이하게 구별되는 구조를 지닌 것이다. 이 능산리 고분 14기는 횡혈식 구조에서 벗어나는 것은 전혀 없기에 일단 횡혈식 석실분의 범주에서 형식적 고찰이 가능하다.

백제 횡혈식 석실분은 4세기 후반에 백제 사회에 수용되면서12) 점차 백제 전사회의 보편적 묘제로 확산되는데 이 과정에서 형식적 변화단계를 거친다. 변화는 초기 도입된 유형이 백제적인 것으로 정착된다거나 무령왕릉과 같은 塼築墳의 영향으로 구조적 변화가 나타나 그것이 다시 백제적 유형으로 정착되는 등의 과정적 요소가 있으며, 이를 토대로 묘실의 평면, 천정가구의 형대, 입구 및 연도의 위치 등의 속성치이를 나타내고 있다. 필자는 이러한 요소를 근거로 백제 횡혈식 석실분을 8가지로의 구분한 바 있고, 이를 속성구분이 편리한 천정의 형태에 따라 네벽조임식, 양벽 조임식, 궁륭식, 터널식, 아치식, 고임식, 수평식, 맞배식으로 명칭한 바 있다. 여기에 이들 개별 형식은 시간순에 따른 변화상이 뚜렷한데 초기의 네벽 조임식이 궁륭식으로 정착되나 무령왕릉과 같은 중국 塼築墓制의 영향으로 터널식과 아치식이 발생하였다가 다시 고임식에서 수평식이란 백제의 定型的 횡혈식 석실분으로 변화된다는 검토도 진행한 바가 있다.13) 이러한 검토결과는 아직은 큰 문제가 없다고 보아지며, 陵山里 고분군의 개별 고분도 이 범주에서 고찰이 가

---

10) 李南奭, 1992, 앞의 글.

11) 李南奭, 1994,「百濟 竪穴式 石室墳研究」『百濟論叢』, 百濟文化開發研究院.

12) 李南奭, 1992,「百濟初期 橫穴式 石室墳과 그 淵源」『先史와 古代』3, 韓國古代學會.

13) 李南奭, 1992, 앞의 글.

능하다고 본다. 이러한 횡혈식 석실분의 분류결과에 따라 陵山里 고분군의 개별자료를 대비할 경우 일단 묘제형식으로 보면 터널식과 고임식, 그리고 수평식에 속하는 것이 있음을 알 수 있다.

터널식 구조를 지닌 것은 중하총과 체마소대총의 2기이다. 백제 횡혈식 석실분으로 터널식 유형의 발생은 무령왕릉으로 대표되는 중국 전축묘제의 도입에서 비롯된다. 터널식 유형의 발생이전 백제 횡혈식 석실분은 궁륭식으로 대표되는 것이었다. 궁륭식은 묘실의 평면이 대체로 방형에 가깝고, 벽체의 하단은 수직으로 중간부는 안으로 내경하여 올리다가 상단에서 원형으로 좁혀 올리는 도움형식의 구조를 나타내며, 편재된 입구와 연도를 갖춘 것인데 대체로 벽돌과 같은 할석으로 축조하는 것이 일반적으로 서울의 가락동 3호분,14) 공주의 송산리 고분군중의 1–4호분,15) 익산 입점리 1호분16)을 그 예로 볼 수 있다. 반면에 터널식은 묘실의 평면이 장방형, 벽체의 경우 전후의 단벽은 수직으로, 좌우의 장벽은 하단을 수직으로 쌓지만 점차 안으로 내경하여 천정부에서 맞닿아 터널형상의 묘실을 갖게 하는데 입구 및 연도의 위치는 편재된 것이 있는가 하면,17) 중앙에 시설하는 것도 있으며, 석재는 궁륭식과 같은 할석재를 사용하는 것 외에 장대석을 사용하는 것도 있다.

터널식의 발생은 이전의 횡혈식 묘제인 궁륭식에서 변화요인을 찾기는 어렵다. 오히려 백제가 웅진에 도읍하던 시기에 이루어졌다는 것과, 구조적으로 선진적 중국묘제인 전축분 유형과 상통한다는 점, 그리고

---

14) 蠶室地區遺蹟調査團, 1975, 『蠶室地區遺蹟址發掘調査報告書』.
15) 野守建 外, 1935, 「公州宋山里古墳調査報告」『昭和2年度古蹟調査報告』, 朝鮮古蹟硏究會.
16) 文化財硏究所, 1990, 『益山笠店里 古墳』.
17) 예로 공주 금학동 1호 석실분이 그것이다. (安承周·李南奭, 1992, 『公州 金鶴洞·新基洞 古墳發掘調査報告書』, 公州大學校博物館.)

백제의 두 번째 도읍지역인 웅진에 중국의 전축묘제가 존재한다는 점에서 이의 영향에서 갑작스런 전환이 이루어졌다고 볼 수 있다. 이는 묘실의 구조양식이 터널식이나 이외는 이전의 궁륭식 요소가 여전히 간직되어 있음에서 알 수 있다. 예컨대 공주 금학동 1호분18)의 경우 묘실이 터널식의 전형을 이루고 있지만, 벽면에 회바름이 남았고, 연도가 우편재되었다던가 입구가 개구식에 장연도로 이루어져 있어 궁륭식의 개별 속성을 여전히 간직하고 있다.

무령왕릉과 같은 전형적 전축묘제의 요소를 완벽하게 갖춘 것은 능산리의 중하총을 꼽을 수 있다. 그런데 陵山里 고분군 중에 터널식 유형을 지닌 중하총과 체마소대총은 대체적 구조속성에 터널식의 기본 형상을 갖추고 있지만, 세부적으로 차이가 있다. 우선 중하총의 경우 묘실의 평면이나 벽면 및 천장가구의 형상, 그리고 묘실의 입구 등에서 전형적 전축묘제의 요소가 많다. 반면에 체마대총의 경우 묘실이 장방형인 점, 벽체중에 전후의 단벽은 수직, 좌우의 장벽은 하단을 수직으로 올리고 상단에서 곡률을 주어 좁히고 있는 점에서 터널식의 기본적 형상이나 입구 및 연도가 우편재되어 있다는 점은 오히려 궁륭식의 요소로 볼 수 있는 것이다. 다만 중하총은 터널식으로서 정형적 형상을 갖추고 있으면서 오히려 변형된 치장적 형상이 감지되기도 한다. 여기에 사용재료의 차이 외에 연도가 입구의 바로 전면을 한단 좁혔다가 긴 연도를 낸 점이라던가, 대형의 장대석을 사용하여 결구한 중하총은 오히려 백제 횡혈식 석실분중에 터널식 구조의 완성형이라 할 수 있을 것이다. 반면에 체마소대총은 비록 궁륭식의 요소가 있지만 천장부가 평천정으로 변질되었다는 점, 축조재료가 보다 조잡하다는 사실 등을

---

18) 安承周·李南奭, 1992, 위의 報告書.

고려하면 오히려 이는 터널식에서 평천장으로의 변화과정에 있는 것으로 판단할 수 있을 것이다.

고임식 구조를 지닌 것은 앞의 터널식 유형외에 평천정이 동하총을 제외한 모두가 이에 해당한다. 고임식 구조의 석실분이 陵山里 고분군의 주류를 이루고 있음을 알 수 있는데, 고임식 구조의 발생이 터널식의 변화에서 비롯되며, 그것은 할석재에서 판석재로 사용재료의 변화와 더불어 고분 축조기술의 발전에 비롯된 것일 뿐만 아니라, 외부에서 수용된 묘제가 백제적인 것으로 정착된 결과로 볼 수 있는 것이다. 대체로 백제 후기의 횡혈식 석실묘제는 이 고임식이 주류를 이루고 있고, 분포범위도 매우 넓다. 논산 육곡리 7호분,[19] 나주 대안리 5호분[20] 등을 예로 들 수 있다. 능산리 고분군의 14기 분묘중에 10여기가 이 고임식 구조인데, 구조형상은 대체적 통일성을 지니고 있다. 묘실의 평면이 장방형 혹은 세장방형이라던가, 벽체를 수직으로 올린 다음, 좌우의 장벽 상단에 안으로 절각하여 고임석을 둔 다음, 평천장을 구성하는 것, 입구에 문틀시설을 갖추고 여기에 연도가 잇대어진 것이 그것이다. 그러나 연도의 형상이나 고임석의 형상에서 약간의 차이는 있다.

동상총은 관련자료가 부족하여 자세히 검토할 수 없지만 서하총과 중상총은 일단 구조적으로 큰 차이가 없다. 묘실의 평면이라던가 벽체 및 천장의 구성에서 고임식으로 정형적 갖춤새를 보인다. 천장 고임석의 절각 정도가 작고, 묘실 평면이 세장화된 것으로 미루어 고임식에서는 이미 발전된 형식으로 볼 수 있다는 것이다. 다만 연도의 경우 문틀

---

19) 安承周・李南奭, 1988, 『論山六谷里 百濟古墳發掘調査報告書』, 百濟文化開發研究院.

20) 崔夢龍 外, 1979, 「羅州大安里 5號百濟石室墳 發掘調査報告」 『文化財』12, 文化財管理局.

시설이 마련되면서 연도가 이보다 약간 넓게 만들어지면서 약간 우측으로 치우쳐 시설되어 정확한 중앙연도는 아니지만 그러한 현황은 발전된 양식에서도 자주 발견되는 것이다.

한편 동고분군의 5기중에 도면이나 관련자료가 미비된 2호분을 제외한 1호분·3호분·4호분·5호분의 경우 1호분만이 사용한 석재가 벽돌형의 대석을 사용하나 나머지는 판석재를 사용한 차이 외에 대체적 양상은 거의 같다. 다만 천정의 가구에서 동 4호분의 경우 고임석의 너비가 크게 이루어졌다는 점에서 주목할 수 있는데 이 동 4호분은 연도가 장연도이면서 거의 우편재에 가깝게 시설된 특징도 있다. 전체적으로 동 고분군의 개별 고분들은 규모에서 앞의 서하총 등보다 작다는 점, 그리고 축조재료가 보다 조악하고 여러 매의 석재를 사용한 점에서 차이가 있다. 더불어 묘실내에 시설된 관대의 경우 중상총은 1인용의 관대만 시설되었는데 동일한 형상의 서하총도 관대는 없지만 단장의 묘실이 아니었나 추정된다. 그러나 동고분군은 관대의 흔적이 없기에 單葬인지 多葬인지의 판단이 어렵다.

수평식 구조를 지닌 것은 동하총 1기가 유일하다. 물갈이한 석재를 사용한 것으로 축조수법에서는 매우 뛰어난 갖춤새이다. 중앙입구에 이어진 연도는 입구보다 확대된 형상으로 있어 특이성을 지적할 수 있다. 동형의 자료로 논산 육곡리 6호분[21]을 예로 들수 있겠는데 능산리 일원에는 그러한 유형이 적지 않게 조영되어 있다. 이 묘제는 고임식의 구조가 변화되어 보다 간략화된 것으로 볼 수 있는 것인데, 사용시기에 대해서는 고임식보다는 늦겠지만 동시사용도 적지 않은 것으로 추정되는 것이다. 한편 할석총은 구조상 네벽 조임식으로 분류할 수 있는 것

---

21) 安承周·李南奭, 1988, 앞의 報告書.

이다. 물론 천장부가 파괴된 형상으로 조사되어 구조적 검토에 어려움이 있지만 전후의 단벽 상단을 안으로 좁힌 점은 터널식이나 고임식과는 차이가 있는 것이다. 이러한 기법은 네벽 조임식에서 전형적으로 나타나는 것이나 아치식도 동형의 수법이 있음을 고려하면 터널식과 아치식의 중간형태가 존재하는 것이 아닌가 추정할 수도 있다.

요컨대 陵山里 고분군내 14기의 횡혈식 석실분은 터널식 2기, 수평식 1기 그리고 네벽 조임식으로 볼 수 있는 것 1기 외에 나머지는 고임식이다. 이들을 구조적으로 검토한 결과 터널식은 동형의 분묘로서는 가장 발전된 형식으로 볼 수 있을 것이다. 여기에 고임식의 경우 터널식에서 고임식으로 변천과정을 나타내는 것이 있는가 하면, 대다수는 이미 충분한 발전을 거쳐 고임식으로 완벽한 형상을 갖춘 것도 있다. 여기에 수평식은 고임식과 천장가구에서만 차이를 지닌 것이나 동형의 墓制가 陵山里 고분군에 자리함은 고임식이 이미 수평식으로 변천되었음을 보여주는 證左라 할 수 있다.

결국 구조형식에서 陵山里의 각 고분은 평면구조가 장방형에 남벽의 중앙에 입구 및 묘실을 개설한 횡혈식이라는 점에 공통점이 있다. 여기에 입구는 門柱石, 門地方石, 門楣石 등을 갖춘 懸門式이 대부분이고, 羨道는 長羨道 보다는 短羨道가 지배적이다. 다만 중하총처럼 평면 플랜이 길이와 너비가 3:2의 균형적 형태로 구성된 것이 있는가 하면, 細長된 장방형도 있다. 나아가 연도도 단연도와 함께 장연도의 흔적도 있고, 형태도 나름의 차이는 발견된다. 그런데 이러한 차이는 천정의 구성형태, 사용된 재료 등과 밀접한 관련을 보인다.

4. 陵山里 古墳群과 百濟王陵

앞서 살펴본 陵山里 고분군내 개별 자료는 백제 횡혈식 석실분으로 후기에 등장한 유형이 대부분 망라되어 있음을 알 수 있다. 터널식과 고임식 그리고 수평식과 같은 다양한 형식이 있지만 이들은 웅진도읍 말기에서 사비시대에 유행한 것들로 백제가 사비에 도읍하던 시기에 조성된 것임을 단적으로 보여주는 것이다. 그러나 이들 분묘들은 陵山里 고분군을 이루는 단위요소로 존재할 뿐이다. 나아가 陵山里 고분군의 중요성은 그것이 백제의 사비도읍시기 왕릉으로 인정되는 점에 있음에도 개별 분묘자료가 백제의 어떤 왕에 소속될 수 있는 것인지 등의 문제는 미해결로 남아 있어 이 陵山里 고분군이 왕릉으로 인정을 주저하게 한다.

사실 이 유적이 조사되면서 피장자에 대한 논급은 적지 않게 있어 왔다. 예컨대 중상총의 경우 조사자는 분묘내에서 출토된 금구가 두개 골 부근에서 출토된 점을 근거로 이 고분은 백제왕릉으로 본다. 즉 관식이 금구라는 점을 들면서 백제의 관식 착용규정에 금제의 착용은 왕만이 가능하다는 점을 근거하고 있다. 나아가 이 고분은 성왕이나 위덕왕의 무덤이 아닐까 추정하는데, 이는 혜왕이나 법왕이 단명의 군주였기 때문에 이와 같은 대형의 고분이 조성될 수 없었을 것이라는 판단에 근거하고 있다.22) 나아가 중하총은 묘실내에서 수습된 遺物 중에 金銅으로 머리가 장식된 못이 있었고, 더불어 옷칠을 한 목관이 있음에 비추어 이 것이 聖王 혹은 威德王의 陵이 아닌가 추정한 것이 그것이다.23)

---

22) 關野貞・黑板騰美, 1915, 위의 報告書.
23) 野守建・小川京吉, 1920, 『大正六年度古蹟調査報告』, 朝鮮總督府篇.

이러한 의견은 그것이 비록 추정적 논지에 불과한 것이지만 그 可否를 떠나 능산리 고분군을 백제왕릉으로 인정하고, 나아가 그 속에서 개별 무덤의 피장자를 추구하였다는 점에서 주목할 부분이 적지 않다. 다만 전체 고분군의 성격이나 개별고분의 고고학적 편년속에서 검토한 것이 아니라는 점, 묘실의 규모라던가 혹은 출토유물을 통한 추정이기에 타당성을 부여하기에 주저되는 것도 사실이다.

능산리 고분군의 조영시기는 앞서 간략하게 언급된 바 있듯이 백제가 사비에 도읍하던 시기에 조성된 것임은 분명하다. 대체로 백제 횡혈식 석실분의 사용이 도읍지를 중심으로 진행되었고, 이들은 지역적 차이는 있겠지만 대체로 일정한 형식변화를 거친다는 것은 앞서 언급한 것과 같다. 능산리 고분군도 그러한 과정에서 검토될 수 있겠는데, 고분군내에 남겨진 자료는 대체로 백제의 후기 즉 사비 도읍기에 조성된 것만 있기 때문이다. 왜냐하면 고분군내에 궁륭식이나 아치식 혹은 합장식과 같은 웅진도읍시기에 조성되는 형식은 확인되지 않기 때문이다. 이는 시간성을 반영하는 것으로 능산리 고분군은 백제가 사비에 도읍하던 시기에 조성되었다는 것을 단적으로 보여준다. 횡혈식 석실분으로 터널식도 있지만 대부분 고임식이 중심을 이루고, 여기에 수평식까지 포함되어 있어 일단 개괄적 범위에서 보면 사비 도읍기에 조성된 것은 분명하다. 나아가 이들을 형식에 따라 시간순에 따라 나열할 경우 터널식이 가장 이른 것인데, 체마소대총처럼 전기적 요소가 있는 것도 있지만, 이 터널식의 발생이 웅진도읍후기에 이루어진 것에 비추어 그러한 존재는 능산리 고분군이 사비도읍기에 조영된 것으로 보는데 적극적 증거가 될 수 있을 것이다.

한편 능산리 고분군의 개별 고분들은 횡혈식 석실분이란 단일유형에 한정되어 있다. 나아가 개별 고분들은 횡혈식 석실분으로 구조적으로 사비천도 후에 조영된 터널식이나 고임식 그리고 수평식에 국한되어 단순성을 보인다. 이러한 단순성은 고분군의 마련이 사비천도전이라던가 혹은 백제의 사비시대 이후인 멸망 후와 연결되지 않는다는 점을 대변하는 것으로, 백제가 사비로 천도한 후에 성격이 분명한 집단에 의해 고분군의 조영이 이루어졌다는 것을 알게 한다. 즉 고분군의 조영주체가 복합적 성격의 집단이기보다는 오히려 단일집단이고, 여기에 백제가 사비에 도읍하던 시기에만 만들어졌다는 점으로 미루어 이전과 이후에 지역성을 지닌 집단과는 무관한 것을 나타내는 것으로 볼 수 있을 것이다. 이러한 내용은 우선 왕실집단이 이 고분군을 조영하였다고 비정하는 것도 어쩌면 자연스러울 것이다.

능산리 고분군의 개별고분은 축조기법이나 규모에서 우수성이 인정된다. 축조기법에서 횡혈식 석실분의 축재로 판석새를 사용하는 것이 많지만 능산리 고분군처럼 화강석을 정교하게 다듬어 사용하는 예는 특수한 경우에 국한될 뿐이고, 거칠게 다듬은 판석재 혹은 괴석재의 사용이 대부분이기 때문이다. 여기에 능산리 고분군의 개별 고분은 입구의 시설이나 연도의 형상에서 정교함이 두드러진 편인데 이는 고분군의 특수성을 대변하는 것으로 볼 수 있다. 규모에 있어서는 개별 사례에 따른 차이가 있지만 전반적으로 보아 상급류에 속하는 것으로 보는데 문제가 없다. 이러한 사실로 미루어 능산리 고분군의 개별 고분내 피장자의 위치가 나름의 특수 신분의 것이란 점을 인정할 수 있을 것이며, 동 시기의 다른 지역에 있는 횡혈식 석실분과 견주어 왕릉으로 비정하는데 큰 문제는 없을 것으로 판단된다. 다만 현재 능산리 고분군에서 조사된 전체의 고분이 왕릉으로 보기는 어렵고, 보다 엄격한 선별이 필요하기는 하다.

앞서 살핀 것처럼 능산리 고분군은 서쪽의 고분군과 동쪽의 고분군으로 나뉘는데, 축조기술이나 규모로 미루어 서쪽의 고분 6기에 비해서는 동고분군의 5기는 상대적 열악상이 드러난다. 이들은 일단 왕릉으로 보는데는 주저되는 바가 없지 않으며, 여기에 체마소대총이라던가 할석총 등도 일단 제외되어야 할 것이다. 따라서 능산리 고분군의 개별고분 중에 왕릉으로서의 위치를 부여할 수 있는 것은 서쪽의 고분 6기가 그 대상이 될 수 있을 것이다. 문제는 6기의 고분이 모두 왕릉인가 아니면 이중에 1기 혹은 일부만이 왕릉인가의 문제가 남기는 한다. 물론 이러한 이해에는 사비도읍지역에 또 다른 왕릉군의 탐색이 가능하다면 포괄적 검토가 가능할 것인데 현재로는 그 적극적 대안의 마련이 어려운 형편으로 일단 능산리 고분군만이 왕릉으로 볼 수밖에 없다.

각 분묘의 피장자 비정을 위해서는 이에 대응되는 분묘의 시간순에 따른 순서배열이 이루어져야 할 것이다. 우선 능산리 고분군의 개별 고분 전체가 모두 횡혈식 석실분이라는 점에는 공통이지만 중하총과 같은 터널식이 있는가 하면, 중상총과 같은 고임식의 구조가 있고 나아가 동하총과 같은 수평식이 있어 일단 시간상의 배열이 가능하다. 이에 가장 이른 것이 중하총으로 보아야 하는데 중하총의 경우 터널식 석실분의 일반적 형태에서 재료가 보다 세련된다거나 연도가 중앙으로 정착되는 등의 발전된 모습을 보이지만 벽면의 회바름 등의 기법은 아직 전단계의 요소를 그대로 간직하고 있어 일단 능산리 고분군 중에서 가장 이른 시기의 것으로 볼 수 있다.

한편 백제 횡혈식 석실분의 변천과정에서 보면 수평식은 고임식의 다음에 등장하는 유형으로 백제 횡혈식 석실분중에서는 최말기에 속하는 것인데 나머지 5기의 분묘중에 4기가 고임식이고, 동하총만이 수평식일 뿐이다. 그리고 나머지 4기의 분묘중에 동상총에 대한 내용은 확인이 어렵다. 반면에 중상총이나 서상총, 그리고 서하총은 구조적으로 매우 근사하다는 특징이 있어 단순 비교에 의하면 거의 비슷한 시기에 조성된 것이란 추정이 가능할 뿐으로 더 이상 구조속성에 의한 선후구분은 어렵다. 그런데 여기에서 주목하여야 할 점은 묘실내의 시신 안치가 단장으로 이루어졌는가 아니면 여전히 다장적 속성을 지니고 있는가의 차이가 발견되는 것이다.

백제 횡혈식 석실분의 특징은 입구가 마련된다는 점이고, 입구의 마련은 출입을 위한 것으로 이는 葬制의 追加葬 혹은 合葬과 같은 多葬制와 밀접한 관련이 있음은 자주 언급된 바와 같다. 이러한 다장제는 백제의 웅진 도읍기에는 보편적으로 이루어진 것이고, 묘제적으로 궁륭식이나 터널식에서는 일반적이며, 나아가 고임식에서도 매우 유행한 것으로 볼 수 있다. 그런데 다장제는 다시 단장제로 변화되었음이 감지되는데, 대표적 사례로 익산 쌍릉의 경우 묘실내에 1개의 관대만 마련되어 있어 대왕릉 소왕릉이란 별개의 분묘가 부부의 것으로 존재하는 것이라든가,24) 그리고 최근 조사된 염창리 고분군에서 변화의 형적이 분명하게 확인되어25) 횡혈식 석실분의 확대사용과 더불어 백제사회의 보편적 장제로 정착된 것으로 추정할 수 있다. 다장제가 단장제로의 변화는 사비도읍기 후반 즉 7세기의 어간에 이루어진 것으로 확인된다.

그런데 앞서 살핀 중하총은 터널식 구조이고, 이는 당연히 부부 합장이란 전제를 마련할 수 있을 것이다. 또한 동상총은 관대가 2개 있어 그것도 합장이 전제되었음을 알 수 있다. 반면에 중상총은 단장을 실현한 것으로 중앙에 1개의 관대만 있을 뿐이다. 다만 서하총은 관대시설이 없고, 더불어 單葬인가 多葬을 추정할 수 있는 근거가 없어 판단이 어려운 상태이다. 여기에서 單·多葬을 파악할 수 없는 서하총을 예외

---

24) 谷井濟一, 「益山雙陵」, 1920, 『大正六年度古蹟調査報告』, 朝鮮總督府.
25) 公州大學校 博物館, 2000, 『鹽倉里 古墳群發掘調査 中間資料』.

로 하면 일단 능산리 개별고분중에서 동상총은 合葬이고, 중상총은 單葬이란 것을 알 수 있다. 다만 서하총의 경우 관대시설이 없지만 동형의 고분에서 특별히 관대가 없는 경우 다장인 경우가 많다는 점은 일단 주시할 필요가 있어 고임식 구조에서는 동상총이 가장 이른 것이고, 중상총이 늦은 것임을 알 수 있다. 이상의 검토결과에 따르면 왕릉으로 추정되는 능산리 고분군중에서 가장 이른 것은 중하총이고, 이어 동상총 및 서하총, 그리고 중상총과 동하총의 순서로 축조된 것임을 알 수 있다.

그러면 이들 6기의 고분은 어떤 왕들의 무덤일까라는 문제가 남는다. 물론 이를 적극적으로 뒷받침할 만한 자료는 전혀 남아 있지 않다. 때문에 각 고분의 구조적 속성과 사비 도읍기의 백제 왕계를 토대로 검토될 수밖에 없는데, 여기에는 적지 않은 한계가 있기는 하다.

백제가 文周王代 웅진으로 천도한 이후 재위한 왕은 義慈王까지 모두 10명이다. 이중에 의자왕은 중국에서 생을 마감하였기에 이를 제외하면 모두 9명의 왕들이 남천 후 지역에서 타계하였고, 그들의 무덤이 남천 지역인 웅진 혹은 사비지역에 마련되었다고 볼 수 있다. 여기에 웅진도읍기의 능묘인 송산리 고분군에 25대 武寧王의 무덤이 확인되었기에 武寧王 이전의 文周·三斤·東城王의 陵墓는 당연히 웅진지역인 지금의 공주에 조성되었다고 볼 수 있다. 나아가 이전에 공주 송산리 6호 전축분이 聖王陵일 가능성도 타진된 바 있지만, 오히려 이는 武寧王妃의 분묘로 보는 것이 타당할 것이기에26) 사비기의 능묘는 이후의 왕인 聖王·威德王·惠王·法王·武王의 5명의 것들이 있어야 할 것이다. 그리고 이중에서 武王陵은 능산리 고분군에서 탐색되지 않아도 될

---

26) 李南奭, 1998, 앞의 글.

것 같다. 이는 익산의 쌍릉이 여러 정황으로 미루어 武王陵일 가능성이 높기 때문이다.27) 따라서 능산리 고분군내에는 聖王과 威德王·惠王·法王인 4명의 왕릉만이 탐색될 수 있을 것으로 본다.

4명의 군주중에 聖王은 6세기 중반에, 그리고 威德王은 그보다 약 40여년 후인 6세기 최말기에, 그리고 惠王과 法王은 단명의 군주이기에 威德王과 거의 동시기에 사망하였다. 따라서 墓制는 성왕의 경우 6세기 중반의 유형을 그리고 이외 威德王·惠王·法王의 분묘는 거의 동형의 분묘가 조성되었을 것으로 볼 수 있다. 물론 능산리 서고분군의 분묘는 6기인데 그보다 숫자가 많을 수도 있겠지만, 현존의 상황에 국한한다면 이들 6기가 4명의 군주와 관련된 분묘로 보아야 할 것이다.

이러한 논지에서 본다면 聖王陵은 당연히 중하총이 되어야 할 것이다. 잘 알려져 있듯이 백제의 사비천도는 성왕에 의해 이룩되었고, 사비 도읍기 백제왕으로 처음 능묘를 조성한 것이 성왕이기에 형식적으로 가장 이른 것이 될 수밖에 없다. 나아가 백제의 횡혈식 석실분의 변천과정을 보면, 웅진도읍시기에 등장한 터널식의 유형은 사비도읍 초기에도 여전히 사용되기에 성왕릉은 이 터널식 구조를 지니고 있다고 보아도 문제가 없다. 사실 성왕의 능묘에 대해서는 그의 역사적 위치로 말미암아 공주 송산리 고분군의 6호 塼築墳이 그의 능이라던가 아니면 능산리 고분군내에 있다는 의견 등이 제시되어 왔었다. 그런데 최근 발견된 능산리 절터의 佛舍利龕 銘文에 의하면 聖王의 묘가 이 불사리감과 인근한 지역에 조성된 것으로 판단할 수 있다.28) 즉 聖王陵이 능산

---

27) 李南奭, 2000, 앞의 發表要旨.

28) 이는 최근 조사된 능산리 陵寺의 塔址에서 출토된 佛舍利龕의 銘文중에 創寺가 昌王姉妹의 願刹임을 밝히고 있음에 비추어 사찰이 聖王을 위한 것으로 판단하는 것이다.

리 고분중에 있는 것으로 확인할 수 있는데 聖王이 웅진과 사비에 걸쳐 존재하면서 부여시기 왕릉조성을 출발케 하였다는 점을 근거로 보면 능산리 고분에서 聖王陵은 당연히 중하총이 되어야 한다.

문제는 나머지 威德王·惠王·法王陵의 문제이다. 이들은 나머지 5기의 분묘중에서 탐색되어야 할 것인데, 여기에서 일단 수평식 구조를 지닌 동하총은 제외되어야 할 것으로 본다. 왜냐하면 이들 3명의 군주보다 늦은 7세기 전반에 타계한 武王陵이 고임식의 구조를 지니고 있어 3명의 군주 능묘는 터널식 아니면 고임식의 구조로 조성되었다고 보는 것이 자연스럽기 때문이다. 따라서 威德王·惠王·法王의 능묘는 聖王陵인 중하총과 그리고 보다 후대의 것인 동하총을 제외한 중상총·서하총·서상총·동상총이 그 대상이 되어야 할 것이다.

그런데 여기에서 주목할 수 있는 것은 4기의 분묘중에 동상총의 경우이다. 동상총은 규모도 크지만 2개의 관대가 마련된 것이고, 더불어 부장품으로 金具가 남겨진 것으로 보아 왕릉으로 이미 추정한 바가 있는데 구조형상이나 장제적 특징으로 미루어 이것이 威德王陵이 아닌가 추정된다. 威德王의 사망시기가 뒤의 惠王이나 법왕과 큰 차이가 없지만, 전체적으로 보아 빠른 시기로 볼 수 있기에 보다 이전의 묘제적 특징을 간직한 중상총을 그 대상으로 봄이 타당할 것이다.

마지막으로 혜왕과 법왕의 능묘는 판단하기가 어렵다. 그러나 나머지 분묘들이 단장묘로 남았고, 나아가 혜왕과 법왕의 능묘가 여기에 조성되었다면, 왕과 왕비의 무덤이 한지역에 있을 것이기에 일단 4명의 분묘를 비정할 수는 있을 것이다. 여기에서 적어도 동하총은 왕보다는 왕비의 것으로 추정할 수 있겠는데, 이는 동하총이 7세기대 이후에나 본격화된 묘제이기에 6세기말에 타계한 왕릉으로는 부적합하기 때문이다.

  결국 능산리 고분군이 왕릉으로서의 품격은 충분하다고 본다. 나아가 이중에서 중하총은 百濟 26대 성왕릉이 분명하다고 판단되며, 여기에 또 다른 왕릉이 있다면 성왕을 이어 재위한 위덕왕의 陵은 동상총이 되어야 한다. 이외 혜왕이나 법왕릉은 나머지 중상총이나 서하총 그리고 서상총으로 비정되어야 할 것인데, 정확한 판단은 어렵다. 다만 나머지 4기의 분묘중에 1기는 정확하게 단장을 실현한 것이기에 각각 왕과 왕비의 능이라면 백제 역대 왕릉을 모두 여기에서 비정할 수 있다는 전제가 마련될 수 있을 것이다.

  그러나 여기에는 다음과 같은 문제, 즉 능산리 고분군이 백제의 사비 도읍시기에 조성된 왕릉으로 유일한 것인가라는 의문이 남는다. 지금까지 백제 왕릉으로 성격이 어느 정도 분명한 유적은 익산의 쌍릉을 무왕릉으로 비정할 수 있다면 무령왕과 관련된 공주 송산리 고분군과 더불어 2지점에 불과하다. 그런데 이들 2지역의 왕릉은 능산리 고분군이 백제의 사비도읍기에 조성된 유일한 왕릉이란 단정에 적지 않은 혼란을 가져오게 한다. 공주 송산리 고분군이 무령왕과 관련된 그의 가계 구성원의 분묘군인 점은 도읍지별 왕릉이 한 지역만은 아니란 전제와 함께, 익산의 쌍릉은 그러한 전제를 보다 강화시켜 주는 요소이기 때문이다. 이에 따르면 어느 정도 혈연의 親緣에 따라 조성하였는가의 판단은 어렵지만 적어도 현재의 백제왕릉은 혈연의 차이에 따라 陵域을 달리하였음은 일단 확인되었다고 볼 수 있을 것이다. 문제는 왕마다 별도의 陵域을 造成하였을까의 의문이 여전히 남게되지만 이는 未知의 숙제로 남길 수밖에 없다.

5. 結 言

백제는 31명의 왕이 재위하였다. 이중에서 마지막 의자왕을 제외하면 30명의 왕들이 백제라는 강역내에서 사후를 맞이하였다고 볼 수 있다. 더불어 왕릉은 서울의 석촌동, 공주의 송산리, 부여의 능산리 고분군이 알려져 있다. 이러한 왕릉군의 존재는 개별 도읍지별로 하나씩만 확인되어 각 도읍시기의 왕릉조영이 한 지역에만 국한된 것으로 이해될 수 있다. 그러나 한성도읍기의 왕릉현황을 구체화하기는 어렵지만 공주 송산리 고분군의 검토에서 알 수 있듯이 백제왕릉의 조성이 도읍지별로 하나씩만 이루어진 것에는 다소 의문이 있음을 알 수 있다.

능산리 고분군도 일찍부터 주목되어, 이미 일제시대 陵山里 고분군의 대부분이 발굴조사 되었고, 나아가 해방 후에도 잔존된 고분들이 조사됨으로써 이 지역 고분은 대부분 확인되어 있다. 더불어 고분조사를 토대로 추정적 논지지만 개별고분의 피장자도 언급되어 있다. 다만 이후 검토는 대체로 백제고분의 종합적 견지에서 언급될 뿐, 왕릉으로서의 성격 및 피장자 문제, 그리고 이를 통한 백제사회의 왕릉조영에 대한 이해의 접근은 아직 마련되지 않았다.

물론 이는 백제고분에 대한 종합적 이해의 부족과 관련자료의 부족에서 비롯된 것으로 볼 수 있다. 그런데 최근 능산리 유적에서 명문이 있는 불사리감이 출토되어, 웅진에서 사비로 천도를 단행한 성왕의 능은 능산리에 있어야 한다는 전제를 마련할 수 있게 되었다. 여기에 백제묘제에 대한 이해도 적지 않게 진행되었다고 볼 수 있다. 따라서 본고는 기왕의 백제묘제 이해를 바탕으로 고분군을 재검토하면서 그 성격 및 피장자를 살펴보았다.

능산리 고분군은 모두 14기의 분묘로 구성되었으며, 墓制的 측면에서 보면 매우 단순한 구성이라는 특징이 있다. 같은 王陵群으로 공주 송산리 고분군이 塼築墳을 비롯하여 石室墳이 있고, 석실분에서도 竪穴式이 있어 비교적 다양성을 보인다. 그러나 능산리 고분군에서 塼築墳은 전혀 확인되지 않으며 아직 수혈식 석곽묘와 같은 墓制도 확인된 바 없다. 단지 횡혈식 석실분만 통일적으로 조성되어 있을 뿐이다. 동·서로 구분된 고분군은 東古墳群의 경우 서쪽의 고분군에 비해서 규모가 작을 뿐만 아니라 축조형태에서도 특이성이 적다. 모두 고임식 천정에 장방형의 묘실이나 규모와 축조방식에서 서쪽의 고분과 비교할 경우 열세적 위치에 있다.

따라서 능산리 고분에서 王陵級의 형상을 분명히 지닌 것은 서쪽의 고분 6기가 그 대상이 될 수 있다고 본다. 이들 서쪽의 고분 6기는 구조형식에서 차이가 있는데 천정가구의 형태치와 밀접한 관련이 있는 상태로 있다. 중하총과 같은 터널식이 있는가 하면, 중상총과 같은 고임식의 구조가 있고 나아가 동하총과 같은 수평식이 있다. 그런데 중하총은 터널식 石室墳의 일반적 형태에서 재료가 보다 세련된다거나 연도가 중앙으로 정착되는 등의 발전된 모습을 보이지만 벽면의 회바름 등의 기법은 아직 전단계의 요소를 그대로 간직하고 있기도 하다. 나아가 單·多葬的 측면에서 보면 중상총과 같은 고임식이 다른 분묘보다 이른 시기의 것이고, 동하총은 수평식으로 백제 말기에 성행한 형식이다.

능산리 고분군이 百濟 王陵으로 명실상부한 위치를 갖는 것은 사비 도읍기에 처음 타계한 聖王이 여기에 묻혔기 때문인데 墓制는 그의 부친인 무령왕의 능과 어느 정도 相通하면서 보다 발전된, 즉 百濟化된 것이 사용되었을 것일 뿐만 아니라 古墳群내에서 가장 이른 시기에 조성된 것으로 이는 중하총이 그 대상이 될 수 있을 것이다. 중하총은 陵

山里 古墳群의 고분배치에서 중심적 위치를 차지하고 있다는 점도 주목할 필요가 있다. 이외 聖王이후 威德王이나 惠王과 法王의 무덤은 만일 그들이 동일혈연이고, 동일 능역내에 안장되었다면 聖王陵인 중하총 주변에 일단 함께 조성되었다고 볼 수 있을 것이며, 威德王陵은 성왕릉인 중하총의 다음시기에 조성된 것으로 판단된 동상총이 가장 유력하며, 이외 혜왕이나 법왕의 능묘는 單葬으로 남겨진 중상총·서상총·서하총, 그리고 동하총까지를 대상으로 하며, 왕과 왕비 4인의 무덤이 아닌가 추정된다.

第 3 章　百濟王陵

Ⅲ. 百濟古墳과　益山雙陵

1. 序 言

　　百濟 墓制는 구성세력의 다양성을 대변하듯이 多樣性이 매우 두드러진 것으로 자주 지적되어 왔다.1) 특히 건국주체와 관련되었을 도읍지 일원에 남겨진 墓制 내용이 단순하면서도 一元的 變化 내용을 보이는가 하면, 오히려 지방사회는 지역에 따라 다양한 墓制가 운영되고 있어 대조를 보인다. 그러나 이들도 도읍지 중심으로 조영되던 中央墓制의 확대로 말미암아 일원적으로 통일되는 변화과정을 거치는데, 이는 사회의 力動的 變化狀이 墓制에 반영되었음과 함께 墓制의 변화가 사회 변화와 더불어 일정한 방향으로 진행되었음을 보여주는 것이다.2)

---

1) 李南奭, 1994,「百濟古墳의　墓制類型考察」『蒼海朴秉國敎授停年紀念史學論叢』.
2) 李南奭, 1995,『百濟石室墳研究』, 學研文化社.

본고는 1906년 조사된 이래3), 大王墓·小王墓로 불리듯이 고대시기 王者의 墳墓로 인식되어 왔던4) 익산의 雙陵이 왕릉으로서의 가능성이 있는가를 검토하기 위하여 마련한 것이다. 이 쌍릉은 익산지역의 문화적 특성에 근거, 백제 30대 왕인 武王陵일 가능성이 암묵적으로 제기되어 왔었다. 그러나 이것이 백제시대의 왕릉이 되기 위해서는 검토되어야 할 부분도 적지 않다. 墓制的으로 백제 왕릉으로서 比定이 가능한가와 더불어, 백제 왕릉이라면 도읍지를 벗어나 위치한 연유라던가 시간성의 문제 등의 검증작업도 필요할 것이다. 이에 본고는 기왕에 자주 언급되었던 백제 묘제와 그 전개현황을 개관하고, 더불어 기왕에 발견된 백제 왕릉의 조영실상, 쌍릉의 묘제검토에 필요한 횡혈식 석실분 등을 살펴서 쌍릉이 백제왕릉으로서의 認定이 가능한가를 타진하여 보고자 한다.

물론 이와 같은 고찰에는 적지 않은 한계가 있을 것이다. 관련 기록의 不備라던가. 무덤의 被葬者 성격을 구체화할 수 있는 자료가 전혀 없다는 점 등은 論旨전개마저 한계에 부닥치게 하며, 나아가 주변의 유적조사가 미비한 현황도 고찰의 결과 얻어지는 결론의 신빙성을 반감시킬 수 있는 충분한 요인으로 남는다. 때문에 여기에서는 익산 쌍릉의 묘제적 특성을 백제고분의 전반적 범위에서 검토하고, 이를 토대로 왕릉으로서 가능성만을 타진하겠다는 목적에 국한하였음을 吐露한다.

---

3) 朝鮮總督府, 1917, 『大正六年度 朝鮮古蹟調査報告』, 益山郡.
4) 조사 후 雙陵에 대한 槪括的 論考는 다음과 같은 것이 있다.
　① 梅原末治, 1972, 「百濟 古墓制」『朝鮮古代の墓制』, 圖書刊行會.
　② 有光敎一, 1978, 「扶餘陵山里傳百濟王陵·益山雙陵」『畺原考古學研究所論集』4.

2. 百濟墓制와 王陵

百濟墓制는 백제를 구성하고 있는 사람들이 만든 분묘 형태를 말한다. 때문에 百濟 墓制는 고대국가 백제와 관련된 것이어야 한다. 그리고 백제묘제의 정확한 범위 설정을 위해서 백제라는 政治體의 존속시기와 그 彊域에 대한 범위 설정이 필요하다. 그러나 앞에서 언급된 것처럼 한국고대사의 전개를 一目然하게 설명하기도 力不足이고, 나아가 彊域을 劃定하는 것도 더더욱 어렵다. 이는 文獻만이 아니라 考古學 資料를 통한 이해에도 異見이 적지 않은데 이로 보면 백제묘제의 범위를 설정하는 것이 至難하다는 것은 자명한 것이다.

따라서 百濟墓制의 범위는 廣義的인 의미에서 백제가 건국되어 멸망하기까지의 기간에, 백제가 차지하였던 영역에 존재한 분묘를 일단 백제 묘제의 범주에서 다루고, 이를 토대로 건국주체세력과 관련하여 도읍지에 만들어진 분묘를 中央墓制로, 반대로 이전부터 존재하면서 도읍지 이외의 지방사회에 있던 분묘를 地方墓制 혹은 土着墓制로 구분한 바 있다. 나아가 筆者는 백제 석실분을 다루면서 百濟墓制에 대한 개괄적 유형분류를 시도한 바 있는데5) 이후 기왕에 없었거나 소홀하게 다루었던 新出 資料도 적지 않고 더불어 기준 적용에 一貫性의 缺如도 확인되어 재검토한 결과 백제의 분묘를 石築墓로 積石塚·橫穴式 石室墳·竪穴式 石槨墓·橫口式 石室墳·土壙墓로 純粹 土壙墓·木棺 土壙墓·木槨 土壙墓로, 그리고 甕棺墓는 石室 甕棺·土壙 甕棺·墳丘 甕棺·橫穴 甕棺으로 나누면서 이외에 特殊形으로 火葬墓·塼築墳·墳丘墓·周溝墓·瓦棺墓의 16가지 유형으로 다시 나눈 바 있다.6) 여기에서는 기왕의 검토결

---

5) 李南奭, 1994, 앞의 註 1의 글.
6) 李南奭, 2000, 「百濟墓制와 그 展開現況」『韓國古代文化의 變遷과 交涉』, 尹

과를 토대로 백제왕릉 특히 익산의 쌍릉을 올바르게 이해하기 위하여 우선 백제묘제의 내용과 그 전개현황을 간략하게 재정리하겠다.

백제의 석축묘 중에 積石塚은 시기적으로 3세기말 혹은 4세기 초반의 것들이 있고, 하한은 5세기 中半代까지 존재하면서 범위는 대체로 백제의 초기 도읍지였던 한강유역에 국한되기에 대표적 중앙묘제로 분류될 수 있는 것이다. 다만 일부가 한강 상류에 散布된 형태로 있지만 이들은 초기적 성격의 것으로 평가되고 있는 것이다. 이 적석총이 백제의 건국세력과 관련된다는 일반적 이해는 존속시기와 다소 상충되는 모순도 있다. 橫穴式 石室墳은 4세기 후반대에 등장하였고7) 이후 백제 사회의 보편적 묘제로 발전한 것이다. 초기에 도읍지 등의 일부 지역에 나타나지만 점진적으로 확대되어 백제의 전지역에서 사용되면서 백제의 보편적 墓制로 자리한다.

한편 토착묘제이면서 석축묘인 수혈식 석곽묘는 대체로 4세기 초 중반경보다 이른 것은 발견되지 않아 그 즈음에 유입된 것이 아닌가 추정된다. 5세기말경까지 사용되었고, 금강유역을 중심으로 중부지역에 집중 분포된 특징이 있다. 이외에 橫口式 석곽묘는 횡혈식의 등장과 함께 수혈식의 변화로 발생된 것으로 판단되고, 따라서 등장시기는 횡혈식 석실분과 비슷한 것으로 볼 수 있다. 그러나 횡혈식 석실분의 退化形도 橫口式으로 분류될 수 있어8) 백제의 후기에도 이 유형이 널리 사용되었다. 분포범위는 횡혈식 석실분과 거의 일치한 형태로 있다. 그리고 토광묘는 백제지역 전체에 망라된 형태로 남아 있으면서 청주 송절

世英敎授停年紀念論叢刊行委員會.

7) 李南奭, 1992, 「百濟初期 橫穴式 石室墳과 그 淵源」『先史와 古代』3, 韓國古代學會.

8) 崔完奎, 1997, 「百濟地域 橫口式 石槨墳 硏究」『百濟硏究』27, 百濟硏究所.

동 유적9)이나 천안 청당동 유적으로 보아 2세기 이전까지 거슬러 올라가는 것이 있으며, 천안 두정동10), 용원리11), 그리고 청주 신봉동 등지의 유적은 이들이 3·4세기를 거쳐 5세기 초·중반까지 사용되었음을 알게 한다. 옹관묘는 영산강 유역에서 매우 이른 시기부터 사용되었고 이외 지역도 백제의 존속시기의 전기간에 걸쳐 사용되고 있다. 특히 영산강 유역의 옹관묘는 墳丘 甕棺墓로 독자성을 보이기도 한다.

이외에 火葬墓는 泗沘都邑 시기에 도읍지역에 국한된 채 있고, 塼築墳도 6세기 초반 웅진 도읍시기에만 사용된 것이다. 瓦棺墓도 일부지역에 국한되었을 뿐이며, 이들은 모두 특수한 유형으로 구분되어야 하는 것이다. 墳丘墓는 가락동·두정동의 사례, 그리고 周溝墓도 서해안 지역을 중심으로 폭발적 자료증가가 있지만 보고 내용의 미비와 여타 묘제외의 관련 문제 등의 검토가 필요가 있는 것이다.

이들 16가지 유형의 묘제는 백제시기에 彊域에 잔존된 것으로 지역·시기에 따라 양상을 달리하여 존재한다. 특정의 墓制가 있다가 새로운 묘제가 유입되면 기왕의 묘제를 소멸 혹은 변화시키는 전개과정이 확인된다. 그러나 변화는 다양하게 존재하던 묘제가 점차 횡혈식 석실분으로 통일되는 방향으로 이루어진다. 그 내용은 中央墓制인 積石塚과 횡혈식 석실분의 교체 및 변화과정을 토대로 이에 대응된 地方墓制(土着墓制)의 전개양상을 근거 모두 初·前·中·後·末期의 5단계로 설명될 수 있다.12)

---

9) 車勇杰·趙詳紀·禹鍾允·吳允淑, 1994,『淸州 松節洞 古墳群』, 忠北大學校 博物館.

10) 李南奭·徐程錫, 2000,『斗井洞 遺蹟』, 公州大學校 博物館.

11) 李南奭, 2000,『龍院里 遺蹟』, 公州大學校 博物館.

12) 구분은 前半期의 적석총 사용단계와 後半期의 횡혈식 석실분 사용단계로 나누고, 前半期를 다시 적석총의 출현시기까지를 초기, 적석총의 본격적 조

변화과정을 개략하면 우선 初期는 백제의 건국시기에서 3세기 중·후반까지로 도읍지역에는 中央墓制로 볼 수 있는 것이 등장하지 않고 오히려 지방사회와 마찬가지로 토광묘, 옹관묘 혹은 墳丘墓가 사용되고 있다. 그러한 현황에 근거하여 초기의 백제묘제는 도읍지역에서도 積石塚보다 오히려 墳丘墓라던가 土壙墓가 먼저 부각된 것으로 볼 수 있다. 대체적으로 이 시기는 여전히 原三國時代的 傳統속에서 묘제가 운영된 기간이기도 하다. 다음으로 前期는 3세기말에서 4세기 後半代로 적석총이 사용되지만 횡혈식 석실분은 아직 등장하지 않은 기간이기도 하다. 지방의 묘제는 前時期의 것을 그대로 답습하지만 분구묘나 주구묘와 같은 것들은 점차 자취를 감추고 목관토광묘가 집중적으로 조성된다. 다만 영산강 유역은 高塚古墳 형태로 분구 옹관묘가 조영되기도 한다. 그리고 중서부 지역을 중심으로 수혈식 석곽묘가 등장하기도 한다. 결국 이 시기의 墓制環境은 도읍지에 한정된 형태로 적석총이 조영되고, 初期의 묘제 전통이 이어지는 지방사회는 무덤의 규모가 커지고 밀집된 상태로 조영되는가 하면 獨自性이 강화되고 있다. 특히 묘제가 중앙과 지방으로 구분되어 二元化된 환경이 전개된 기간이다.

中期는 중앙묘제가 적석총에서 횡혈식 석실분으로 전환되고, 지방사회에 횡혈식 석실분이 나타나는 기간으로 5세기 중반까지이다. 즉 이기간은 中央墓制로 적석총과 횡혈식 석실분이 병용되며, 지방은 여전히 전기의 환경이 지속되면서 여기에 횡혈식 석실분이 산발적이지만 새롭게 등장하는 기간이다. 그러다가 후기가 되면 횡혈식 석실분이 중앙묘

영단계를 전기로 본다. 적석총의 사용시기에 횡혈식 석실분이 등장하는데 병존단계를 거쳐 적석총이 소멸되기까지를 중기로 구분할 수 있다. 後半期는 횡혈식 석실분의 定着과 擴散이란 요인을 근거하여 후기와 말기로 구분하여 전체 백제묘제의 전개과정을 初·前·中·後·末期의 다섯 단계로 나누는 것이다.

제의 主墓制로 자리하면서 이들이 백제 전역으로 확산된다. 그러나 확산의 정도가 집중적이지 않지만 횡혈식 석실분 나름의 발전과 변화가 나타나는 기간으로 대체로 웅진도읍 말기에서 사비도읍초기까지의 기간이다. 특히 지방사회에서는 토광묘가 점차 위축되고, 횡구식 석실분도 나타나는 변화가 시작된다. 후기는 중앙묘제인 횡혈식 석실분의 확산으로 요약될 수 있으나 여전히 산발적일 따름이다.

마지막으로 말기는 도읍지역에 유일한 묘제로 자리한 횡혈식 석실분이 段階的 形式變化를 거쳐 百濟的 型式인 평천정으로 정착된다. 나아가 이 횡혈식 석실분은 지방으로의 散發的 확산단계를 벗어나 토착묘제를 대신하여 主流的 위치를 차지할 만큼 포괄적으로 확산된다. 결과 토광묘는 거의 자취를 감추고, 수혈식 석곽묘도 횡혈식 석실분의 配葬的 위치에 머물 뿐만 아니라 남부지역의 墳丘 甕棺墓도 더 이상 조영되지 않고, 횡혈식 석실분으로 대체되고 있다. 말기에 이르면 백제묘제의 전개는 多元的 환경을 벗어나 횡혈식 석실분으로 일원화되고 있다.

살핀 것처럼 백제의 고분조영 환경은 묘제의 다양성과 더불어 그 변화가 역동적으로 진행되는 특징이 있다. 이러한 변화는 백제의 정치·사회적 환경과 밀접한 관련을 이루면서 진행되는데, 묘제의 변화속에 사회상의 변화가 그대로 반영되었음을 알 수 있다. 예컨대 중앙묘제인 적석총과 횡혈식 석실분은 순차적으로 등장, 계기적 변화를 보인다. 그리고 분포상을 보면 적석총은 도읍지역에만 있는 반면에 횡혈식 석실분은 도읍지만이 아니라 점차 지방사회로 확산되어 백제묘제를 일원화시킨 주체가 되고 있다. 이는 백제 중앙세력이 초기의 한정된 범위를 벗어나 백제 전역을 장악하여 가는 과정이 묘제에 그대로 반영된 것으로 볼 수 있을 것이다.

한편 백제사회가 고대왕국이었고, 지배층의 정점에 있는 국왕을 중심으로 사회가 운영되었음을 상기하면, 왕릉의 조영은 필연적이었을 것이며, 이들 왕릉은 도읍지역에 營造되는 중앙묘제의 범주에서 이해될 수 있을 것이다. 잘 알려져 있듯이 백제는 溫祚에 의해 건국된 후 멸망까지 30여명의 왕이 재위하였기에 왕릉도 그에 버금가는 숫자가 있어야 할 것이다. 여기에 백제는 국내외적 환경으로 한성, 웅진, 사비라는 세 지역에 都邑한 경험을 갖고 있는데, 왕릉도 이들 세 지역에 분산되었을 것임은 물론이다. 이를 입증이나 하듯이 문헌 혹은 고고학적 측면에서 백제 왕릉으로 확인된 유적이 서울의 석촌동, 공주의 송산리, 부여의 능산리에 각각 자리하고 있다. 이로써 백제시대의 왕릉의 존재와 그 조성환경에 대한 개략적 이해를 마련할 수 있다.

왕릉으로 추정된 유적은 석촌동 고분군의 경우 백제가 한성에 도읍하던 시기에 만들어진 것이다. 앞서 살핀 것처럼 이곳의 유적은 적석총이 널리 알려져 있는데 적석총 중에 일부가 한성도읍시기 왕의 무덤으로 比定되고 있다. 그러나 적석총의 존속시기와 초기백제의 왕계를 고려하면 한성도읍시기 백제왕릉을 적석총만으로는 설명이 어렵다. 오히려 보다 다양성이 인정되어야 하지 않을까 생각되는데 현재까지의 자료적 범주에서 보면 적석총의 규모에 따른 왕릉 추정 외에 대안의 마련이 어려운 형편이다. 다만 적석총과 더불어 있는 석촌동 토광묘나 인근의 가락동 등지에서 발견된 적석총 이외의 묘제를 고려하면 백제의 한성 도읍기 왕릉은 적석총 이외의 묘제를 사용하였을 가능성도 배제하기 어려울 것이다.

백제의 웅진도읍시기에 조성된 왕릉으로 확인된 유적은 공주 송산리 고분군이다. 여기에는 백제가 웅진도읍시기에 유행한 횡혈식 석실분들만 있을 뿐만 아니라, 南遷 後 중국과의 교류 산물인 塼築墳이 25대 무령왕의 陵으로 조성되어 유적자체가 왕릉의 면모를 완벽하게 갖추고 있다. 송산리 고분군의 遺構는 횡혈식 석실분과 전축분으로 크게 구분되나 配葬으로 수혈식 석곽묘도 존재한다. 따라서 이 고분군은 백제가 웅진에 도읍하던 전기간에 조영한 것임을 알 수 있는데 무령왕릉 이외는 피장자의 성격을 알 수 없는 상태이다.

사비 도읍시기의 왕릉은 능산리 고분군을 들 수 있다. 이 고분군은 앞서 언급된 대로 이미 1917과 1932년에 고분군의 대략이 발굴조사 되었고, 그 결과에 따라 백제가 사비에 도읍하던 시기에 조영한 유일한 王陵으로 인정되어 왔었다. 다만 개별 고분의 피장자에 대한 比定이나 상호관계에 대해서는 추정만 있었을 뿐, 이 유적이 왕릉인가에 대한 구체적 증거는 결여된 상태로 있었다. 그러다가 최근 고분군의 서쪽에서 寺址가 조사되고 거기에서 출토된 사리감의 銘文에 의거, 왕릉으로서의 성격이 분명하게 드러나게 되었다. 이 능산리 고분군내의 개별 고분은 백제의 사비도읍시기에 유행한 횡혈식 석실분, 즉 평천정 유형이 주류를 이루고 있고, 1기만이 터널식 유형으로 있어, 백제의 사비천도 후에 조성된 것임을 알게 한다.

결국 백제 왕릉은 백제묘제의 다양성에도 불구하고 중앙묘제의 범주에서 조영되었음을 알 수 있다. 더불어 도읍지에 따라 각각 王陵이 남아 있어 이동에 따라 별개의 陵域을 마련하였음도 확인되며, 중앙묘제의 변화의 결과에 따라 陵墓도 조영되었다는 것도 확인된다. 이와 관련하여 익산 쌍릉을 보면 이도 전언에 왕릉으로 전하지만 도읍지가 아닌 곳에 위치한다는 문제가 있다. 그러나 묘제는 횡혈식 석실분 구조로서 사비도읍기의 墓制와 相通하는 부분이 많다. 따라서 익산 쌍릉의 검토를 위해서는 이 횡혈식 석실분을 보다 詳考할 필요가 있다.

3. 百濟 橫穴式 石室墳과 雙陵

잘 알려져 있듯이 횡혈식 석실분은 석재로 埋葬部를 조성하고 반드시 입구를 설치하는 墓制이다. 이 묘제는 삼국시대 후반 각국이 경쟁적으로 채용하여 普遍的 墓制로 자리한 것이다. 물론 당시 이 墓制는 동아시아 전역에서 유행하였던 것이고, 대체로 고대국가의 성장기와 맞물려 사용된 墓制이다. 앞서 살핀 것처럼 백제도 사비도읍기인 후반기에 이르면 이 횡혈식 석실분에 의해 묘제가 일원화되고 있다.

백제에 橫穴式 石室墳의 등장시기와 그 淵源에 대해서는 異見이 없지 않다. 백제의 基壇式 積石塚에서 비롯되었다고 보는가 하면,13) 고구려14) 혹은 낙랑계통의 石室墳에서 淵源을 구하기도 하고,15) 나아가 등장 시기에 대해서도 다양한 견해가 제기되고 있다. 그러나 필자는 백제의 橫穴式 石室墳은 외부에서 유입된 것이고, 그 시기는 백제의 漢城都邑期에 이루어졌다고 보는 입장이다.16) 이는 百濟의 두 번째 도읍지역인 웅진에서는 적석총이 전혀 발견되지 않고, 橫穴式 石室墳만이 사용된 것이라든가, 熊津地域 橫穴式 石室墳의 구조가 定型性을 띠었고, 금강 유역에서 이 橫穴式 石室墳이 자체적으로 발생하여 변화·변천되었다는 것을 입증할 수 없기에 以前의 都邑地域인 한강유역에서 상당한 발전을 거친 후에 南遷과 더불어 남하된 것이란 논거에 입각한 것이다. 이러한 논지는 발견된 마하리·법천리·주성리의 석실분 등으로 미루어 어느 정도 타당성을 얻게 되었고, 나아가 서울의 芳夷洞·可樂

---

13) 西谷正, 1980, 「百濟前期古墳의 形成過程」『百濟文化』13, 百濟文化研究所.

14) 尹　煥, 1989, 「漢江下流における百濟橫穴式石室墳」『古文化談叢』20 – 中.

15) 小田富士雄, 1980, 「橫穴式石室墳의 導入과 源流」『日本古代史講座』4, 學生社.

16) 李南奭, 1992, 「百濟初期 橫穴式 石室墳과 그 淵源」『先史와 古代』3, 韓國古代學會.

洞에 있는 횡혈식 석실분이 新羅土器에 근거하여 百濟古墳보다는 오히려 新羅 古墳, 즉 新羅가 漢江流域에 진출한 6세기 중반 이후에 조성된 橫穴式 石室墳으로 보아야 한다는 의견에[17] 대한 반론으로 追加葬 혹은 墓地의 재사용으로 백제의 횡혈식 석실분에 신라토기가 부장될 수 있는 환경이 立證됨에[18] 논지의 보강도 가능하게 되었다. 따라서 백제의 橫穴式 石室墳은 보다 이른 시기에 同型의 墓制가 전개된 한반도의 서북지역에서 유입된 것으로, 그 연원을 大同江 流域의 塼·石 混築墓나 石室墳에서 구하면서 백제사회로의 유입은 백제가 樂浪·帶方地域을 점유하는 근초고왕대인 4세기 후반에 이루진 것으로 보는데 문제가 없다.

4세기 중·후반 경에 橫穴式 石室墳이 도입된 후, 이 묘제는 점차 백제의 주묘제로 자리하면서 다양한 변천을 거치면서 발전된다. 부분적으로 恒常性·普遍性의 缺如와 함께 지역적 성향도 강하게 나타나지만 山地 立地나 南向의 경사면을 선호하는 選地觀念, 그리고 埋葬部를 지하에 조성한다는 특징, 長軸方向이 方位觀念보다는 오히려 축조환경과 관련하여 築造의 편의에 좌우되는 점, 매장부가 單室墓로써 空洞의 墓室에 入口가 설치된다는 점에는 기본적 공통성으로 지적할 수 있다. 그러나 墓室의 平面構造와 天井構造, 入口의 形態, 羨道가 시설된 위치 및 규모, 築造材料는 상호간 유기적 관계속에 변화되면서 개별요소가 규칙적으로 결합되는 특징이 있다. 즉 墓室의 평면이 方形에 가까우면 천장의 형태는 원형이고, 입구는 아무런 시설이 없이 단순하게 관통된 형태의 개구식에 右偏在 羨道를 갖춘다. 그리고 축조재료는 割石을 사

---

17) 金元龍, 1974, 「百濟初期古墳에 對한 再考」『歷史學報』62, 歷史學會.
18) 李南奭, 1999, 「百濟橫穴式 石室墳의 受容樣相」『古代史研究』, 韓國古代史研究會.

용하는 것이 일반적이다. 반면에 墓室의 平面이 長方形일 경우 천정은 평천정이고, 입구에는 기둥이나 門楣石 및 門持方石이 설치되는 문틀식이 지배적이며, 羨道는 길이보다 너비가 큰 短羨道를 중앙식으로 설치한다. 나아가 재료는 판석 혹은 괴석을 사용한다. 다만 이러한 규칙은 천정이 맞조임식일 경우는 적용할 수 없는데, 이들은 기본형에서 변형된 亞流型이라던가 초기형의 속성을 지니고 있기 때문이다.[19]

이에 百濟 橫穴式 石室墳은 墓室의 平面, 天井의 架構形態, 入口의 施設方式, 그리고 羨道의 規模나 形狀 등에서 差別的 屬性을 발견할 수 있다. 그리고 諸要素의 결합상이 가장 집약된 형태로 나타나면서 다양성을 갖춘 天井樣式에 따라 네벽 조임식·궁륭식·터널식·아치식·고임식·수평식·맞배식·양벽 조임식의 8가지 형식으로 구분할 수 있으며, 이러한 구분의 배경에는 묘제의 변화 발전하는 모습을 반영하는 측면도 있다.

네벽 조임식은 서울의 가락동, 방이동의 횡혈식 석실분,[20] 공주의 분강·저석리 11-13호분,[21] 보령 명천동 고분[22]을 예로 들 수 있으며, 재료는 割石에 墓室은 方形 혹은 近方形에 가까운 長方形이고, 입구는 開口式이나 羨道는 左·右·中央에 시설되는가 하면, 일부는 완전한 형태를 표현하지 못한 것도 있다. 墓室 壁體의 하단은 수직으로 올리다가 상단에 이르면 좁힘이 이루어지지만 天井을 완전하게 穹隆式을 표현하지 못한 채 大石으로 덮은 것이 많다.

穹隆式은 시원형의 단계를 지난 것으로 百濟 橫穴式 石室墳의 定型

---

19) 李南奭, 1992, 「百濟 橫穴式石室墳의 構造形式研究」『百濟文化』22, 百濟文化研究所.

20) 蠶室地區遺蹟調査團, 1975·1976, 『蠶室地區遺蹟址發掘調査報告書』.

21) 李南奭, 1997, 『公州 汾江·楮石里 古墳群』, 公州大學校博物館.

22) 李南奭·李勳, 1996, 『保寧 鳴川洞 百濟古墳群』, 公州大學校博物館.

的 形狀을 갖춘 것이다. 가락동 3호분,[23] 공주의 송산리 석실분,[24] 익산의 입점리 1호분을[25] 예로 들 수 있으며, 웅진지역에 집중되고, 이외는 산발적으로 발견된다. 墓室은 方形이 많으며, 입구는 開口式이고, 羨道는 右偏在에 長羨道가 일반적이다. 割石으로 축조하며, 벽면에 백회를 바른다거나 墓室의 바닥에 판석 혹은 강자갈을 깔고 배수로를 설치한 것이 많다.

터널식은 墓室 平面이 장방형이고, 벽체는 전·후의 단벽은 수직으로 올리고, 좌·우의 장벽은 상단에서 오므려 맞닿게 하여 터널형상을 띠고 있다. 입구는 開口式이 많으며, 羨道는 右偏在에 長羨道가 지배적이다. 재료는 여전히 벽돌형태의 할석이지만, 부분적으로 괴석 혹은 다듬은 장대석을 사용한다. 벽면에 회바름은 선택적으로 발견되는데 공주 금학동 1호 석실분, 신기동 3·4호 석실분,[26]이 그 예이고, 부여 능산리의 중하총도 터널식이다.

아치식은 축조재료나 墓室의 기본적 형상이 터널식과 동일하나 천정의 구성이 정반대의 형상, 즉 좌·우의 장벽은 수직으로 올리고, 전·후의 단벽을 좁혀 올려 종단면을 원형으로 조성한 것이다. 開口式의 入口에 右偏在의 長羨道로 조성된다.

고임식은 천정이 평천정이나 벽체의 상단에 안으로 경사를 둔 고임석을 올린 다음에 수평의 평천정을 구성한 것으로 판석형의 大石을 사용한 예가 많고, 墓室의 평면은 장방형이지만 세장방형도 적지 않다.

---

23) 蠶室地區遺蹟調査團, 1975, 『蠶室地區遺蹟址發掘調査報告書』.

24) 野守建 外, 1935, 「公州宋山里古墳調査報告」 『昭和2年度古蹟調査報告』, 朝鮮古蹟研究會.

25) 文化財研究所, 1990, 『益山笠店里 古墳』.

26) 安承周·李南奭, 1992, 『公州 金鶴洞·新基洞 古墳發掘調査報告書』, 公州大學校博物館.

입구는 문틀식, 羨道는 中央式으로 短羨道가 지배적인데 開口式의 입구에 偏在 羨道도 있지만 소수에 불과하다. 부여 능산리 고분군의 서하총,27) 논산 육곡리 고분군의 7호분28) 등이 대표적 예이다.

수평식은 벽체를 수직으로 올리고 그 위에 곧바로 수평의 천정을 구성한 것으로 현실의 평면은 장방형이나 오히려 세장방형이 많다는 점 외는 고임식과 대동소이하다. 논산 육곡리 6호 석실분이나 부여 능산리의 동하총, 나주의 대안리 5호분29)을 예로 볼 수 있다.

이외에 맞배식은 천장이 가옥의 맞배 지붕처럼 구성된 것으로 공주의 시목동 고분과 교동 고분의 數例만 알려진 것이다.30) 墓室의 平面은 長方形이고, 입구를 문틀식으로 조성하면서 중앙식의 羨道를 지니고 있으나 長羨道라는 특징이 있다.

조임식의 또 다른 형태인 양벽 조임식은 고임식이나 수평식의 아류적 형태로 판단할 수 있는 것으로 사용된 석재가 할석형 괴석이나 대형의 괴석 혹은 판석재가 사용된다. 墓室의 평면은 장방형이나 입구의 형태나 연도의 위치 및 규모는 사례에 따라 차이를 보인다.

이러한 백제 橫穴式 石室墳의 형식별 속성에 근거하여 변화순에 따라 순서배열을 진행할 경우 네벽 조임식이 가장 이른 시원형으로 볼 수 있다. 이 시원형은 원형 천정에 방형의 墓室을 지닌 궁륭식 석실분으로 발전하면서 백제 橫穴式 石室墳의 定型的 형상을 갖추게 되는데 이는 다시 터널식과 아치식으로 변화가 이루어진다. 나아가 시원형의

---

27) 野守建·小川京吉, 1920, 『大正六年度古蹟調査報告』, 朝鮮總督府篇.
28) 安承周·李南奭, 1988, 『論山六谷里 百濟古墳發掘調査報告書』, 百濟文化開發研究院.
29) 崔夢龍 外, 1979, 「羅州 大安里 5號 百濟石室墳 發掘調査報告」 『文化財』12, 文化財管理局.
30) 輕部慈恩, 1972, 『百濟の遺蹟研究』, 吉川弘文館.

등장시기는 4세기 후반경을 추정할 수 있으며, 이들이 구조적으로 세련되면서 궁륭식으로 정착되는 것은 가락동 3호분으로 미루어 백제의 한성도읍 말기로 추정할 수 있다. 이 궁륭식은 백제가 웅진으로 남천한 다음인 6세기 전기의 중반경, 즉 무령왕릉이 축조되는 520년대까지 사용되었다고 볼 수 있다. 궁륭식의 변화는 무령왕릉과 같은 中國 南朝의 塼築墓制의 등장함으로서 이루어진 것인데 터널식과 아치식으로 변천한다. 터널식이나 아치식은 궁륭식과 대비될 경우 다소 이질성이 있는데, 비록 中國墓制를 모델로 축조하지만 이것도 기왕의 궁륭식처럼 單室墓에 橫穴式 구조라는 속성으로 말미암아 변화자체가 무리 없이 이루어졌다고 여겨진다. 다만 이 과정에서 天井이 원형에서 터널식으로 변화되고, 墓室이 長方形으로 변화된 것, 그리고 羨道가 偏在에서 中央에 시설되는 變化狀을 나타낸다. 따라서 이 터널식이나 아치식은 武寧王陵과 같은 塼築墳이 등장한 520년 무렵부터 百濟가 泗沘로 遷都한 6세기 後半의 初半頃까지 축조된 것으로 볼 수 있는데 특히 아치식은 터널식과 함께 등장한 것으로 볼 수 있으나 단지 熊津 都邑期間에만 축조될 뿐이다.

터널식은 고임식으로 변화되는데 이는 원형천정이 평천정으로 변화를 의미하면서 변화의 배경은 백제사회의 橫穴式 石室墳에 대한 축조경험의 축적과 그 기술 발전에서 찾을 수 있다. 즉 墓室의 長方形化는 천정가구의 變化를 일으키게 되었고, 더불어 축조재료가 割石에서 板石으로의 變化되면서 천정이 원형이 아닌 고임식 혹은 수평식을 창출하게 된 것이다. 시기는 고임식의 경우 터널식이 소멸되는 6세기 중후반경에 이르러 발생하여 百濟가 멸망하던 시기까지 사용된 것으로 보인다. 그리고 水平式은 고임식보다는 늦은 7세기 초반경에 등장하여 지속적으로 사용되었다.

익산의 쌍릉은 앞서 언급된 것처럼 횡혈식 석실분의 구조를 지니고 있다. 그러면 앞서 정리된 횡혈식 석실분의 현황과 그 변천내용을 바탕으로 쌍릉의 묘제를 검토할 필요가 있다. 우선 익산의 쌍릉의 묘제내용을 보면, 쌍릉은 대왕묘·소왕묘 2기로 구분되는데 이들은 규모 차이는 있지만 구조는 동일한 것이다. 즉 지하로 묘광을 파고, 묘광내에 화강석을 다듬어 장방형으로 묘실의 평면을 마련한 다음에 수직의 벽석 위에 안으로 기울인 고임석을 올린 후에 수평으로 천장석을 올렸다. 더불어 묘실 남쪽의 중앙에 문틀시설을 마련한 현문을 갖추었고, 이에 잇대어 羨道가 이어지는데, 墓室內部에는 각각 1인을 위한 棺臺施設도 마련되어 있다.31)

요컨대 墓制的으로 보면 쌍릉은 2기 모두 평천정 유형이고, 장방형의 묘실에 중앙연도, 그리고 평천정이면서 벽체의 상단에 고임석을 올린 고임식이다. 앞서 살핀 것처럼 이러한 형식은 백제가 웅진에서 사비로 천도한 다음인 6세기 중·후반경에 나타나 백제가 멸망할 때가지 사용되었던 것이기도 하다. 나아가 쌍릉은 고임식 구조로는 정형적 형상을 갖추고 있는데 고임식에도 고임석의 규모나 경사도, 나아가 입구 및 연도의 위치, 연도의 길이에서 이전의 터널식 요소가 남아 있는 경우가 있는데, 이러한 요소가 전혀 없는 것은 충분히 발전된 다음에 조영된 것으로 판단할 수 있는 근거이다. 따라서 쌍릉의 조영시기는 백제 횡혈식 석실분으로는 비교적 늦은 시기 즉 7세기대의 것임을 알 수 있다.

---

31) 朝鮮總督府, 1917, 앞의 주 3의 報告書.

4. 雙陵이 百濟王陵일 可能性

익산 쌍릉이 王陵이란 傳言은 최근의 일이 아니다. 왕릉일 것으로 추정된 기록은 이미 『高麗史』에 이미 나타나 있다. 즉 同書 地理篇에 金馬郡에는 후조선의 무강왕과 왕비의 능이 있음을 적으면서 註로 "이 무덤은 말통대왕릉이며, 말통은 어릴 때 서동이라 불리던 무왕을 일컫는다"[32]라는 사실을 전하고 있어 이미 고

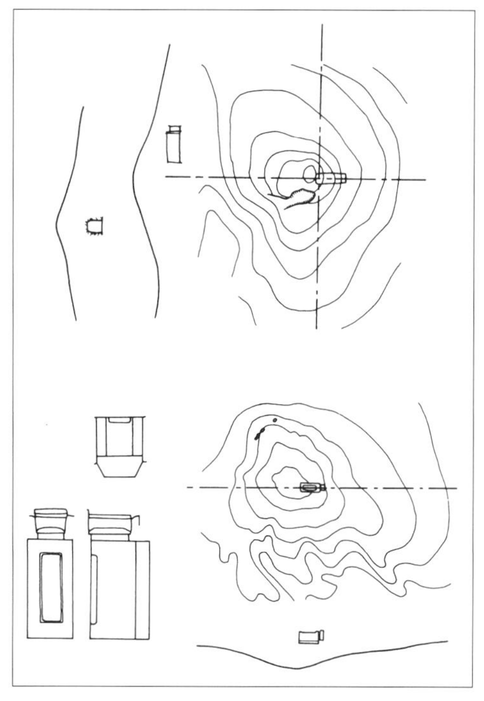

그림 1. 익산의 쌍릉인 대왕릉과 소왕릉

려시대 혹은 조선초기에 왕릉으로 인식되었음을 알 수 있다. 물론 같은 내용이 조선시대의 기록인 『新增東國輿地勝覽』에 보다 구체적 사실로 인용되어 전한다. 勝覽의 기록에 따르면 "쌍릉은 오금사봉의 서쪽 수백보에 있는데 『高麗史』에 이르길 후조선 무강왕과 그 妃의 능임을 적고 細註로 주민들은 말통대왕 릉이라 하는데 백제 무왕의 어릴 때 이름이 서동이었고, 서농이 말통이다"[33]라고 하여 이 쌍릉이 무왕과 왕비의 능

---

32) 『高麗史』 卷第十一 地理二 金馬郡 －又有後朝鮮武康王及妃陵 俗號末通大王 一云百濟武王小名薯童.

33) 『新增東國輿地勝覽』 卷第三十三 益山郡 古跡條 双陵: 在五金寺峯西數百步 高麗史云後朝鮮武康王及妃陵也 俗號末通大王陵一云百濟武王小名薯童 末通

이란 것을 간접적으로 시사하고 있다. 동일한 기록이 이후의 지리서인 『輿地圖書』에도 남겨져 있는데34), 아무튼 문헌기록에서 비록 傳言을 토대로 기록한 것이지만 이 쌍릉이 백제의 30대 무왕과 왕비의 능이란 사실을 기록하고 있음은 매우 이채롭다. 참고로 각종 地理書에 전하는 쌍릉의 주인공이 武康王과 그 妃라는 사실을 적고 있으며, 아울러 일설은 이것이 말통대왕릉이란 점을 부연하고, 말통대왕이 무왕임을 서동과 관련하여 적는데, 무강왕도 사실 백제 무왕을 지칭하는 것임을 삼국유사는 전하고 있어35) 武康王=末通大王=武王이 동일인물이란 것도 분명하다.

익산 쌍릉에 대한 기록은 백제왕릉 관련 기록으로는 매우 이례적이다. 백제 왕릉에 대한 기록은 이외에 후술되는 백제의 두 번째 도읍지역인 공주지역의 왕릉소재가 『新增東國輿地勝覽』에 傳言을 토대로 전하는 내용36) 외에는 찾아보기 어렵다. 이는 신라나 고구려의 경우 왕의 사망과 더불어 그의 葬地에 대한 기록이 남아 있는 것과는 큰 대조를 이룬다. 백제는 상기의 기록 외에 장지나 장례에 대한 내용은 전혀 확인되지 않고, 단지 개로왕대에 선왕의 유허를 마련하는 내용이 전할 뿐으로,37) 이를 통해서 왕릉이 조영되었다는 사실만을 근근히 파악되는 정도이다. 물론 한성도읍시기의 왕릉의 추정이나 웅진도읍시기 조영된

即薯童之轉

34) 『輿地圖書』 全羅道 益山(補遺)篇 益山郡邑誌 古跡條의 双陵.

35) 『三國遺事』卷二 武王條에 古本作武康非也 百濟無武康이라 武康=武王을 전한다.

36) 『新增東國輿地勝覽』卷之十七 公州牧條의 山川條 陵峴:在州東五里有古陵基 名諺傳百濟王陵과 學校條 鄕校:在州西三里西有古陵基諺傳百濟王陵未知何王이 그것이다.

37) 『三國史記』卷第二十五 百濟本紀 第四 蓋盧王 21: 先王之骸骨權攢於露地 - - 又取大石郁里河作槨以葬父骨

25대 무령왕릉의 존재, 그리고 사비도읍시기의 왕릉인 능산리 고분군의 존재는 백제 왕실에서 왕릉을 만들었다는 것을 구체적으로 보여주는 사례지만 이는 고고학적 조사의 결과일 뿐이다. 따라서 비록 전언에 기초한 후대의 기록이지만 쌍릉이 왕릉으로 전하는 기록내용은 충분히 주목할 필요가 있다. 문제는 쌍릉이 고고학적 혹은 지리적 측면에서 왕릉으로 볼 수 있는가의 문제이다.

앞서 살펴보았지만 쌍릉은 묘제적으로 백제 후기에 유행한 횡혈식 석실분으로 고임식에 속하는 것이기에 묘제적으로 백제의 것임은 틀림없다. 그러나 고임식 유형이 사용될 즈음의 백제 횡혈식 석실분은 이미 중앙 및 지방의 보편적 묘제로 자리하기에 묘제형식만으로 왕릉인가의 여부를 판단하기는 어렵다. 때문에 이의 검토를 위해서는 동시기의 왕릉과 대비하여 검토할 필요가 있고, 나아가 왜 그것이 익산에 자리하고 있는가의 논거 마련이 필요하다.

이를 위해 가장 주목할 수 있는 것이 능산리 고분군이다. 능산리 고분군은 앞에서 지적한 대로 백제가 사비에 도읍하던 시기에 조영된 능묘군일 뿐만 아니라 묘제의 구조에서 쌍릉과 직접적으로 대비할 수 있는 것들이 대부분이기 때문이다. 우선 부여 능산리 고분군의 내용을 정리하여 보면 다음의 표와 같다.

표에 제시된 10기의 고분이 모두 왕릉으로 볼 수 없음은 분명하나, 이중에 적어도 몇 개는 왕릉으로 보는데 문제가 없고, 이외는 대체로 왕실과 관련된 무덤들일 것으로 당대의 최고수준의 古墳 造營術이 반영된 것들로 볼 수 있는 것이다.

표에 정리된 것처럼 우선 묘제는 터널식에서 고임식, 그리고 수평식이 있으나 고임식이 주류를 이루고 있어 고임식 구조를 지닌 쌍릉과 대비하여도 문제가 없음을 알 수 있다. 이러한 요소는 묘실의 형태라던

유형	고분	형식	재료	규모	장축	입구 형태	규모	위치	연도 형태
횡혈식	동하총	수평식	마연석	250*112*122	남북	현문식	64*100*138	중앙	단연도
	중하총	터널식	장대석	321*198*215	남북	현문식	266*170*116	중앙	장연도
	서하총	고임식	판석		남북	현문식		중앙	단연도
	중상총	고임식	판석	325*145*170	남북	현문식	110*	중앙	단연도
	동상총	고임식	판석	325*200*211	남북	현문식	100*125*	중앙	단연도
	동1호분	고임식	정치석	268*110*145	남북	현문식	100*79*94	중앙	단연도
	동2호분	고임식	정치석	275*112*155	남북	현문식	125*101*	중앙	장연도(?)
	동3호분	고임식	장판석	250*114*137	남북	현문식		중앙	단연도
	동4호분	고임식	판석	300*173*200	남북	현문식		우편재	장연도
	동5호분	고임식	판석	277*107*140	남북	현문식		중앙	단연도

가 장축 그리고 입구 및 연도의 형상에도 마찬가지이다. 다만 묘실내 관대의 경우 차이가 있는데, 쌍릉이 單人葬을 나타내는 1인용의 棺臺가 시설되어 있음에 비추어 능산리 고분군의 棺臺는 2인을 위한 棺臺外에 敷石施設만 있는 것도 있어 차이가 있기는 하다. 그러나 최근 조사된 염창리 고분군의 내용에 의하면38) 백제 횡혈식 석실분의 장제가 말기에 이르러 단인장으로 변천된 것이 아닌가 생각되어 단인장의 여부가 쌍릉이 왕릉인가의 여부를 판단하는데 큰 문제가 되는 것은 아니다. 축조재료라던가 축조술에서 쌍릉이 모두 화강석을 판석으로 정제하여 사용하였는데, 그러한 예는 표의 부여 능산리 개별 고분에서는 보편적 현상으로 동질성을 인정할 수 있으며, 나아가 논산의 육곡리 6호 및 7호 석실분, 그리고 나주 대안리 5호 석실분의 예로 보아 상급 묘제로 볼 수 있는 것에 국한되는 것을 알 수 있다. 이러한 대비결과는 쌍릉의 묘제가 능산리 고분군의 개별 고분 묘제와 상통하고 있을 뿐만 아니라 이로써 서로 비슷한 시기에 거의 동일한 환경에서 조영된 분묘라는 것

---

38) 公州大學校博物館, 2000, 『扶餘鹽倉里 古墳群發掘調査中間槪略報告』.

을 추정할 수 있게 한다.

물론 백제 횡혈식 석실분은 묘제 특성상 구조차이를 지적하기가 매우 어렵다. 앞서 본 것처럼 백제의 횡혈식 석실분은 출발 자체가 중앙묘제 즉 도읍지를 중심으로 전개된 것으로 시간축에 따른 형식변화는 있지만, 동시기의 묘제 형상은 큰 차이가 발견되지 않는다. 오히려 구조양상에서 후기에 횡혈식 석실분이 평천정 유형으로 정착되면서 통일성은 오히려 강하게 나타나는데, 예로 부여 능산리의 왕릉지역에 남겨진 분묘형태가 도읍지인 사비지역만이 아니라 인근 주변지역 멀리는 영산강 유역에서도 동형의 것들이 발견되기 때문이다. 이러한 요소를 고려하면 쌍릉의 묘제가 능산리 고분군의 묘제와 동질성이 인정된다는 단순비교결과를 근거로 쌍릉을 왕릉으로 보기에는 역부족이다.

그런데 쌍릉은 규모면에 있어서는 오히려 초대형에 속한다. 대왕묘로 불리는 분묘는 묘실의 경우 길이 380cm에 너비 178cm이고, 높이는 227cm이다. 그리고 소왕묘는 길이 320cm, 너비 130cm의 묘실 규모를 지니고 있는데, 대왕묘의 경우 지금까지 발견된 동형의 고분중에서 가장 큰 것이다. 이들 대왕묘와 소왕묘의 규모의 굉대함은 사비도읍기 조영된 왕릉지역내의 고분과 비교할 경우 오히려 두드러지게 드러난다. 능산리 고분중에서도 대형급에 속하는 동상총이나 중하총의 경우도 오히려 쌍릉의 소왕묘보다 작은 것에 비하면 규모면에서는 왕릉으로 보아도 손색이 없을 정도이다.

결국 이러한 비교결과를 토대로 보면 쌍릉이 왕릉으로서의 품격을 갖추었는가라는 점은 유구자체만으로 보면 가능성이 충분하다고 볼 수 있다. 문제는 왜 왕릉이 도읍지가 아닌 익산이란 지역에 자리하였는가의 문제해결이 남는다. 주지되듯이 백제는 3지역에 도읍한 경험이 있고, 각 지역에는 왕릉으로 비정되는 고분군이 남아 있다. 특히 백제 후기에

도읍하였던 사비지역에는 능산리라는 왕릉군이 있는데, 이러한 일반적 현황은 도읍지별 하나의 왕릉이란 인식을 가져왔으며, 이로 보면 익산 쌍릉이 백제왕릉으로서의 가능성은 매우 稀薄하여진다.

그러나 기왕에 알려진 이들 왕릉이 전부인가에 대해서는 의문이 없지 않다. 이에 대해서는 한성도읍시기의 환경은 유적의 부재로 자세하지 않지만 南遷後 웅진이나 사비 도읍시기의 왕릉 조영실상은 나름의 이해가 마련된 듯하나 대부분의 실상이 베일에 가려져 있다. 주지되듯이 百濟 後期 즉 남천후 재위한 왕은 文周王에서 義慈王까지 10명이다. 이중에 義慈王은 중국에서 사망하였기에 그를 제외한 나머지 9명의 왕은 웅진 및 사비도읍시기에 他界하였고, 이들을 위해 만든 왕릉은 남천 지역에 있어야 할 것이다. 이를 도읍지별로 구분할 경우, 熊津에 文周王·三斤王·東城王·武寧王의 陵이, 사비에 聖王·威德王·法王·惠王·武王의 陵이 있을 것이란 전제가 가능하다. 여기에 웅진의 경우 당시의 횡혈식 묘제가 追加葬에 의한 多葬制로 운영되었기에 왕릉은 4基 이내에, 그리고 사비도읍시기에는 多葬制가 單葬制로 변화된 흔적도 있기에 왕릉은 적어도 5기 이상이 있어야 할 것이다. 이에 기초하여 송산리 고분군의 경우 처음 石室墳이 조사된 직후에 오늘날 1-4호분으로 구분된 고분이 외형 정비되면서 이를 熊津 都邑期의 百濟王들의 무덤으로 추정한 감이 없지 않다. 그러나 이후 6호 博築墳이나 5호 石室墳, 29호 石室墳이 조사되면서 피장자의 추정은 유보되고 단지 6호 전축분의 피장자만 추론되었지만 그것도 무령왕릉의 발견으로 원점으로 돌아갔다. 능산리 고분군도 1917년 조사되면서 중하총이 규모나 내용으로 미루어 聖王 혹은 위덕왕으로, 중상총은 규모나 유물로 미루어 短命의 君主인 法王일 것으로 추정한 바 있을 뿐이다.39)

이러한 기존 왕릉의 이해현황은 비록 그들이 王陵域으로 확인되고,

域內에 여러 기의 분묘가 자리하나 개별 피장자의 성격 파악은 미진한 부분이 많다는 것을 알 수 있다. 더불어 이들 분묘가 전부 왕릉인가의 문제와 함께 기왕에 발견된 것들이 유일한 것인가라는 의문도 없지 않다. 이와 관련하여 다시 주목할 수 있는 것은 송산리 고분군이다.

송산리 고분군내에는 塼築墳 2기와 함께 횡혈식 석실분으로 궁륭식의 유형 6기, 그리고 수혈식 2기 등으로 이루어져 있다. 앞서 언급한 것처럼 이들은 1925년에 1-4호분으로 구분된 횡혈식 석실분을 조사하고 그 자체를 왕릉으로 보았지만, 이후 새로운 유형의 분묘가 순차적으로 발견되면서 결국 1971년 무령왕릉의 발견으로 기왕의 분묘 피장자의 성격은 불명인 상태로 남았었고, 단지 무령왕릉만이 왕릉으로 분명한 성격을 나타냈을 뿐이다. 그런데 이 송산리 고분군내의 墓制內容을 검토한 결과에 의하면 王陵으로 구체성을 지닌 것은 武寧王陵 1기뿐이고 이외의 무덤은 王陵으로 보기는 어렵고, 오히려 무령왕과 혈연적으로 관련이 있는 인물이 피장된 것으로 볼 수밖에 없다.[40] 사실 고고학적으로 검토된 웅진도읍기의 왕릉은 송산리 고분군이 유일한 것이다. 그리고 백제가 사비에 도읍할 시기에 조영된 능역도 능산리 고분군이 유일한 것으로 보았는데, 上記의 송산리 고분군의 검토결과는 이러한 이해를 수정할 필요성이 제기되지 않나 여겨진다.

백제의 熊津 遷都後 재위 및 사망한 왕은 文周·三斤·東城·武寧王의 4명이다. 이중에 무령왕의 능만이 송산리 고분군에 있을 뿐이다. 따라서 나머지 왕들의 무덤은 아직 미확인 상태로 있는 셈인데, 적어도 송산리 고분군내에서 그 흔적을 찾기는 어려운 형편이고 보면, 송산리

---

39) 朝鮮總督府, 1917, 위의 報告書.

40) 李南奭, 1997, 「公州 宋山里 古墳群과 百濟王陵」 『百濟研究』27, 忠南大學校 百濟研究所.

고분군이 아닌 다른 지역에 위치한다고 보아야 한다. 이는 앞서 언급된 『新增東國輿地勝覽』의 공주지역 왕릉소재에 대한 기록을 想起하게 한다.41) 물론 이도 전언을 토대로 마련된 기록에 불과하지만 송산리 고분군이 무령왕릉의 가계와 관련된 자들만의 무덤이란 사실이 인정된다면 그 신빙성이 한층 높일 수 있을 것이다.

참고로 백제와 동시기에 존재하였던 고대왕국인 신라나 고구려의 경우는 능묘자체의 위치가 왕계 혹은 왕별로 별도로 조영하였던 것으로 추정됨은 그 좋은 증좌일 것이다. 특히 신라의 경우『삼국사기』에 의하면 초기의 기록이지만, 박혁거세와 유리 이사금은 운암사 북쪽에 있는 사릉원에 장사지낸데 반해서 석탈해는 성북쪽의 양정구에 장사지냈고, 더불어 김씨왕인 미추왕은 소장릉이라하는 대릉에 장사지낸 것으로 미루어42) 왕계마다 별개의 왕릉구역이 있음을 보여준다. 이외에 고구려의 경우도 하나의 권역을 왕릉지구로 설정하고 거기에 모두 매장하는 것이 아니라 왕마다 별개의 지역에 능묘를 조성한 것으로 삼국사기는 전하고 있어43) 오히려 왕릉이 한군데에 밀집되기보다는 여러 지역에 산재되어 있음을 보여주고 있다.

결국 지금까지 백제시대의 왕릉으로 확인된 유적은 발견 자체가 전언을 토대로 마련한 것이고 보면 도읍지별로 하나의 무덤군만 확인된 것은 어쩌면 우연의 일치일 수도 있기에 백제의 남천후 능묘 조영환경

---

41)『新增東國輿地勝覽』앞의 기록 참조.
42)『三國史記』新羅本紀의 王別 薨年 記事에는 赫居世＝葬蛇陵在曇嚴寺北, 儒理尼師今＝葬蛇陵園內, 脫解尼師今＝葬城北壤井丘, 婆娑尼師今＝葬蛇陵園內 －－ 味鄒尼師今＝葬大陵(一云小長陵) 등의 內容이 發見된다.
43)『三國史記』高句麗 本紀의 王別 薨年에 부가하여 朱夢은 葬龍山, 琉璃明王은 葬於豆谷東原, 大武神王은 大獸村原 －－新大王은 故國原, 故國川王은 故國川 등으로 별개의 능역을 표시하고 있다.

을 그대로 반영한 것이라 볼 수 없다. 오히려 능묘의 조영이 왕실의 계보에 따라 별개로 운영하였을 수도 있을텐데 다만 그것이 고고학적으로 입증되지 않았다는데 원인이 있을 뿐일게다. 이러한 사실을 종합하면 백제의 왕릉 조영도 왕계 혹은 왕에 따라 별도의 능역을 설정하여 造陵하였을 가능성을 배제하기 어렵다. 예컨대 백제의 웅진도읍기 왕계는 적어도 부자관계에서 보면 문주와 삼근 외에 동성과 무령왕이라는 3개의 계열임은 주지되는 바이며, 그에 따라 무령왕 관련의 송산리 고분군 외에 또 다른 왕릉의 존재를 언급한 『동국여지승람』의 기록은 매우 타당성이 있다고 여겨진다. 그리고 백제가 사비에 도읍하던 시기에도 그러한 환경은 지속되었을 것이다. 만일 쌍릉이 왕릉이라면, 백제가 사비에 도읍하던 시기에 조영된 것이기에 당시에 재위한 왕중의 무덤이어야 할 것이다. 그와 관련하여 사비도읍시기에 재위한 왕들의 왕계를 구분한다면, 성왕에서 법왕까지의 관계는 큰 의문이 없지만, 법왕과 무왕과의 血系는 석연치 않은 부분이 많다. 더욱이 무왕과 익산지역의 인연은 널리 알려진 것이기에, 쌍릉은 그런 환경에서 익산에 조성된 무왕릉이 아닌가 추정하여 본다.

결국 쌍릉은 기록에서 확인되는 전언을 그대로 취신한다면, 백제의 30대 무왕과 관련된 것으로 볼 수 있고, 묘제가 단인장으로 남았으면서 2기가 동시기에 축조된 점을 토대로 대왕묘는 무왕, 그리고 소왕묘는 비의 능으로 볼 수 있게 된다. 나아가 기록의 취신을 전제로 쌍릉의 고고학 편년의 관점에서 묘제형식상 7세기대에 유행한 것이기에 무왕의 재위 및 사망년대와 일치하고 있으면서 나아가 규모나 형상으로 미루어 품격도 왕릉으로서 손색이 없다는 것을 알 수 있다. 따라서 이러한 사항만을 종합할 경우 쌍릉은 왕릉이고 백제 30대 무왕의 능으로 비정될 가능성은 충분하다고 결론된다.

5. 結 言

익산의 쌍릉도 전언을 근거하면 백제왕릉 즉 무왕릉으로 인식될 수 있는 분묘이다. 그러나 이는 전언에 근거한 것일 뿐, 관련자료의 부족으로 역사 혹은 고고학적으로 구체적 검증이 이루어진 바가 없었다. 이에 본고는 백제고분의 종합적 검토속에서 이 쌍릉이 백제왕릉으로의 비정이 가능한가를 타진하여 보았다.

백제사회도 고대사회로서 王者를 정점으로 편제된 계층사회이다. 따라서 사회전반은 계층적 질서가 유지됨은 물론이고, 전통성이 강한 묘제에도 그대로 반영되었을 것이다. 특히 왕실은 그들의 권위를 한껏 고양하기 위하여 상징적 기념물로 능묘를 조영하는데, 당대에 조성된 능묘가 각 도읍지별로 남아 있기도 하다. 그런데 백제고분은 묘제적 측면에서 보면 다양성이 매우 두드러지다. 물론 이러한 다양성은 조영주체인 백제사회의 복합성을 나타내는 것이기도 하나 이처럼 다양한 묘제는 백제사회의 일원적 통일과정과 짝하여 하나로 통일된다는 특징이 있다. 초기의 다원적 묘제가 횡혈식 석실분이란 하나의 묘제로 통일되는데 이러한 묘제의 통일은 백제의 정치적 발전과 병행하여 이루어진다. 그것은 도읍지를 중심으로 조영된 중앙묘제와 지방사회에서 조영하는 토착묘제로 구분할 경우 중앙묘제를 중심으로 통일되는 것이기에 정치적 환경과 묘제의 환경과도 일치한다.

익산의 쌍릉은 묘제적으로 횡혈식 석실분에 속한다. 그것도 고임식으로 백제말기에 전사회에서 보편적으로 사용한 묘제이다. 이러한 환경은 묘제자체만으로 성격판단을 어렵게 하는 것이기는 하나, 동시기의 왕릉으로 인정되는 부여 능산리 고분군과 대비할 경우 품격에서 보다 상급의 내용을 보인다. 나아가 공주지역의 왕릉인 송산리 고분군 등의 조성환경으로 보면 백제사회에서 왕릉은 도읍지별로 하나만 조영되었다는 근거를 찾기 어렵다는 논거가 마련되고 이에 따라 백제의 왕릉은 多數가 多數의 지역에 존재할 수 있다는 결론에 따라 익산 쌍릉이 백제왕릉, 즉 무왕릉일 가능성은 충분하다고 보아진다. 물론 이러한 결론은 추정적 논지의 전개에 따른 것일 뿐으로 이의 보완을 위해서는 쌍릉의 심층적 조사 외에 주변지역에 대한 고고학적 정밀 연구가 필요하다고 본다.

第4章 百濟古墳 出土遺物

유구중에 9호 석곽묘로 구분된 고분에서 매우 희귀한 사례로 中國製 黑釉鷄首壺가 1점 출토되었다. 同型의 鷄首壺는 중국에서 墓地銘과 더불어 출토되는 예가 빈번하게 나타나고 있어 이들의 교차편년을 통해서 龍院里 고분군의 절대연대를 마련하는데 유용하지 않을까 판단된다. 우리나라에서 출토된 중국자기에 대한 검토가 다각적으로 이루어져 있고, 이를 통해서 해당 유적의 편년적 위치나 의미추구가 진행되기도 하였다. 따라서 이러한 연구결과를 기초로 鷄首壺가 출토된 9호 석곽묘의 편년적 위치를 보다 분명하게 마련된다면, 龍院里 고분군의 이해에 도움이 될 수 있지 않을까라는 생각에서 본고를 마련하였다.

 第4章 百濟古墳 出土遺物

I. 古墳出土 黑釉鷄首壺의 編年的 位置

1. 序 言

黑釉鷄首壺가 출토된 龍院里 고분군은 천안 독립기념관 남쪽의 천안 온천 개발부지에 위치한 유적이다. 96년 지표조사를 토대로, 97년 시굴조사가 진행되어 대규모의 古墳群 2개 지역과 住居址群 1개 지역이 확인되었는데, 龍院里 고분군은 주로 토광묘와 석곽묘가 집중되어 있는 유적이다. 발굴로 드러난 유구는 土壙墓 137기, 竪穴式 石槨墓 13기, 甕棺墓 2기 외에 1기의 住居址로 구성되어 있다.1) 토광묘는 대체로 木棺을 갖춘 것이고, 석축묘는 수혈식으로 유형화할 수 있겠는데, 이들은 비록 묘제의 유형에서는 차이가 보이지만, 유물

---

1) 龍院里 유적의 조사결과에 대해서는 槪略報告書 외에 고분군과 더불어 조사된 1기의 원삼국시대 주거지를 소개하면서 유적의 전체 내용을 개관한 바가 있다. (李南奭, 1999, 「原三國期 住居址 一例의 檢討」『先史와 古代』11, 韓國古代學會)

의 埋納方式이나 갖춤새에서 서로 相通하고 있어 토광묘에서 석축묘제로의 전환기적 성격도 구비하고 있는 유적이다. 더불어 출토유물은 多量의 土器와 鐵器 및 金銅製 耳飾을 비롯하여 玉類가 있다. 특히 토기는 약 350 여점에 이르면서 다양한 기종으로 구성되어 있으며, 철기도 金銅製의 單鳳文 還頭大刀를 비롯한 武器類와 木心鐙子를 비롯한 馬具들이 수습되어 있다.

고분군의 조성시기는 적어도 백제가 남쪽으로 천도하기 이전이라는 개략적 年代觀의 마련은 가능하다. 더불어 인근의 화성리 백제 고분군[2]이나 청주 신봉동 백제 고분군[3]으로 미루어 보다 구체적 년대는 4세기 혹은 5세기 초반이란 협의적 시간범위의 설정과 함께 이들이 백제시대의 유적이라고 판단하는데 주저할 필요가 없는 것이다. 문제는 백제시대 유적의 대부분이 그러하듯이, 龍院里 유적도 보다 구체적 절대연대의 설정에는 어려움이 있다. 유적이나 유물의 편년에서 기준자료로 자주 활용되는 토기의 경우 비록 출토가 다량으로 이루어졌지만, 기종자체의 다양성과 동일기종에서도 이질적 속성이 많기 때문에 고분간 상대적 서열 가늠만이 가능할 뿐이다. 龍鳳文 環頭大刀를 비롯한 무기류나 金銅製 耳飾도 사정은 마찬가지이다.

그런데 유구중에 9호 석곽묘로 구분된 고분에서 매우 희귀한 사례로 中國製 黑釉鷄首壺가 1점 출토되었다. 同型의 鷄首壺가 중국에서 墓地銘과 더불어 출토되는 예가 빈번하게 나타나고 있어 이들의 교차편년을 통해서 龍院里 고분군의 절대연대를 마련하는데 유용하지 않을까 판단된다. 우리나라에서 출토된 중국자기에 대한 검토가 다각적으로 이루어져 있고, 이를 통해서 해당 유적의 편년적 위치나 의미추구가 진행

---

2) 金吉植 外, 1991, 『天安花城里 百濟墓』, 國立公州博物館.
3) 李隆助・車勇杰, 1982, 『清州新鳳洞古墳群』, 忠北大學校 博物館.

되기도 하였다.4) 따라서 이러한 연구결과를 기초로 鷄首壺가 출토된 9호 석곽묘의 편년적 위치를 보다 분명하게 마련된다면, 龍院里 고분군의 이해에 도움이 될 수 있지 않을까라는 생각에서 본고를 마련하였다.

고찰은 먼저 龍院里 고분군을 개괄적으로 소개하고, 鷄首壺가 출토된 유구의 내용을 검토하겠다. 이어 鷄首壺와 함께 同伴 出土된 토기 및 철기 등의 유물을 소개하면서 비교자료로 검토하여 보겠다. 그리고 鷄首壺의 이해를 위해 우리 나라 출토의 中國 瓷器를 살피면서 나아가 중국에서 출토된 鷄首壺를 검토하여 9호 석곽묘 출토 鷄首壺의 시기를 설정하고 이를 통해서 유구의 구체적 편년을 마련하여 보고자 한다. 이는 鷄首壺의 절대연대가 9호 석곽묘의 년대를 나타내는 것으로 볼 수 있을 것이고, 나아가 龍院里 고분군에서 9호 석곽묘의 위치가 가늠되면 전체 유적의 구체적 조성시기 추정도 가능할 것이란 기대도 있다.

2. 龍院里 古墳群과 黑釉鷄首壺出土 古墳

龍院里 古墳群이 자리한 지역은 중서부 지역에서는 보다 남단 쪽에 포함된 곳이다. 중서부 지역으로 분류하는 충청권은 동북에서 서남쪽으로 차령산맥이 전개되는데, 龍院里 유적은 차령산맥의 동북 발기지역의 남단 면, 즉 산맥의 남쪽 면에 속한다. 때문에 북쪽으로는 비교적 고지의 산지가 자리하면서, 북서쪽과 서남쪽으로 산맥의 전개에 따라 높은 산지가 이어지나, 동쪽과 동남쪽으로는 비교적 低平한 산지가 있을 뿐이다. 특히 龍院里 유적에서 화성리 백제고분군이 자리한 지역, 그리고, 최근에 유적이 발견되고 있는 청주의 오창 유적5) 및 송절동6), 신봉동

---

4) 김영원, 1998, 「百濟時代 中國陶瓷의 輸入과 倣製」『百濟文化』27, 百濟文化研究所.

고분군 지역까지는 거의 저평한 지대로 연결된 상태이기도 하다.

고분군이 자리한 지역은 동쪽에 약 220m 높이의 산지가 있으면서 이에서 발원된 구릉이 서쪽으로 길게 전개된다. 산릉은 돌출지형을 내기도 하지만 동쪽의 정상부에서 약 800m의 길이로 전개되면서 표고가 40-50m정도로 낮아지는데 동서간으로 舌狀의 대지를 이루고 있다. 龍院里 고분군이 자리한 구역은 설상 대지의 중간부분에 해당하는데, 東端 쪽은 말안장처럼 잘록하게 지형이 형성되고, 보다 서쪽으로 확대된 지형적 조건을 지니고 있으며, 중간부분에 약간 돌출형상의 고지대가 형성되다가 서쪽으로 길게 늘어진다. 고분군은 이 돌출 고지대를 중심으로 사방으로 사면을 이룬 지역이다.

고분은 동서간 늘어진 구릉의 남향과 북향사면에 자리한다. 남·북의 경사는 북쪽이 보다 심하게 이루어져 있고, 대다수의 고분이 북향사면에 조영되었다는 특징도 있다. 물론 남향사면에 조영된 것이 없지 않으나 북향사면보다 밀집도가 훨씬 떨어지면서 간헐적으로 散布된 형상으로 있을 뿐이다. 고분은 토광묘나 석곽묘 모두 등고선 방향으로 장축을 맞추어 매우 정연한 형태로 있다. 그러나 북향사면의 중간은 인위적 훼손범위가 있었는데 이를 제외한 나머지 범위는 동서간으로 열을 이루면서 서로 일정한 간격을 두고 분묘가 배치되어 있다.

고분의 배치범위는 고지대의 정상에서 말단까지의 범위 즉 동서간 180m의 범위에 남북간으로 21열의 배치가 확인되며 서로 겹치지 않고 거의 일정한 간격을 유지한다. 이러한 분포형상은 각 무덤이 이미 사전의 計劃下에 조성된 것이 아닌가 판단할 수 있기도 하다. 반면에 남향

---

5) 오윤숙, 1998, 「淸原 松岱里遺蹟 發掘調査」『3-5세기 금강유역의 고고학』, 韓國考古學會.

6) 車勇杰 외, 1994, 『淸州 松節洞 古墳群』, 忠北大學校博物館.

그림 1. 흑유계수호가 출토된 龍院里 고분군 전경

사면은 列이라던가 간격을 이룬 것이 거의 발견되지 않는, 즉 매우 불규칙한 형상으로 드문드문 남아 있을 뿐이다.

한편 토광묘와 석곽묘의 관계를 보면, 일부 석곽묘는 南向斜面에 자리한 것도 있지만, 대부분이 北向斜面에 토광묘와 混在된 형태로 있다. 다만 토광묘가 분포된 범위의 한가운데에 석곽묘 일부가 몰려 있는 형상을 보이나 토광묘와의 우열관계라던가 主從的 관계를 추정할 수 있는 차별적 分布狀은 발견할 수 없다. 그리고 일부 석곽묘는 조사구역의 東端部인 보다 높은 지역에 4기가 몰려 있다. 그리고 鷄首壺가 출토된 고분은 석곽묘이면서, 위의 설명된 고분군과는 약간의 거리가 있다.

분묘의 형태는 토광묘의 경우 목관 토광묘로 분류할 수 있는 것뿐이다. 지하로 堀壙하고 내부에 목관을 結構한 다음 매장행위가 이루어진 것으로 판단된다. 토광은 장방형이 기본이면서 규모는 약간 차이가 있으나 길이 2-3m에 너비 1m이내의 것이 보편적이고, 깊이는 개체에 따라 선택적으로 차이가 있다. 이들 토광묘는 북향 혹은 남향의 경사면에 조영된 관계로 장축방향이 동서간을 기본으로 한다.

副葬品은 裝飾品이 木棺內에, 이외의 부장품은 목관밖에 안치하는 것이 일반적이다. 특히 장식품의 위치로 미루어 시신은 頭向을 일률적으로 서쪽으로 향하였다는 것이 확인되며, 부장품도 머리 부위에 연질의 적갈색 발형토기 1점, 소형의 壺形土器 1점을 標識的으로 부장하면서 무기류가 여기에 함께 있다. 그리고 추가로 토기 등의 유물이 안치될 경우 발쪽인 동쪽의 단벽 쪽에 있는데, 앞의 발형토기나 小型壺보다는 규모가 큰 토기가 남아 있는 것이 보통이다. 다만 발쪽의 유물 부장은 선택적으로 이루어진 것으로 추정된다.

석곽묘는 모두 수혈식이다. 이들은 지하로 墓壙을 조성하고, 할석형의 괴석으로 묘실을 축조하였다. 그러나 석축의 형태는 매우 조잡하다. 토광묘와 마찬가지로 등고선 방향의 장축을 두고 있으며, 유물의 埋納方式이나 형태에서 토광묘와 큰 차이가 없다. 나아가 같은 석곽묘에서도 내부 부장품의 질적 차이가 묘실의 規模差에 대비되어 나타난다. 수혈식 석곽묘로는 드물게 꺽쇠와 관못을 사용한 경우도 있다. 다만 석곽묘로 규모를 갖춘 고분은 내부 부장품에서 여타의 석곽묘나 토광묘의 부장품과 현격한 차이를 보이고 있어 피장자의 성격에 차이가 있음을 추정할 수 있다.

鷄首壺 출토 고분은 9호 석곽묘로 구분한 것이다. 이는 토광묘와 석곽묘가 밀집된 구역에서 남쪽으로 약 100m의 거리를 두고 1기만이 조사된 것이다. 때문에 입지 환경도 나머지 고분들과는 차이가 있는 별도의 구릉지대에 자리한다. 입지환경은 북향으로 동서간으로 전개된 구릉

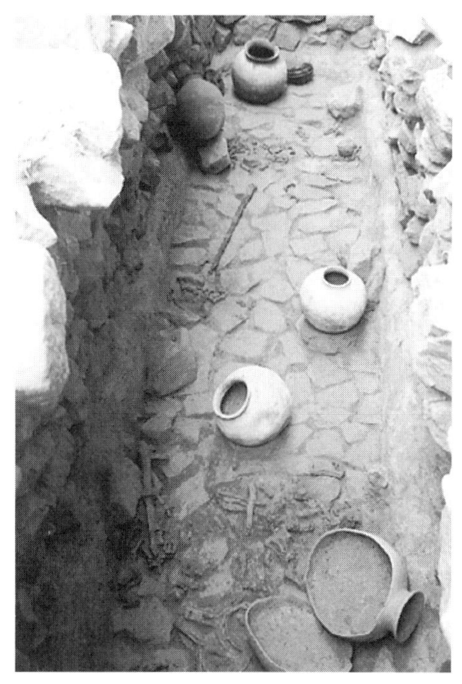

그림 2. 鷄首壺 출토 9호 석곽묘 내부 전경

에서 북으로 突出된 지맥의 거의 線上部에 해당한다. 남쪽의 표고 150m정도의 山稜에서 북으로 전개되면서 50m의 길이로 돌출되는데, 馬鞍의 형상처럼 남북간 20m의 범위는 低平地를 이룬다. 그러나 동서간의 범위는 넓지 않고, 동단쪽으로는 급한 경사가 이루어져 있는데 후대의 切土가 추정된다. 다만 서쪽으로는 약한 경사를 이루기도 한다.

석곽묘는 전형적 수혈식으로 작은 능선이 늘어진 방향인 남북간으로 장축을 두고 있지만 능선의 선상부에서 약간 서쪽으로 피하여 자리한 관계로 역시 장축은 등고선 방향과 일치한다. 지하로 堀壙하였는데 長邊에 3단을 두어 축조한 특이현상이 보이기도 한다. 석실의 축조는 정교하지 않지만 길이 4.46m에 너비 1.2m의 규모로 비교적 큰 편이다. 묘실의 높이는 1.88m의 규모이며, 割石材로 축조하여 조악하지만 바닥의 부석형태나 벽면 구축에서 정교함이 엿보인다.

黑釉鷄首壺와 공반 출토된 유물은 철제의 還頭大刀, 부식되었지만 冠帽裝飾으로 보이는 金銅製品이 있고, 금동제 장식이 있는 성시구, 木心 鐙子와 같은 馬具 외에 특이형상인 철모 등의 철제품이 있다. 그리고 黑色 磨硏土器 3점과 壺形土器 7점 외에 鉢形土器 1점이 있는데 이들 토기의 부장 위치는 앞서 설명한 토광묘 부장품의 배치방식과 크게 다르지 않다. 이외에 목관의 결구에 사용한 철제 꺾쇠와 관못이 적지 않게 남아 있다. 다만 이들 유물 중에 흑색 마연토기가 파괴된 채로 남아 있으면서 조각의 일부가 북쪽의 短壁 무너진 곳에 포함되었다던가, 기벽의 상당부분이 결실된 점, 그리고 鷄首壺의 구연부의 결손이 최근에 이루어진 것으로 판단되나 조각이 수습되지 않는 것으로 미루어 매우 초보적 형태의 교란이 있었다고 본다.

요컨대 龍院里 고분군은 목관 토광묘가 주류를 이루면서 여기에 수혈식 석곽묘가 混在된 고분군이다. 그리고 이들 토광묘와 석곽묘는 비교적 규칙적 분포상태를 유지하고 있으며, 무덤내 부장품도 규칙적 형태로 埋納되었는데, 부장품의 갖춤새에서는 토광묘와 석곽묘가 동일한 전통을 유지하지만 질적인 면에서는 고분의 규모와 더불어 차이가 있다. 鷄首壺 출토 고분은 석곽묘이면서 다른 고분과 離隔된 형태로 있는데 묘제나 유물 갖춤새에 거의 동일한 성격이다.

3. 黑釉鷄首壺와 供伴遺物의 檢討

9호 석곽묘에서 수습된 유물은 土製品과 金屬製品으로 크게 구분할 수 있으며, 土製品은 瓷器인 鷄首壺와 백제 특유의 黑色磨硏土器 및 土器로 구성되었고, 金屬製品은 金銅製로 耳飾과 冠帽 裝飾으로 판단할 수 있는 것 외에 성시구가 있다. 그리고 순수 철제품으로 環頭大刀와 鐵矛 및 鐵鏃, 그리고 馬具로 목심등자를 비롯한 교구가 있고, 이외에 棺具인 꺾쇠와 못이 있다.

黑釉鷄首壺는 석실내의 북단쪽에 약간 교란된 형태로 뉘어져 있었는데, 구연부 약간에 결실이 있을 뿐, 대체로 원상태를 유지하고 있는 것이다. 전체적 기형은 평저에 낮은 원형의 동체부를 지니고 있는 것으로 높이 14.8(16.1)cm의 규모이다. 동체의 상단 즉 어깨부분의 좌우에 사각형의 橫耳가 부착되어 있으면서 이들과 대각으로 한쪽에는 鷄首를, 반대편에는 손잡이를 부착한 것이다. 태토는 비교적 정선된 것을 사용하였으나 굵은 모래 알갱이가 포함된 것으로 밝은 갈색을 띠고 있다. 표면의 유약은 짙은 흑색을 띠는 것인데 底部와 이어지는 동체 하단 일부는 施釉되지 않았다. 이외의 부분은 매우 두껍게 施釉되었는데 釉藥이 두꺼운 부분은 흑색을, 그리고 상대적으로 얇게 施釉된 모서리나 구연부위는 부분적으로 짙은 갈색의 색조를 띠기도 한다. 바닥은 비교적 넓은 평저이나 가운데 부분이 약간 들려져 있는 상태이다. 저경이 10.7cm로 동체의 기고가 14.8cm인 점으로 미루어 매우 안정감이 있다. 몸체는 넓은 바닥에서 약간 퍼진 형태로 올렸는데 곧바로 최대경을 두면서 어깨부분을 표현하고 있어 器高가 비교적 낮으면서 最大徑이 넓어 풍만한 감을 준다. 그리고 頸部는 심하게 오므린 어깨부분의 중앙에서 빨아올리듯이 약간 좁혀서 길게 뽑은 후에, 수평으로 구연을 넓히고, 넓힌 구연의 가장자리를 다시 수직으로 올려 구순을 표현한 것이다.

鷄首 및 고리, 그리고 손잡이가 동체의 어깨부분에 부착되어 있는데 4개의 요소가 정확하게 대칭을 이룬다. 鷄首는 동체의 어깨 가장자리에서 약간 안으로 들어 부착하였으며, 외견상 별도의 부착형상이 확인되지 않을 만큼 정교하다. 鷄首는 머리를 약간 치켜든 형태로 정면을 주시하고 있으며 手製보다는 형틀로 만든 것처럼 매끄럽다. 그러나 장식적 요소는 매우 疏略한 편이다. 鷄首의 좌우에 부착된 고리는 사각이며 각이 진 것으로 높이 0.9cm에 너비 1.5~1.9cm의 것으로 중앙에 지름 0.7cm의 원형 구멍이 뚫려 있다. 한편 손잡이는 경부의 하단에서 平外

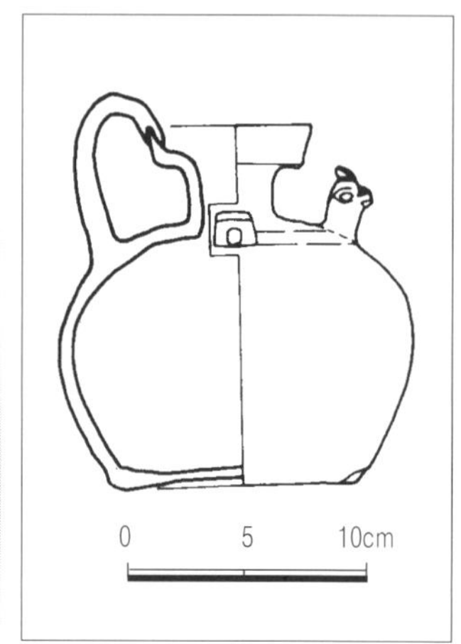

그림 3. 黑釉鷄首壺

反하다가 수직으로 올려진 구순에 연결되어 있다. 단면 원형으로 하트의 반쪽 형상과 같이 표현되었으며, 손잡이의 상단이 구순보다 높게 올려져 유려함이 돋보인다.

黑色磨研土器는 3점 수습되었는데, 1점은 완전 파괴된 直口壺이고, 다른 2점은 뚜껑과 용기의 세트이다. 직구호는 도상 복원이 가능한 것으로 평저에 어깨가 크게 퍼진 광구형이고, 구연은 짧은 短頸을 직구로 올린 것이다. 어깨부분에 특유의 사격자문과 삼각 점선문이 시문되어 있다.

토기는 모두 7점이다. 이들은 소형의 연질 적갈색 발형토기를 제외한 나머지는 회색의 경질토기로 분류할 수 있는 것이다. 연질 적갈색 토기는 고분군의 여타 유구에서 수습된 것과 동형의 것으로 용기의 깊이가 매우 깊으며 동체가 곧게 올라갔고, 짧은 구연을 살짝 외반시킨 형태이다. 표념에 자릿문이 시문된 것이다. 나머지 토기는 비교적 규모

그림 4. 龍院里 출토 흑색마연토기

가 큰 것으로 외반 구연을 지닌 단경호와 직구호로 구분되면서 동체의 형상에 따라 구형이나 난형으로 분류될 수 있는 것이다. 이중에 直口 단경호는 원저를 눌러 평저로 만들고 동체는 어깨부분이 약간 팽배된 것으로 회청색을 띠며, 문양은 없으나 고열로 인하여 터진 자국이 있는 것도 있다. 그리고 단경호로 외반구연이 부착되었고, 동체가 난형인 것은 2점있다. 원저의 바닥을 약간 눌러 평저로 만든 것과 어깨부분이 약간 퍼진 형태의 난형 동체, 좁은 목에 외반 구연을 낸 것은 동일한데 다만 색조가 흑색에 가까운 흑회색과 회색이란 차이가 있다. 나머지 토기는 동체가 대체로 구형이며, 구연의 형상에서 차이가 있지만 세부 속성의 차이 외에는 대체적 유사성이 있는 것으로 볼 수 있다.

금속제품은 우선 금동제 이식의 경우 세환식의 주환에 수식연결고리를 두고, 원통형 및 하트형의 수식이 매달린 것이다. 그리고 관모 장식

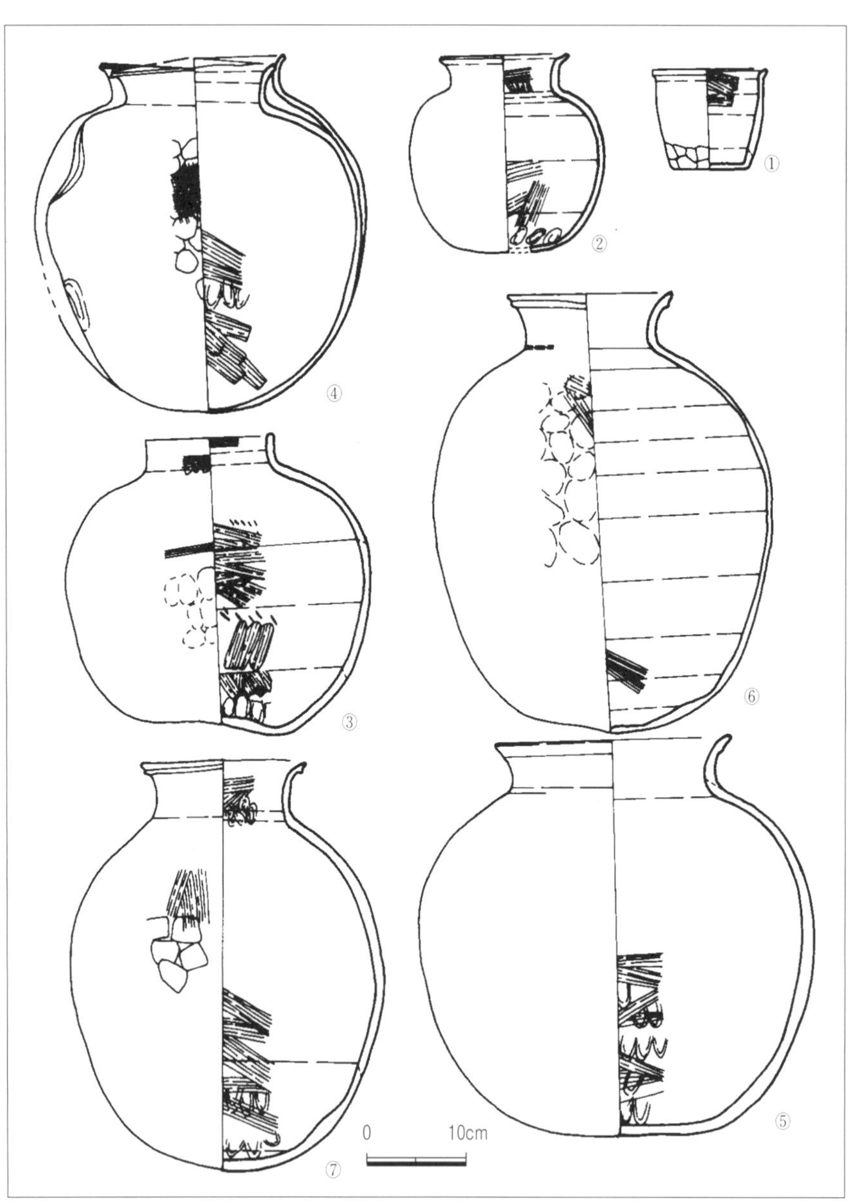

그림 5. 9호 석곽묘 출토 토기

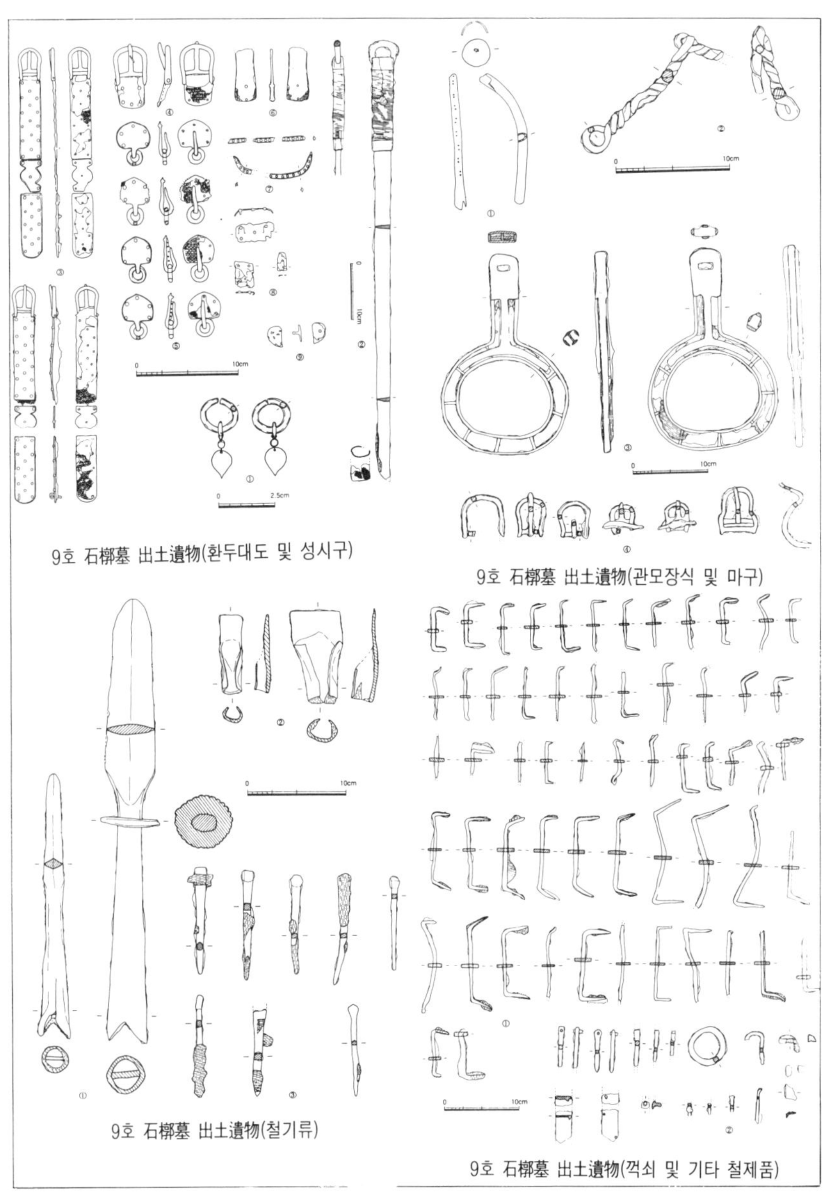

그림 6. 9호 석곽묘 출토의 금동제 및 철제 유물들

으로 추정되는 것은 반원형의 방울형 수식과 관모 정면의 접힌 부분에 부착하였던 것으로 보이는 모서리 장식이 있다. 성시구는 고리와 고리 연결쇠 등이 있는데 금동제로 잔존상태가 양호하다.

철제품은 환두대도를 비롯하여 철모 및 교구와 목관의 부속품인 꺾쇠와 관못이 다수 포함되었다. 환두대도는 장도인데 환두를 원형을 말아서 자루에 리벳한 것이다. 철모는 직기형이나 규모가 크고 봉부와 자루의 사이에 담부형태로 원판형이 돌려져 있는 특이한 형태이다. 이외 교구는 원형의 형상이고, 꺾쇠는 크기에서 3종으로 구분되는 단조품이다. 관못은 몸체는 사각에 머리부분은 뭉툭하게 처리한 것으로 크기에서 2종으로 구분할 수 있다.

黑釉鷄首壺를 비롯한 9호 수혈식 석곽묘 출토품은 수량 및 내용에서 매우 풍부한 것으로 판단할 수 있다. 이들 유물은 고분 부장품으로 보편성을 지닌 것이 대부분이나 나름의 특성도 엿보인다. 우선 黑釉鷄首壺는 원삼국기 혹은 백제시대의 토착상품으로 보기 어려운 중국제라는 점을 주목할 수 있다. 나아가 흑색 마연토기도 드물게 3점이나 출토되었는데 백제 고분 부장품으로 보편성보다 특수성이 강한 것으로 볼 수 있다.

흑색 마연토기 3점중에 직구 단경호는 같은 고분군의 72호 토광묘에서 규모가 작은 것이 출토되었다. 그리고 서울의 가락동 2호 토광묘 출토품7)이라던가 석촌동 고분군 출토품8)과 대비되는데 가락동 2호분의 시기판단에 이견이 있지만 석촌동 고분군의 경우 4세기대의 것으로 보고 있어9) 참고될 수 있다. 그리고 거의 비슷한 4세기대의 유적으로 보

---

7) 尹世英, 1974, 「可樂洞百濟古墳群 第 一, 二號墳 發掘調査略報」『考古學』3, 考古學會.
8) 石村洞發掘調査團, 1987, 『石村洞古墳群發掘調査報告』.

는 천안 화성리 고분군에서도 어깨의 장식에 약간 차이가 있으나 기형은 동일한 것이 출토된 바 있어[10] 참고될 수 있다. 그러나 나머지 2점의 흑도는 기형이나 형태에서 전혀 初出의 것으로 龍院里 출토품이 이후 동형유물의 재출에 대한 기준자료로 활용될 수 있을 뿐이다. 뚜껑의 경우 기형적으로 동형의 것이 토광묘 72호에서 수습되었지만, 이것은 유두형 꼭지를 높게 올리면서 상단에 기하학적 무늬를 선각으로 장식한 점에서는 차이가 있으며, 이외의 자료에서는 마땅히 비교할 만한 것이 없다. 더불어 용기도 평저에 곧게 뻗은 동체부를 지녔으나 동체 상단을 한단 좁혀 뚜껑받침 턱을 둔 다음에 드림새를 수직으로 올린 것으로 비교자료가 발견되지 않는 것이다.

금동제품으로 관모장식이나 성시구도 마땅한 비교자료를 찾기가 어렵다. 관모 장식은 처음 제시되는 사례일 뿐이고, 우리나라 출토 성시구에 대한 검토가 없지 않으나 이로써 龍院里 출토 유물과 비교하기는 아직은 어려움이 있다. 이외에 철제품으로 환두대도의 경우 백제 고분 혹은 토광묘 출토품으로 화성리나 신봉동, 그리고 논산 모촌리[11] 등지에서 적지 않게 알려져 있지만 유물자체의 특수성이 보다 강조되는 것이어서 출토사례만이 검토될 뿐이다. 그리고 마구류로서 목심등자의 경우 출토사례는 매우 주목되는 것이다. 더불어 백제 고분에서의 마구류 출토 예가 청주 신봉동이나 논산 모촌리 등지에서 지속적으로 출토된 바 있어 점차 사례가 증가하고 있지만 유물자체의 희소성과 특이성이 인정되는 것이다. 비슷한 유형의 것들은 영남지역에서 출토된 예가 적

---

9) 石村洞發掘調査團, 1987, 위의 報告書.
10) 金吉植 外, 1991, 앞의 報告書.
11) 安承周·李南奭, 1993, 『論山茅村里百濟古墳群發掘調査報告書』, 百濟文化開
　　發研究院.

지 않지만12) 백제 고지에서는 그 사례가 많지 않다. 따라서 이들 금속 제품이나 철제품은 9호 석곽묘 피장자의 신분을 가늠하게 할뿐만 아니라 유적 전체의 성격 이해에 나름의 기준자료로 활용될 수 있을 것이다. 이외에 토기의 경우 유물의 보편성으로 말미암아 나름의 유용성은 인정되나 자체의 편년관 미비 혹은 형태적 다양성으로 말미암아 세부적 검토에는 한계가 있다. 이중에서 등자는 영남지방의 것과 비교 검토는 가능하다고 본다.

요컨대 龍院里 고분군 부장품이 대부분 토기라는 점과 백제 유적에서 토기자료의 보편성을 고려하고, 나아가 鷄首壺 출토 9호분의 절대년대의 설정속에 이들 토기의 편년적 위치를 확립한다면 나름의 의미가 있다고 본다.

4. 黑釉鷄首壺의 年代와 龍院里 遺蹟

龍院里 고분군은 묘제나 출토유물로 미루어 대략적 축조시기는 4-5세기대로 編年될 수 있을 것이다. 유적 자체로는 목관 토광묘로 유물 갖춤새를 비롯한 제반 내용이 청주의 신봉동과 유사성이 있고, 출토품 중에 黑色 磨研土器는 가락동 2호 토광묘 출토품, 천안 화성리 출토품과 유사성을 확인할 수 있기에 이들 유적의 편년관을 고려하면 그러하다는 것이다. 여기에 龍院里 고분군출토 토기속성의 대략이 천안 청당동보다 진전된 모습을 보이는 것이어서13) 고분의 조성시기가 적어도 4세기 이후일 것이다. 그리고 청주의 신봉동 토광묘 출토 토기보다는 이

---

12) 李尚律, 1998, 「新羅 伽倻文化圈에서 본 百濟馬具」 『百濟文化』27, 百濟文化研究所.
13) 함순섭, 1998, 「錦江流域圈의 馬韓에서 百濟로의 轉換」 『3-5세기 금강유역의 고고학』, 考古學會.

른 것으로 판단하는 점에서 5세기대까지는 내려오지 않을 것이란 추정 속에 그러한 연대관은 큰 오차가 없을 것으로 본다.

물론 이러한 편년관은 어느정도 타당성이 있다고 볼 수 있지만 이는 개략적 추정에 불과할 뿐이다. 여기에 용원리 고분군은 150여기의 유구가 있으면서 서로 겹쳐진 것이 전혀 없을 뿐만 아니라 고분의 배치도 매우 규칙성을 보이기 때문에 단기간에 집중적으로 조영된 것으로 여겨진다. 때문에 고분군내의 개별 고분도 기준자료의 마련여하에 따라서는 보다 세분된 편년도 가능할 것이다. 그러나 현재로서 단지 개괄적 연대관만 마련될 수밖에 없다는 아쉬움이 있다. 다만 전체 고분군의 내용과 유물의 갖춤새로 미루어 토광묘는 경사의 상단에서 아래로, 그리고 토광묘와 수혈식 석곽묘의 상관관계에서 토광묘가 선행의 것이고, 이어 석곽묘가 사용되었을 것이란 선후적 순서의 마련이 가능하다. 그리고 이러한 순서 배열속에 위치한 9호 석곽묘의 조성시기가 계수호를 통해 파악될 수 있다면 전체 유적의 이해에 큰 틀을 마련할 수 있을 것이다.

鷄首壺는 비록 백제고분에서 출토되었지만, 이것이 중국제품이란 점에 의문을 둘 필요가 없다. 우리나라에 중국제의 자기가 유입되는 것은 원삼국기 혹은 삼국기 초반에 이루어진 것으로 볼 수 있다. 특히 백제의 고지에서는 중국제의 자기출토가 매우 높은 빈도를 보이고 있는데, 청자와 흑자 나아가 백자도 출토되고 있다. 청자는 법천리 출토의 청자 양형기,14) 서울 석촌동15), 몽촌토성16), 충남 천안 화성리 출토 반구호,

---

14) 金元龍, 1973, 「原城郡 法泉里石槨墓와 出土遺物」『考古美術』120, 韓國美術史學會.
15) 石村洞遺蹟發掘調査團, 1984, 『石村洞3號墳(積石塚) 復元을 爲한 發掘報告書』.
16) ① 夢村土城發掘調査團, 1985, 『夢村土城發掘調査報告』.

그리고 무령왕릉 출토의 靑瓷 六耳罐,[17] 익산 입점리 출토의 청자 四耳罐,[18] 부소산성 出土品[19] 등이 있다. 黑釉器도 출토정황이나 유적이 구체적이지 않은 것이 많으나 사례는 비교적 빈번한 편이다. 몽촌토성[20]과 신금성[21] 출토의 흑갈유 銅錢紋片, 陶硯片, 석촌동 고분의 黑釉 盤口壺片[22], 부안 죽막동의 壺片[23] 등을 들 수 있으며, 마지막으로 백자는 무령왕릉내의 燈盞이[24] 그것이다. 이중에서 법천리 청자 羊形器는 특수한 儀器[25] 혹은 儀禮用 羊形 酒煎子로[26] 보면서 대체로 4세기 후반의 것으로 보고 있다던가 몽촌토성 출토품과 신금성 출토품이 3세기 말로 편년되고[27] 있는 점으로 미루어 백제지역에 중국자기가 비교적 이른 시기부터 유입되었음을 알려준다.

이상의 백제지역 출토 중국제 자기를 종합하면, 백제사회에 중국자기의 유입이 비교적 활발하게 이루어졌다는 사실의 인지와, 그것이 적어도 3 – 4세기대에 비롯되어 이후 시간의 진전에 따라 보다 활발하게 진행되었음을 알 수 있다. 나아가 이들 중국제 자기 제품은 천안 화성

---

② 서울대학교박물관 1989, 『夢村土城서남지구발굴조사보고』.

17) 文化財管理局, 1973, 『武寧王陵』.

18) 文化財硏究所, 1989, 『익산입점리 발굴조사보고서』.

19) 부여문화재연구소, 1996, 『부소산성』발굴조사중간보고.

20) ① 夢村土城發掘調査團, 1985, 『夢村土城發掘調査報告』, 서울대학교박물관.

② _____________, 1989, 『夢村土城』서남지구발굴조사보고.

21) 충남대학교 박물관, 1994, 『神衿城』.

22) 石村洞發掘調査團, 1987, 앞의 報告書.

23) 국립전주박물관, 1995, 『扶安 竹幕洞 祭祀遺蹟』.

24) 文化財管理局, 1973, 위의 報告書.

25) 金元龍, 1973, 앞의 글.

26) 三上次男, 1976, 「漢江地域發見의 四世紀越州窯靑瓷와 初期百濟文化」『朝鮮學報』81.

27) 李鐘玟, 1997, 「百濟時代 輸入陶瓷의 影響과 陶瓷史的 意義」『百濟硏究』27, 百濟硏究所.

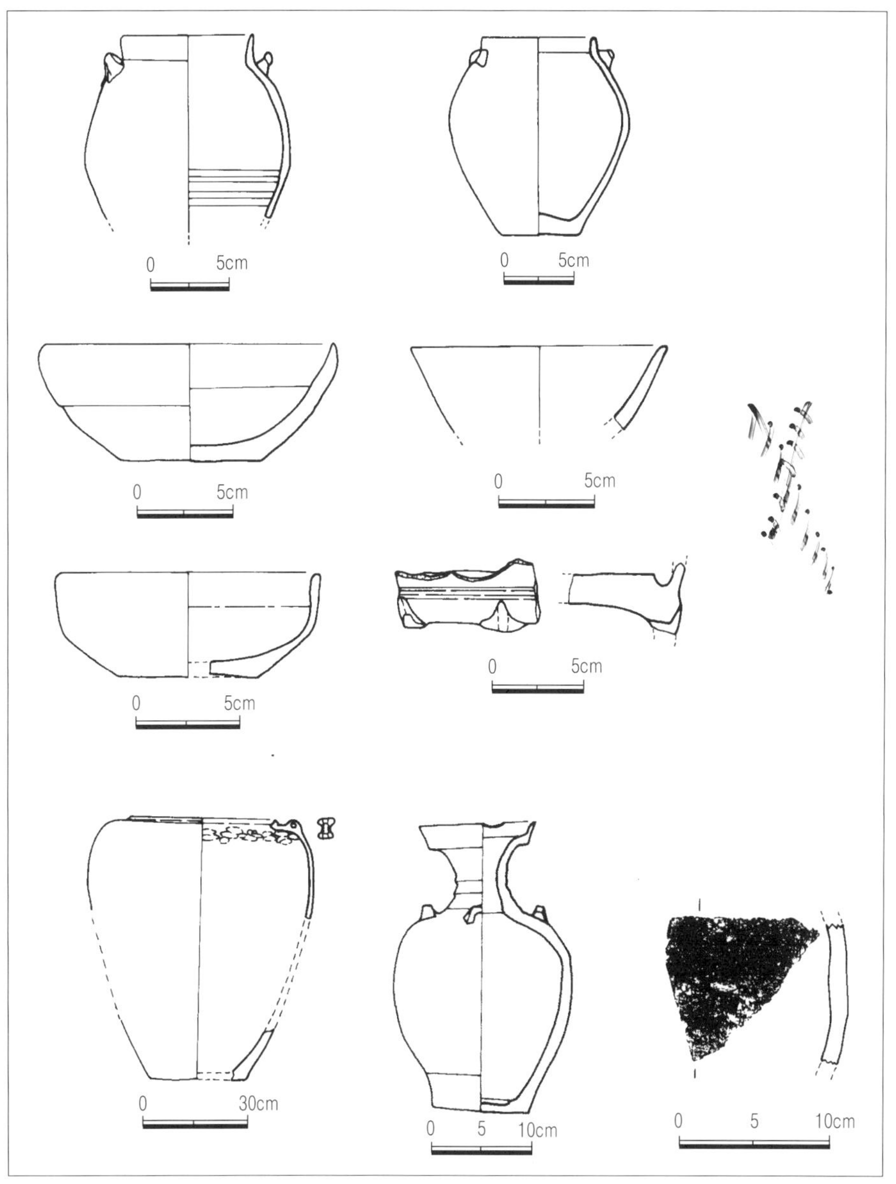

그림 7. 백제지역에서 출토된 중국 자기들

리나 홍성 신금성, 청주지역, 그리고 부안 죽막동의 예로 미루어 도읍지가 아닌, 지방사회에서의 사용이 비교적 활발하게 이루어졌음도 알 수 있다. 한편 중국제의 청자제품으로 용원리 출토 계수호와 동형인 제품도 있다. 청주 출토로 전하는 청자 천계호와[28] 국립중앙 박물관 소장품이 그것인데 후자의 경우 중국 象山 東晋 王閭之墓 출토품과 비교하여 4세기대 후반의 것으로 본다던가[29] 백제의 한성도읍시기에 東晋에서 유입된 것이라는 의견 개진도 있다. 다만 백제 고지에서 기왕에 출토된 중국자기라던가 계수호가 존재하지만 용원리 고분군 출토 계수호와 절대 비교될 수 있는 자료의 확인은 어렵다. 때문에 이 계수호의 이해를 위해서는 흑유 계수호의 사례를 중국에서 보다 폭넓게 검토할 필요가 있다고 본다.[30]

중국에서의 자기생산은 이미 前漢時代부터 비롯되었고, 西晉과 東晋, 그리고 南北朝時期에 이르면 越州窯를 중심으로 청자가 대량생산되었다는 것은 주지된 사실이다. 그리고 청자 이외에 흑자도 매우 폭넓게 제작된 것으로 알려지는데 비록 이 黑釉 자기는 宋元 시기에 유행한 것이기는 하나 이미 한진 시기부터 제작되었고, 특히 兩晉시기의 흑자 생산은 남방지역에서 매우 성행하였던 것으로 본다. 예로 한대에 이미

---

28) 李蘭英, 1998, 「百濟地域出土 中國陶瓷硏究」『百濟硏究』28, 忠南大學校 百濟硏究所.

29) 三上次男, 1976, 위의 글.

30) 中國에서 青瓷 鷄首壺의 出土사례는 黑釉보다 많다. 예컨대 南京大學의 北園 東晋墓(南京大學歷史系考古組 「南京大學北園東晋墓」『文物』1973年 第4期), 呂家山 東晋墓와 郎郎山 東晋墓 그리고 吳堂村의 東晋中期인 永和年間 以後에서 東晋 晩期까지 造營된 東晋墓의 出土品(南京市博物館 「南京北郊東晋墓發掘間報『考古』1983年 第4期), 湖北 漢陽蔡甸一號墓의 出土品(湖北省博物館 「湖北漢陽蔡甸一號墓淸理」『考古』1966年 第4期), 南京 幕府山 東晋墓 3호 出土品(南京市博物館 「南京幕府山東晋墓」『文物』1990年 第8期) 등을 例示할 수 있다.

黑釉가 출현하였음을 절강성이나 江西省의 漢墓 출토품으로 입증되는데 특히 浙江의 德靑窯에서 생산된 전형적 黑磁는 매우 유명하다.[31]

黑瓷를 주로 생산한 德靑窯는 鄕家湖 평원의 서단에 위치하는 수륙교통의 요지에 자리한다. 흑자와 청자를 함께 구워낸 磁窯로 주로 흑자를 생산하였고, 흑자의 胎土는 전홍 자색 혹은 담갈색이며, 색조는 진하고 옅은 것에 차이가 있지만 태색이 비교적 깊기 때문에 靑釉의 색깔을 내기 힘들었다고 본다. 黑釉의 釉層은 비교적 두꺼운데 색깔이 좋은 제품은 흑색 칠을 한 것과 같고 釉의 광택이 번쩍이는 것이다. 기물의 종류는 완·접·반·발·이배·반구호·계두호·향로 등의 내용이 있는 것으로 전한다. 그러나 이 德靑窯의 역사는 길지 않아 東晋代에 개시되어 南朝 초기에 마무리되어 도합 100여년의 역사를 지닌 것으로 여기에서 생산된 黑釉磁는 많은 사람들의 관심으로 생산품이 광범위하게 퍼진 것으로 평가한다.[32]

鷄首壺는 三國末年 兩晋時期의 臼堯에서 일종의 새로운 기종으로 생산된 것으로 이후 각지에서 제작된 것으로 본다. 그리고 이 鷄首壺는 1972년 南京市 南京火絹倉 東晋墓에서 출토된 청자 鷄首壺의 底部에 "賙主姓黃名齊之"의 일곱자가 새겨져 晋代에 "賙"이라는 이름으로 불렸다는 것을 알 수 있다. 나아가 일시적이나 매우 유행하였던 용기였음을 알 수 있다. 나아가 흑유계수호의 경우 덕청요에서 주로 생산하였던 것으로 보는데, 鷄首壺의 형태는 비교적 다양하여 어떤 鷄首壺는 반구고령에 복부가 홀쭉하고 길며 앞에는 병열되어 있는 雙鷄頭가, 뒤에는 두 가닥이 尼條로 이어진 龍頭柄이 달려 있기도 하다. 닭은 높게 세워

---

31) 唐昌朴, 1983, 「略談我國南方黑釉陶瓷的興衰與發展」 『中國古陶瓷硏究專輯』, 江西省陶瓷工業公司出版.

32) 中國硅酸鹽學會主編, 1982, 『中國陶瓷史』, 文物出版社.

진 벼슬이 목 부위까지 이르고 고개를 높이 들어 먼 곳은 쳐다 보고 있어 조형이 아름다운 것들이 생산된 것으로 본다.

나아가 이 鷄首壺는 시간축에 따른 형태변화도 감지하고 있는데 초기에는 대개 아주 작은 반구호의 肩部에 한쪽 면에 鷄頭를 붙이고 다른 쪽에는 鷄尾를 붙였던 것이 東晋대에 이르면 壺身이 크게 변하여 앞에 장식한 鷄頭의 모양새에서 목을 당기고 벼슬을 높게 하였으며, 뒷부분의 鷄尾는 원지형 파수로 변화되는가 하면, 이 파수는 상단의 기구와 연결되고 하단은 기물의 상복부에 연결되는 변화상이 추적되기도 한다. 여기에 동진 中晚期에 이르면 파수의 상단에 龍頭와 龍尾가 장식되는 기형으로 변화된 것으로 보고 있다. 그러다가 남조시기에는 器身이 길어지고 구경이 더욱 높아지면서 조형이 더욱 실용에 적합하도록 변화된 것으로 정리되고 있다.[33]

중국의 德靑窯 産品으로 보는 黑磁, 특히 黑釉 鷄首壺의 출토는 적지 않게 알려져 있고, 일부는 墓地銘과 동반 출토되어 紀年의 확인이 가능한 것도 있다. 이중에 龍院里 출토의 鷄首壺와 동일한 제품도 있어 주목된다. 그 예로 우선 抗州 老和山 出土品[34]과 鎭江 東晋畵像博墓 出土品[35], 南京 謝氏墓 出土品[36]을 들 수 있다.

老和山 出土品은 "晋興寧二年吳郡嘉興縣故丞相參軍都鄕侯楮府君墓"라는 墓碑를 지닌 것으로 單室인 橫穴式의 塼室墓이며, 유물은 이미 도굴되었음에도 瓷器 17종이 수습되었고, 그 중에는 鷄首壺가 포함되어 있다. 鷄首壺는 2점으로 黑釉瓷와 靑瓷이다. 黑釉 鷄首壺는 壺口가 작

---

33) 中國硅酸鹽學會主編, 1982, 앞의 책.

34) 折江省文物管理委員會, 1973, 「抗州鎭興寧二年墓發掘簡報」『文物』1973 - 7기.

35) 鎭江市 博物館, 1973, 「鎭江東晉畵像塼墓」『文物』1973年, 第 4期.

36) 南京市博物館 雨花區文化局, 1998, 「南京南郊六朝謝琨墓」『文物』1998年, 第 5期.

고 어깨와 口緣을 연결하면서 하나의 원형의 손잡이가 있으며, 양쪽의 어깨에 방형의 사다리꼴의 꼭지가 있고, 壺의 몸체는 낮은 것이다.

鎭江 東晋畵像塼墓 出土品은 고분은 花紋塼에 四神을 비롯한 畵像이 있는 塼築墳으로 葛釉의 鷄首壺 1점이 유물에 포함되어 있는 것이다. 그러나 이 鷄首壺는 손잡이가 결실되는 등의 유실이 있으나 盤口의 短頸에 어깨 위에 鷄頭, 양단에 梯形의 耳가 있고, 腹部가 풍만한 것으로 높이 15cm의 크기를 지닌 것이며 "晉隆安二年"이란 명문이 있어 고분의 조성이 398년에 이루어졌음을 보여주는 것이다.

마지막으로 중국의 南京 교외에서 조사된 謝氏 家族墓 출토품은 이 고분군은 7기의 무덤중에서 2기가 조사된 것인데, 黑釉 鷄首壺가 출토된 유적은 5호 전축묘이다. 鷄首壺는 기형이 풍만한 것으로 장식이 있는 반구는 매우 깊고 어깨와 복부에 둥그런 것으로 바닥은 올려져 있고, 肩部의 양쪽에 梯形의 鈕가 각기 1개씩 있으면서 원형의 把手와 鷄首를 둔 것이다. 구경 6.9cm, 저경 9.2cm, 높이 15cm에 몸체 전체에 葛釉가 시문된 것으로 이 무덤은 墓誌의 年代로 미루어 東晉晚期인 것으로 晉의 安帝 義熙 2년이란 연대가 제시되어 406년에 埋納되었음을 알게 한다.

이상의 중국출토 黑釉 鷄首壺를 근거로 龍院里 출토 鷄首壺의 시기가 검토될 수 있다. 중국 계수호와 공반된 묘비명에 의해 편년을 추론한다면 이들 계수호는 4세기 중엽에서 적어도 5세기 초반부까지 내려올 수도 있음을 알 수 있다. 문제는 이른 것과 늦은 것 중의 어느 쪽에 보다 비중을 두느냐의 문제가 남겠는데 이에 대한 갑작스런 단언은 어려운 형편이다. 다만 老和山 出土의 鷄首壺는 4세기 중반의 제작시기를 추정할 수 있고, 謝氏墓 출토의 鷄首壺는 5세기 초반의 年代觀이 제시되지만 후자는 龍院里 鷄首壺의 편년에서 하한시기를 劃線하는 자료로 활용하면서, 편년자체는 오히려 老和山 출토품에 비교하여 판단하는 것이 어떨까 한다.37) 이는 謝氏墓에서 동반 출토된 청자 鷄首壺의 경우 같은 유적의 6호 무덤에서 출토된 청자 鷄首壺와38) 대비할 경우 보다 장식적 요소가 많아지는 등의 後代的 요소가 많다는 점으로 미루어 그러하다. 나아가 용원리 출토품과 대비할 경우 반구호의 경부가 謝氏墓 출토품은 점차 短頸化되었음에 비추어 老和山 出土品은 용원리 출토품과 同形으로 볼 수 있기 때문이다.

결국 龍院里 출토 鷄首壺는 중국의 東晋 時期의 德青窯産이란 점은 분명하고, 德青窯에서 黑瓷의 생산이 4세기대를 중심으로 1세기간에 걸쳐 이루어졌다는 점을 고려하면, 4세기 혹은 5세기대의 생산품으로 보는데 문제가 없다. 그리고 同形의 鷄首壺중에서 364년의 紀年銘을 가진 것과 대비될 수 있다는 점에서 龍院里 鷄首壺의 년대를 4세기 후반으로 결정하는데 큰 문제는 없을 것이다. 다만 이 鷄首壺가 중국제라는 점, 이것이 백제사회 혹은 龍院里의 피장자까지 이어지는 과정적 요소를 어떻게 보아야 할 것인가라는 문제가 있는데, 고분의 부장품이 피장자 당대에만 관련된다는 전제가 인정된다면 이러한 시간폭을 구태여 크게 잡을 필요는 없다고 본다. 이러한 년대관은 출토고분인 9호 석곽묘에 확대 적용될 수 있을 것이다. 그리고 9호 석곽묘가 비록 입지상으로는 다른 고분들과 거리를 두고 있지만 유물의 갖춤새나 토기의 형상

---

37) 용원리 출토 흑유계수호와 동형의 제품이 1993년 강소성 하방촌 동진묘에서도 출토된 바 있다. 전축분으로 목관이 남아 있어 주목된 것인데 계수호는 용원리의 것과 동형이라 판단할 수 있으며, 이 고분은 출토유물 및 유구의 목관이나 입구의 목재 문시설 등을 근거하여 동진중만기의 것으로 편년되고 있다.(南京市博物館 江寧縣文管會, 1998, 「江蘇江寧縣下坊村東晉墓的清理」『考古』1998年 8期)

38) 南京市博物館 雨花區文化局, 1998, 「南京南郊六朝謝琨墓」『文物』1998年 第5期.

抗州 老和山出土 黑釉 鷄首壺　　南京 謝氏墓 出土 黑釉 및 靑釉鷄首壺

에서 토광묘와 混在된 석곽묘 1호와 類似性이 있으면서, 전체 고분중에서는 오히려 後行의 것이란 판단이 가능하면서 이를 토대로 용원리 유적의 하한은 400년대를 기점으로 설정될 수 있지 않을까 생각된다.

5. 結 言

龍院里 유적은 대체로 4－5세기대로 편년될 수 있는 유적으로 분묘군과 주거지가 이웃한 형태로 있는 것이다. 분묘군은 137기의 토광묘와 13기의 수혈식 석곽묘가 포함된 형태로 있으며, 분포상에서 비교적 규칙성을 보인다. 석곽묘 중에 9호로 구분된 1기는 전체 고분군에서 약간 離隔된 위치에 單基로 존재하지만 묘제나 유물의 갖춤새는 동일한 것이고, 특히 이 고분에는 副葬 時期를 어림잡을 수 있는 中國製 黑釉 鷄首壺 1점이 포함되어 있었다. 따라서 이 鷄首壺의 편년관을 토대로 龍院里 유적의 상대년대를 추정하기 위하여 본고를 작성하였다.

龍院里의 분묘유적은 묘제나 출토유물로 미루어 대체로 4－5세기대로 편년될 수 있는 것이다. 그러나 이러한 개략적 편년관은 보다 세분될 필요가 있는데, 출토품으로 黑釉 鷄首壺는 중국의 東晋代 德靑窯産

으로 비교적 일정시기에만 제작되어 유포된 것이다. 이 黑釉 鷄首壺는 墓碑銘을 동반한 고분 출토품도 있는데 대체로 4세기 후반에서 5세기 초반의 것들로 판단된다. 그리고 鷄首壺 자체의 형태변화를 근거한 편년관에 의거하면 龍院里 출토 鷄首壺는 적어도 4세기 후반에서 그리 늦지 않은 시기에 소속시킬 수 있는 것이다. 나아가 鷄首壺와 동반된 유물의 속성과 관련 묘제로 미루어 9호 석곽묘가 龍院里 유적으로서는 後行의 즉 비교적 늦은 단계의 것으로 볼 수 있어 龍院里 분묘군의 하한 년대를 4세기 후반, 적어도 서기 400년은 벗어나지 않은 것으로 판단할 수 있을 것이다.

第·4章

百濟古墳 出土遺物

Ⅱ. 百濟 黑色磨研土器의 考察

1. 序言

최근의 백제 고고학 특징은 4세기대의 다양한 유적이 조사되고 있는 것이다. 토광묘라던가 혹은 옹관묘, 나아가 수혈식 석곽묘를 비롯하여 墳丘墓로 인식될 수 있는 다양한 분묘가 조사되는가 하면, 출토된 유물도 해석여하에 따라 적극적이고 중요한 의미를 지닌 것들이 적지 않다.

사실, 4세기대 韓半島는 삼국이 고대국가체제를 정립하고 점차 세력확대를 도모하여, 이로써 삼국간 각축이 심하게 전개되는 시점이다. 특히 서북지방에 자리하던 樂浪의 소멸은 보다 북쪽의 고구려가 적극적으로 남진을 도모하는 계기가 된다. 이에 남쪽의 백제도 국가체제를 정비하면서 북쪽으로 확장을 획책함에 자연스럽게 북쪽의 고구려와 충돌이 야기되는 시기이다. 이처럼 역동적으로 전개되는 역사상을 대변이나 하듯이 고고학적 사건도 질량의 측면에서 다양성을 갖추어 나가고 있다. 이전의 原三國期的 문화는 독자성이 듬뿍 담긴 삼국문화로 정착되면서 철제도구의 확산, 마구의 확대 보급, 나아가 토기 등의 생활용구의 변화가 크게 나타난다. 墓制도 以前의 토광묘 계열에서 점차 석축묘 계통으로 전환되는데, 특히 분묘의 부장품 중에 名實相符한 威勢品的 성격을 지닌 물품이 비약적으로 증대한다.

本稿는 4世紀代 墳墓 出土品중에 威勢品的 성격을 농후하게 지녔다고 볼 수 있는 黑色磨研土器를 검토하기 위하여 마련하였다. 최근, 백제의 분묘조사가 4세기대 것에 집중되면서 사적 중요성이 큰 자료들이 적지 않게 집적되어 있다. 서울 석촌동 토광묘 유적이라던가[1] 화성 마하리 고분군[2], 그리고 천안 용원리 유적이[3] 그것이다. 그런데 이들 유적에는 다른 귀중품과 더불어 모두 黑色磨研土器가 포함되어 있어 주목된다.

黑色磨研土器는 일찍이 가락동 2호 토광묘에서 2점이 수습된 이후[4] 간헐적 출토 예가 있으나 깊은 穿鑿은 이루어지지 않은 상태이다. 黑色磨研土器는 형태상의 독특성이 있는데 백제지역에서만 확인된 특수한 유물이다. 필자는 최근에 용원리 유적을 조사하면서 이를 수습하게 되었고, 이를 계기로 흑색마연토기를 출토한 유적에 나름의 공통성이 있고, 여기에 토기의 검토과정에서 자체에 대한 실험적인 방법으로 제작기술과 관련된 부분을 검토하여 보았는데 이에서 몇 가지의 새로운 사실을 확인할 수 있어 이 토기의 의미를 검토하여 보고자 한다. 따라서

---

1) 金元龍・林永珍, 1986, 『石村洞3號墳東쪽古墳群整理調査報告』, 서울대학교 博物館.
2) 金載悅 外, 1995, 『華城 馬霞里 古墳群』, 湖岩美術館.
3) 李南奭, 2000, 『龍院里 古墳群』, 公州大學校博物館.
4) 尹世英, 1974, 「可樂洞 百濟古墳 第一號・第二號墳 發掘調査略報」 『考古學』, 第三輯 韓國考古學會.

본고는 용원리 고분군 출토품의 확인을 기회로 기왕에 백제지역에서 출토된 흑색마연토기 자료를 종합한 다음, 특성을 살피고 이의 시대적 혹은 고고학적 특성을 검토하여 보고자 한다.

2. 黑色磨研土器 資料의 檢討

黑色磨研土器는 표면이 검은 색조를 띠었을 뿐만 아니라 磨研에 의해 潤澤이 있는 것이다. 따라서 단순히 검은 색을 띤 흑색토기와는 구별된다. 정선된 胎土를 사용하였고, 기벽이 매우 얇을 뿐만 아니라 燒成度는 그리 높지 않음에도 불구하고 표면에 맨질 맨질한 磨研 흔적이 있다. 마연의 흔적의 위에는 漆을 덧바른 것처럼 광택도 있다. 더불어 가장 커다란 특징은 동시기의 토기와는 크게 구별될 수 있는 문양장식이 있다. 동시대의 토기 문양이 제작과정에 남겨진 것이 대부분임에 반해서 흑색마연토기의 문양은 의도적으로 장식한 것일 뿐만 아니라 陰刻한 線紋을 조합하여 施文한 특징이 있다.

이러한 특징을 지닌 黑色磨研土器는 가락동 토광묘 출토품 2점, 석촌동 3호분 동쪽의 토광묘에서 출토된 것으로 형상 복원이 가능한 것 3점과 복원이 어려운 것 2점, 그리고 화성리 토광묘에서 출토된 복원 가능한 것 1점, 용원리 유적의 토광묘와 석곽묘에서 출토된 5점으로 모두 13점이 있다. 이외에도 보고서 상에 흑색토기로 분류된 것이 적지 않다.[5] 그러나 이들은 앞서 분류된 것과 같은 黑色磨研土器에 속하는 것이 아니라 단순하게 표면 색조가 흑색을 띤 흑색토기로 속성에서 현격한 차이가 있는 것들이다.

---

5) 黑色土器 혹은 黑陶로 표현되기도 하지만, 黑色磨研土器로 분류된 것과는 胎土 · 器形 · 表面 色調 · 光澤 · 紋樣에 큰 차이가 있는 것들이다.

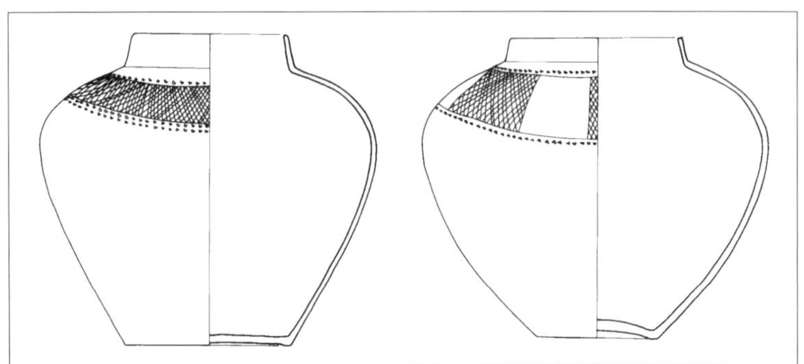

그림 1. 가락동 2호분 출토 흑색마연토기

이들 흑색마연토기의 세부내용을 보겠다. 우선 가락동 2호 토광묘 출토품은6) 平底短頸壺로 完形品 1점과 복원된 것 1점이다. 前者는 17.5cm의 높이에 口徑이 9.3cm, 底徑 7cm의 규모이다. 바닥은 자른 듯이 수평을 이루고, 몸체는 어깨부분에 최대지름이 있는 소위 廣肩形이다. 口緣은 수직의 短頸이며, 전체적으로 안정감이 있다. 표면은 흑색으로 潤澤이 나며, 문양은 특유의 삼각 집선문과 사격자문이 결합하여 어깨부분에 소위 견문대의 형태로 음각으로 시문하였다.

상단에 1열의 삼각 집선문을, 이에서 2cm정도 간격을 둔 후 아래에 2열의 삼각 집선문을 배열하고, 그 사이에 사격자로 음선을 시문한 것이다. 나머지 1점은 완전 파괴된 것을 복원한 것인데 앞의 것과 유사하지만 문양대가 약간 크면서 기형이 약간 납작한 것으로 지적된다.

석촌동 3호분 동쪽의 토광묘 出土品들은7) 2호 토광묘 出土品과 대형 토광묘의 積石部 出土品으로 구분된다. 2호 출토품은 부장품이 아니고

---

6) 尹世英, 1974, 앞의 글.
7) 金元龍·林永珍, 1986, 앞의 報告書.

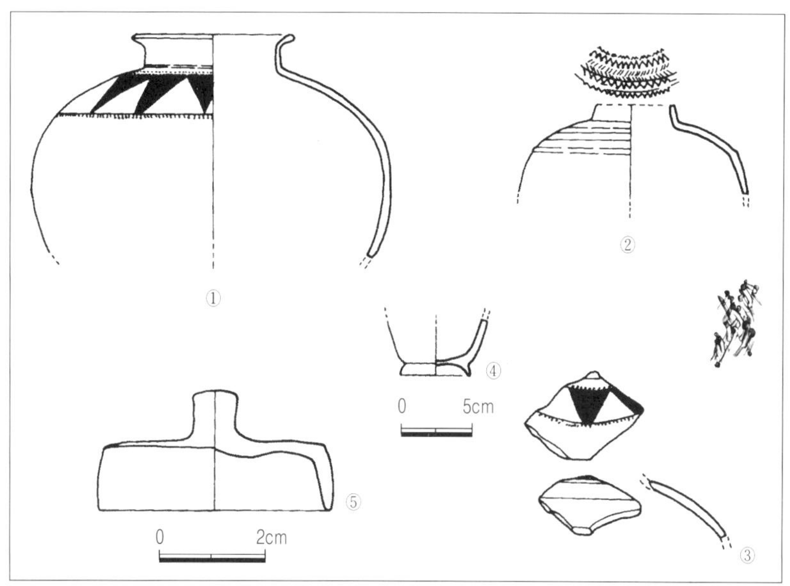

그림 2. 석촌동 3호분 동쪽 출토 흑색마연토기

토광 어깨선 가까이에 있던 것이고, 뚜껑으로 고운 胎土를 사용하여 燒成한 것이다.

기벽이 0.6~0.8cm의 두께이고, 마찬가지로 표면 광택이 있다. 기형은 상부가 평탄하고 둘레가 거의 직각으로 꺾여 내리며, 중앙에 작은 원주형의 꼭지가 있다. 바깥은 모두 磨硏되었으나 안쪽은 成形時 회전시킨 흔적이 남았고, 크기는 직경 10.8cm에 높이 5.3cm이다.

대형토광묘의 적석부 출토품 4점중에 그림 1은 積石部에 파편으로 흩어져 있던 것을 복원한 것이다. 경부가 약간 外反되고 구순을 수직으로 만들었으며, 동체는 편구형이다. 어깨 문양은 2條의 橫沈線을 5cm간격으로 돌리고 바깥에 다시 2條의 점열문, 그리고 안쪽으로 연속 삼각형문이 있다. 그림 2의 토기편도 그림 1의 土器片과 동형의 것이며, 마

찬가지로 積石部에서 수습
된 것이나 개체 복원이 힘
들다. 다만 直立 短頸에
偏球形의 몸체, 그리고 突
帶가 있는데 突帶를 중심
으로 위에 3열의 문양대,
그리고 아래에 1열의 문양
대가 원과 거치문, 사격자
문으로 구성되어 있다. 그
림 3의 토기편은 파편으로

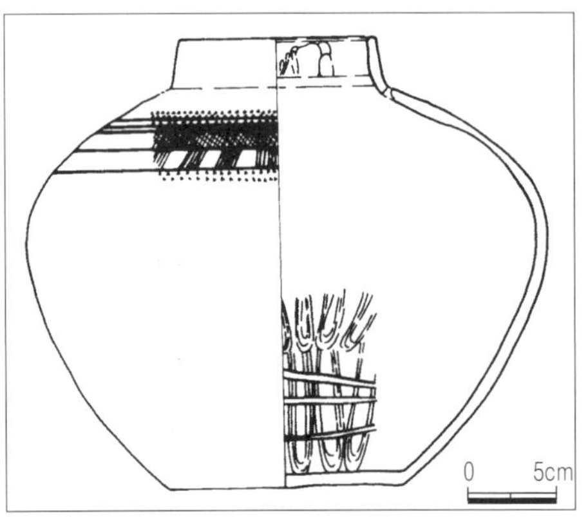

그림 3. 화성리 A - 2호묘 출토 흑색마연토기

점열문과 삼각형문, 그리고 사격자문을 조합한 문양대가 있다. 마지막
그림 4의 토기편도 적석부에서 수습된 것이다. 몸체는 약간 부른 배가
위로 가면서 오므라들어 내반 구연의 심발형 기형을 지닌 것이다. 바닥
에 1㎝정도의 圓足이 달려 있는 컵 모양의 용기이며, 口徑 8.4㎝에 胴
體의 지름 10.4㎝, 높이는 10.8㎝의 규모이다.

화성리 토광묘 출토품은8) 상반부가 많이 파손되었지만 口緣의 복원
이 가능한 것이다. 색조가 짙은 흑색이나 속심은 흑갈색이다. 태토가
매우 정선되었고, 기형은 直口短頸이다. 바닥에 약간 들린 기미가 있지
만 동체는 어깨부분이 크게 퍼진 소위 廣肩形이고, 頸部가 약간 안으로
內灣된 직립의 구연이다

표면은 치밀하게 磨研되고 광택이 있으며, 문양은 2줄의 삼각 점열
문대 · 1줄의 삼각 점열문대 · 삼각 거치문대 · 사격자문대 · 평행 집선문
대 · 삼각 점열문대 등의 단위문양대가 결합되어 커다란 하나의 문양대

---

8) 金吉植 外, 1991, 『天安 花城里 百濟墓』, 國立公州博物館.

를 이루어 어깨에 음각으로 시문되어 있다. 각각 단위 문양대의 사이에 가는 횡침선이 있다.

용원리 출토품은9) 9호 석곽묘의 直口短頸壺·鉢形器·蓋物과 72호 토광묘의 直口短頸壺 및 蓋物이 각 1점씩 있다. 9호 石槨墓 出土 直口短頸壺는 곧은 입에 짧은 목을 지닌 것이다. 완전 파괴된 것을 복원하였는데 절반정도는 결실된 것이나 형상복원은 가능하다. 底徑 13.4cm, 높이 24.2cm, 몸체의 최대 지름 30.1cm, 口徑 13.7cm로 계측된다. 표면은 흑색으로 磨研한 흔적이 역력하게 남았고, 그 위에 施釉한 것처럼 광택이 있는 검은 칠이 있어 반질반질한 윤기가 있다. 다만 이 黑釉形態의 칠은 내면과 바닥에서는 전혀 확인되지 않으며, 항아리의 표면도 상당부분이 벗겨진 관계로 부분적으로 남아 있을 뿐이다. 문양은 어깨부분에만 있으며, 陰線으로 橫線 帶를 만들고 그 안에 斜格의 陰線을 넣었으며, 이어 횡선대의 상하에 각각 2조의 三角 集線紋을 施紋하여 장식한 것이다. 횡선대의 간격은 2cm이며, 횡선대 안에 음각된 사격자는 0.4cm정도이나 간격이나 일률적인 것은 아니다. 삼각 集線紋은 상하 모두 각각 0.4cm의 간격으로 배치하였다.

鉢形器는 黑色 磨研土器로는 특이 기종에 속하는 것으로 뚜껑받침턱이 있는 용기이다. 구연의 일부가 파괴되었지만 기본적 형상은 간직되었다. 底徑 10.5cm, 높이 12.4cm, 몸체의 최대 지름 21.1cm, 口徑 18.4cm의 크기이다. 문양은 전혀 없으며 단지 磨研한 흔적이 있고, 반질반질한 潤澤이 부분적으로 남아 있다. 용기의 내부는 적갈색의 異物質이 묻어 있는데 부식 등의 요인에 의한 것으로 보인다.

蓋物은 중앙에 꼭지가 달려 있고, 이 꼭지를 중심으로 대칭을 이루

---

9) 李南奭, 2000, 앞의 글.

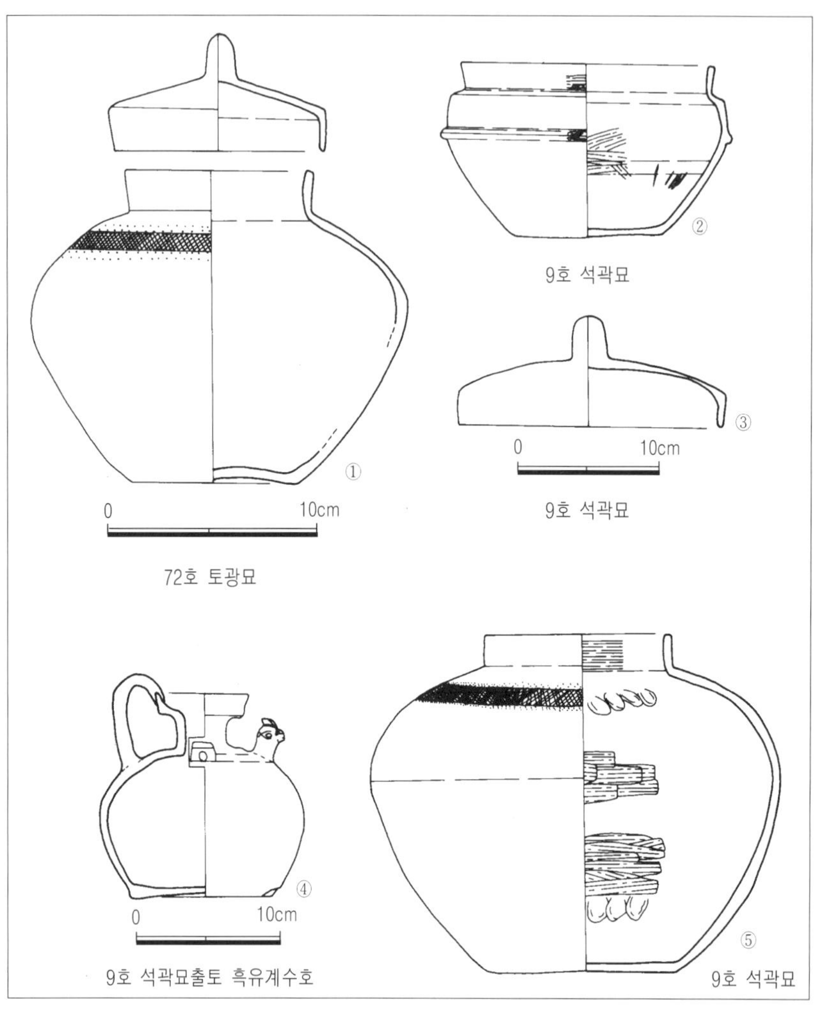

그림 4. 용원리 72호 토광묘, 9호 석곽묘 출토 흑색마연토기

는 기하학적 무늬가 음각으로 시문된 것이다. 규모는 높이 11.9cm, 입 지름 19.3cm로 계측되며, 꼭지는 지름 2.4cm에 높이 3cm로 부착되어 있 다. 꼭지는 장식없이 뾰쪽하게 만든 것이나 외면에 깍은 흔적이 남아

있고, 정부가 약간 들려 있다. 문양은 꼭지를 중심으로 '+' 자형을 이룬다. 꼭지 외곽에 삼각 집선문을 2열로 돌려 감싸고, 그 외곽에 음선을 두어 구획하였다. 이를 중심으로 사방으로 魚骨 형상의 線紋을 두었는데 외변에 2조의 삼각 집선문을, 그리고 안쪽은 1조의 삼각 집선문을 두어 장식한 것이다.

72호 토광묘 출토 直口短頸壺는 납작 바닥에 어깨부분이 넓은 몸체를 지닌 소위 平底에 廣肩形의 어깨를 지닌 것이다. 어깨에 삼각 집선문과 사격자문이 있는 陰刻文이 있는 것으로 파괴가 전혀 없다. 底徑 8.8㎝이고, 높이는 16.6㎝, 그리고 몸체의 최대 지름은 20㎝, 口徑이 10.2㎝이다. 표면에 磨硏된 흔적이 있고, 윤기 있는 칠이 일부 있으며, 태토는 매우 정선된 것이나 구운 온도는 그리 높지 않다. 구연은 동체의 상단에서 수직으로 곧게 올렸는데 높이 2.5㎝정도이다. 문양은 어깨부분에 있는 음각선문이 전부이다. 중앙에 1㎝정도의 간격을 두고 가는 음선 2개를 한 조로 둔 후에 그 안에 사격자의 음선문을 0.1㎝정도의 간격으로 시문하였고, 이 문양대의 아래·위에 각각 2조로 이루어진 삼각 집선문을 배치하였다.

72호 토광묘 출토의 蓋物은 문양이 전혀 없이 정부에 꼭지가 높게 남아 있는 것이다. 높이는 꼭지를 포함하여 6.2㎝인데 꼭지만의 높이는 2.2㎝이다. 口徑이 11.4㎝인데 드림새의 높이는 2.3㎝이다. 드림새의 입술면도 단순하게 마무리한 것으로 외형에 큰 특징은 없는 것이다.

以上의 13점의 흑색마연토기를 살폈다. 이들 흑색마연토기는 동시기의 백제토기와 비교할 경우 상당한 차이가 있는 것이다. 태토의 경우 매우 정선된 것을 사용하였는데 일반적 백제토기의 경우도 적갈색 연질이외에 회색계통의 토기에서 정선된 胎土의 사용은 자주 발견된다. 즉 태토에 砂粒質이 거의 포함되지 않은 것이 있으나 일부에 불과하고 대체로 경질토기를 포함한 대부분의 토기는 사립질이 많이 포함된 것이 일반적이기에 차이가 큰 것을 알 수 있다.

기종은 출토 예가 많지 않아 일반화하긴 어렵지만 현존의 상황은 平底의 直口短頸壺가 중심을 이루고, 여기에 蓋物 그리고 대각부가 있는 盞形土器·鉢形土器가 있다. 이는 당대의 백제토기의 일반적 현황에 비추어 흑색마연토기 나름의 특징적 요소로 지적될 수 있다. 平底의 直口短頸壺는 모두 6점이고, 가장 많은 숫자를 차지하고 있다. 이들은 壺類로서 석촌동 출토품 1점을 제외하면 기형적으로 거의 大同小異하다는 특징이 있다. 자른 듯이 수평을 이룬 바닥에 몸체는 최대 지름을 중상단보다 올려진, 즉 소위 廣肩形이면서 짧은 直立 口緣을 성형하였다는 공통점이 있다.

무엇보다도 흑색마연토기의 特異性은 표면의 색조와 문양에 있다. 백제토기로 흑색마연토기 외에 표면의 색조가 흑색인 토기가 없는 것이 아니다. 그러한 자료는 분묘라던가 혹은 窯址의 조사과정에서 흑색토기로 제시된 것들이 있다. 물론 이들은 흑색마연토기와 차이가 크다. 태토가 정선되지 않았다는 점과 함께 소성과정에서 그을림 형태로 표면의 색조가 검은 색으로 남게 된 것, 이들 흑색토기의 기형도 黑色磨研土器와 같은 平底의 直口 短頸壺보다는 甕形土器 혹은 壺形土器처럼 백제초기의 일반적 기형과 상통하는 것들 뿐이다. 이에 반해서 흑색마연토기는 표면의 색조가 완전 검정색을 띠고 있고, 나아가 표면은 磨研하듯이 문지른 자국이 있을 뿐만 아니라 윤택이 돈다. 이 윤택은 漆을 덧바른 것처럼 광택이 있다. 이 표면의 광택은 백제의 일반 흑색토기에는 전혀 확인되지 않는 것이다. 나아가 흑색마연토기의 표면 검은색은 기심까지 깊게 배어 표면만이 검은 색을 띠는 흑색토기와는 차이가 있다.

한편 문양은 토기의 어깨부분에 음각으로 삼각 집선 혹은 점열, 그

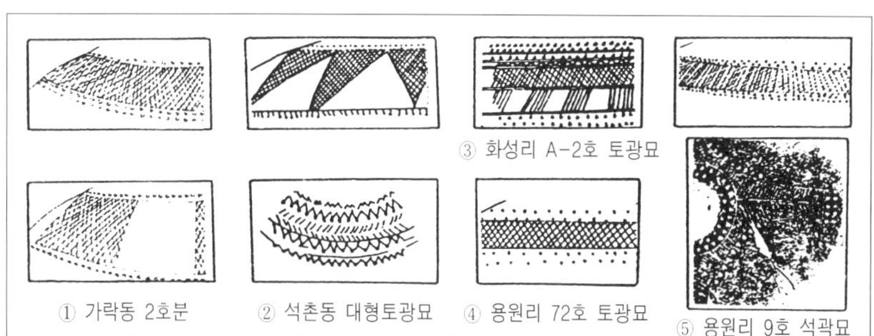

그림 5. 흑색마연토기의 문양별 형태

리고 斜集線을 조합하여 장식적으로 시문한 것을 특징으로 한다. 물론 전체 黑色磨硏土器의 문양이 통일적인 것은 아니다. 그러나 구성요소가 삼각점, 점, 그리고 세선을 구성요소로 하고 있다는 것, 나아가 음각으로 시문한다는 점에서 공통적이다. 그리고 이들은 주로 토기의 어깨부분에 의도적으로 장식을 위해 베풀어진 것이다. 문양의 시문방법은 석촌동의 突帶가 있는 수습품 1점을 제외하면 점열문과 삼각 집선문, 그리고 사격자문을 조합하여 細線으로 음각한 시문기법이란 점에서 공통적이다.

3. 出土遺蹟과 黑色磨硏土器의 年代

흑색 마연토기는 백제유적에서 출토된 유물중에서 비교적 稀貴性과 함께 特殊性이 인정되는 것이다. 그런데 살핀 바처럼 출토유적은 한강하류지역 즉 서울의 가락동과 석촌동 유적, 그리고 이에서 남쪽으로 일정한 거리를 둔 천안의 화성리 유적과 용원리 유적으로 일정지역에 국한되어 있다.

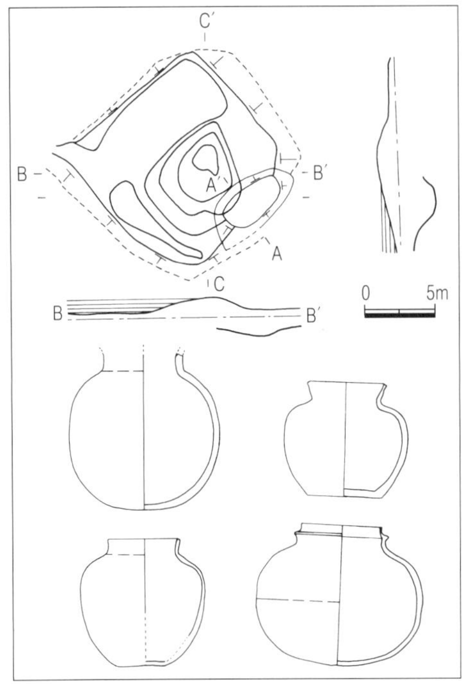

그림 6. 가락동 2호분과 출토유물

가락동 유적은 1969년도에 조사된 가락동 2호분을 말한다.10) 봉토분이나 옹관묘를 중심으로 다른 세 개의 묘광이 하나의 封墳 안에 있는 것으로 특이한 유형으로 판단된다. 여러 개의 埋葬部를 축조하고 각각의 작은 墳丘를 만든 다음에 전체를 하나로 아우르도록 큰 墳丘를 덮은 것이다. 基底部 규모가 12×15m에 높이 2.20m로 계측된다. 甕棺은 墳丘의 정상에서 아래로 1m 아래에 單式으로 있다. 그리고 甕棺의 남쪽에 黑色磨研土器 1점과 교구 및 刀子가 함께 副葬된 토광묘가 있다. 이에서 동쪽으로 1m의 거리에 鐵製小刀만 副葬된 토광묘 1기가 있고, 또 다른 토광묘 1기는 單式 甕棺의 동남쪽에 있는데 목관의 흔적이 뚜렷하게 남은 것이다. 前者 2기는 목관의 흔적이 분명하지 않다. 黑色磨研土器는 單式 甕棺의 동·서 쪽에 위치하여 2점이 수습되었으나 정확하게 어떤 유구에 소속되는가의 판단이 어렵다. 가락동 2호 토광묘 출토유물은 토기와 철기로 구분할 수 있다.

---

10) 尹世英, 1974, 앞의 글.

석촌동 유적은 3호 積石塚과 더불어 그 동쪽 지역을 조사하면서 확인된 것이다. 토광묘 11기와 옹관묘 6기, 그리고 土壙 積石墓 1기, 石槨 甕棺墓 1기 및 8개의 목관을 가진 대형 토광묘 1기, 葺石 封土墳 1기, 積石塚 1기, 石槨墓 1기 등 23기의 분묘와 화장

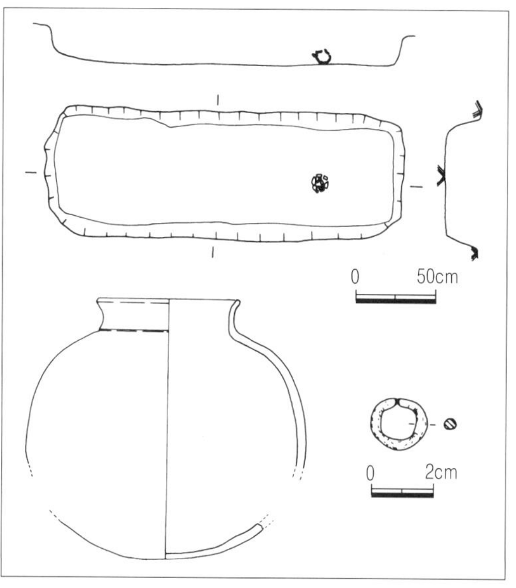

그림 7. 석촌동 2호 토광묘과 출토유물

유구로 구성된 것이다.11) 黑色磨研土器가 수습된 유구는 11기의 토광묘 중에서 2호로 구분된 유구에서 뚜껑 1점이 출토되었고, 대형 토광묘로 분류된 遺構의 積石部에서 4점의 개체가 수습되었다.

2호 토광묘는 生土를 파고 223cm의 길이에 76cm의 너비, 그리고 깊이 21cm의 규모로 土壙을 조성하면서 동남-서북로 장축을 두어 배치하였다. 목관이 없는 순수토광묘로 함께 수습된 유물은 遺構內에서 短頸壺 1점, 그리고 埋納土에서 金製 耳飾이 수습되었고, 黑色磨研土器는 동북쪽 어깨선 외곽에서 수습되었다.

대형토광묘는 너비 2.6m~3.2m, 길이 10m이상의 큰 土壙을 남북 방향으로 0.8m의 깊이로 파고 8개의 木棺을 안치한 것이다. 개별 목관을

---

11) 金元龍·林永珍, 1986, 앞의 글.

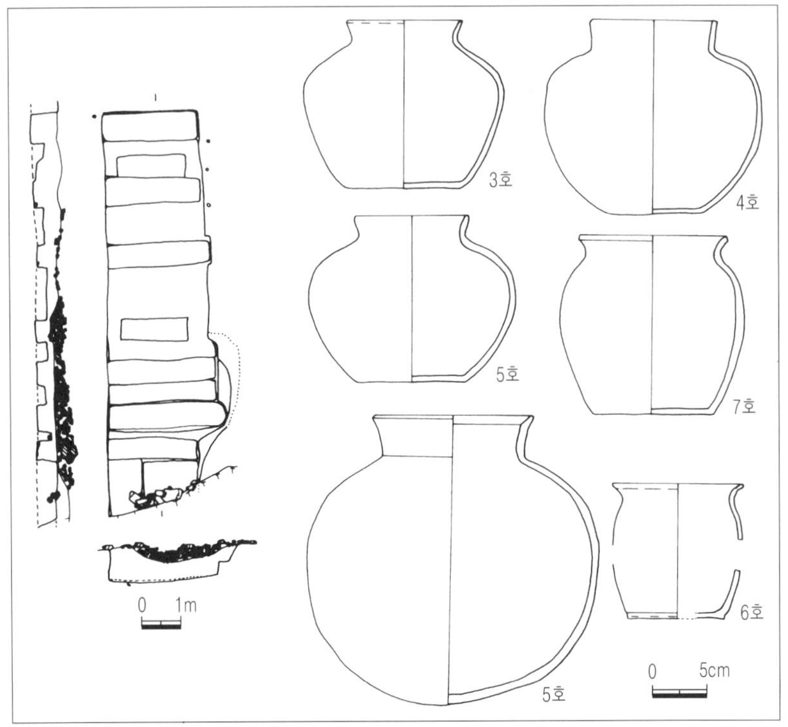

그림 8. 석촌동 대형 토광묘와 출토유물

시설하면서 마련한 별도의 土壙은 없기에 일반적 토광묘 형태로는 異
例的이다. 전체적으로 큰 토광을 파고 목관을 안치한 다음, 흙을 덮으
면서 다시 그 위에 1–2겹의 할석을 덮어 묘역을 만든 것이다. 이 積石
部 위에 별도의 봉분도 없었던 것으로 추정한다. 黑色磨硏土器는 집중
적으로 수습되었지만 개별 목관과 관련된 것이 아니라 상층의 積石部
에 조각으로 흩어져 있던 것이다.

  천안 화성리 百濟墓는 1990년 9기의 토광묘가 다시 조사된 바 있
고,12) A – 2호묘에서 黑色磨硏土器가 출토되었다. 목곽묘로 훼손이 적지

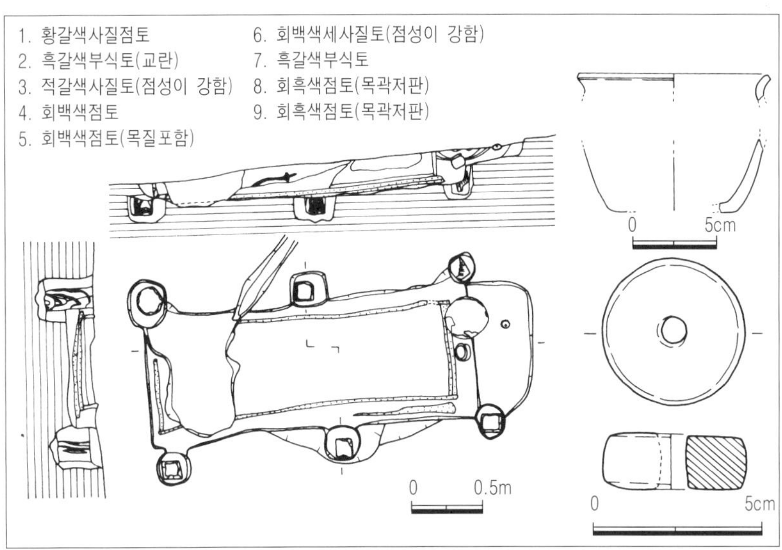

그림 9. 화성리 토광묘와 출토유물

않으나 묘광선에 연한 외곽에 木槨을 구축한 기둥구멍이 있고, 길이 220㎝에 너비 66㎝의 목관을 안에 안치한 것이다. 화성리 유적에서는 일찍이 중국 靑瓷羊形器가 출토되어 널리 알려진 것으로, A-1호 墓에서 環頭를 銀絲로 象嵌한 環頭大刀도 출토되었다.

용원리 유적도 토광묘와 수혈식 석곽묘가 군집된 대규모 墳墓群이다.13) 토광묘 137기와 수혈식 석곽묘 13기가 조사된 외에, 인근에 백제시대의 횡혈식 석실분도 있고, 대규모 집락도 있다.14) 9호 수혈식 석곽묘에서 흑색마연토기호 1점과 뚜껑을 갖춘 발형토기 1점, 72호 토광묘에서 뚜껑을 갖춘 흑색 마연토기호 1점이 있다.

9호 석곽묘는 竪穴式 石槨墓로 3단으로 墓壙을 파고 석축의 묘실을

---

12) 金吉植 外, 1991, 앞의 글.
13) 李南奭, 2000, 앞의 글.
14) 忠淸埋藏文化財硏究院, 1998, 「天安龍院里住居址發掘調査槪略報告書」.

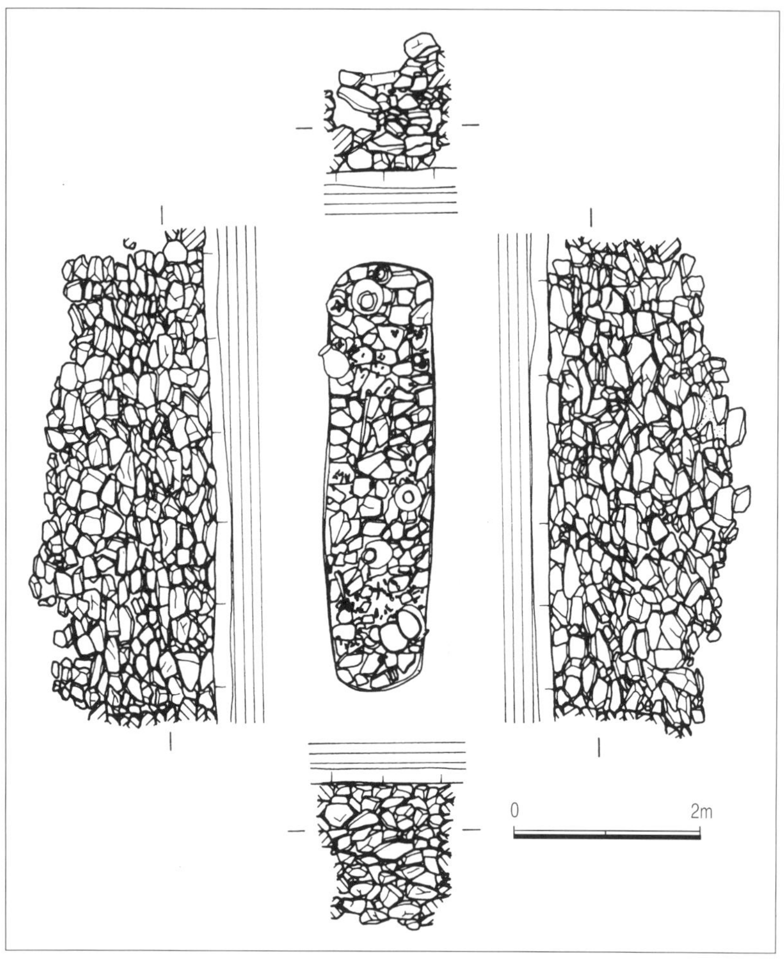

그림 10. 용원리 9호 수혈식 석곽묘

조성한 것이다. 墓室은 남북간 445㎝, 동서간 115㎝의 규모이고, 4벽면
이 同時에 築石된 형상이다. 바닥은 전면이 敷石되었고, 유물은 중앙에
木棺이 안치되면서 木棺내에 두었던 것과, 墓室의 북단인 머리 부분과

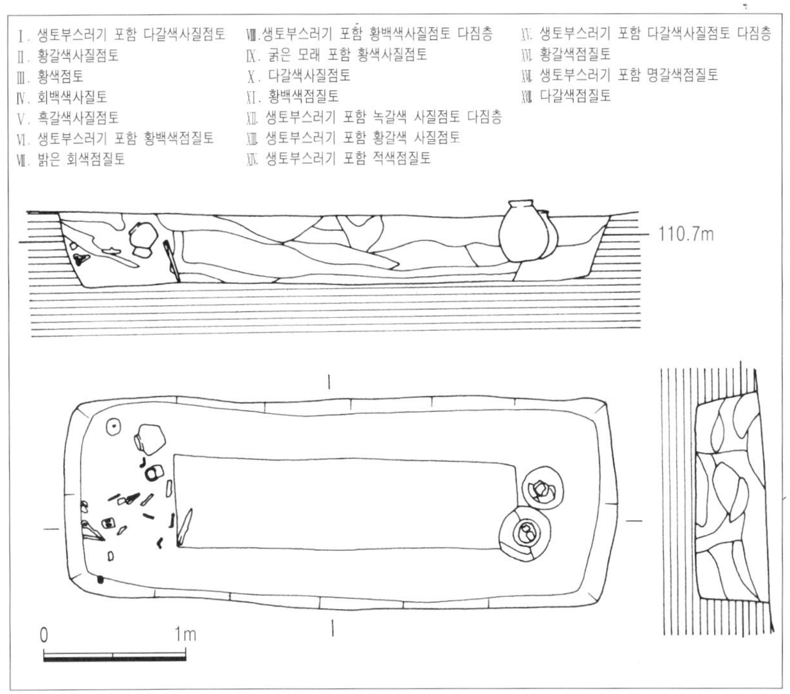

그림 11. 용원리 72호 토광묘 현황

남단인 발치에 안치된 것으로 구분할 수 있다. 木棺과 관련된 유품은 꺾쇠와 관못이 있고, 목관내에 環頭大刀와 耳飾 등이 있다. 이외의 부장품은 것은 항아리 등의 土器와 마구 그리고 盛矢具 등인데 토기는 黑色 磨研土器와 黑釉 鷄首壺 및 深鉢形土器, 난형의 항아리 등이 있다.

72호 토광묘는 가장 규모가 큰 것으로 지반토를 굴착하여 세장방형의 土壙을 만든 것이다. 土壙은 동서간 길이 391㎝에 남북간 너비 146㎝, 깊이 약 54㎝의 규모이다. 장축은 등고선과 일치하고, 土壙 내부에 길이 242㎝에 너비 64㎝ 크기의 목관이 시설되었다. 잔존유물은 土壙의 양단, 즉 木棺과 土壙의 사이인 공지에 토기와 鐵器類가 남았고, 木棺

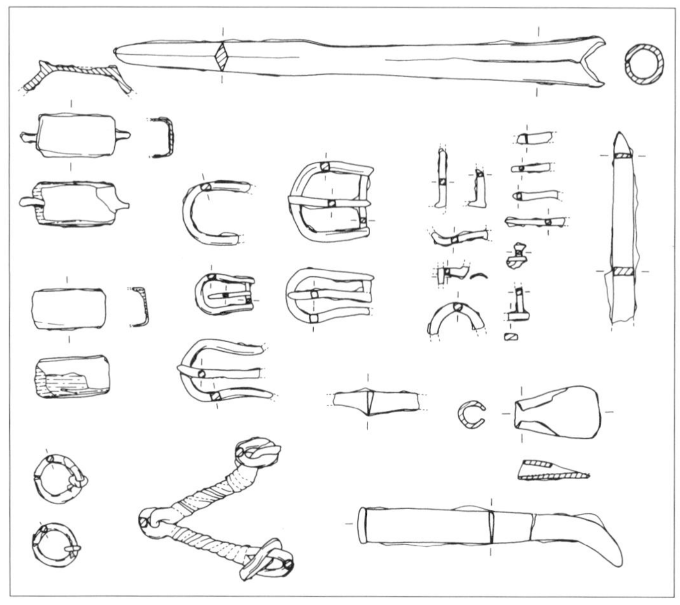

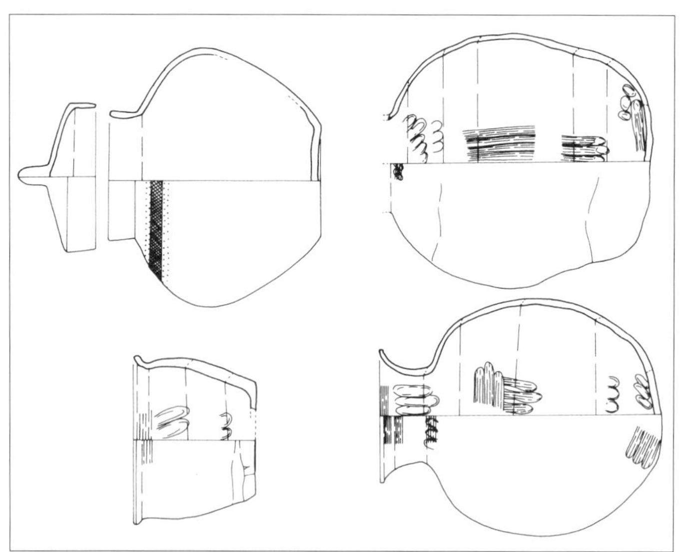

그림 12. 용원리 72호 토광묘 출토유물

내부에서는 장식품인 귀걸이가 수습되었다. 黑色磨硏土器는 木棺의 서북쪽 귀퉁이에 뚜껑이 분리된 형태로 있었다.

以上의 4 유적, 6개 유구의 검토결과를 보면, 우선 이들은 墳墓라는 공통점을 지니고 있다. 그러나 가락동 유적은 墳丘形의 시설을 가진 분묘이고, 석촌동 유적은 일반 목관 토광묘와 더불어 여러 개의 土壙이 집중적으로 시설된 대형토광묘로 遺構 自體는 특이성이 있다. 다만 천안 화성리 유적은 백제지역에서 많이 발견되는 토광묘 유형이고, 용원리 유적도 토광묘와 수혈식 석곽묘로 보편성이 있는 것이다. 여기에서 출토된 유물은 백제분묘 출토물로서는 비교적 보편성을 지닌 것들이다.

그런데 이들 유적은 지역적으로 보아 한강유역의 것은 한성 도읍시기로 編年될 수 있는 것이라 판단되고, 더불어 천안지역의 것도 그 즈음의 것으로 推斷할 수 있지만 개괄적 이해에 불과하다. 그러나 이들 분묘의 編年的 位置를 정확하게 가늠하는데 적지 않은 어려움이 있다. 특히 가락동 유적의 경우, 그것이 토광묘로 분류되지만 세부속성에서는 多葬的 성격을 지닌 墳丘墓로 분류되어야 하고, 더불어 비교자료도 마땅치 않다. 相對比較할 수 있는 자료가 최근 두정동 유적의 분구묘 자료가 있는데15) 지역적으로 거리를 두고 있는 것이기도 하다. 그리고 백제 토광묘의 경우도 遺構의 단순성으로 말미암아 검토에 한계가 있으며, 수혈식 석곽묘도 비록 형식구분이라던가 편년문제에 대한 접근이 시도되었지만 개별 유구의 정확한 위치를 가늠하는데는 아직 어려움이 많다. 다만 석촌동 유적의 경우 2호 토광묘가 백제 토광묘로서는 일반적 형상을 지니고 있고, 나아가 화성리 토광묘라던가 용원리 토광묘, 그리고 수혈식 석곽묘는 백제묘제로서는 비교적 일반적 양상을 나타내

---

15) 李南奭·徐程錫, 2000, 『斗井洞 遺蹟』, 公州大學校 博物館.

는 것이기에 상호 비교를 통해서 검토될 수 있을 것이다.

　우선 이들 유적의 편년을 구하고, 이를 토대로 黑色磨硏土器의 존속 시기를 추정함에 있어 가장 적극적으로 활용될 수 있는 것이 용원리 유적이다. 특히 용원리 9호 石槨墓는 墓制的으로 볼 때 백제 石槨墓로서는 초기형식이다. 대체로 백제의 石槨墓는 4세기 후반에 등장하여 5세기대에 유행하고, 이어 5세기말에는 횡혈식 석실분의 확산으로 점차 자취를 감추는 묘제이다. 따라서 이러한 환경에 비추어 보면 용원리 9호 石槨墓는 적어도 4세기대의 어간에 위치시킬 수 있을 것이다.16) 더불어 9호 石槨墓에서 출토된 유물은 비단 黑色磨硏土器만이 아니라 토기 및 마구 등의 철제품과 함께 中國 東晋製인 黑釉鷄首壺가 출토되었다. 그런데 이 黑釉鷄首壺의 編年的 位置는 하한이 아무리 늦게 잡아도 4세기 이후로는 내려오지 않는 것으로 볼 수 있다.17) 나아가 黑釉鷄首壺가 4세기 중반이전으로 올라가는 것은 아직 발견되지 않기에 상한은 자연스럽게 4세기 중반으로 고정시킬 수 있을 것이다.

　용원리 유적은 토광묘와 수혈식 石槨墓로 구성된 유적이고, 토광묘가 선행의 것이나 중간에 竪穴式 石槨墓가 병용된 유적으로 보는 것이다. 특히 9호 石槨墓는 묘제나 출토유물로 미루어 유적 내에서는 後行의 것으로 볼 수 있는 것이다.18) 때문에 같은 黑色磨硏土器가 출토된 72호 토광묘는 적어도 9호 石槨墓보다 이른 시기의 것으로 볼 수 있다. 단 용원리 유적의 전체 시간범위가 4세기 중반을 벗어나지 않는 것으로 미루어 72호 토광묘의 편년적 위치는 4세기 중엽, 후엽으로 編年될

---

16) 李南奭, 2001, 「百濟竪穴式 石槨墓의 收容樣相」『湖西考古學』4, 湖西考古學會.
17) 李南奭, 1999, 「古墳出土黑釉鷄首壺의 檢討」『湖西考古學報』創刊號, 湖西考古古學會.
18) 李南奭, 2000, 앞의 글.

수 있다.

한편 용원리 출토 黑色磨研土器와 관련된 編年觀은 인근의 화성리 고분군의 編年觀에도 그대로 적용될 수 있다. 용원리 72호 토광묘의 연대는 자연스럽게 화성리 A-2호묘의 편년에 그대로 적용될 수 있다는 것이다. 이는 화성리 고분군이 유구의 갖춤새나 유물의 속성에서 용원리 고분군의 유구나 유물의 갖춤새와 차이가 없을 뿐만 아니라 거의 동일한 성격을 나타내기 때문이다. 즉 목관 토광묘라는 것, 柱穴 形狀의 木槨 흔적, 그리고 토기의 갖춤새가 그러하다. 따라서 화성리의 黑色磨研土器를 출토한 유적도 4세기 중반대 혹은 4세기 후반으로 編年할 수 있는데, 이러한 編年觀은 일찍이 이 지역에서 출토된 靑瓷羊形器의 편년관과도[19] 어느 정도 상통한다.

문제는 가락동과 석촌동의 유적이다. 이는 아직 마땅한 비교자료가 없다는 문제가 있다. 가락동 유적은 조사 후 마땅한 비교자료의 결여와도 관련 있겠지만 조성시기를 2~3세기로 어림잡은 바 있다.[20] 이후 유적의 조성시기를 3세기 말경 혹은 4세기대라는 의견이 제기되었지만 구체적 방증자료에 근거한 것은 아니었다. 그리고 석촌동 3호분 동쪽의 토광묘의 경우도 3호 積石塚의 조성시기 판단과 맞물려 3세기말 혹은 4세기 초반이란 다소 엇갈린 연대가 제시된 상태이다. 이에 대한 적극적 증거를 마련하기는 아직 어렵지만, 최근 조사된 두정동 유적의 존재를 고려하면 우선 가락동 유적의 경우 그 조성시기가 4세기 전반경으로 추정될 수 있을 것이다.

두정동 유적은 집자리, 토광묘 그리고 가락동 유형의 墳丘墓가 조사

---

19) 三上次男, 1976, 「漢江地域發見의 四世紀越州窯靑瓷와 初期百濟文化」 『朝鮮學報』81.

20) 尹世英, 1974, 앞의 글.

된 것이다. 유구가 상당히 복합적이고, 상호 관련을 맺기가 어렵지만, 일단 墳丘墓의 경우 가락동 2호분과 마찬가지로 甕棺·土壙, 그리고 石槨까지 함께 있는 多葬墓로, 토기의 갖춤새 및 속성, 그리고 주거지에 대한 탄소측정 등의 자료를 종합하면 4세기 초반의 조성시기가 제시되어 있다.[21] 다만 한강유역의 자료와 그보다 남쪽으로 훨씬 거리를 둔 지역의 遺構와 직접 비교할 수 있는가는 의문이 있지만 큰 시간 폭을 설정할 필요는 없다고 본다. 문제는 석촌동 유적이 남는다.

잘 알려져 있듯이 석촌동 유적은 백제의 積石塚이 밀집된 유적이고, 대체적 유적의 편년은 이 積石塚에 焦點되어 있다. 그런데 黑色磨硏土器가 출토된 토광묘는 3호 積石塚의 동쪽 지역이면서 인근에 集石墓 형상의 유구가 있고, 그와 더불어 토광묘 및 黑色磨硏土器 출토의 대형 토광묘가 있어 상당히 복잡한 양상이다. 그리고 석촌동 유적, 특히 黑色磨硏土器가 출토된 유적은 積石塚의 편년과 맞물려 섣불리 결론하기 어려운 환경이다. 그러나 주목할 수 있는 것은 석촌동 토광묘의 유물 갖춤새나 그 속성을 보면 천안 두정동 유적과 매우 유사한 점은 주목할 필요가 있다. 더불어 토기의 일부는 오히려 4세기 중반 혹은 후반의 것과 견주어도 크게 어색하지 않은 것이 많다는 점도 주목하여야 할 것이다. 이로 보면 석촌동 토광묘 유적도 4세기 전반 혹은 중반경에 위치시키면 어떨까 한다. 물론 이는 잠정적 결론일 뿐이며 확정적 내용은 유보되어야 할 것이다.

요컨대 분묘로 구성된 흑색마연토기의 출토 유적은 유구나 유물의 상대비교를 통해서 대략적 편년위치가 가늠된다. 그 중에서도 용원리 고분군의 9호 석곽묘는 4세기 후반대, 72호 토광묘와 화성리 토광묘가

---

21) 李南奭·徐程錫, 2000, 앞의 글.

4세기 中半代 혹은 後半代라는 비교적 정확한 편년이 가능하다. 나아가 자료가 정확하지 않지만 가락동 2호 토광묘도 두정동 유적과 비교할 경우 4세기 전반대 즈음이라는 편년관이 제시될 수 있을 것이다. 여기에 석촌동 유적의 경우도 넓게 잡아 4세기 전반대 혹은 중반경으로 본다면 백제지역에서 흑색마연토기를 출토한 유적은 4세기대에 조성된 것이란 결론이 가능하다.

4. 屬性分析과 그 意味

앞서 살핀 것처럼 黑色磨研土器는 당시에 제작된 일반 토기와 비교할 경우 태토나 기종, 그리고 표면의 색조 및 문양 등에서 나름의 특징적 요소를 갖추고 있다. 黑色磨研土器는 태토가 매우 정선되었다는 것, 기형에서 당대의 일반적 백제토기와는 달리 나름의 독자성이 있고, 표면 색조가 흑색을 넘어서 광택을 내는 것으로 일반적 백제의 흑색토기와는 차별화될 수 있다. 그리고 장식을 위해 음각으로 시문한 문양은 구성자체에 독자성이 있다는 것이 지적될 수 있다. 이러한 흑색마연토기 나름의 특성은 이것만이 지닌 고유의 특성으로 판단되는데, 당시 동반되는 일반적 백제토기와는 크게 차별화될 수 있는 것으로 볼 수 있다.

한편 출토유적의 경우 모두 분묘라는 공통성이 있다. 가락동 2호분이 토광묘적 성격이 있으면서 분구묘라는 것, 석촌동 대형토광묘의 경우 커다란 봉분을 하나로 공유하면서 그 안에 여러 개의 목관이 안치된 것이란 특이성은 있지만, 화성리 토광묘와 용원리 72호 토광묘는 백제지역에서 가장 보편성을 가진 토광묘 유형이다. 그리고 용원리 9호분도 在地的 전통을 지닌 石槨墓이다. 더불어 가락동 2호분의 경우 다소

異見이 있겠지만 黑色磨研土器가 출토된 유적은 대체로 4세기대로 編年되는 것이다. 그런데 黑色磨研土器가 출토된 분묘는 같은 지역 혹은 동일한 墓制중에서 대체적으로 상급으로 분류할 수 있는 것이다.

가락동 2호분은 비교자료의 부족으로 우열은 論하기 어렵지만, 同時期 분묘로는 큰 봉분을 갖춘 것으로 규모에서 차별화가 가능하다. 그리고 석촌동 동쪽의 墳墓중에 2호 토광묘의 경우는 상대비교가 어렵지만 대형 토광묘는 규모나 출토유물에서 상급으로 보는데 문제가 없다. 출토된 분묘가 상급이라는 사실은 용원리 유적에서 확연하게 드러난다. 137기의 토광묘 중에서 흑색마연토기가 출토된 72호 토광묘의 규모가 가장 크고 반출된 유물도 가장 화려하다. 그리고 9호 석곽묘의 경우 13기의 同型 墓制중에 1호분과 함께 가장 큰 규모의 것이고 화려한 유물이 부장된 것이다. 결국 흑색마연토기는 토기자체도 특수성을 지녔고 출토사례도 많지 않은 것이다. 그러면서 부장품으로 활용되었는데 보편성보다는 상급의 분묘에만 埋納되어 稀貴性이 있는 것이다. 이는 이 흑색마연토기의 부장품으로서의 기능은 威勢品으로 성격을 규정지을 수 있을 것이다.

사실 3-4세기대의 백제토기 현황을 보면, 3세기대의 토기는 壺形土器가 주종을 이루고 있으면서 器種에서 상당한 단순성이 보인다. 예컨대 3세기대의 대표적 유적으로 볼 수 있는 천안 청당동 유적 출토품을 보면 壺形土器로 廣口의 短頸壺가 주종을 이루는데 이들은 기형에서 대부분이 圓底이고, 器身의 전면에 타날 형상의 문양이 시문된 것이 대부분이다.22) 결국 흑색 마연토기의 형태적 특징은 同 時期 각종의 토기들과 비교할 경우 태토·기형·문양, 그리고 제작상의 기술적 측면에서

---

22) 徐五善 외, 1992, 앞의 글.

독자성이 인정되는 것이다. 나아가 이 흑색마연토기의 출현을 계기로 백제토기로 肩文帶土器라는 새로운 명칭이 사용될 만큼 이질성이 있는 것이기도 하다.

한편 흑색마연토기의 제작과정을 정확하게 복원하기는 어렵지만 개괄적 실험분석에 의하면 표면의 검은 색은 漆을 발랐기 때문이 아니라 소성과정에서 얻어지는 것으로 확인된다. 흑색으로 마연된 것과 같은 광택을 얻기 위해서는 태토의 선정이 매우 중요한데, 태토는 철분이 많지 않은 정선된 점토를 사용한 것으로 확인되었다. 그리고 표면의 검은 색은 검정 연을 먹이는 방법으로 실험한 결과 대체로 黑色磨研土器와 같은 형태의 것을 얻을 수 있었음을 확인하였다.23) 보다 제작과정을 추론한다면 표면의 磨研은 연을 먹인 다음 광택을 내는 방법으로 활용된 것으로 보인다. 그러나 이러한 제작과정은 공정자체가 비교적 단순하다는 것을 알 수 있다. 그럼에도 흑색마연토기는 백제토기로서 보편성을 찾기가 어렵고 출토 사례가 매우 적다는 특징이 있다.

그러면 이처럼 특이성이 있는 흑색마연토기가 어떻게 백제사회에 出現하였는가 라는 점이 의문으로 떠오른다. 우선 黑色磨研土器에서 확인되는 속성 즉 기종이나 문양, 그리고 제작방법은 이전의 토기요소, 즉 原三國期나 백제초기의 토기의 속성에서 그 상관관계를 찾기가 어렵다. 예컨대 3세기대 유적인 천안 청당동이나,24) 청주 봉명동의 유적25), 그리고 3세기말 혹은 4세기 초반대로 編年되는 공주 하봉리26) 등지의 유적에서

---

23) 최석원 외, 2001, 「백제시대 흑색마연토기의 특징 및 제작연구」 『文化財』34, 국립문화재연구소.

24) 함순섭, 1998, 「錦江流域圈의 馬韓에서 百濟로의 轉換」 『3-5세기 금강유역의 고고학』, 考古學會.

25) 忠北大學校博物館, 2000, 『鳳鳴洞遺蹟發掘調査槪略報告書』.

26) 徐五善 外, 1998, 『公州 下鳳里 遺蹟』, 國立公州博物館.

출토된 유물에서 동형의 기종이 전혀 발견되지 않는다. 그러다가 4세기 대에 갑자기 등장하게 되고 더 나아가 이를 模倣한 제품까지 등장한다.

우선 주목할 수 있는 것이 모방품의 존재이다. 이들은 석촌동 유적27), 용원리 유적28), 그리고 두정동29)과 화성리30) 유적에서 확인된다. 석촌동 유적은 3호 토광묘 출토 단경호, 4호 토광묘 출토 단경호, 8호 토광묘 출토 단경호를 들 수 있다. 3호 토광묘 출토품은 흑회색의 연질이고 태토는 매우 고우며 기벽의 표면은 흑회색이나 기심은 회백색이다. 기벽이 정제되어 회전판을 사용한 것으로 추정하며 직립 단경에 동부를 구획하고 그 안에 사격자문이 시문된 것이다. 원저를 눌러 좁은 平底로 하였는데 동체의 하반부와 저부는 굵은 숭문이 시문되어 있다. 4호 출토품은 사립이 약간 섞인 泥質 胎土의 회색연질토기인데 직선으로 약간 외반된 짧은 경부에 동체에 최대 폭을 둔 소위 광견형이고, 肩部에 2조의 횡선으로 문양대가 구획된 두 안쪽에 사격자문이 시문된 것이다. 바닥은 平底이고 동체의 하부에는 격자문이 있다. 그리고 8호 출토품은 회백색 연질의 정선된 태토를 사용한 것으로 짧은 직선의 경부에 편구형의 동체, 저부는 원저를 눌러 만든 平底, 肩部에 2조의 橫沈線이 있고 그 안에 사격자문을 시문한 것인데 하단부는 格子紋이 打捺된 것이다.

용원리 고분군 출토 모방품은 1호 석곽묘·2호 토광묘 출토품을 들 수 있다. 1호 석곽묘 출토품은 회청색의 와질성 소성도를 가진 것이며, 태토가 매우 정선된 것인데 직립의 단경에 바닥은 눌러 평저로 만든 것이다. 어깨가 크게 퍼진 것으로 여기에 음각 횡선을 상하로 돌리고

---

27) 金元龍·林永珍, 1986, 앞의 글.
28) 李南奭, 2000, 앞의 글.
29) 李南奭·徐程錫, 2000, 앞의 글.
30) 金吉植 外, 1991, 앞의 글.

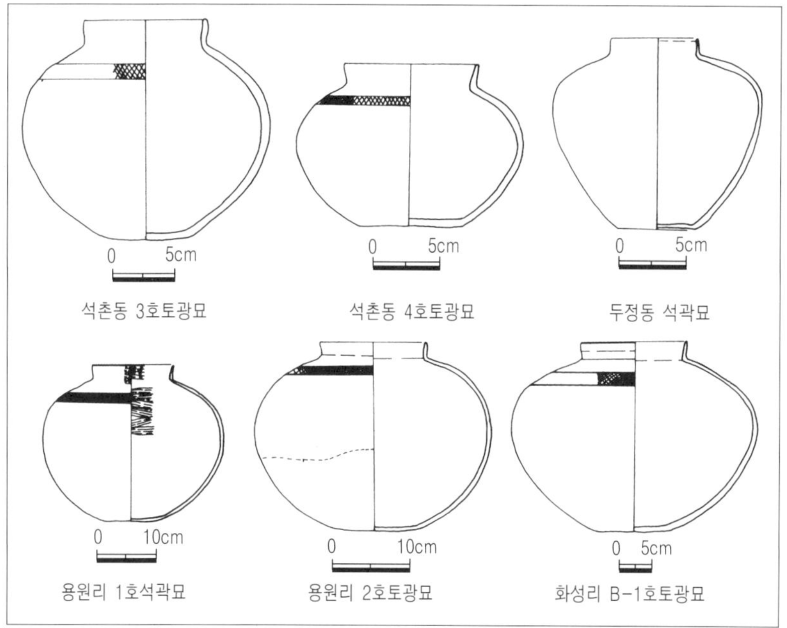

그림 13. 흑색마연토기의 모방품들

사격자의 음선을 장식한 문양이 있다. 바닥에는 격자문이 남겨져 있기도 하다. 2호 토광묘 출토품도 회청색조를 띠고, 구운 온도는 경질로 분류할 수 있지만 약한 것이다. 정선된 태토를 사용하였고, 바닥은 약간 누른 듯한 평저인데 몸체는 최대경이 중간부에 있다. 직구 단경의 구연을 지녔는데 어깨부분에 2조의 음각 횡선대를 돌리고 그 안에 조밀하게 사선문을 시문한 것이다.

두정동의 모방토기는 石槨墓에서 출토된 것이다. 표면의 박리로 문양은 확인되지 않지만 기형은 직구단경호에 평저를 지닌 것이다. 높이 19.8cm, 구경 9cm, 저경 8cm의 규모이고, 어깨가 크게 강조된 것이다.

태토는 黑色磨硏土器처럼 매우 정선된 것을 사용하였고, 기벽이 매우 얇다. 특히 표면에 검은색이 부분적으로 남아 있는데 전체적으로 표면 박리로 말미암아 회백색조를 띠고 있다. 한편 화성리 유적은 B지구 1호묘 출토품으로 瓦質로 燒成되었고, 태토는 매우 정선된 것을 사용하면서 회색조를 나타낸다. 어깨가 넓게 퍼진 동체는 바닥이 좁으면서 누른 듯한 平底를 이루고 구연은 直口의 短頸으로 만든 것이다. 어깨부분에 상하 2줄의 음각 횡선대를 돌리고 그 안에 사격자문을 조밀하게 시문하였다. 용기의 바닥부분에 격자타날문이 조밀하게 남아 있다.

이상의 흑색마연토기를 모방한 것으로 추정되는 것들은 일단 흑색마연토기 중에 직구단경호의 기형을 모방한 것만을 검출한 것이다. 그러나 이들은 모두 한결같이 기형이 직구단경호로 만들어지면서 어깨부분에 음각의 횡선대에 사격자문을 시문하고 있어 黑色磨硏土器중에 直口短頸壺의 기법을 그대로 답습하고 있다. 그러면서 대체로 흑색마연토기가 등장한 시기에 즈음하여 편년될 수 있는 유적 혹은 흑색마연토기가 출토되는 유적에서 함께 나타난다. 그렇지만 이들은 흑색이 아닌 회색 계통의 토기이면서 태토나 표면의 정면상태 그리고 기형에서 완전 平底를 이루지 않는 것 등에 차이를 보인다. 오히려 底部의 成形방식이나 토기 하단의 타날격자 등의 문양은 이전 토기에 전통적으로 있었던 것이다. 여기에 어깨의 문양도 흑색마연토기가 삼각점이나 점선 등의 보다 세밀한 내용이 있음에 반해서 모방토기의 문양은 횡선대내에 사격자라는 보다 단순성이 엿보인다.

결국 백제토기로서 흑색마연토기는 4세기대의 어느 시점에 외부에서 백제에 유입된 威勢品的 성격의 물품이 아닌가 생각된다. 模倣品의 존재는 黑色磨硏土器 자체가 백제에서 생산된 것이 아님을 나타내는 증좌로 볼 수 있다. 즉 흑색마연토기 자체의 희소성과 더불어 이의 模倣

品이 존재한다는 것은 그것이 귀중품 혹은 희소가치가 있는 외래 流入品으로 백제에서 직접 생산되는 것으로 보기는 어렵다고 판단될 수 있기 때문이다. 백제유적에는 생활유적도 적지 않고, 그에서 출토된 토기 등의 유물도 적지 않다. 그럼에도 黑色磨研土器는 그것이 용기라는 기능을 지닌 것임에도 생활유적에서는 그 흔적이 매우 적다. 오히려 분묘, 그것도 상급 지배층의 것으로 볼 수 있는 분묘에서 한정된 숫자만이 출토된다.

잘 알려져 있듯이 4세기대의 백제토기 환경은 자못 복잡하게 전개된다. 토기의 제작 환경은 연질계통의 회색토기에서 점차 高火度에 의해 燒成되는 경질토기의 생산이 증대되면서 녹로 등의 사용과 같은 기술발전으로 토기의 기종도 다양하게 변천한다. 물론 변천과정에서도 여전히 회색계통의 토기가 주종을 이루면서 여기에 산화소성에 의해 제작된 鉢形土器 및 甕形土器와 같은 적갈색 토기도 사용되지만 토기의 질량적 측면에서의 다양화가 두드러지게 나타난다. 그렇지만 어디에서도 흑색마연토기와 같은 이질적 토기의 제작을 살필 수 있는 내용은 발견되지 않는다.

결국 이러한 토기문화의 환경에서 흑색마연토기는 이질적인 존재일 수밖에 없고 이를 근거로 이 토기는 4세기대의 역동적 사회변화의 틈바구니에서 외부에서 귀중품으로 유입된 것이 아닌가 생각된다. 다만 이의 출토가 土壙墓나 石槨墓와 같은 在地的 屬性을 지닌 분묘에서 출토되고 있는데, 이러한 현황을 어떻게 이해하여야할까는 아직 의문으로 남길 수밖에 없다.

5. 結 言

　우리나라 삼국시대 토기는 露天窯에서 酸化燒成하던 무문토기 단계를 벗어나 閉鎖窯에서 還焰燒成하여 灰色系統의 토기의 생산이 일반화되었다. 이러한 토기 제작기술의 발전은 금속문명의 발달과 더불어 높은 온도를 생성할 수 있는 기술의 습득이 있었고, 중국으로부터 새로운 토기 製造術의 유입이 이루어지면서 나타난 것으로 볼 수 있다. 토기 製造術의 발전은 원삼국기를 거쳐 삼국시대에 이르면 삼국각자의 문화배경 차에 따라 다양한 형태로 전개되기에 토기의 형태나 종류에 다양성이 두드러지게 나타난 것도 널리 알려진 사실이다. 그러나 이시기 토기생산의 주는 회색토기가 차지하고 있었다고 보는 것도 일반적 시각이다.

　이러한 관점에서 보면 백제의 黑色磨研土器는 매우 異質的 존재이기도 하다. 흑색마연토기는 당시의 토기문화에서 보면 기종이라던가 제작기법 등에서 적지 않은 차이를 가지고 있어 이질성은 매우 두드러진 편이다. 동질의 토기는 청동기시대 후반 흑도 혹은 흑색마연토기, 검은 간토기라 불리는 것이 있다. 이 청동기시대 黑陶는 소성 후 표면의 再磨研에 의해 반질반질하게 윤기가 도는 것으로 표면적 현황으로 보면 백제의 黑色磨研土器와 흡사하다. 다만 기형이라던가 문양의 유무, 그리고 표면의 광택의 존재에서는 차이가 있다. 더욱이 이들은 백제의 흑색마연토기와는 문화적 차이가 크게 있는 것이고, 시간폭도 적어도 400－500年間은 계측될 수 있기에 상호관련을 맺기는 어려운 것이다.

　黑色磨研土器와 관련된 자료의 영세성은 여전하기에 현재로서는 이의 존재인정과 더불어 백제토기의 범주에서 그 이질성을 탐색하는 정도에 머물 수밖에 없다. 黑色磨研土器는 대체로 4세기대의 유적에서 출토될 뿐이다. 형태적으로 표면이 검은색인데 磨研한 것처럼 潤澤이 있다는 것, 태토가 매우 정선된 것으로 당시의 일반적 토기와는 차이가 있다는 점, 그리고 어깨의 문양이 당시의 토기와는 달리 장식적 속성에 의해 제작되었다는 차이 등을 지적할 수 있다. 이외에 일부 실험적 분석에 의하면 표면의 광택이 칠이 갖추고 있는 입자와 전혀 다르고, 오히려 검정 煙을 먹이는 특수 제작기법이 활용되었다는 정도가 확인된다.

黑色磨研土器는 製作工程이 지나치게 복잡하거나 기술적 난이도를 요구하는 것이 아님에도 백제토기로는 보편성이 적다. 더불어 출토유적을 검토하면 在地的 속성이 있는 유적에서 출토됨이 보편적이고, 그것도 威勢品的 성격을 농후하게 지니고 있다. 나아가 백제토기의 전개에서 보면 이 黑色磨研土器의 등장과 더불어 동형을 모방한 토기가 갑자기 나타나고 있는 점도 주목된다.

결국 백제토기로서 黑色磨研土器의 존재는 현재의 자료에 의하면 이들이 백제사회에서 제작되었다고 보기는 어렵고, 오히려 외부에서 유입되어 이후 백제토기의 전개에 큰 영향을 미친 것이란 의미를 부여할 수 있다. 더불어 이 黑色磨研土器의 所有나 副葬은 政治·社會的 逆關係 속에서 이루어진 것으로 볼 수 있지 않을까 생각된다.

第4章 百濟古墳 出土遺物

Ⅲ. 百濟 石室墳群內 埋納遺構의 檢討

1. 序 言

汾江·楮石里 유적은 百濟의 南遷後 도읍지였던 熊津과 泗沘 地域의 중간인 公州 汾江里와 扶餘 楮石里에 걸쳐 자리한 古墳群이다. 이 유적은 1996년 도로 건설을 위한 救濟 調査가 이루어져 石棺墓와 原三國期 土壙墓를 비롯하여 多數의 百濟 石室墳이 조사되었다. 백제 석실분에는 南遷 以前으로 편년될 수 있는 橫穴式 石室墳도 있어 백제고분 전개 양상을 고찰하는데 대단히 귀중한 자료를 제공하기도 하는 유적이다. 그런데 이 고분군내에는 개별 고분과 관련시키기 어려운 상태로 유물만 남겨진 埋納遺構로 분류된 遺構가 있다.[1]

우리나라 고대 시기 고분은 造營 方式에 따라 형식이 다양하게 구분되지만, 대체로 묘실을 만들고 封墳을 조성하면

---

1) 李南奭, 1977, 『汾江·楮石里 遺蹟』, 公州大學校 博物館.

서 墓室內에 副葬物을 安置한다는 공통성이 발견된다. 그런데 汾江·楮石里 분묘 유적은 고분 造成時 함께 조성되었던 것으로 판단되는 이들 埋納遺構가 고분과는 독립된 형태로 있다. 그러나 이 매납유구는 그 특이성에도 불구하고 비교자료의 부족으로, 자체의 성격만이 아니라 共存하는 개별 고분과 어떤 관련이 있는지에 대한 정확한 이해를 마련하기 어려웠다.

埋納遺構는 토기로 구성되어 있고, 토기 자체는 대체로 百濟的 屬性을 지닌 것들이다. 그리고 함께 조사된 백제 석실분에서 다량의 토기가 수습되었고, 토기는 고분 형식에 따라 相異性이 있다. 아울러 백제 석실분의 槪略的 理解2)에 기초하면 조사된 석실분뿐만 아니라 이에서 출토된 토기의 고찰에 큰 어려움이 없을 것으로 여겨진다. 따라서 본고는 아직 성격이 不分明한 상태로 남겨진 埋納遺構의 이해를 이들 토기자료의 비교를 통해서 마련될 수 있을 것이란 생각에서 마련한 것이다.

土器는 생활 용구라는 특성이 있으면서, 용도·지역·시기에 따른 다양성이 크게 나타나는 유물이다. 때문에 그 자체의 속성만을 기초로 전체 토기를 일괄 고찰하기에는 나름의 한계가 적지 않다. 더욱이 백제 토기는 대부분이 收拾品 혹은 收集品으로 구체적인 출토 정황을 지닌 것이 많지 않다. 이런 사정으로 말미암아 既往의 百濟土器 연구가 아직은 초보적 단계를 넘지 못하였다고 볼 수 있다.3) 이와 같이 土器의 屬性이나 자료적 한계를 고려하면 埋納遺構의 성격을 토기의 특성이나 그 현황만으로 검토하겠다는 意圖가 다소 무리일지도 모른다. 다만 본

---

2) 李南奭, 1995, 『百濟石室墳硏究』, 學硏文化社.
3) 백제 토기에 대한 종합적 이해는 백제개발연구원에서 발행한 백제 토기 도록이 있을 뿐이고, 이외는 출토지별, 혹은 기종별 고찰이 중심을 이루고 있을 뿐이다.

汾江·楮石里 유적에서 출토된 토기는 器種이 다양하고 양적인 면에서
도 비교적 충분하면서, 고분이라는 母集團의 성격을 분명하게 이해할
수 있는 자료라는 나름의 장점이 있어 토기자료의 한계를 어느 정도
보완할 수 있을 것으로 판단되기는 한다.

따라서 본고는 먼저 汾江·楮石里 유적 내용을 정리하여 그 정황을
제시한 후에, 埋納遺構를 소개하겠다. 이어 埋納遺構의 출토품인 토기
와 이것과 비교될 수 있는 백제 석실분 출토 토기를 살펴 비교 가능한
자료를 선별 검토한 후, 埋納遺構의 성격을 유추하여 보고자 한다.

2. 汾江·楮石里 遺蹟

1) 古墳群 現況

汾江·楮石里는 公州市 灘川面 汾江里와 扶餘郡 扶餘邑 楮石里의 境
界 地域을 지칭한 것으로, 公州와 扶餘를 연결하는 百濟 大路의 건설과
정에서 1996년 해당지역에서 고분군을 확인, 발굴조사하고 이를 汾江·
楮石里 古墳群으로 분류한 것이다. 그러나 이 유적은 80년대부터 百濟
古墳으로 알려졌고,4) 1990년에는 扶餘 文化財硏究所가 일부 구역을 발
굴 조사한 결과 벽돌로 쌓은 무덤을 확인하는 등의 성과도 있었다.5) 그
러나 당시 한정된 구역만을 대상으로 조사가 실시된 관계로 전체 유적
의 윤곽이나 고분군의 성격은 未確認 상태였다고 볼 수 있는데, 그러다
가 96년의 조사가 이루어진 것이다.

유적은 無文土器時代 石棺墓를 비롯하여 原三國期의 土壙墓 및 百濟
時代의 石室墳 등으로 구성된 것이다. 내용은 石棺墓가 8基이고, 土壙

---

4) 百濟文化開發研究院, 1988, 『忠南 地域의 文化遺蹟 3』.
5) 扶餘文化財研究所, 1992, 『楮石里 古墳』.

墓가 3基이며, 百濟古墳은 모두 46基인데, 石築墓가 32基로 橫穴式·橫口式·竪穴式의 類型으로 구분된다. 이외에 백제고분으로 甕棺墓 14기도 있다. 古墳 以外의 遺構는 本考에서 살피고자 하는 埋納遺構가 있을 뿐인데, 이들은 형상을 구체적으로 남긴 것만 대상으로 할 경우 6基가 헤아려진다. 조사된 고분이나 매납유구는 대부분이 표면 유실과 경작 등으로 유구 자체의 파괴가 많지만 도굴 등의 人爲的 피해가 적어 墓室內外의 副葬品이 원상태로 남겨진 것이 많다.

古墳群의 個別 遺構 분포현황을 보면, 능선 정상부터 하단까지 넓게 자리하는데 표고 60m의 정상에서 40m의 하단까지 약 20m의 범위에 걸쳐 자리한다. 물론 분포 범위는 未調査 地域인 左右로 보다 크게 확대될 수 있다. 석관묘 8기는 대체로 능선의 頂上 즉 線上部에 밀집되어 있다. 그리고 토광묘는 1기가 구릉 정상 부분에서 석관묘의 사이에 위치하고, 나머지 2기는 남향의 경사면에 조성되었지만 동쪽 구릉의 일정한 범위에 몰려 있다.

백제고분으로 석실분과 옹관묘는 조사구역 전체에 散布된 형상이다. 그러나 대부분의 유구가 정상부를 피하면서 南向面에 자리하고 있다는 점, 옹관묘가 주로 석실분의 주변에 배치되어 있으면서, 석실분도 횡혈식과 수혈식은 인접된 형태로 있는 등의 특징이 있다. 다만 횡혈식 석실분의 경우 12 – 14호분으로 분류된 3기는 석관묘가 분포되어 있는 정상부에 있는데, 이는 백제 횡혈식 석실분의 일반적 입지현황과는 대비되는 차이로 지적될 수 있다. 횡혈식 석실분의 개략적 분포현황은 시기가 이른 것인 궁륭식과 같은 원형천정 유형은 구릉의 상단에 있고, 반면에 보다 시기가 늦은 평천정과 같은 類型은 구릉의 하단에 자리하고 있어 분묘의 조영이 위에서 아래로 내려오면서 順次的으로 이루어졌음을 알게 한다. 옹관묘는 대부분 석실분의 配葬形態로 있음이 일반적인

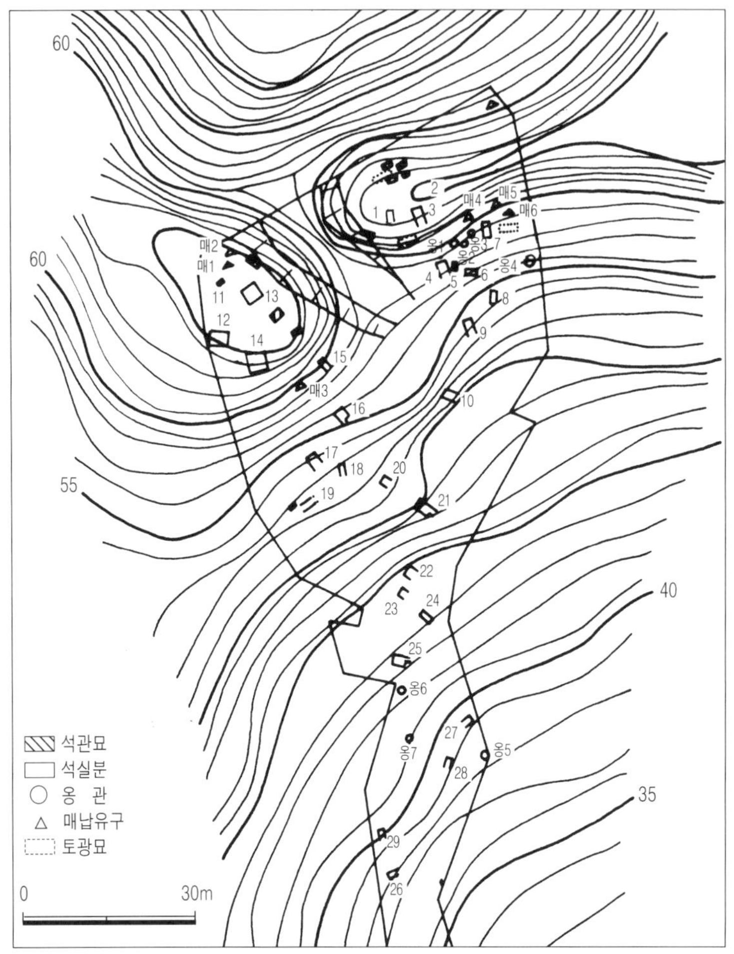

그림 1. 汾江·楮石里 古墳群 分布圖

데 일부는 독립된 구역에 있기도 하다.

8기의 석관묘는 한 벽면에 1매석을 사용한 전형적 箱式 石棺과 같은 유형은 없다. 모두가 壁石의 구축에서 판석형 석재를 세워서 꾸미는데 數枚를 이어서 사용하였다. 석관의 규모도 대체로 길이 120cm내외로

伸展葬은 어려운 것들이다. 따라서 석관묘의 葬法은 屈葬이나 二次葬을 생각할 수 있다. 그리고 1·2호로 구분된 석관묘는 석관 덮개로 여러 매의 판석을 덮었지만 덮개돌 위를 할석을 사용하여 장방형 형태가 되게끔 積石하였다. 석관묘는 墓制上으로 數枚式이란 형식으로 이해될 수 있으면서 지역적으로 松菊里 類型의 石棺墓와[6] 상통하는 것이다.

토광묘는 棺·槨시설의 확인이 불분명하다는 문제가 있다. 1호분의 경우 어느 정도 깊이를 유지하고, 부장품도 鐵刀와 鐵矛, 그리고 兩耳付 土器 등이 남아 있다. 물론 관의 형상은 어느정도 감지되어 일단 토광묘 유형으로는 목관 토광묘의 전형적 형상으로 볼 수 있지만 槨의 線이 구체적이지 않다는 한계가 있다.

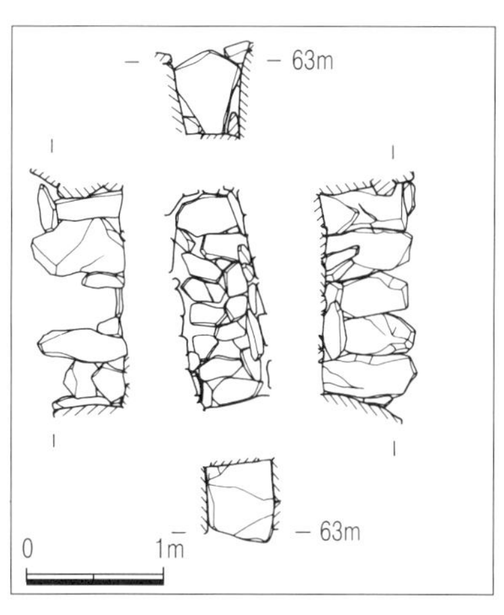

그림 2. 3호 石棺墓

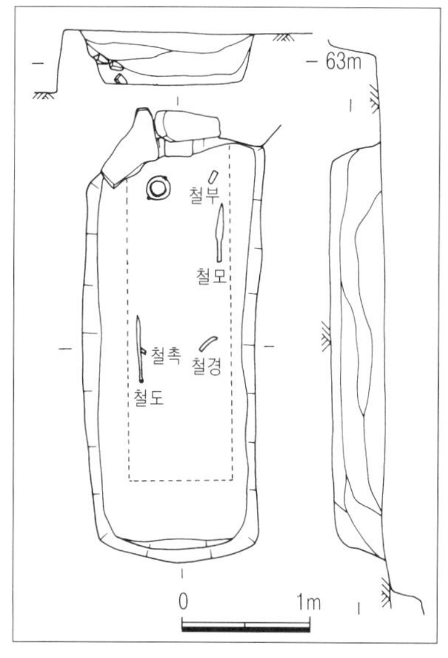

그림 3. 1호 土壙墓

---

6) 金永培·安承周, 1975, 「扶餘松菊里遼寧式銅劍出土 石棺墓」『百濟文化』7·8 合輯.

汾江·楮石里 百濟 石室墳 現況

NO	類型	墓室(L×W×H)cm	長軸	羨道. 入口	바닥	遺物 및 特徵
1	橫口式	101×53 ×62	N‒158‒S	破壞	生土	
2	橫口式	110×44 ×41		破壞	岩盤	
3	橫穴式	164×103×82	N‒11‒S	破壞	敷石	鐵片
4	橫穴式	256×115×116	N‒7‒S	119×74×57	자갈	屍床臺. 土器 7점
5	竪穴式	115×50 ×45	N‒18‒S		敷石	土器 3점
6	竪穴式	156×54 ×58	N‒141‒S		탄재	敷石후탄재, 土器 3점
7	橫穴式	263×118×110	N‒24‒S	51 ×49×44	敷石	屍床臺, 棺釘
8	橫穴式	270×88 ×111	N‒11‒S	左偏在.	敷石	土器 4점(三足土器 1)
9	橫口式	181×61 ×70	남북		敷石	棺釘
10	橫口式	272×75 ×78		破損,	敷石	棺釘
11	竪穴式	74 ×37 ×39	N‒86‒S		敷石	단판석사용. 鐵製刀子
12	橫穴式	258×189×86	N‒158‒S	中央(段)	生土	土器4. 鐵器4
13	橫穴式	256×241×102	N‒167‒S	中央(段)	生土	土器2. 鐵器 5
14	橫穴式	302×187×56	N‒106‒S	中央(段)	生土	土器 3. 鐵器
15	橫口式	238×66 ×91	N‒170‒S		자갈	棺釘
16	橫穴式	250×216×142		左偏在	土器	土器, 鐵器, 甕棺配葬
17	橫穴式	283×196×119		左偏在	敷石	土器, 鐵器, 金銅耳飾
18	?	228×66 ×53	N‒16‒S	破壞	敷石	土器3. 鐵刀片
19	竪穴式		N‒85‒S		敷石	土器 1
20	?	188×83 ×82	N‒162‒S	破壞	生土	
21	橫穴式	262×157×104		右偏在	敷石	棺釘
22	?	135×92 ×95	N‒S	破壞	敷石	半破된 것, 棺釘
23	?		N‒163‒S	破壞	敷石	土器 6점.鐵斧
24	橫穴式	150×65 ×68	N‒151‒S	中央	敷石	棺釘
25	橫穴式	262×152×100	N‒133‒S	右偏在	生土	土器5.
26	?	179×72 ×58	N‒130‒S		敷石	鐵器
27	竪穴式	254×80 ×28	N‒86‒S		敷石	鐵器 1. 土器 4
28	竪穴式	152×53 ×31	N‒48‒S		敷石	土器 5
29	橫穴式	211×124×85	N‒ ‒S	破壞	敷石	土器. 鐵器
30	?	98 ×74 ×33	N‒ ‒S			
31	橫口式	72 ×79 ×37	N‒ ‒S	破壞		

百濟 석축묘는 모두 32기이다. 이중에서 유물만 수습된 유구 1기를 제외한 나머지 31기는 구조형상을 대략적으로나마 알 수 있는 것들이다. 먼저 31기를 유형별로 보면 횡혈식 석실분이 13기이고, 횡구식 석곽묘가 6기, 수혈식 석곽묘가 6기에 성격미상이 6기이다. 다만 수혈식으로 구분된 것 중에 일부는 벽면의 한쪽이 완전 제거된 상태로 있기 때문에 경우에 따라서는 횡구식으로 판단될 수도 있다. 그리고 유물만 수습된 1기가 있는데 묘실 평면이 거의 방형에 가까우면서 묘실내에 다량의 棺釘이 있는 점 등으로 미루어 일단 횡혈식으로 분류될 수 있는 것이다. 이로 보면 분강·저석리 백제고분은 대체로 횡혈식 석실분이 주류를 이루며, 여기에 횡구식이나 수혈식이 함께 포함된 상태이다. 백제 석축묘의 현황을 정리하면 앞의 표 1과 같다.

橫穴式 石室墳은 13基이다. 이중에 7기는 묘실의 평면과 상부구조가 붕괴된 후에 남겨진 형상 등으로 미루어 천장은 원형구조였던 것으로 판단된다. 이외는 조임식을 비롯하여 평천정의 고임식과 수평식도 함께 있다. 이들 횡혈식 석실분은 대체로 남향면에 地下로 墓壙을 構築하고 할석으로 묘실을 축석한 것에서 공통적이다. 여기에 묘실은 천정이 원형으로 판단되는 경우 평면이 방형에 가까운 장방형이나, 이외의 고임식이나 수평식과 같은 평천정 유형은 細長된 長方形이 많다. 묘실의 長軸은 공통적으로 傾斜 方向에 맞추어져 있다. 경사의 아래쪽, 즉 남쪽으로 시설된 入口 및 羨道는 궁륭식의 경우 초기형으로 볼 수 있는 12~14호 석실분은 중앙에 한단 높게 위치한다. 이외에 연도는 左偏在·右偏在가 뒤섞이면서 묘실 바닥과 같은 수평에 위치한다. 여기에 고임식이나 수평식은 연도가 중앙식에 短羨道가 지배적이다.

묘실내 시설은 바닥의 경우 敷石이 보편적이나 生土面을 이용한 것도 있다. 더불어 조임식 유형에서 棺臺가 시설된 것도 있다. 수혈식 석곽묘는 하단에 위치한 성격이 불분명한 27~28호를 제외하고, 이외에 상단에 있는 것들은 횡혈식 석실분과 인접하여 있으면서 규모도 작은 것들이다. 따라서 이들은 횡혈식과 밀접한 관련이 있다고 볼 수 있지만, 墓制는 수혈식의 기본적 특성을 그대로 간직하고 있다. 지하식에 등고선 방향의 長軸, 細長된 長方形 墓室 등이 그러하다.[7] 그러나 규모가 작다는 것은 埋葬者의 나이와 관련 있는 것으로 추정되며, 특히 6호 수혈식 석곽묘의 경우는 바닥에 숯을 깔고 있어 별도의 검토가 필요하다.

횡구식 유형의 석곽묘는 구조적 특징이나 출토 유물에서 특징을 찾기가 어렵다. 이들은 횡혈식 혹은 수혈식과 混在된 형태로 존재하는데 묘실의 규모가 크지 않을 뿐만 아니라 築造도 매우 조잡하게 이루어져 있다. 묘실 입구는 경사의 아래쪽으로 개구되었으면서 積石 형상으로 폐쇄한 것들이다. 여기에 墓室內에 遺物은 거의 없으며 단지 관못만이 일률적으로 수습된다.

석실분의 副葬品은 횡혈식 묘제에서는 궁륭식과 같은 초기의 것에서 풍부하게 나타난다. 특히 묘실의 입구 한쪽에 대형 甕의 安置가 공통적으로 확인된다. 이러한 형태의 甕은 공주 보통골 고분군의 17호분에서 발견된 바 있고, 이것이 骨壺로 사용되었던 것이 확인되는데[8] 같은 성격으로 이해될 수 있지 않을까 여겨진다. 그러나 고임식이나 수평식의 구조를 지닌 횡혈식 석실분과 횡구식 석실분에서는 유물의 출토가 매우 빈약하다. 다만 유물의 출토환경을 종합할 경우 관못 등의 木棺 遺品이 남아 있으면, 토기 등의 부장품이 없고, 반면에 토기 등의 부장품이 있으면 관못 등의 木棺 遺品이 없는 경우로 구분되는 특징이 있다.

---

7) 李南奭, 1994, 「百濟 竪穴式 石室墳 研究」『百濟論叢』3, 百濟文化開發研究院.
8) 安承周 · 李南奭, 1991, 『公州 보통골 百濟古墳發掘調査報告書』, 百濟文化開發研究院.

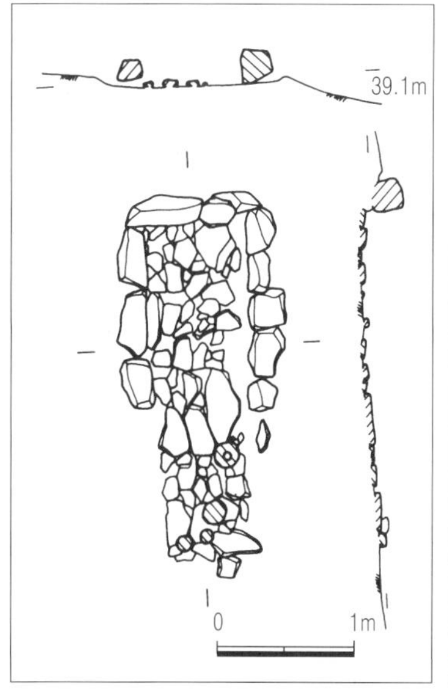

그림 3. 竪穴式 石槨墓

그림 4. 橫口式 石槨墓

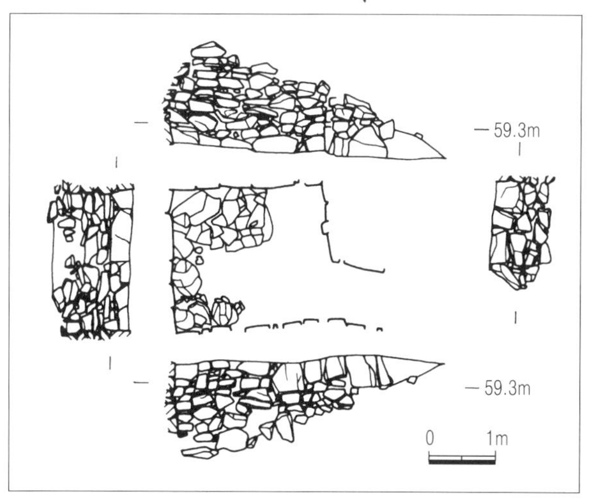

그림 5. 橫穴式 石室墳

甕棺墓 14기는 대부분 횡혈식 석실분의 주변에 마치 配葬의 형태로 잔존한다. 7호 횡혈식 석실분 주변에 3기의 옹관묘가 있고, 13호 석실분 곁에 1기, 16호 석실분 주변에 4기, 17호 석실분 곁에 1기가 있다. 이외는 單基로 있는데 대체로 조사구역의 외변에 자리하고 있다. 따라서 일단 미조사 지역의 고분 잔존 현황을 고려하면 이들도 횡혈식 석실분과 근접된 형태로 있다고 볼 수 있지 않은가 여겨진다.

석실분 곁에 있는 옹관묘는 석실분 봉분속에 충분히 포함될 정도의 거리에 위치하면서 수평상으로 석실분의 묘광 어깨선 부분에 있다는 공통점이 있다. 이로 보면 석실분 주변에 있는 옹관묘들은 석실분의 피장자와 밀접한 관련을 추정하는데 문제가 없을 듯하다. 다만 이들은 單甕式과 合口式이 혼재되어 있기도 하고, 부장 유물이 있는 것과 없는 것으로 구분되는 등의 묘제 형식차가 확인된다. 나아가 석실분과 거리를 두고 독립된 형태로 있는 옹관묘는 大型 甕 하나를 사용한 單甕式이 대부분으로, 이들은 地盤에 墓壙을 파고 여기에 대형의 甕을 橫置하면서 입구를 석재로 막았다는 공통점이 있어 일단 서로간의 차이가 발견된다.

요컨대 汾江·楮石里 遺蹟은 분묘만으로 이루어진 유적으로 무문토기시대의 석관묘를 비롯하여, 원삼국기의 토광묘, 그리고 백제시대의 석실분과 옹관묘 등으로 구성된 유적이다. 시기별로 무문토기시대에서 백제 말기까지의 기간에 속하는 고분이 있지만, 무문토기시대와 원삼국기, 혹은 원삼국기와 백제시기의 것들이 서로 連續性이 있다고 보기는 어려운 것이다. 다만 백제 석실분의 경우 모든 유형과 형식이 망라되면서 분포상에서도 위쪽이 이른 시기의 것, 아래쪽은 늦은 시기의 것이 있는 점으로 미루어 장기간에 걸쳐 持續的으로 造營되었다는 것을 알 수 있다.

2) 埋納遺構

埋納遺構는 형태가 분명한 것이 6기이다. 이들은 獨立된 채 위치하면서 瓶型土器와, 壺型土器·鉢型土器·短頸小壺가 세트를 이루면서 여기에 부분적으로 약간의 鐵器가 포함된 채 지하에 埋納된 것이다. 외형만 보면 유구가 유실되고 유물만 남은 토광묘를 연상케 한다. 그러나 같은 지역에서 조사된 토광묘와는 전혀 다른 모습이고 시기차도 있어 토광묘와 같은 매장시설과 관련된 副葬品으로 보기는 어렵다. 매납유구는 고분군의 상단 지역, 즉 구릉의 선상부 쪽에 주로 자리하고 있는데 각각의 내용을 보면 다음과 같다.

가호 매납유구는 13호 석실분의 북단쪽에 있으며, 청동기시대 분묘인 석관묘가 동쪽으로 5m 정도의 거리를 두고 있기도 하다. 다음에 설명되는 나호 매납유구와 매우 인접된 형태로 있다. 유구는 壺形土器 1점과 瓶形土器 1점·鉢形土器 1점·短頸小壺 1점의 土器類와 鐵斧 2점 및 鐵鎌의 鐵製品으로 이루어져 있다. 이들은 병형토기와 호형토기·발형토기를 삼각으로 배치하여 정치된 상태로 놓고 발형토기와 호형토기의 사이에 鐵斧가 세운 형태로 끼워져 있다. 그리고 병형토기의 바깥에 단지형 토기가 口緣을 병형토기로 향한 채 뉘어져 있다. 이외에 병형토기와 호형토기의 사이에 부러져 刀部만 있는 鐵鎌이 얹은 형태로 올려져 있다. 地盤의 퇴적토를 약간 파서 대강 整地한 후 안치한 것으로 토층에서 유물 안치구를 굴착한 흔적이나 토광의 형태를 확인할 수가 없다.

나호 埋納遺構는 가호보다 한단 낮은 형태로 둔덕을 사이에 두고 동쪽으로 약 120cm의 거리에 있다. 지표하 약 30cm의 깊이에 있는데, 호형토기 1점과 병형토기 1점, 그리고 단지형 토기 1점 및 원형에 가까운

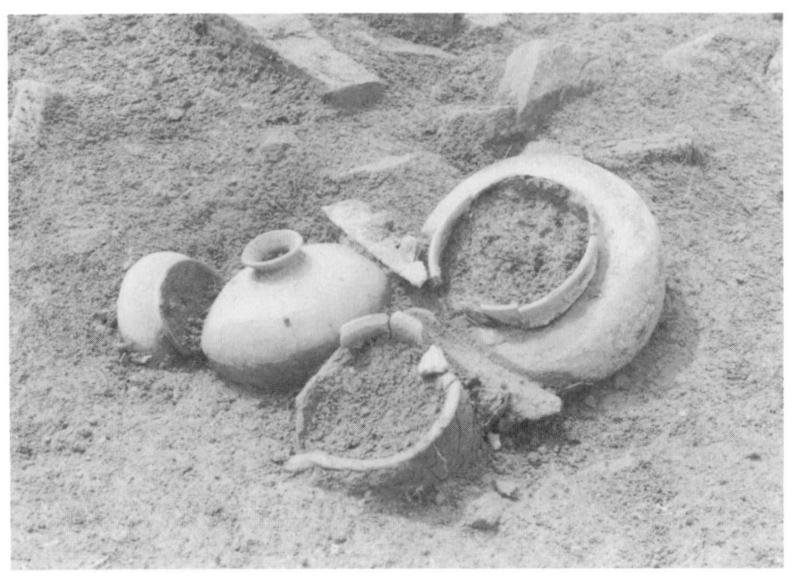

그림 6. 매납유구 현황

발형토기 1점을 매납한 것으로 器種 構成은 가호 매납유구와 동일하다. 다만 鐵製品은 없고 반면에 紡錘車 1점이 있다. 배치는 네점의 토기를 서로 붙여서 네모지게 定置하고, 병형토기의 곁에 방추차가 있다. 발형토기만 깨진 채로 있고 나머지는 원상을 간직하고 있다.

다호 埋納遺構가 위치한 곳은 구릉 남향 사면으로 정상에서 직선거리 약 30m정도 거리에 6m의 표고차가 있는, 경사가 비교적 급한 지역이다. 이 지역은 풍화가 덜된 암반형 구역으로 약간의 퇴적토가 있지만 토광 윤곽이나 굴착의 흔적은 없다. 유구는 外反 口緣壺와 直立 口緣壺 2점에 단지형 토기 1점이 매납되어 있는 것이다. 口緣壺는 이들에서 약 15cm정도 떨어져 있었는데 표면 유실과정에서 이탈된 것으로 보인다.

라호 埋納遺構는 동쪽 구릉의 정상부 동쪽에 있는데 정상보다 5m정

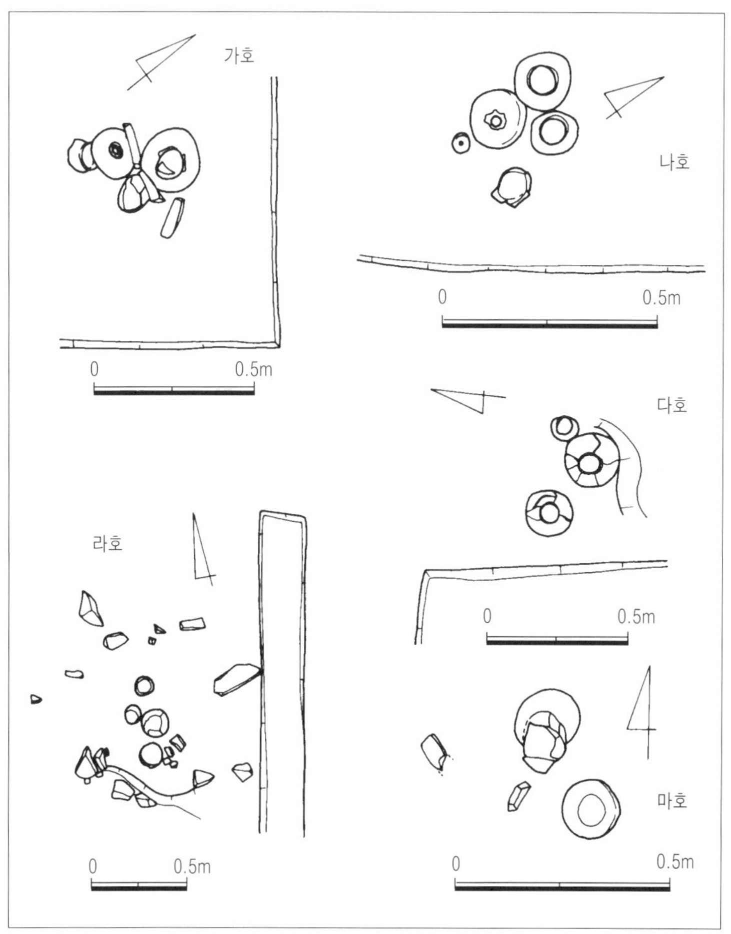

그림 7. 매납유구

도 낮은 지역이며 남향의 경사지만 완만하다. 유구는 토기 4점과 철부
등의 철제품으로 구성되었다. 그러나 토기중에 軟質의 鉢形土器와 또
다른 硬質土器 1점은 대파되었으며, 또 다른 硬質土器는 하단부만 남아
있다. 배치는 크기가 다른 直立 口緣壺 2점을 동서로 두고, 위 부분에

10cm정도 간격을 두고 軟質의 鉢形土器, 남쪽으로 같은 간격을 두고 硬質土器가 있다. 鐵斧는 직립 구연호의 동쪽에, 鐵製品은 깨진 토기의 곁에서 조각으로 수습된다.

마호 埋納遺構는 라호에서 남으로 약 4.5m에 있다. 다른 매납유구와는 약간 다른 형태로 있다. 즉 지반토에 파괴된 廣口壺가 절반만 남은 채 노출되었고, 廣口壺내에 연질의 鉢形土器片이 남아 있는 것이다. 廣口壺는 兩耳付壺로 평저에 비교적 소형의 용기이며, 兩耳는 乳頭形 꼭지이다.

바호 埋納遺構는 조사구역 동쪽 구릉의 정상부에서 동단쪽으로 치우쳐 있다. 長頸壺와 直立口緣의 短頸壺 2점의 토기를 15cm정도의 간격을 두고 배치되어 있고, 이들 토기에서 약 25㎝의 거리를 두고 파괴된 철부 1점이 자리하고 있다. 이 유구도 퇴적토를 대강 정지하고 안치하였던 것으로 판단되는 것이며 매납품 중에 廣口壺는 長頸을 지니고 있는 것이다.

요컨대 埋納遺構로 분류된 이들 유구는 토기 등의 物品을 地下에 묻은 형상으로 남아 있다. 埋納된 물품은 토기가 중심을 이루지만, 鐵斧나 鐵鎌과 같은 鐵製品도 있고, 방추차도 있다. 따라서 이들은 유물만을 볼 경우 土壙墓와 같은 墳墓의 副葬品으로 판단될 수도 있다. 그러나 동일 지역에 남아 있는 토광묘의 경우 분명한 土壙을 조성하고 있음에 비추어 이들 매납유구는 지반토를 파서 土壙을 조성한 흔적, 즉 굴착의 흔적은 전혀 발견되지 않는다. 여기에 같은 지역에 있는 토광묘의 부장품과 비교할 경우 분명한 시기차이가 발견될 뿐만 아니라 유구 자체에서도 분명한 형태 차이가 발견된다. 이들 매납유구는 오히려 舊地表로 추정될 수 있는 퇴적토속에 위치하고 있으며, 토기를 한군데에 가지런히 모아서 埋納하였기에 墳墓로 보기는 어렵다. 다만 가호나 나호 등의 유구는 유물이 원상태로 남았다고 여겨지나, 마호 등의 일부는 유물자체가 流失되었다고 추정된다.

3. 遺物의 檢討

埋納遺構의 내용과 수습된 유물을 간략하게 살펴보았다. 그러나 이 것만으로 유구의 성격이 무엇인가를 판별하기에는 적지 않은 어려움이 있다. 이들 埋納遺構가 고분군내에 잔존한다는 사실을 토대로 그 성격이 매장유적과 관련되었다고 볼 수 있겠는데 그 성격을 구체적으로 이 해하기는 어렵다는 것이다.

그런데 앞서 언급하였지만 이들 매납유구를 독립된 매장시설로 보는 데는 많은 한계가 있다. 지금까지 우리나라에서 확인된 묘제 현황을 고 려하면서 매납유구의 형태를 대비할 경우, 가장 근사한 묘제로 土壙墓 나 혹은 火葬墓를 들 수 있다. 그러나 토광묘는 앞에서 언급된 것처럼 적극적 비교는 사실상 어려운 상태이다. 다만 화장묘와는 어느 정도 비 슷한 점이 있다. 즉 화장묘는 藏骨容器로 소형의 토기가 사용된다거나 혹은 여러 개의 토기를 모아서 지하에 埋納한다는 점에서 그러하다.

하지만 매납유구의 토기는 장골용기로서 반드시 共伴되는 용기 뚜껑 이 전혀 없고, 장골 용기로서는 전혀 異質的인 小型土器나 혹은 軟質 鉢型土器가 있기도 하다. 오히려 이들은 장골 용기보다는 백제 분묘의 부장품으로 널리 애용되는 것이기도 하다. 또한 일부지만 철기라던가 방추차 등이 함께 埋納되어 이를 화장묘와 같은 매장시설로 보기는 더 더욱 어렵다. 따라서 이들 매납유구는 함께 잔존된 다른 분묘와 관련 하여 그 성격이 추구되어야 할 것이다.

매납유구는 특별한 시설 없이 토기만으로 이루어진 유구이다. 토기는 器種에서 短頸小壺라던가 瓶形土器·直立 口緣壺·鉢形土器가 主種을 이루는데, 대체로 百濟土器의 범주에서 이해될 수 있는 것들이다. 그런데 다행히도 함께 조사된 백제 석실분에서 다량의 토기가 수습되었다. 이들은 비록 형태적 相似性은 적으나 器種的으로 매납유구 출토품과 相通하는 것이 많다. 따라서 매납유구 출토 토기와 석실분 출토 토기를 비교·검토하면 매납유구 이해의 단서가 마련될 것이 아닌가 생각된다.

1) 埋納遺構의 遺物

매납유구의 유물은 철겸과 철부와 같은 철제품, 그리고 나호에서 방추차가 출토된 외에 나머지는 전부 토기이다. 더불어 토기의 기종도 광구호와 단경 소호, 그리고 병형토기, 발형토기, 직립 구연호라는 비교적 단순한 기종으로 이루어져 있다. 우선 이들 매납유구의 출토물을 정리하면 다음의 표와 같다.

埋納遺構 遺物 現況

구분	土器類						鐵器類		其他
	廣口壺	直立短頸小壺	瓶型	鉢型	直立口緣壺	外反短頸小壺	鐵鎌	鐵斧	
가호 매납유구		1	1	1	1		1	1	
나호 매납유구		1	1	1	1				연질토기.방추차
다호 매납유구		1			1	1			
라호 매납유구		1	1	1	1			1	
마호 매납유구	1			1					
바호 매납유구	1	1						1	

土器는 廣口壺 2점, 直立口緣과 外反口緣의 短頸小壺 6점, 瓶形土器 3점, 鉢形土器 4점, 그리고 直立 口緣壺 4점이 있다. 이들을 종합할 경우 標識的 백제토기인 三足土器가 없다던가, 백제 墳墓의 부장품으로 가장 보편적인 蓋杯가 전혀 포함되지 않은 점이 하나의 특징이다. 반면에 병형토기와 발형토기·직립 구연호가 표지적 형태로 埋納되었음도 알 수 있다. 기종별 내용을 보겠다.

광구호의 경우 마호 출토품은 兩耳附壺이기에, 광구호로 분류하는데 다소 문제가 없지 않지만 넓은 구연을 지니고 있어 일단 광구호로 본 것이다. 平底에 小型 容器인데 瓦質에 가까운 燒成度를 지녔고 회청색이다. 동체의 절반 정도가 결실되었으며 어깨의 좌우에 유두형의 꼭지가 있다. 구경 14.8cm에 높이 14.5cm, 그리고 底徑이 11.7cm로 큰 구연을 지녔는데 구순이 넓지만 장식은 없다. 바호 출토 광구호는 회청색 경질토기로 구경 13.6cm에 높이 18.9cm의 형태에 근거하여 광구호로 분류하였는데, 동체에 비해서 매우 긴 長頸을 약간 젖힌 채 크게 만든 것이 특징이다. 최대경은 14.9cm이고, 평저의 저경은 6.9cm로 계측된다.

직립구연과 외반구연을 지닌 단경 소호는 모두 6점인데 마호 매납유구를 제외하고 나머지에서 標識的으로 매납된 器種이다. 가호 출토 소형호는 회청색에 경질토기로, 평저에 어깨 부분이 팽창된 胴體, 약간 외반된 듯한 직립구연에 自然釉가 있다. 문양은 없고, 구경 8.5cm, 높이 5.8cm, 최대경 10cm, 저경 6cm이다. 나호 소형호는 平底에 직립구연의 단경호로 분류할 수 있는데 경질이며, 퍼진 동체를 가지고 있다. 크기는 구경 8.3cm, 높이 5.9cm, 최대경 11.5cm, 저경 6.8cm이다. 다호 출토품 중에 외반구연의 小壺는 회청색 경질토기이다. 이는 평저에 광견으로 짧은 경부에 外反 口緣을 지닌 것이며 구경 8.7cm, 높이 9.4cm, 최대경 13cm, 저경 7.6cm이다. 그리고 直立口緣의 小壺는 소성도가 높은 경질토기로, 평저에 어깨가 팽창된 동체, 그리고 광구의 直立口緣으로 구경 7.1㎝에 높이 5㎝, 최대경이 8.3㎝에 저경이 4.7㎝의 매우 작은 용기이다.

라호 小壺는 좁은 평저에 廣肩形의 胴體部를 지닌 것으로 자연유가 있고, 최대경에 2조의 음선을 두어 중앙에 돌대를 표현하였다. 구경 6.9㎝, 높이 7.3㎝, 최대경 10.5㎝, 저경 4.6㎝의 크기이다. 바호 출토품은 경질로 平底이나 圓底에 가깝고, 동체 중간부가 크게 팽창되었으면서 상단에 짧은 직립의 구연을 가진 것이다. 구경 6.7㎝, 높이 7.2㎝, 최대경 13.2㎝, 저경 7㎝정도가 계측된다.

병형토기는 가호 출토품의 경우 회청색 경질로 넓은 동체에 작은 구연이 부착된 평저이다. 평저의 바닥에서 器壁을 올리면서 기벽을 曲律 없이 수직으로 올리고, 어깨 부분의 꺾임이 각을 이루듯 급격하다. 목이 좁으며 구연도 짧다. 구경 4.6㎝, 높이 11.9㎝, 최대경 14.4㎝, 저경 7.7㎝이다. 나호 병형토기는 흑회색의 경질로 자연유가 있다. 평저에 약간 팽배된 어깨 부분, 그리고 좁은 목이나 口緣의 대부분이 결실되어 있다. 잔존 높이 11.3㎝, 최대경 13.8㎝, 저경 10㎝이다.

라호 병형토기는 다갈색의 경질토기로 구연부는 결실되었다. 평저에 구형의 동체를 지닌 것인데 동체 중상단에 음선 2줄, 상단에 같은 형태의 음선이 있으나 희미하다. 잔존 높이는 12.2㎝, 최대경 14.7㎝, 저경 7.7㎝이다.

한편 발형토기는 가호 출토품의 경우 흑갈색에 소성도가 낮은 것으로 깊은 평저에 동체 중간이 약간 팽창되고, 목부분이 약간 오므려진 것으로 구순 가까이에 외반의 흔적이 있다. 승석문이 전면에 打捺되면서 그 위에 음선의 횡선대가 나선형으로 돌려져 있다. 구경 10.7㎝, 높이 11.1㎝, 최대경 11.7㎝, 저경 8.6㎝이다. 나호 발형토기는 연질의 적

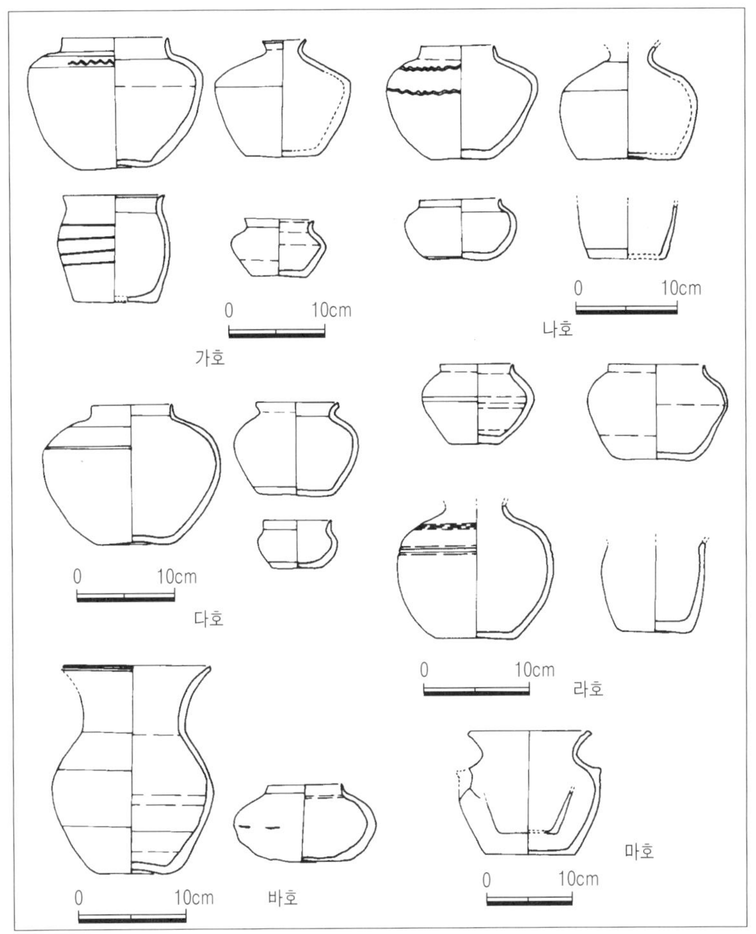

그림 8. 매납유구 출토 토기 현황

갈색인데 동체 하단만 남았다. 수직의 타날문이 있으며, 저부의 지름 7.6㎝, 잔존 높이 5.3㎝이다. 라호 발형토기는 적갈색의 연질토기이다. 구연부가 결실된 것으로 깊은 평저에 동체 중상단에서 최대경을 두었으며 외반되는 짧은 구연이 확인된다. 높이 8.2㎝, 최대경 9.8㎝, 저경

6.4cm이다. 마지막으로 마호 출토품은 적갈색 연질인데 동체의 하단부만 남은 것이며, 저부의 지름이 6.8cm로 복원된다.

직립구연호는 4점이다. 이 중에서 라호 출토품은 구경 9.1cm, 높이 8.7cm, 최대경 13.3cm, 저경 6.3cm의 작은 소형용기로 오히려 直立 短頸 小壺로 분류될 수도 있다. 가호 직립 구연호는 어깨 부분이 크게 퍼진 광견형 동체에 평저이다. 회청색에 경질토기로 自然油가 마치 시유한 형태로 덮여 있다. 구연은 수직이나 외부에서 보면 안으로 약간 기운 형상이고, 문양은 동체하단에 타날문, 최대경 부분에 단이 있으며 여기에 음선 하나로 파상문을 돌렸다. 구경 11.2cm, 높이 13.4cm, 최대경 18.3cm이다. 나호 직립 구연호는 회청색 경질토기로, 좁은 평저에 넓은 어깨를 만들고, 직립의 구연을 낮게 올린 것이다. 하단에 타날의 선조문이 있으나 상단은 재연마로 지우고 대신에 파상문을 돌렸는데 최대경의 부분에 1조, 그리고 어깨의 중간 부분에 1조가 있다. 구경 7.6cm, 높이 11.4cm, 최대경 15.5cm, 저경 6.1cm이다. 다호 직립 구연호도 광견호로, 회청색 경질토기로 평저에 퍼진 어깨, 직립의 짧은 구연이다. 자연유가 있다. 하단에 타날문, 최대경 부분에 가는 음선대, 어깨 중간부분에 굵은 음선대 하나가 있다. 구경 8.3cm, 높이 14.4cm, 최대경 18.8cm, 저경이 9.1cm이다.

요컨대 매납유구 출토품은 토기가 주종을 이루고 있으며, 토기의 기종은 병형토기 단경소호·발형토기·직립 구연호로 요약된다. 그러나 개별 토기는 형태나 속성에서 약간씩의 차이가 있기도 하다. 다만 가호와 나호, 라호 매납유구는 단경소호·병형토기·발형토기·직립 구연호를 각 1점씩 부장한다는 점에서 공통성이 있다. 그러나 나머지 매납유구에서는 일정한 규칙성이 결여되어 있다. 한편 개별 토기에서 소형호나 발형토기는 형태분석에 나름의 어려움이 있으나 병형토기나 직립 구연호는 형태적 특성을 갖추고 있어 대비 고찰이 가능할 것으로 판단된다.

2) 石室墳 遺物

31기의 석실분중에 유물이 전혀 확인되지 않는 것은 1호분, 2호분, 11호분, 20호분, 30호분, 31호분의 6기이다. 다만 이들은 유구 자체가 심하게 유실·파괴되었기에 유물 부장 여부를 판단하기 어려운 것이다. 나머지 고분들은 토기와 鐵器 아니면 棺釘이라도 수습되었는데, 이 지역 고분들에 인위적 도굴은 없는 것으로 판단되어 유물의 잔존상은 본래의 遺物 副葬與否를 가늠할 수 있는 내용들이다.

출토 유물은 토기와 철기가 主種을 이루지만 17호분에서 금동제 耳飾이 한쌍 수습되어 이채롭다. 그리고 16호, 17호분은 부장품 외에 묘실내 한쪽에 대형 항아리 조각이 마치 屍床臺처럼 깔려 있는데 副葬土器가 깨진 것인지, 아니면 屍床臺를 마련하기 위하여 일부러 토기를 깨서 깐 것인지 분명하지 않다. 더불어 16호·17호분·25호분 등은 큰 甕形 土器를 여러 개 남기고 있는데 이것이 부장품인가, 아니면 納骨을 위한 옹관인가의 판단도 필요하다. 그러나 종합적 측면에서 부장 현황은 토기라던가 철기 등의 유물을 다량으로 남긴 것과, 관정 이외에는 부장품이 전혀 없는 것으로 분명하게 구분된다. 정리하면 다음 표 3과 같다.

부장품의 주종을 이룬 토기는 백제토기의 모든 器種이 망라되어 있다. 器臺를 비롯하여 注口 달린 토기, 直立口緣 長頸壺이나 특수한 것, 굽달린 대접형 토기 등과 같은 특이한 기종도 있다. 더불어 부장 토기가 대체로 소형 용기로 冥器的 형태의 것으로 판단할 수 있을 만큼 작은 것이 많다. 더불어 철기의 부장도 토기와 함께 이루어진 경우가 많으며, 무기와 도구가 중심을 이루고 있다.

백제 석실분 출토유물 현황

분류	토기류													철기류							관정·고리	이식
	광구호	단경소호	삼족토기	병형토기	개배	소형호	소형토기	개물	발형토기	파수부토기	직립구연호	외반구연호	기타토기	철도	도자	철겸	철부	준	창	철제품		
석실3																				1		
석실4		1		1	3							1	연질대접형토기									
석실5		1			1																	
석실6	1				1	1																
석실7													주변수습단경소호,개배,삼족토기							1	○	
석실8			1									1										
석실9																					○	
석실10															1							
석실12	2	2													2	3	1	2	1	1		
석실13	1							1						1	3	1	3	2		○		
석실14		1										1	무문토기·토기편	2								
석실15																					○	
석실16		1 주1	주1	1	주3	1	3	주	1				대형옹5									
석실17		1		1		1		1					대형옹2		1	1	1					1
석실18		1	1	1											1							
석실19		1																				
석실21													방추차								○	
석실22																					○	
석실23		2			2			1	1								1					
석실24																					○	
석실25					1		1	1			1		대형옹1 방추차									
석실26																						○
석실27				1	1						1		토기편			1						
석실28		1		1	2			1														
석실29													대형옹편			1						
유물수습	2	1		1	3		1		1	2	1		기대, 주구토기								○	

토기는 72점이 집계된다. 여기에 약간의 토기편을 고려하면 숫자는 이보다 많을 것이다. 묘실내에서 출토된 대형 甕은 포함되지 않았는데, 이들이 약 10여점에 이른다. 이로 보면 토기는 80여점을 상회한다. 토기는 편의상 廣口壺·短頸小壺·三足土器 등의 내용으로 분류 정리하였는데 같은 형식에 포함된 것도 세부 형태에서는 많은 차이가 있다. 그리고 단경소호·소형호·소형 토기의 구분은 구연이라던가 규모에 따라 나눈 것이지만 오히려 단경소호로 크게 분류하는 것이 편리할 수도 있다. 여기에 把手付土器는 파수가 부착된 것을 제외하면 용기 자체는 발형토기와 大同小異하다. 따라서 석실분 출토의 토기는 광구호와 소형호, 그리고 삼족토기·병형토기·개배·발형토기·외반 및 직립 구연호, 그리고 나머지를 기타로 분류하여 살피도록 하겠다.

광구호는 長頸 廣口壺와 短頸 廣口壺로 구분할 수 있다. 전자는 12호 출토 2점과 유물수습 유구 출토 2점을 들 수 있다. 12호 출토품 중에 하나는 원저에 약간 길쭉한 동체와 매우 큰 구연을 성형한 것이 특징인데, 구경 18.3㎝에, 높이 23.2㎝이고, 최대경은 19.3㎝이다. 다른 한 점은 구경 17.2㎝, 높이 19.9㎝, 최대경 18.5㎝의 크기로 구형의 동체, 그리고 큰 구연을 부착한 것이 특징으로 이들은 모두 흑청색조의 경질토기이다.

수습 유구 출토품은 회색에 소성도가 높은 경질토기로 약간 우묵하게 누른 저부와 원을 돌리듯이 곡률을 주어 올린 동체, 견부에서 급격하게 외반시키면서 경부의 상단 즉 구순에서 2㎝정도 하단에 굵은 돌대를 돌린 구경 15.7㎝, 높이 20.3㎝, 최대경 17㎝의 것이 있다. 그리고 경질로 동체가 보다 분명한 구형을 띠면서 상단의 견부에서 직접 크게 외반시킨 구연을 지닌 구경 13.8㎝, 높이 18.3㎝, 최대경 17.8㎝, 저경 8.2㎝의 것도 있다.

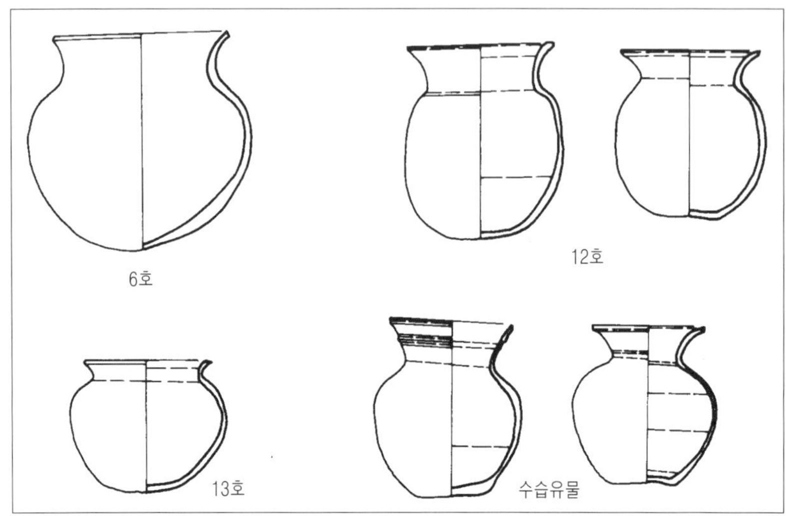

그림 9.　石室墳 出土　廣口壺

　　단경광구호로 6호 출토품은 구형의 몸체에 원저의 작은 용기인데 회청색의 경질토기로 구연이 견부에서 원을 그리듯이 퍼지나, 외반의 정도는 심하지 않은 구경 12.5cm, 높이 15.2cm 규모의 토기이다. 그리고 13호 출토품은 원저 구형의 동체에, 단경의 광구를 부착한 것으로 구경 14.5cm에 높이 14.2cm이고 최대경은 17.6cm의 크기이다.

　　단경소형호로 구분되는 토기는 짧은 경부에 외반구연을 지닌 것 14점, 보다 큰 외반구연을 지닌 것 2점, 그리고 짧은 직립구연을 지닌 5점 등 모두 21점이다. 이중에서 4호분 단경소호를 보면 회흑색이나 다갈색조가 부분적으로 남은 색조에 평저에 胴體가 廣肩形이다. 외반된 단경을 지닌 것으로 구경 8.6cm, 높이 11.2cm, 최대경은 13.6cm, 저경은 6.8cm의 크기이다. 그러나 단경소호로 4호 출토품은 구연의 외반정도가 감지되지만 소형호의 대부분은 구연이 밖으로 제낀 형태로 직선으로 올리

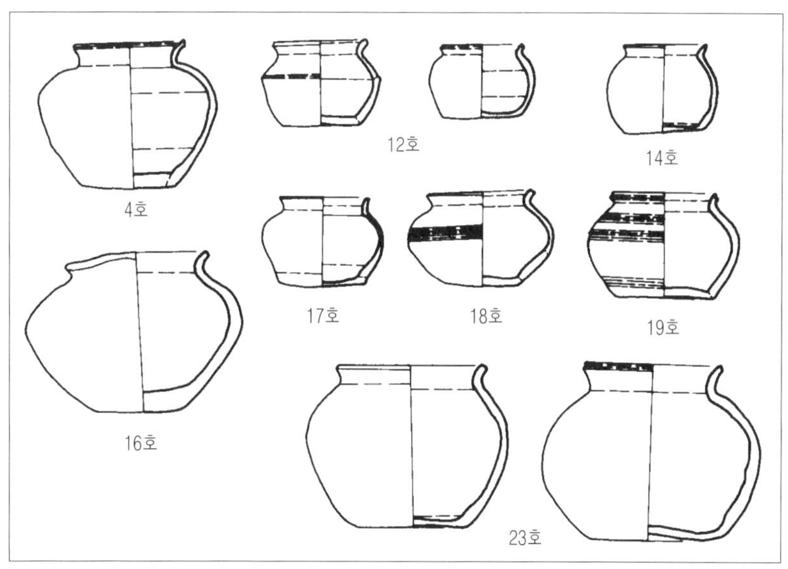

그림 10. 石室墳 出土 短頸小壺

는 것과 구연 자체가 직립된 것으로 구분된다. 이들 소형호는 대부분
평저의 형태라는 점, 단경이라는 점 외에는 형태적 다양성이 두드러지
나, 다만 동체의 높이가 대체로 5-10cm의 정도로 廣口라는 점에서 어
느 정도 상통한다.

　삼족토기는 3점 외에 주변 수습품도 1점이 있다. 내용을 보면 8호
출토품은 저부가 깊지만 바닥은 거의 수평이고, 구연이 약간 안으로 좁
혀졌으며, 받침 턱이 분명하게 남아 있다. 삼족은 별도 접합시키면서
약간 밖으로 되바라진 형상인데 2개는 삼족부분을 정면하여 각을 이루
나 하나는 물손질로 뾰쪽하게 마무리한 구경 10.5cm, 높이 5.5cm의 크기
이다. 그런데 16호 출토 삼족토기는 약간 異形的 형태이다. 원저에 구
형의 동체, 그리고 구연을 직립으로 만든 소형의 토기 저부에 삼족을

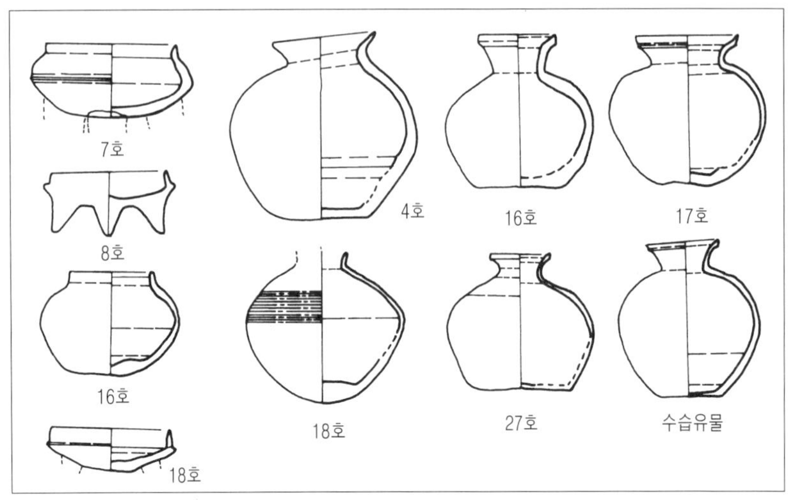

그림 11. 石室墳 出土 三足土器 와 甁形土器(도면 없음)

부착한 것인데 삼족은 결실되었으며 구경 6.2cm에 현존의 높이는 7.3cm
이고 동체의 최대경은 10.3cm이다. 18호 출토품은 底面에 三足을 부착
하였던 흔적만 남긴 것으로 개배의 용기를 사용한 것이다.

　병형토기는 소형호에 좁은 경부의 구연을 부착한 것으로 7점이 있다.
7점은 기신과 구연의 형상이 서로 다르다. 4호 출토품은 흑회색의 경질
로 좁은 平底에 球形의 胴體, 그리고 좁은 경부의 구연을 올렸다. 16호
출토품도 좁은 평저에 원형의 동체, 그리고 좁은 경부의 구연을 올렸으
나 구연이 크게 외반된 것으로 구경 5.6cm, 높이 10.7cm, 저경은 6cm, 최
대경 10.8cm의 크기이다. 한편 18호 출토품은 앞의 것과는 사뭇 다른
형상이다. 원저에 퍼진 듯한 동체인데 뾰쪽한 형태의 저부에서 삼각으
로 퍼지듯이 기벽을 올리면서 최대경을 동체 중간에 두고, 동체의 하단
과 같은 형상으로 器身의 상단을 좁힌 후 좁은 頸部의 口緣을 올렸지

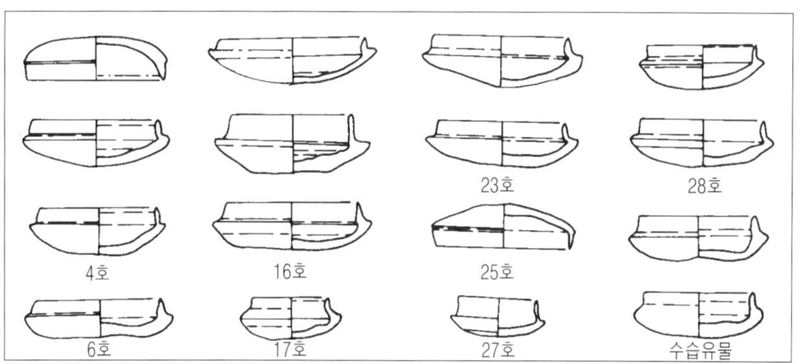

그림 12. 石室墳 出土 蓋杯

만 구연부가 결실되었다. 그리고 27호 출토품은 넓은 저부에 동체가 마름모꼴의 단면을 보이며, 곧고 좁은 경부에 상단이 외반된 구연을 올렸는데 구순가까이에서는 거의 평외반으로 구경 8.5㎝, 높이 15.6㎝, 저경 12.1㎝, 최대경 17.5㎝의 크기이다. 반면에 28호 출토품은 평저에 동체가 풍만한 원형으로 저부가 동체에 비해 넓은 편으로 구경 6.6㎝, 높이 14㎝,, 최대경 13.7㎝, 저경은 8.5㎝의 크기이다.

蓋杯는 백제 개배의 일반적 기형으로 볼 수 있는 것들이나 규모가 작다는 특징을 지적할 수 있다. 17점인데 대체로 개부와 용기부가 분리된 채 남아 있었다. 이들은 저부의 깊이나 형태, 그리고 드림새라던가 그릇 받침 턱의 너비에서 약간씩의 차이가 있기는 하다. 예컨대 4호 출토품은 회청색 경질의 뚜껑으로, 정부가 약간 우묵하나 거의 수평을 이루고, 받침턱 부분에서 경사를 둔 형식으로 백제 개배의 일반적 유형에 속하는 것이다. 반면에 평피짐한 저부에서 약간의 곡률을 주어 器壁을 올리다가 받침턱 가까이에서 치켜올린 후 수평으로 접어 턱을 만들고, 내경된 구연을 높게 올린 27호 출토 개배는 구경 8.8㎝, 높이 4.1㎝의

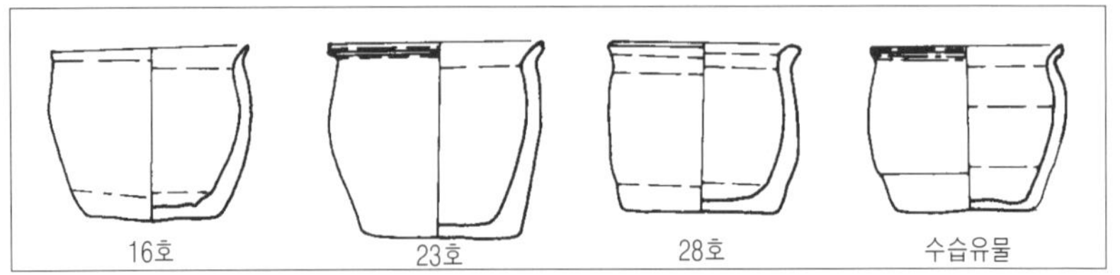

그림 13. 石室墳 出土 鉢形土器

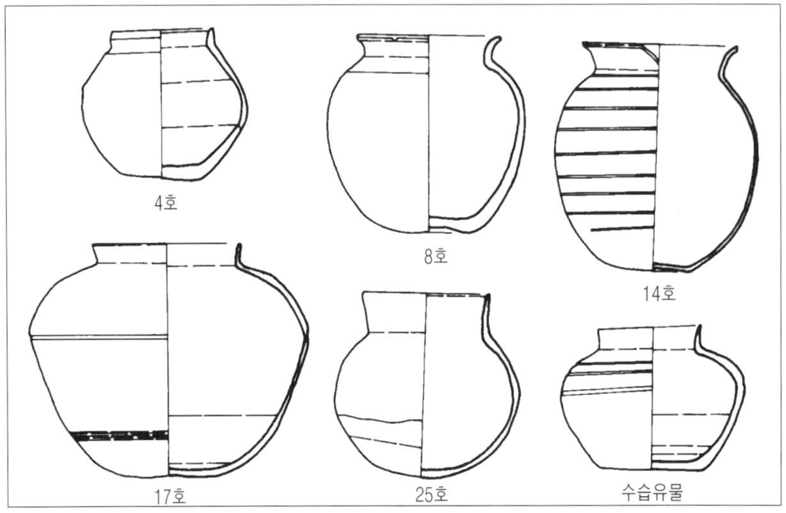

그림 14. 石室墳 出土 壺形 土器類

소형이면서 구연이 높은 특징적인 것도 있다.

발형토기는 유물수습 유구에서 출토된 2점의 파수부 토기를 포함하여 6점인데, 파수부 토기는 용기가 대동소이하고, 큰 우각형 파수를 부착한 것만 다르다. 다만 용기가 발형이나 저부가 넓고, 동체가 약간 팽창된 점, 구연이 동체의 연장선에서 약간 안으로 기운 상태로 성형하였다는 차이가 있다. 이외의 발형토기는 일반적 형식에 속하는 것이다.

대표적 예로 23호 출토품을 보면 적갈색의 연질로 평저인데 기벽을 직각을 이룬 형태로 올리고 동체의 중간 부분이 약간 퍼진 듯한 형상만 남겼다. 구연은 동체를 밖으로 젖힌 형태이고 구순에 깊은 음각선이 있으며, 구경 9.6㎝, 높이 8.7㎝, 저경 6.9㎝의 규모이다.

직립 및 외반 구연호는 일반 호형 토기들이다. 직립호 5점과 외반구연호 3점 등 8점으로 용기의 높이가 20cm내외의 것들인데 물론 작은 것도 있다. 직립 구연호는 17호 출토품의 경우 눌러 우묵한 원저에, 퍼진 듯한 광견형의 동체, 약간 외반된 직립구연을 지닌 경질토기로 구경 16.4㎝에, 높이 24.4㎝이고 최대경은 30.5㎝의 크기이다. 그런데 이것은 백제 직립 구연호의 구연이 대체로 안으로 약간 내경된 것과는 차이를 보인다. 25호 직립 구연호는 구연이 매우 크게 만든 점이 특징이다. 따라서 이는 직립구연 장경호로 구분할 수 있는데, 원저에 구형의 동체를 지닌 경질토기로 구연은 동체의 상단에서 장경으로 약간 밖으로 기운 채 직립으로 높게 올린 것이며, 구경 12㎝, 높이 16.9㎝, 최대경 17.5㎝의 크기이다.

한편 외반구연호는 14호 출토품의 경우 회백색 연질로 장란형 기형에, 구연은 광구로 분류된다. 구연은 동체에서 직접 외반된 형태로 구순 가까이에서 거의 평외반된 것으로 구경 22㎝, 높이 31.3㎝, 최대경 28.7㎝의 크기이다. 그리고 8호 출토품은 원저를 눌러 평저의 형상을 만든 회흑색로 경질로 구형의 동체에 짧은 광구의 구연을 부착한 구경 12.8㎝, 높이 16.5㎝, 최대경 17.8㎝의 크기이다.

요컨대 석실분 출토유물은 묘제별 유물의 부장 여부가 확연하게 구분된다. 그리고 부장품은 토기와 철기가 중심을 이루는데, 토기는 多種多樣한 기종을 보이나 대체로 日常容器가 부장되었으며 樣式的 劃一性은 발견되지 않는다. 그러나 일부의 기종을 제외하면 백제토기의 일반적 형상을 나타내는 것이 많다. 장경 광구호나 병형토기·삼족토기·개배·발형토기는 부장품으로 보편성을 지닌 것이다.

4. 埋納遺構의 性格

매납유구 자체만으로 성격을 구체화할 수 없어 비교 검토를 위하여 출토품을 토기를 중심으로 살펴보고 석실분 출토 토기도 검토하여 보았다. 그 결과 매납유구 출토 토기는 기종에서 광구호·단경소호·병형토기·발형토기 그리고 직립 구연호라는 비교적 단순한 기종 구성을 보인 반면에, 석실분 토기는 기종에서 다양성이 매우 크게 나타난다. 그러면서 기종의 有無 問題와 동일 기종이라도 形態的 屬性에서 일정한 차이가 있음을 알 수 있는데 이것이 무엇을 의미하는지 살펴보아야 하겠다.

매납유구의 토기는 기종이 비교적 단순한 반면에 석실분 토기는 기종이 매우 다양하다. 석실분 출토품에는 백제 분묘 부장품으로 普遍性이 있는 개배나 삼족토기가 있지만 매납유구에서는 출토되지 않았다. 그리고 부분적이긴 하지만 석실분에서는 장경 광구호라던가 기대나 주구 달린 토기 등의 특수한 기형이 석실분에 부장되어 있기도 하다. 물론 이와 같은 토기 종류의 부장 여부 차이가 무엇을 의미하는지 갑자기 단언하긴 어렵다.9) 물론 석실분 자료는 숫적으로 풍부한 반면에 매납유구는 소수에 불과하다는 양적 비교가 문제될 수 있겠지만 이러한 차이는 두 유구가 성격에 어떤 차이가 있다는 점을 굳이 외면할 필요

---

9) 器臺나 長頸廣口壺는 대체로 竪穴式 石槨墓에서 專用的으로 부장되는 토기이다. 그럼에도 기대의 경우 유물수습유구가 횡혈식 석실분으로 복원될 수 있어 이채를 띤다.

가 없을 듯하다.

매납유구 출토품으로 소형호나 발형토기는 석실분에서도 출토 빈도가 비교적 높은 것이다. 따라서 이들은 매납유구 성격판단을 위해 석실분 출토 자료와 비교 검토의 필요가 있지만 토기의 특성상 다소 문제가 없지 않다. 그리고 광구호는 출토가 적으면서 마땅히 비교 대상이 없다는 점에서 문제가 있다.

앞서 보았듯이 석실분에서 단경소호는 다른 기종에 비해 숫적으로 매우 많다는 것을 알 수 있다. 하지만 이 단경소호는 언뜻 보아 외형이 단순한 듯 보이지만, 형태적 복잡성이 매우 크게 나타난다. 때문에 이 단경소호는 속성에 근거한 型式 分類라던가 系列化가 매우 어렵다는 문제가 있다. 또한 발형토기도 매납유구 4군데에서 출토되어 보편성을 보이고, 석실분에서 7점이 출토되어 모두에서 보편성이 인정된다. 그럼에도 발형토기는 단경소호와는 반대로 형태의 단순성으로 말미암아 속성 차에 고찰이 매우 어려운 토기이다.

광구호의 경우 매납유구 출토품 2점이 있고, 석실분에도 6점이 있지만, 매납유구 출토품과 석실분 출토품으로 상호 정확하게 대비할 수 있는 요소의 발견이 어렵다. 따라서 상호 비교될 수 있는 자료는 병형토기와 직립 구연호만 남게 된다.

병형토기는 백제 석실분 출토품으로는 비교적 보편성을 지닌 것이다.[10] 특히 병형토기는 횡혈식 석실분의 전용적 부장품으로 사용된 것이 아닌가 추정될 만큼 출토빈도가 높은 것이다. 그리고 횡혈식 석실분에서 이 병형토기의 출토는 초기 형식에서 말기 형식까지 지속적으로 이루어지는데, 예컨대 公州 宋山里 궁릉식 석실분의 출토 예는[11] 초기

---

10) 李南奭, 1995, 위의 글.
11) 野守建 外, 1927, 「宋山里 古墳」『昭和二年度古蹟調査報告』, 朝鮮總督府.

형에 속하는 것이고, 論山 六谷里 石室墳에서 출토된 병형토기는[12] 후기 혹은 말기의 백제 횡혈식 석실분 출토품의 사례로 볼 수 있다. 반면에 같은 백제고분으로서 토광묘라던가 혹은 수혈식 석곽묘와 같은 토착묘제에서는 아직 그 事例의 발견이 어려워 특정의 고분유형 부장품으로 나름의 특성을 지니고 있는 것이다.

병형토기는 旣往의 횡혈식 석실분 출토 자료를 예로 볼 경우 고분의 발전 형태에 따라 서로 다른 속성을 지닌 것이 출토된다. 즉 고분의 형식 변화라는 시간의 흐름과 짝하여 병형토기도 나름의 형태 변화가 있는 것으로 판단된다. 이는 공주 송산리 궁릉식 석실분 출토품과 논산 육곡리 평천정 유형의 횡혈식 석실분 출토품을 대비하여 보면 쉽게 알 수 있다. 우선 전자인 초기 형식은 병형토기 용기가 球形에 가까우면서 低部가 좁은 평저가 많으며, 나아가 구연을 長頸口緣으로 크게 표현하는 것이 일반적이다. 반면에 후자는 용기의 동체 형태가 구형보다는 肩部가 크게 팽창되면서 단면 마름모꼴에 가깝게 만들고 나아가 口緣도 이전 시기의 것보다는 작아진다는 특징을 지적할 수 있다.

그런데 병형토기의 이러한 속성 차이는 분강·저석리의 매납유구 출토품과 석실분 출토품에 그대로 드러난다. 우선 매납유구 가호의 병형토기나 나호 병형토기는 평저에, 동체에 곡율이 거의 없이 곧으면서 어깨 부분이 크게 퍼진 형상으로 남아 있어 병형토기의 기형에서 후기 형식에 속한다는 것을 알 수 있다. 반면에 석실분 출토품은 대부분 구형의 동체에 좁은 평저 혹은 원저에 가까운 기형을 지니고 있으며, 특히 구연이 보다 장경광구의 형상을 띠고 있는 것이 많아 대체로 초기

---

12) 安承周, 李南奭, 1988, 『論山 六谷里百濟古墳調査報告書』, 百濟文化開發硏究院.

형에 속한다는 공통성이 있다.13)

결국 병형토기의 검토 결과에 따르면 매납유구 출토품을 석실분 출토품과 대비할 경우 병형토기라는 기종적 측면은 상통하나 기형에서 나름의 차이가 있는 바, 이를 기왕의 병형토기 사례에 비추어 보면 석실분 출토의 병형토기가 매납유구의 병형토기보다 선행 형식이라는 점을 알 수 있다.

다음은 직립 구연호의 문제이다. 석실분 출토품에서도 직립 구연호로 구분된 것이 있으나 매납유구 출토품과는 전혀 이질적인 것이다. 나아가 석실분 출토 직립 구연호는 통일성이 없는데 반하여, 매납유구 출토의 직립 구연호는 형식적으로 거의 동일한 내용을 보이는 특징이 있다. 매납유구 직립 구연호는 평저에 퍼진 듯한 동체를 외반하여 올리다가 소위 廣肩形의 넓은 어깨를 둔 후에 급격하게 좁힌 다음 짧은 직립의 구연을 살짝 내경시켜 올리는 특징이 그것이다. 여기에 어깨 부분에 파상문이라던가 돌대형식의 횡선대를 돌린다는 점도 대동소이한데 이러한 유형이 석실분에서 발견된 사례는 27호 출토품이 유일한 예이다. 물론 27호분은 병형토기도 매납유구와 공통성이 있음을 지적하였는데 이로 보면 27호 부장품은 매납유구와 시간적 상관이 있지 않은가라는 추정과 함께 적어도 토기를 부장한 석실분이 조성되는 환경에서 이 직립 구연호가 사용되지 않았던가, 아니면 적어도 부장품으로 활용되지 않았다는 전제가 마련될 수 있다.

그런데 석실분 출토 토기 기종을 살필 경우, 앞의 유물 검토 결과에 의하면 석실분에의 토기 부장은 모든 기종이 망라되어 있다는 특징이

---

13) 다만 石室墳 출토품중에 27호 출토품은 오히려 埋納遺構 출토품과 대동소이한데 石室墳 상단이 대부분 유실되어 유구 성격이 불분명하여 석실분의 축조 시기를 판단하기 어렵다.

있다. 더불어 壺類의 부장도 다종다양하게 이루어졌는데 광구호로 분류된 것을 비롯하여 백제 壺類의 대부분이 부장되었다고 볼 수 있다. 여기에 백제 분묘에 壺形 土器의 부장은 보편적이며, 발견 예도 가장 많은 기종이기도 하다. 다만 이 호형토기는 器型에 따라 선후가 구분되는데 대체로 원저의 광구형은 초기형 고분에 집중되고 있으며, 후기형의 고분에서는 평저가 보편화되면서 구연에서의 변화가 크게 나타나는 특징이 있다. 따라서 분강·저석리 고분군의 석실분에서 매납유구에서 출토된 직립 구연호와 동일한 형태의 토기가 출토되지 않는 것은 유구의 시기 차와 관련된 것이 아닌가 생각된다. 이는 평천정 유형의 횡혈식 석실분에서 직립구연의 광견형 호가 자주 출토되는 점에서 쉽게 알 수 있다.

토기의 비교 결과에 의하면 병형토기의 경우 같은 기형이면서도 석실분 출토품은 이른 시기의 것에 집중되어 있는 반면에, 매납유구는 늦은 시기의 것만 출토되고, 직립 구연호는 매납유구와 동일 기형이 석실분에서 출토되지 않는 것은 매납유구 직립 구연호와 같은 기형의 토기가 사용되는 시기에 분묘의 매장품으로 이것이 사용되지 않았다고 결론할 수 있다. 결국 직립 구연호의 존재는 병형토기와 함께 매납유구의 성격 이해의 전제로 다음과 같은 단서를 마련할 수 있다. 즉 매납유구는 적어도 토기류가 부장된 석실분보다 늦게 조영되었다는 것을 알 수 있다.

그렇다면 문제는 이 매납유구가 무엇인가라는 점이다. 분명히 이 매납유구는 석실분과 관련하여 이해되어야 할 것인데, 어느 고분과 어떻게 관련되는가의 문제이다.

그런데 앞서 살핀 석실분 출토유물을 종합하여 보면 부장품의 존재 여하가 관정의 출토여부와 그리고 묘제에 따라 일정한 차이가 있음을 알 수 있다. 우선 관정을 기준으로 볼 경우 관정이나 관고리 등이 수습될 경우 토기의 부장이 거의 발견되지 않고, 반면에 부장품이 있는 경우 관정이 발견되지 않는 특징이 있으면서 이들은 묘제 형식에 따라 다시 구분할 수 있다.

분강·저석리 고분군은 대체로 백제 석실분이 수혈식·횡혈식·횡구식이 함께 남아 있다. 그런데 주지되듯이 백제 석실분 묘제에서 횡혈식과 수혈식은 서로 배경을 달리하는 묘제이다. 수혈식은 금강유역권을 중심으로 토착 묘제로 사용되던 것이고, 횡혈식 석실분은 서북 지역에서 유입된 것이다. 나아가 금강 유역에서 횡혈식 석실분의 사용은 백제 사회에서 이것이 도입된 5세기대 이후에나 가능할 것이다. 따라서 분강·저석리의 墳墓 造營人들은 초기에 수혈식 석곽묘를 사용하다가 점차 횡혈식 석실분을 수용, 주 묘제로 전환이 있었고, 이 과정에서 횡구식이 부수적으로 발생 사용되었다는 것도 알 수 있다.

그리고 횡혈식 석실분은 구조에서 다양한 형식차가 인정된다. 12~14호분은 특이 구조인데 외형상 궁륭식의 구조를 지니고 있으면서 연도라던가 묘실 바닥의 처리 목관의 미사용 등의 내용으로 보면 始原的 속성을 지니고 있다. 따라서 이들은 이 지역에 횡혈식 묘제가 처음 채용되면서 조성된 것으로 볼 수 있고, 인근의 공주 지역에 정형적 횡혈식 석실분으로 궁륭식 석실분보다 이른 시기의 것이 아닌가 추정되기도 한다. 그리고 16·17호 석실분은 묘실의 평면, 입구 및 연도, 천정의 가구 방식 등의 일반적 형상은 정형적 궁륭식 석실분과 상통하나, 연도의 좌편재라던가, 목관의 미사용은 아직 궁륭식 석실분의 미숙성을 내포하면서 부분적으로 12~14호 석실분과 속성적 유사성을 보이고 있어 繼起的으로 사용되었음을 알 수 있다. 물론 21호분과 같이 묘실이 장방형화 되었으면서도 아직 圓形天井의 흔적을 남긴 것도 있다.

반면에 횡혈식 석실분으로 24호분은 비록 규모가 작고, 사용 재료가 粗惡하지만 평천정 유형의 기본적 형상을 갖추고 있다. 중앙 연도에 현문식 입구, 그리고 세장된 장방형의 묘실은 판석재 형태의 괴석을 세워서 축조하고 있는데, 백제 횡혈식 석실분으로서는 가장 늦은 형식으로 대체로 백제가 사비로 천도한 후, 상당한 시간이 경과된 즉 7세기대에 가장 보편적 묘제로 사용된 것이다.

따라서 분강·저석리의 석실분은 횡혈식 석실분이 시원형에서 말기형까지 포함되어 있으면서 수혈식 석곽묘이라던가 시원형을 비롯한 초기형의 횡혈식 석실분에서는 토기·철기 등의 부장품이 풍부한 반면에 棺釘은 발견되지 않고, 반면에 보다 늦은 시기의 묘제인 평천정 유형의 횡혈식 석실분이나 횡구식 석실분에서는 棺釘만이 수습된다는 결론이 가능하다. 즉 석실분의 부장품 잔존 여부는 축조시기가 이른 것은 목관의 사용이 보편적이지 않으면서 토기나 철기류를 풍부하게 부장되는 반면에, 상대적으로 늦은 시기에 造營된 석실분은 목관을 사용되면서 물품을 묘실내에 부장하는 환경은 지양되었다는 것이다.

매납유구와 관련하면 매납유구의 유물이 통용되던 시기는 백제고분으로 수혈식 석곽묘보다는 횡혈식 석실분이, 그 중에서도 평천정 유형의 횡혈식 석실분이나 횡구식 석곽묘가 보편적으로 사용되던 시기로 볼 수 있다. 더불어 이들 고분은 유물이 전혀 부장되지 않고, 목관에 시신을 넣어 이것만 안치한 것으로 보인다. 그와 함께 매납유구가 조영된 것이다. 결국 이 매납유구는 묘실내에 유물을 전혀 남기지 않은 횡혈식 석실분의 造營 環境 즉 葬制와 관련이 있다고 판단된다. 묘실내에 유물은 넣는 대신에 고분과 가까운 지역 즉 고분보다 높게 자리한 정상부 지역에서 어떤 儀式을 행하면서 이들 매납유구를 남긴 것이 아닌가 추정되는 것이다.

요컨대 매납유구 유물 중에서 병형토기와 직립 구연호를 석실분 출토의 토기와 대비할 경우 이들이 석실분에서 출토되는 토기보다 後行의 型式이라는 것을 알 수 있다. 나아가 분강·저석리의 석실분은 이른 시기의 묘제인 수혈식 석곽묘이나 횡혈식 석실분중에서도 원형천정 혹은 조임식 천정구조의 분묘에서는 토기나 철기와 같은 유물이 비교적 풍부하게 부장되지만 목관의 흔적은 보이지 않는다. 반면에 후기의 평천정 유형의 횡혈식 석실분이라던가 횡구식 석실분은 부장품이 전혀 없고 단지 관정만 남아 목관을 사용하였음을 보여준다. 여기에 매납유구 출토 토기는 대체로 이들 후기 형식인 평천정 유형의 석실분 출토품과 밀접한 相似性이 있음에 비추어 매납유구는 이들 후기 형식의 고분이 조영되던 시기에 남겨진 것이고, 분묘 조성시에 묘실내에 유물의 안치가 이루어지지 않고, 묘실 밖의 墳墓地域 정상부쪽에서 儀式의 결과 남겨진 것으로 추정된다.

5. 結 言

분강·저석리 고분군이라는 다소 복합적 성격을 지닌 墳墓遺蹟에서 발견된 매납유구의 성격을 출토 토기를 중심으로 살펴보았다. 매납유구는 별도의 유구가 없고 단지 토기만 남긴 것으로, 이것이 고분군내에 남아 있는 점을 근거로 함께 조사된 고분과 관련이 있을 것이라는 推定에서 고찰을 진행하였다.

고분군의 내용은 무문토기시대 석관묘를 비롯하여 원삼국기 토광묘, 백제의 석실분을 비롯하여 옹관묘 등의 모든 묘제가 망라되어 있지만 시대별 계기성은 확인되지 않는다. 다만 백제시대의 묘제는 장구한 기간에 걸쳐 조영되면서 옹관묘 등의 부수적 묘제로 존재하는 것이다.

매납유구는 6기를 확인하였지만 유물만 묻힌 형태로 있기에 표면 유실을 고려하면 보다 많은 숫자가 있었을 것으로 추정된다. 이들은 토기 등의 물품을 지하에 묻은 형상으로 남아 있다. 埋納品은 토기가 중심을 이루지만, 鐵斧나 鐵鎌과 같은 鐵製品과 방추차도 있다. 때문에 유물만으로 보면 토광묘와 같은 매장시설의 잔존품으로 볼 수도 있으나 토광묘는 아니다. 나아가 잔존유물로 미루어 화장묘의 추정도 가능하나 토기의 기종과 형태에서 화장묘로 보기에도 어려움이 있는 유구이다.

매납유구의 출토품은 토기가 주종인데, 기종은 瓶型土器・短頸小壺・鉢型土器・直立口緣壺로 요약된다. 그리고 형태나 속성에서 약간씩 차이가 있지만 대체적 규칙성은 있다. 즉 매납유구는 단경소호・병형토기・발형토기・직립 구연호를 표지적으로 부장하는 형태로 볼 수 있으며, 토기 속성은 백제토기의 범주에서 이해될 수 있는 것이 대부분이다. 한편 매납유구 유물 검토를 위해 석실분 출토 토기를 살펴보았는데 석실분은 묘제별 유물의 부장 여부가 분명하게 구분되고, 부장품은 토기와 철기가 중심을 이룬다. 토기는 기종의 다양성이 돋보이나 이들도 대체로 日常容器라는 공통성과 함께 백제토기로서 장경 광구호나 병형토기・삼족토기・개배・발형토기와 같은 보편성을 지닌 것이 많다.

매납유구 출토 토기자료 중에 병형토기와 직립 구연호를 석실분 출토의 토기와 대비하면 이들은 석실분 출토 토기보다 後行의 型式임이 파악된다. 그러면서 분강・저석리의 석실분은 이른 시기의 자료에서는 토기나 철기와 같은 유물이 부장되지만, 목관은 사용되지 않는다. 반면에 후기에 만들어진 것에서는 부장품이 전혀 없고 단지 목관의 흔적만 발견된다. 따라서 일단 매납유구 출토 토기는 대체로 이들 후기 묘제인 평천정 유형의 석실분과 관련이 있음을 알 수 있다.

매납유구는 분강·저석리의 백제 석실분 중에서 후기 형식인 평천정 유형의 횡혈식 석실분이나 횡구식 석실분이 조영되던 시기에 만들어진 것이다. 이들은 墳墓地域 정상 쪽에 위치하면서 葬制와 관련된 어떤 儀式이 행해지고, 그 흔적으로 남은 것으로 추정된다.

찾아보기

ㄱ

_ 저자약력

이 남 석

1954년 충남 공주 출생
공주사범대학 역사교육과 졸업(1982)
고려대학교 대학원 석사과정 사학과 졸업(1985)
고려대학교 대학원 박사과정 사학과 졸업(1995)
현재 공주대학교 인문사회대학 사학과 교수

저서 및 논문
『百濟石室墳研究』
『백제의 고분문화』
『백제문화의 특성연구』
『공주 공산성』
『송산리 고분군』
「靑銅器時代 社會發展段階問題」
「百濟初期 橫穴式 石室墳과 그 淵源」
「公州 宋山里 古墳群과 百濟王陵」
「百濟熊津城인 公山城」 외 다수

백제 묘제의 연구

초판1쇄발행일　　2002년 5월 25일
초판2쇄발행일　　2011년 5월 15일
지 은 이　　이남석
발 행 인　　김선경
책 임 편 집　　김윤희, 김소라
발 행 처　　도서출판 서경문화사
　　　　　　주소 : 서울 종로구 동숭동 199 - 15(105호)
　　　　　　전화 : 743 - 8203, 8205 / 팩스 : 743 - 8210
　　　　　　메일 : sk8203@chollian.net
등 록 번 호　　제 1 - 1664호

ISBN　89-86931-44-3　93900

＊파본은 본사나 구입처에서 교환하여 드립니다.

정가　23,000원